寰跨派叢書

Dudjom Rinpoche 敦珠甯波車

大圓滿心性休息導引

修部①
談錫永主編

龍青巴尊者造論◆談錫永譯釋

目　錄

附錄

序

《甯瑪派叢書》總序

近年西藏密宗在世界各地廣泛流傳，甯瑪派（rNying ma pa）的「大圓滿」（rdzogs pa chen po）亦同時受到歐、美、日學者的重視。於是研究「大圓滿」及甯瑪派教法的外文書籍不斷出版，研究文章亦於各學術機構的學報發表。

然而遺憾的是，我們接觸到的書刊文獻，絕大部份都未能如實說明「大圓滿」（dbu ma chen po）的修持見地——「大中觀見」，即如來藏思想；於修持上亦未能說出次第修習與次第見地的配合，如抉擇見與決定見。因此便令到「大圓滿」這一法系，在大乘佛教中地位模糊。

事實上，「大圓滿」與漢土的禪宗同一淵源。即是說，他們本屬同一見地的印度大乘修持系統，即文殊師利不可思議法門。傳入漢土的成為禪宗，傳入西藏則成為甯瑪派的「大圓滿」。——因此「大圓滿」的修持，跟藏密其他教派的修持有所不同，可謂獨樹一幟。也因此，漢土禪宗於六祖慧能以前，以說如來藏（tathāgatagarbha）的《入楞伽經》（*Laṅkāvatārasūtra*）印心，而甯瑪派亦判《入楞伽經》為「大中觀」見的根本經典。

本叢書的編譯，即據甯瑪派近代法王敦珠甯波車（H.H. Dudjom Rinpoche，1904-1987）的傳授，分「見」、「修」兩部編成。在「見」的部份，着重闡釋「大中觀見」，即「如來藏思想」的真實義，使讀者能瞭解此印度佛學系統中的重要思想，以及其與禪宗修持、「大圓滿」修持的關係。

至於「修」的部份，則選譯甯瑪派歷代祖師的論著，及諸巖傳法要。如是配合大圓滿「四部加行法」(sbyor ba bzhi)——即外加行、內加行、密加行、密密加行。凡此皆為印度傳入西藏的次第止觀法門。

本叢書於香港出版後，反應良好，今應全佛文化出版社之請，特重行修訂再版以期甯瑪派法要能得正信，並期望文殊師利不可思議法門得藉此弘揚。

導論

一 本論作者

龍青巴尊者（Klong chen rab ’byams pa, 1308-1364）為西藏密乘甯瑪派的重要祖師。生存年代，約相當於漢地元代中葉以迄末葉，其時為薩迦派在藏地掌握政教的年代，所以他亦曾修習過薩迦派的教授，如《道果》等。

然而尊者實出身密瑪派，其族祖勝聲（rGyal ba mchog dbyangs）為蓮花生大士（Padmasambhava）二十五弟子之一，修馬頭金剛法成就。尊者幼年名無垢光（Dri med ’od zer），後取法名為戒慧（Tshul khrims blo gros）；至於「龍青饒降」（Klong chen rab ’byams），則為「大界無央」之意，藏人通常以此名號稱呼尊者，而尊者後期著述則通常署名無垢光。

於二十七歲時，尊者有機緣面謁甯瑪派大圓滿祖師持明童王（Kumārarāja, 1266-1343），追隨兩年，得大圓滿直指教授，且得《無垢心要》（*Bima snying thig*）傳承。由是確立了他成為大圓滿一代宗師的地位。

於三十三歲時，尊者修大圓滿入甚深止觀，定中面見蓮花生大士及智慧海空行母（移喜錯嘉 Ye shes mtsho rgyal），授予灌頂及口訣傳承，即為《空行心要》（*mKha’ ’gro snying thig*）的教授。由是尊者盡得甯瑪派大圓滿兩部心要傳承。蓮師於定中賜尊者法號，與共童年時的名字相同，即無垢光。

尊者從此即專注甯瑪派大圓滿心要教法，並從事著述，其重要著作《三休息》（*Ngal gso skor gsum*）、《三自解脫》（*Rang grol skor gusm*）、《四部心要》（*sNying thig ya bzhi*）及

《七寶藏論》(*mDzod bdun*) 等。本論即為《三休息》中之一部。

於公元一三五九年，其時為元順帝末年，薩迦派開始失勢，噶舉派漸據政治領導地位，該派得「大司徒」(Tai si tu) 名銜的大喇嘛菩提幢（Byang chub rgyal mtshan, 1302-1364），與尊者不和，因尊者為其政敵止貢派（'Bri khung）昆寧（Kun rin）的上師，所以便用政治勢力逼尊者離開西藏，到不丹居留。後來尊者有兩位在政治上得勢的信徒，名為司徒釋迦賢（Si tu Shākya bzang po）及王子金剛幢（rDo rje rgyal mtshan），加以斡旋調解，尊者才得以返回西藏，不久旋即逝世於桑耶欽浦（Chims phu, 在桑耶寺附近），時尊者正在林中修行，世壽五十六歲。

尊者一生多住於中藏白頂雪山 (Gangs ri thod kar) 之鄔金宗（O rgyan rdzong)。大部份著述均在於此地，本論亦為其一。

藏人尊崇尊者之學問與修持，故稱之為「龍青饒降」而不名，且尊之為文殊師利菩薩化身。當年止貢派的剛巴崑寧因有死後墮地獄，必須依止文殊化身才得免予墮落的授記，因此才皈依尊者，卻未料到令尊者因而受累。

二　關於本論

本論為《三休息》之一份。此即《心性休息》、《禪定休息》、《虛幻休息》之第一部。尊者對這三部論著甚為重視，每論均有三部自釋論來加以詮譯 —— 一為釋論，一為釋論的提要，一為配合本論的止觀導引法。

是故《三休息》的本論及釋論，全目如下 ——

《大圓滿心性休息》（本論，十三品）
（*rDzogs pa chen po sems nyid ngal gso*）

《大圓滿心性休息大車解》
（*rDzogs pa chen po sems nyid ngal gso'i Shing rta chen po*）

《大圓滿心性休息大車解白蓮鬘》
（*rDzogs pa chen po sems nyid ngal gso'i 'grel pa Shing rta chen po'i bsdus don gyi gnas rgya cher dbye ba Padma dkar po'i phreng ba*）

《大圓滿心性休息三住三善尊引菩提妙道》
（*rDzogs pa chen po sems nyid ngal gso'i gnas gsum dge ba gsum gyi don khrid Byang chub lam bzang*）

《大圓滿禪定休息》（本論，三品）
（*rDzogs pa chen po bsam gtan ngal gso*）

《大圓滿禪定休息清淨車解》
（*rDzogs pa chen po bsam gtan ngal gso'i 'grel pa Shing rta rnam par dag pa*）

《大圓滿禪定休息略義蓮花鬘》
（*rDzogs pa chen po bsam gtan ngal gso'i bsdus don Puṇḍarīka'i phreng ba*）

《大圓滿禪定休息導引心髓》
（*rDzogs pa chen po bsam gtan ngal gso'i don khrid snying po bcud bsdus*）

《大圓滿虛幻休息》（本論，八品）
（*rDzogs pa chen po sgyu ma ngal gso*）

《大圓滿虛幻休息妙車解》
（*rDzogs pa chen po sgyu ma ngal gso'i 'grel pa Shing rta bzang po*）

《大圓滿虛幻休息略義守意女鬘》
（*rDzogs pa chen po sgyu ma ngal gso'i bsdus don Māndarava'i phreng ba*）

《大圓滿虛幻休息尊引如意寶》
（*rDzogs pa chen po sgyu ma ngal gso'i don khrid Yid bzhin nor bu*）

後二本論（即《禪定休息》及《虛幻休息》）已由劉立千老居士譯出，並譯出其所屬的導引法，近年已有翻版。筆者亦已據敦珠法王（bDud 'joms rin po che, 1904-1987）教授《大圓滿心髓修習明燈》（*rDzogs pa chen po'i snying thig sgron ma bsgom pa*），將劉譯《禪定休息清淨車解》加以詳明疏義（不擬公開印行）。

龍青巴尊者著《三休息》，為一氣呵成之論著。《心性》總述甯瑪派九乘次第之修習；《禪定》則專述生圓次第修習，而特別着意於圓滿次第中，由氣脈明點修習得大樂光明及無念；《虛幻》則為修空性之「八幻喻觀」，用以對治修樂明之執着。所以三論並非平行，實以《心性》統率後二論。據龍青巴尊者《三休息論總義善說海》（*Ngal gso skor gsum gyi spyi don legs bshad rgya mtsho*）所言，《心性》為一切修學之基，

《禪定》為觀修之道，《虛幻》則為行持之保任作補充。以此之故，《心性》所配之導引則特詳，以九十二導引配顯三乘止觀；以二十二導引配密乘四續部生圓次第修習；以二十七導引配大圓滿。而《禪定》及《虛幻》所配之導引則極為簡略，但求其握要。所以比較起來，《心性休息》較餘二者為根本，而《三休息》亦較《三自解脫》與《四部心要》等論為根本。

三 本論結構

對於「心性」一詞，甯瑪派大圓滿心髓派的定義，不同於一般，亦有異於禪宗，他將之視為與《楞伽經》（*Laṅkāvatārasūtra*）中「如來藏藏識」同義名相。凡夫的心性鬧亂，即令「如來藏藏識」呈現「藏識」的境相；若由修習之力，令鬧亂的心識變為清淨，如是其「如來藏藏識」即是呈露「如來藏」的境相。

所以「如來藏藏識」，即綜合「心性」為本具智境上自顯現的識境境相而立假名。讀《楞伽經》時，必須瞭解這層意思，否則便將陷於混亂，而誤解「如來藏」為實有的本體，不知此僅指心識境相。

是故若就污染邊而言，「心性」便即是凡夫的心識；若就清淨邊而言，則「心性」便與「本覺」、「俱生智」、「真如」、「法界」、「實相」及「空如來藏」等等之同義。本論着重污染邊，說令心性休息而非心性解說，是龍青巴尊者的自謙，實際上所說的即是解脫道。因此必須與《導引菩提妙道》配合，然後才能由止觀的修習，而達「心性休息」（實際上是心性解脫、心性清靜）之理。

關於止觀修習，甯瑪派有九乘次第。許多論述甯瑪派修習的學者，每將「八大修部」視為本派的全部修習，實質只是事相，唯九乘次第的止觀修習始為精髓。行者亦決須經過此系統的修習，然後始能令鬧亂昏憒的心識清淨澄明。

本論十三品，結構如下 ——

一・初八品：為外共因乘止觀及義理，此即小乘至大乘的止觀。

二・中一品：為內果金剛乘四密續部（事續、行續、瑜伽續、無上續）的止觀，即生起、圓滿次第及生圓雙運。

三・後四品：為密了義無上果乘（即大圓滿）的止觀及義理。

至於釋論《三住三善導引菩提妙道》，則據本論所言，分為外顯、內密、密密大圓滿三修行住處，據下中上三種根器（三善），而詳述修習導引，共一百四十一導引法門。

對九乘次第的配合，可表列如下 ——

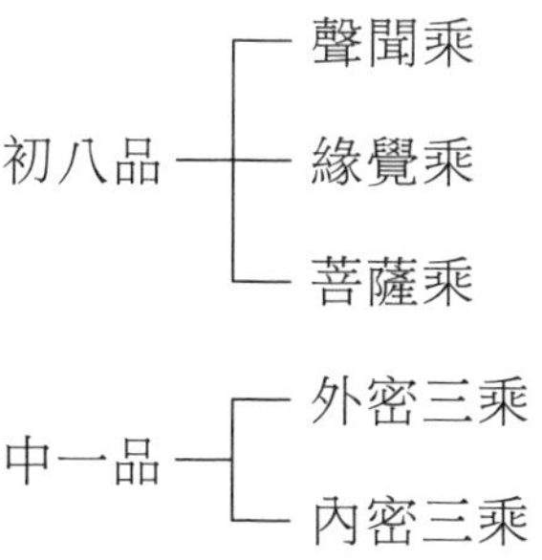

後四品 —— 內密乘中無上續部之無上瑜伽密

因此可以說，初中九品，已盡攝九乘次第，而後四品，則詳細專述無上瑜伽密（atiyoga）的不共止觀法門。也即是說，在中一品，僅述至無上瑜伽密的生圓雙運為止，所以若泛泛說九乘次第，則「大圓滿加行法」尚未齊備，必兼本論後四品的修習，始能說加行具足 —— 據甯瑪派觀點，大圓滿正行離言離思，故無修習可說，能直指的，僅為大圓滿見。

本論前八品，名八金剛處。此中思維暇滿難得、壽命無常、輪迴苦等三處，總攝小乘修習，亦即如來四法印中「諸法無我」、「諸行無常」、「諸受是苦」的具體修習，此止觀落於四宗部中說一切有部（Sarvāstivāda）的層次。所以在修止觀時，行者所止的境界須有如實受，而觀空的修習在此則微。

八金剛處中的思維業力因果，則以小乘經量部（Sautrāntika）的止觀修習的基礎，而用唯識（vijñaptimātratā）作為抉擇，是故論中說八識聚時亦說六識聚。

至於依止善知識、皈依、修四無量，發菩提心四品，則為由唯識導入中觀的層次，所以觀空的意味便較前數品為重。尤其於說行菩提心的修習（六波羅蜜多）時，觀空便比止境更為重要。

所以綜論前八品統攝顯三乘的止觀修習，可以說是由小向大，由自利向利他的趨向。如今許多學佛的人，只知道一些零碎止觀修習的名相，而不知道由印度傳入西藏的甯瑪派止觀，實在有一完整的修習系統，卻感到學大乘時無止觀可修的徬徨，於是或反求於南傳小乘止觀，或但說經教而流為知識的研究，甚至認為但唸經拜懺即是唯一的修行，因此便呈現有說無修的危機。若依此情形發展下去，北傳大乘佛教恐怕便只有一些文字流傳，終於名存而實亡。引導這種風氣的人，應該摒棄門戶之見，參考一下甯瑪派的止觀修習教授。

本部份止觀修習，除了依止善知識那一部份，以皈依上師為主，有密乘色彩，餘外一切止觀教授皆與密乘無涉，其修習固非密乘專有修習，其見地亦非密乘專有見地，是則大乘顯宗的行人，何妨依此作為修止觀的參考，那就總比目前的一片空白，無止觀可修為好。

中後五品，完全涉及密乘的修習，筆者雖將其導引譯出，並據敦珠法王的教授加以詳釋，唯卻不擬公開，但亦已將本論各頌法義加以註疏，此處即無須詳述其結構及次第。有資格的密宗上師，一定可據本論給弟子以修習方面的圓滿指示，而未追隨正法及格上師的人，則實不宜據文字自行揣摸而作修習，是故導引法的守秘，實對研習本論無損。

由於近年中國大陸關於「大圓滿」的書刊，流行抄襲及濫傳，而竟能流行於港台及海外，筆者因此不得不稍為說明一下修習的頭緒。

凡修習大圓滿加行，一定要以一本尊為主，不必兼涉他尊。昔年蒙屈文六上師傳授，為康派傳統，以大威德金剛為本尊；至於敦珠法王的教授，則以普巴金剛為本尊。所謂本尊，即以一尊統攝八大忿怒尊。八忿怒尊皆各有其特殊表義。若不明瞭，或不知如何以一尊統攝八尊而作止觀，則定必無法修習，若依儀軌流為事相，則大圓滿的法義亦必全失。因此研習本論的中一品及後四品，對密乘行人來說實在非常重要。

四　結頌回向

諸法無偏本覺普賢王
無垢光明無邊寂忿尊
無央大界化身金剛持
三身無分智悲我頂禮

三乘一味如來示密意
以三次第宣說如來藏
昏鬧心性止觀中休息
如是三乘聖者我皈依

法爾圓滿諸法自顯明
對行者機說為四宗河
四流波濤盪漾無非水
悉能滌盡凡夫心識垢

其能滌垢即止觀修習
若無止觀僅如水沾衣
垢盡光明心性剎那生
是即三乘聖者所證境

清淨樂明與大悲周遍
剎那圓證法報化三身
不可思議法門大圓滿
以離言思即為究竟道

九乘次第如是遍修習
文殊法門甯瑪派傳承

願以傳播少分功德水
回向有情普霑甘露雨

西元一九九六年歲次丙子阿闍梨無畏金剛談錫永於圖麟都大圓滿樓譯竟復造此導論。

正文

《大圓滿心性休息》

龍青巴尊者 造論

談錫永 譯釋

譯者敬禮

攝集三寶自性一切傳承上師

本論藏名：*rDzogs pa chen po sems nyid ngal gso*

本論釋文，主要依據尊者署名無垢光所造《大圓滿心性休息三住三善導引菩提妙道》（*rDzogs pa chen po sems nyid ngal gso'i gnas gsum dge ba gsum gyi don khrid Byang chub lam bzang*）

論主敬禮

頂禮吉祥普賢王如來
無始怙主廣大功德海
智悲自性深廣難測量
生出佛陀佛子如意珠
利樂雲堤生起我敬禮

【釋】普賢王如來即無始怙主。遍一切法，故稱為「普」，無不圓滿，故稱為「賢」。自無始以來法界自性即廣大圓滿，故稱之為「無始怙主」（gdod ma'i mgon po）。

普賢王如來功德說為三種：莊嚴（rgyan），遊戲（rol pa），示現（rtsal）。此即大圓滿三句義：體性本空，自性任運，大悲周遍。故說為佛陀及佛子出生之源，亦為一切有情及法界一切法源。然此卻非造物主之義，蓋一切法均為法界莊嚴、遊戲、示現，即無一造物主可堪建立。）

所知無限，故稱為「廣智」（一切種智）；離能所而作怙恃，故稱為「深悲」。前者為勝義菩提心，後者為世俗菩提心。兩種菩提心，前者能利益有情，後者能令有情得樂，故說功德每升起利樂雲。

如是所言，皆說法界功能－自無怡以來法界即具之大用。非謂普賢王如來為不空本體。

無垢光尊者言諸佛佛子傳承有三：一，學佛者行於傳承，此指中觀派；二，宣說地道證量深廣傳承，此指瑜伽行派；三，宣說法性實相深見傳承，此指大中觀派（瑜伽行中觀派）。

尊者復說三住三善。初，外共因乘（顯乘）；次，內殊勝果乘（密乘）；復次，密了義果無上大圓滿。三者分別為初中後三善皈依處。

甲一　外共因乘修習 —— 八金剛處

乙一　思維暇滿難得

光明法身無垢及佛性
執我失淨覺由是漂流
於此業及煩惱曠野中
疲勞心性今且令休息

【釋】謂有情具光明、法身、無垢、佛性。這些名相常易引起誤會，認為是指佛的本體。實際上只指一切有情所具的潛質。

言「法身」（chos sku），甯瑪派謂其具有三種特性：一者自無始以來即清淨，二者法爾，不假因緣建立；三者光明。它的同義詞即是本覺或俱生智（ye nas she pa）。由是知法身絕非本體，僅為心識之相用。

有情以我執故，迷失清淨覺性，如是流轉六道，造種種業，受種種煩惱污染。今無垢光尊者造本論，不謂能令有情解脫，只說能令有情心性得休息，乃是謙詞。實際上本論為解脫道之直指教授。

善信汝具暇滿人身寶
於六道中此屬極稀有

喜悅有如盲人墜寶窖
珍惜此身但請作利樂

丙一　思維暇滿差別

云何稱為閒暇及圓滿
此謂人身能離八無暇
既離三惡道及離喑啞
復離邊鄙見離長壽天
離具邪見離佛不出世
復謂能得五種自圓滿
得具人身且得生中國
復得人身諸根皆具足
得離無間罪得信正法
更謂能值五種他圓滿
值佛出世且值佛說法
值正法流轉值入佛法
值圓滿資源依善知識
是為十八閒暇圓滿法
此身既已善具足暇滿
即應誠心精進解脫道

【釋】應當思維八無暇處－若生地獄中，則恆時受寒熱苦，無暇修法；若生餓鬼中，則受饑餓火燒苦，無暇修法；若生傍生中，則互為噉食傷害，無暇修法；若生喑啞，則意根不應法器，無暇修法；若生邊鄙地，則無佛法光明，無暇修法；若生長壽天，則於無念中耽延數劫，臨死時生邪見，無暇修法；若生外道邪見等處，以執着邪見，無暇修法；若生暗劫中，佛不出世，不聞三寶名號，無暇修法。如是為八無暇。思維己身至今未墮八無暇處，並得閒暇，故當生歡喜心精進修法。（以上第一導引）

復次當思維圓滿差別。

應當觀想若未得人身則無可修法，而今已得人身，故具足自圓滿；若生於無佛法國度，即無修行之法，而今已得生佛法興盛國度（「中國」），故具足自圓滿；若生而諸根不具足，則不堪修法，而今已得諸根具足，故具足自圓滿；若犯五無間罪，則常行不善，不堪修法，而今未犯，故具足自圓滿；若於佛法不起信，則無行善道之法，而今已信，故具足自圓滿。－如是五自圓滿具足。

應當觀想若佛不出世，則雖佛法之名亦不可得，而今佛已出世，故具足殊勝他圓滿。雖佛出世，若未説法，亦無利益，而今佛已三轉法輪，故具足殊勝他圓滿；雖佛説法，若正法不流轉，亦無利益，而今佛法尚未隱沒，故具足殊勝他圓滿；雖佛法住世，若未入佛法則亦無利益，而今已入佛法，故具足殊勝他圓滿；雖入佛法，若順緣不具，無善知識依止，則不知取捨，而今真實善知識以大慈大悲攝持，故具足殊勝他圓滿。－如是五他圓滿具足。

如是，今自己已具足十種圓滿，即應思維此暇滿得實而精勤修法。修前行發心、皈依；正行思維圓滿之理；後行回向。如是修習瑜伽。（以上第二導引）

丙二　思維惡險處

此生若未善用暇滿身
他生善趣之名亦不聞
於惡趣中恆時作流轉
不知取捨由是於邪道
如是不離輪迴無邊際
故汝於今尚能自在時
即應積集無盡善資糧
隨順善道遠離三有城

【**釋**】應當觀想，如今既已獲暇滿人身，若不依正法修持，則將因業增上而於死亡後生三惡趣，此時縱三寶之名亦不聞，亦不遇善知識，由是不知善惡，所作所為皆罪業，而無善業，故恆流轉輪迴。

如是思維，知過患大，即依前行、正行、後行而修持。（以上第三導引）

丙三　思維難得人身

縱具寶舟未渡輪迴海
永沒苦濤試問當奈何
是故速當披上精進甲
心識心所污染悉令盡
趣入無垢淨智光明道
道無障礙於二菩提心

誰能得成吉祥喜悦基
即獲殊勝清淨寶法器
若不更求法雨如甘露
輪迴熱苦決定能壞己
本覺慧水佛諦傾盆雨
利樂祥雲同時亦生起
降入有情暇滿清淨心
是當喜悦急求真實法
佛說猶如海中浮軛木
海龜浮上頸穿軛木孔
如是偶然固屬難際遇
得暇滿身卻更難於此
既知暇滿身寶誠難得
由今日起精進當猛厲

【**釋**】心識污染的機理，可分心（sems）及心所（sems byung）兩方面來考察。無垢光尊者將心的作用，說為主觀決定轉作客觀呈現。這種主觀作用完全基於業力。如人，決定水可作飲用，灌溉與洗滌，但魚，則決定水為所依的生活環境，因心有決定，是故便依心識建立一特定形相。所以同樣是一條河流，人所見的流水形象便跟魚所見的形像不同。我們常常以為「形相」客觀，卻不知其實有主觀因素－業力因素。

至於心所，則為形像細節所引起的心理。例如顏色等。因此一灣綠水與一泓濁水，所引起的心理反應即有不同。

談到心識污染，光對治心識沒有用，必須同時對治心所，因為心識的最大污染只是執着自我，且站在自我立場來作了別，而心所的分別則有不斷增上執着的作用。

說「心識心所污染悉令盡」，實際上還只是權宜方便的說法。大圓滿修習，是藉「止觀雙運」的力用，令心識不起執着，令心所不作執着的增上，由是心即不受污染。是時亦可方便說為盡心識及心所污染。這種心理狀態，便即是「空如來藏」。

「無垢淨智光明道」即大圓滿道。無垢，淨智、光明，是大圓滿的德相。無垢即大樂、淨智即無念（無執着、離能所），由是說大圓滿的證量為樂、明、無念。

本節觀修，當思維波濤起伏之大海上，有一木軛，中具一小孔，不住一處而隨水飄流。海底有一盲龜，每一百年始上浮一次。若龜與木遇，且龜頸恰能穿過木孔，此機會何等難得。而得暇滿人身之機會更難於此。

復次觀有人向牆壁洒一把豌豆，豌豆難以留住，而人生之暫亦恰似豌豆沿牆而落之暫。暇滿人身難得若此，人生短暫又若此，是當思修，急須精進勤修前行、正行、後行諸瑜伽。（以上第四導引）

丙四　思維人差別

人分凡身勝身與寶身
凡身諸根具足卻凡劣
是故不知善惡行非法
雖生中國卻如邊鄙蠻

未入佛道善惡起混淆
專注今生傾心於喧鬧
虛度此生更不顧後世
雖聞佛法但不求救濟
此非殊勝僅顯其平庸
間或注心於少分正道
唯其心意卻常被惡障
雖具人身於自他何益
不論其為居士或沙門
以其少許勝過邪聚眾
是故佛陀稱之為勝身

殊勝士夫清淨成法器
一己致力所聞所思法
既能律己亦勸他人善
是即不可動搖修行山
是即有如聖者尊勝幢
不論其為居士或隱者
導師說其即為人寶身

【**釋**】應當思維人身之等次及其數量。人身已屬難得，然得人身者，若不信佛法並常行罪業者，應屬多數；能信佛法與聞佛法者，應屬少數；而誠心入正法且行持正法者，更極為少數。故今當思，已遇善知識，得聽聞深法，得修學解脫道，則自當成為人中寶身。如是應即精勤修前行、正行、後行瑜伽。（以上第五導引）

丙五　思維空耗無益

是故既聞善知識說教
即應修法且住於教法
堅持法義並能止非法
修持佛之所說且安住
不久即能超越生死海
迅速離縛到達寂靜洲
是故無人更比此人愚
既具暇滿人身卻空耗
猶如已入寶洲空手回
是則徒然浪費暇滿寶
應即精進修持寂滅法

【釋】應當思維如到寶洲空手返回，是則入海亦成無義理事。如今既已到人身寶洲，若不取勝法資糧，則無法得解脫道，於是但散亂於今生事務，是即雖得人身寶亦成空耗。當如是思維暇滿，並修前行、正行、後行瑜伽。（以上第六導引）

丙六　思維緣起

寂滅法者唯依於自心
自心則唯依暇滿緣起
故當種種因緣會聚時
至要即對自心作調伏

【**釋**】應當思維緣起。修正法唯依賴心識，心識則依賴暇滿之身，暇滿身則依賴難得之種種緣起。今者，既無疾痛亦無苦惱逼煎，且自身亦能自主，是已獲自在身。如是即當思維竭力精勤修法。修前行皈依發心後，內心應情不自禁，更求反覆修習。復修正行後行及諸威儀，如是瑜伽。（以上第七導引）

丙七　思維恆時生死

死亡恐懼生起無已時
貧窮挫敗降臨如降雨
皆由輕蔑暇滿人身故
若能思維暇滿誠難得
是為勝者可致究竟法
故當置心於此終晝夜

【**釋**】應當思維一切有情於三界六道中生死不斷，行種種苦行，不知何時始能解脫。此即由於得暇滿時未修正法虛渡暇滿所致。故當思維我既具暇滿，即當為具此福澤而修前行、正行、後行。（以上第八導引）

丙八　思維歡喜讚嘆

以具義理視大導師故
以具義理而作修證故
今生後世即亦具義理
是即暇滿人身所導致
故應喜悅再三修止觀

世尊聲聞以及辟支佛
是能到達無死甘露城
此等人天至極殊勝眾
悉皆曾具至極人寶身
故應讚嘆暇滿勝天人
既得暇滿人身心已足
無執而見實諦智慧地
人天二者唯人易到達
即金剛乘殊勝甚深道
亦唯人身最易證道果
是故大乘小乘二教法
皆說暇滿寶身能依止

如赤貧人忽獲大寶藏
反疑為夢畏夢境消失
故當喜悅希求暇滿身
現在未來真實得利樂
以此吉祥喜悅甘露水
靜息此生無義理昏熱
有情或願隱居林深處
願此疲勞心性得休息

【釋】應當思維稱讚暇滿。蓋諸佛與聲聞、辟支佛眾皆由暇滿人身而得證果；密乘之深廣法亦唯暇滿人身始能修持成就；大小二乘教法亦唯暇滿人身依止最為殊勝。如是即當思

維我今既達解脫之起點，便應前行發心，正行反覆思維，後行回向。（以上第九導引）

復次應生歡喜。皈依發心後，如乞兒得寶之心生歡喜。更當思維我今所得之暇滿是否夢境。既非夢境，決定真實，則當生大歡喜，並決定今日即當修持殊勝法。如是反覆觀想，後行回向及諸威儀，如是瑜伽。（以上第十導引）

乙二　思維壽命無常

即使難得閒暇今已得
唯卻無常刹那容易失
細加觀察所具非真實
恰如水泡彼實難依賴
故須晝夜思念死亡日

丙一　思維諸蘊以觀無常

此身實為困擾不樂根
一切煩惱都由此處生
縱使穿衣戴寶披花鬘
享受美酒海錯與山珍
終須離此無常脆弱身
此身終作狐鷹豺狼食
思此即當遣除愛執心
從今精進真實義修行

【釋】當觀自他身軀為諸體肢聚合，如今雖依於衣食、裝扮、洗拭，看似清淨，然而一旦死亡，則裸體無衣送於山野，為狐鷹豺狼所食，其時肢體分散，骨骼片碎。人生必有此一日，故應思維當即行持具真實義勝法，如是依前行、正行、後行而修。（以上第十一導引）

丙二　思維天主以觀無常

具力梵天大自在天主
於三界中能賜財與福
雖然住於榮耀威光中
亦難逃避終於入死國
縱使能修禪定住歷劫
及至業盡依然返死土
天及非天聖者與君王
亦都囚於無窮生死路

【釋】應當思維人天尊主而觀無常。比如帝釋天、遍入天、大自在天以至仙人等眾，身色威嚴，長命數劫，明智廣遍，具天眼等通，縱然無量神變，亦有死亡之時。然則吾等緣何能不死？是故當思維行持勝法，並具前行、正行、後行而修。（以上第十二導引）

丙三　思維情器有滅而觀無常

無常人世飄盪雨雲中
死亡尊主揮電鬘起舞

日夜遍淋時序推遷雨
濕壞三界諸生命苗芽

情器世界無常有成壞
當於七火一淹風毀時
即使須彌山王亦被壞
連四寶山以及鐵圍山
四大部洲以及世界海
情器摧蕩悉皆成虛空
思量及此即應勤修習

【釋】應當思量情器世界有壞而觀無常。一切山林寶藏之器世界，以及一切男女之情世界，皆遭滅劫七火一淹，必有均成虛空之時，如是觀念無常，並具前行、正行、後行而修瑜伽。（以上第十三導引）

丙四　思維聖者而觀無常

縱若世尊弟子群圍繞
聲聞辟支佛眾如雲聚
一如明月於大虛空中
閃爍明星億萬來拱照
即使如是光輝清朗明
佛身無常亦取般涅槃
更觀勝法無盡如大日
亦然代代衰退成末法

然則我身空虛如芭蕉
猶如幻屋是故何不滅

【釋】應當思維聖者。過去七佛及其眷屬，與間或出世之辟支佛及其眷屬，先後出世且悉皆圓寂，彼等教法雖無盡無邊，亦皆由盛而衰，終入末法。然則我及我之眷屬，焉能堅牢恆常耶？是故今日即當以強烈欲樂而修勝法。如是思維，並具前行、正行、後行而修。（以上第十四導引）

丙五　思維死時不定而觀無常

是故可決定者唯死亡
未決定者時方及死緣
復且壽命無增唯有減
更加死緣眾多壽緣少
是應更無虛渡生時日
收束心神一意勤修法

【釋】應當修觀壽命無有增加，每日每夜每剎那皆在減少，如白黑老鼠咬草繩。西藏民間故事，説白黑老鼠在磨石下咬吊着磨石的草繩，不知繩斷便會給磨石壓死。復且，應觀自身不知於何時何地，以何因緣而死，由是知壽命無常，並具前行、正行、後行而修持。（以上第十五導引）

丙六　思維諸有為法而觀無常

人身恰如四大所成屋
起心動念即是其嚴飾

一切有為皆是緣起法
緣起生滅此屋能毀壞
是故急須尋求真實法
以無常故城池能老舊

【釋】應當總觀一切有為法皆無常，種種士夫皆壽命無常，尤其是此身心聚合體更加無常，以四大所成身喻如宅舍，以心意喻為宅舍裝飾，雖有宅舍莊嚴繁華之日，然試觀往昔繁榮城邑亦有變老舊之時，由是觀有為法之緣起生滅而知無常。如是思維，並具前行、正行、後行而修持。（以上第十六導引）

丙七　思維猛厲死緣而觀無常

人無長生而且決定死
死緣至時試問誰能禦
恰似風裡油燈光飄動
是故即應尋求真實法

【釋】應當觀想油盡燈枯之無常，更觀燈為風滅亦屬無常，此如人之猝然急病，或受魔障意外，種種猛厲死緣以致非時而死，如是縱一剎那安住亦難自主，故當思維不知己身何時與死緣相遇，如是前行發心、正行思維、後行回向而修。（以上第十七導引）

丙八　思維一己獨行而觀無常

除非修行此外無庇護
終須獨行一切皆捨棄

諸親眷屬朋友及受用
美貌年青權力與地位
皆隨一己善惡業生滅
是則因何不盡力修法

【釋】 應當觀死者即捨今生一切所顯而入後世。躺於最後之床，食用最後食物，講説最後言語，其時必須放棄一切眷屬親友受用，唯獨身上路。定有如是一日，極難忍受。於是思維自己如是死亡，並具前行、正行、後行而修。(以上第十八導引)

丙九　思維古今有情而觀無常

當思前代今世諸有情
前代無數有情都已死
今世有情亦不過百年
即使後世有情亦如是
試觀無論老幼同一運
是當心知有情決定死
我既無異古今諸有情
即當急急修持真實法

【釋】 應當觀想過去百年所有諸人以及旁生等一切有情，如今已一無所在，今時所有一切有情，百年後亦皆歸烏有，未來世有情亦必如是，是則我何等獨異？又自吾往昔出生之處所而言，家人、鄰居、親屬、朋友、家犬、牛羊、怨敵、同庚、弟兄及姊妹等，今生已成無有，如是思維，具前行、正行、後行而作修持。(以上第十九導引)

丙十　思維無靠而觀無常

試觀三界地獄至有頂
是皆盡為死主之領土
一應無常變易無自性
一應難依蓋皆如車輪
尤其人世更多諸苦惱
一切疾苦病魔作損害
刀兵火淵野獸與諸毒
國王怨敵以及盜賊等
皆能損害財富及壽命

【釋】六道為天人、阿修羅、人、畜生、餓鬼、地獄。此中以地獄為最低，以天人為最高。

天人中，分欲界六天、色界十八天、無色界四天。其中色界分初禪三天、二禪三天、三禪三天、四禪九天。於四禪九天，以色究竟天（akaniṣṭha）為最高。因為有形世界之最高處所，是故亦稱為「有頂天」。

頌中稱六道由地獄至有頂天，一切有情皆無常，實際亦包括無色界有情在內。

行者當觀於六道中無論何處，於人間中無論山林海底虛空，都無不為死主國土，都無不為死主侵害。尤其在人間，死緣及損惱緣眾多，不知何時具死緣而死亡。如是思維無常，並具足前行、正行、後行而修。（以上第二十導引）

丙十一　思維不定死緣而觀無常

雖無損惱壽命亦減退
分分秒秒日日與夜夜
逐漸移步走向死主城
恰似百川逐漸流入海
亦似黃昏日落崦嵫暮
雖具豐衣足食等生緣
卻或成為苦因如毒葯
既具諸害緣何非損惱
是故於其未成死緣時
雖知死處死時及死因
既知世法盡皆無義利
深心應知無常以及死

【釋】應當觀想雖暫時未受死緣，但接近死主，如江河入海、日落西山，有刀毒火怨敵王法病魔等極多死緣，即日常享用亦可成為死緣，故當思維，不知死於何處、死於何時、以何死緣而死。並具前行、正行、後行而修。（以上第廿一導引）

丙十二　思維猛利願心而觀無常

若不精勤渡過苦惱海
徒然虛具人身暇滿舟
虛負上師教導如領航
自欺之外唯向海飄流

暇滿若不用作自他利
導王何必讚為珍寶器
讚其真能除滅諸障患
虛負便成自縛輪迴獄

嗚呼恰似被鎖於巖石
遍思世法由是生厭離
若遇解而不明教不證
我於此人更復有何益
此人死際尚信生有常
不厭輪迴亦不向出離
執大我慢而且具邪見
樂於喧鬧淋透煩惱雨

若人欲渡此具煩惱海
且能認知一切善功德
是必深心常記決定死
日夜獨居唯觀修無常
厭倦輪迴生起出離心

於能發心勵力修證時
是能利樂今生與來世
能斷我執即能斷世法
由是須知無常為自性
此即除過殊勝解脫因
即能成就一切善功德

以此甚深妙音利益語
作為教導法相雷聲響
願懶怠執常具惑有情
疲勞心性今且得休息

【**釋**】應當發猛利願心以修無常。觀自身無論往何處去，此地即為自己之死所，即於靜坐修法之時，亦思此即死亡地。並觀想飲含、行走、睡臥，均為一生最後威儀。如是情不自禁痛念無常，並以前行發心、正行深心發猛利願求出離、後行迴向，如是諸威儀而瑜伽。（以上第廿二導引）

乙三　思維輪迴苦

以無常故輪迴遍三界
以變異故挫失遍六道
可悲六道執我諸有情
苦苦壞苦行苦引深苦

丙一　總發厭離輪迴心

如在火中如受野獸攻
如在王獄如被野人捉
無緣解脫此情難堪忍
極難抵受苦難相連續

雖然希望離苦得安樂
以因果故痛苦煎熬汝

以貪執故迷戀欲樂境
猶如燈蛾飛撲向火焰
如鹿如蜂如魚如水牛
為聲為香為味為觸誘
五妙欲境引誘諸有情
究竟無樂終始唯苦受

諸天阿修羅以及人等
地獄餓鬼畜生皆永苦
猶如筒車汲水先後續
有情累世交互作親疏
為友為敵或者非友敵
累世苦樂利害難計量
父變成母母則成姊妹
姊妹或轉男身成兄弟
或則親友他生成敵怨

是故若思世間前後世
厭離輪迴應甚於一切
若將累劫自成螻蟻身
聚集堆積高勝須彌山
若將累劫自流悲苦淚
聚集廣於世界四大海
若將自成地獄有情時
所飲烊銅膿血不淨液

匯集多於無盡長河水
復有無數諸苦廣如天
為欲而斷頭顱及肢體
即便多於世間眾極微

天龍夜叉八部及餘眾
亦受有情苦樂無量數
梵天帝釋以至四禪天
以及人間七寶轉輪王
雖然盛德成就諸威光
墮於惡趣還生大苦惱

今日得意洋洋豪富者
可變為貧甚且為奴婢
恰如夢醒白手無所有
如是苦樂無常即壞苦
思量壞苦厭離心生起
是故三界輪迴諸有情
於輪迴中究竟無有樂
是應堅定生起菩提心

欲色無色三界身語意
執着於現半現或不現
是皆具苦及壞苦行苦
如是心意識作種種相
諸苦樂境即成幻惑輪

心意識三者次第相生
是為因果生幻世間苦
以無明故由是具能所
如是即有我所以及我
外塵身根心識起輪迴
心性本來具圓成實性
無明執着習成遍計執
由惑亂故不淨依他起
外境身根由是成二執
如是頓成苦果無邊際
一旦能證圓成實心性
即入不思議道證真如
由是易達世俗清淨國
執幻有情疲勞得休息

虛幻有情倦旅成煩惱
終難覺察無盡輪迴界
無論生於何處終無樂
不善業生苦果堪禁受
六道有情所執自我境
無非如夢自認為真實
以非實故乃有無邊苦
今依經教略說且諦聽

【**釋**】上來兩金剛處（暇滿難得、壽命無常），係依小乘見地作觀。今說輪迴痛苦，則依唯識見。

何以依唯識見？蓋六道有情之情器世間，皆依各各有情心識變現，而此心識則依業力。故觀六道苦，即須依心識所幻之境界，由是須依唯識見作止觀。

說六道地獄等，無非依善惡業假立。不必計較其於何處，所受苦是否如經所說。舉例而言，人之心識可成地獄有情心識。如言等活地獄，有情彼此相殺，死後復活，更相殘殺，人若時時起殺機不已，心識即是此地獄有情心識。舉此一例，餘例可知。

人具三苦，即苦苦，壞苦，行苦 ——

苦苦（duḥkha-duḥkhatā），《俱舍論》言，為有漏行蘊中諸非可意之苦受法，逼惱身心之苦。

壞苦（vipariṇāma-duḥkhatā），諸可意之樂受法，生時為樂，壞時逼惱身心之苦。

行苦（saṃskāra-duḥkhatā），除可意與非可意以外所餘之捨受法，為眾緣所造，有生滅遷轉，身心因之感逼惱。

三界，即欲界、色界、無色界。依人類心識，可說之為現、半現、不現。三界有情無論五蘊具足或不全具足，皆執一已顯現境界為真實。由執着故、有心意識運作，是生諸苦。

此言心意識，即第八阿賴耶識、第七末那識，及前六識（眼、耳、鼻、舌、身、意）。分別與圓成、遍計、依他三自性相應。

遍計自性（parikalpita-svabhāva），為虛妄分別性相。依安慧論師，有漏八識皆能起遍計的作用，故皆為虛妄心，執虛妄為真實。

依他自性（paratantra-svabhāva），即是因緣所生法，是故如幻而非永恆之實在。

圓成自性（pariniṣpanna-svabhāva）。依他起性之真實體名為真如，遍滿一切法，不生不滅，體性真實。此離一切相，僅能由般若證知。

頌言，由意執着故生六識惑亂分別，由是心受污染，如幻世間種種苦即由是生起。其惑亂分別的境界，即為外塵、身根、心識所成的十八界（aṣṭādaśa dhātu），此即能依之識、所依之根、所緣之境。分別名為眼耳鼻舌身意六識、眼耳鼻舌身意六根，及色聲香味觸法六塵。此已攝盡一切法。

如是應當思維，輪迴三界諸有情所受之苦苦、壞苦、行苦。

有情連續轉於輪迴，彼等已互為父母，親友、怨敵。若投生為蟻，累世所成身，堆積當高於須彌山王。又復累世所哭淚水，匯集當大於四大海。為追求財色名食睡而斷頭斷肢，其數當多於成立此世間之極微。

次當思維，今生雖圓滿財富、眷屬、權勢等，死後或轉生為貧窮，甚且淪為奴婢。此猶如夢中安樂境，死後則一無所有。若今耽着於眼前顯現境界，無非恰如耽着於夢。為後世計，應住於解脫法。如是思維，並具前行、正行、後行而修。（以上第廿三導引）

丙二　思維六道苦

丁一　思維地獄苦

戊一　思維八熱地獄苦

熾熱獄頂為等活地獄
有情相遇持武器互殺
聞聲復活互殺又如前
除非業盡否則唯受苦
計量四天王天之一日
猶如人間歷算五十年
如是以三十日為一月
復以十二個月為一年
如是五百年為彼一日
等活有情受苦五百年
如是依經細細來推算
即十六萬二千俱胝年

黑繩有情身受大痛苦
身肢鋸斷復合尋又斷
三十三天一日人百年
彼天千年為彼獄一日
獄中有情世壽一千歲
經說恰如人間之年數
一兆廿九萬六千俱胝
眾合地獄有情為山碎
其山如馬如牦牛獅虎

山開有情復合又如前
乃於鐵臼之中受搗碎
於壓磨時血流如水注
人二百年無煩天一日
彼獄一日夜摩天千年
地獄有情受苦二千歲
經説恰如人間俱胝年
一百三十九萬八千數

號叫地獄火燒慘叫號
於鐵鑊中烹煮受極苦
兜率天一日人四百歲
天四千年為彼獄一日
如是受苦彼壽五千歲
為人壽八俱胝復俱胝
另九十四萬四千俱胝

大號叫有情住夾鐵屋
為大火燒為夜摩割碎
化樂天一日人八百年
彼天八千年彼獄一日
彼獄有情受苦八千歲
人間六百六俱胝俱胝
另三百五十五萬二千

炎熱獄中骷髏住鐵屋
尖矛裂體頭顱受錘擊

熾熱火燃於身內身外
如是受苦一萬六千年
他化自在天萬六年數
即為彼獄有情之一日
人世千六年為天一日
故彼獄有情受苦年歲
五十三億八百萬俱胝
四十一萬六千俱胝數

極熱獄有情受三叉刺
熾燃火焰燒層層鐵屋
頭及兩肩開裂纏熱鐵
且於銅汁鑊中受烹煮
彼獄有情世壽半中劫
人間年歲實在難計量
成住壞空四劫為中劫
八中劫則合成一大劫

無間地獄火焰熾鐵屋
唯聞號叫嚎咷痛哭聲
有情與火相連無分別
恰如熾燃燈芯與火焰
生命猶如火中微火星
彼獄有情受苦一中劫
以更無有痛苦能甚彼
是故稱為無間熱地獄

上來所說八大熾熱獄
後後熱於前前者七倍
所受痛苦後後甚前前
受苦直至有情業力盡

【**釋**】應當思維八大熱獄痛苦——

等活地獄（saṃjīva）有情，以業力故，相見即有如仇敵，持武器互相殺害。死亡時有空中聲響令彼復活，又復相殺如前，直至業盡為止。

黑繩地獄（kālasūtra）有情，有諸夜摩用黑繩在其身上畫線，然後依線鋸裂，裂後身體復合，又畫線鋸裂如前，直至業盡為止。

眾合地獄（saṃghāta）有情，為如馬如牦牛等山崖夾碎，復合後又被置於鐵臼中，捶為細粉，然後再復合受苦如前，直至業盡為止。

號叫地獄（raurava）有情，受熬煎於鐵汁之中，身為火燒，哀號呼叫，直至業盡為止。

大號叫地獄（mahāraurava）有情，住於夾層鐵屋，夾層中大火燃燒，復受夜摩錘打刀割，直至業盡。

炎熱地獄（tāpana）有情，受鐵鍋中熬炖之苦，火從腹內燃燒，身外亦為火燃，如是痛苦，直至業盡。

極熱地獄（pratāpana）有情，住於層層相夾之鐵屋中，每夾層皆有火燃燒，復受三叉刺穿頭顱兩肩，全身纏熾熱鐵帶。如是受苦直至業盡。

無間地獄（avīci）有情，在鐵室中感受前述諸般痛苦，是故唯聞哀號，受苦直至業盡。

上述諸獄，後後熱於前前七倍，苦亦大七倍。如是難忍地獄痛苦，故應精進修法，以期不進其中。思維已，具前行、後行而修持。（以上第廿四導引）

戊二　思維孤獨地獄苦

別別憂苦故名孤獨獄
彼或獨居亦可成群聚
居於山崖叢樹或天際
或於巖石或則居水火

有人誤解孤獨地獄名
謂其命短或渭零星住
經云石中天蝎亦長壽
又云五百聲聞在獄中
爭齋竟致持械相毆擊

【釋】孤獨地獄無定處，孤散於虛空山野江河，及溫泉火山等地。然而獄雖孤散，有情卻可群居。

應當思維受苦有情或困於石中、或僵於冰中、或燒於火中、或泡於水中、或居樹幹於截樹時受肢解苦、或生於陶器、門、籬、柱、灶之內，為人使用時，以業力感召而受種種難忍之苦。如是思維，並當為不生此處而精進前行、正行、後行修持。（以上第廿五導引）

戊三　思維近邊地獄苦

近邊獄在無間獄四方
生煨火坑以及膿血塘
鋒劍野原與糞灰河水
如是十六地獄苦難當

無間地獄百萬門開時
有情若見清溪林蔭地
誰知沒膝卻於火炕中
肉皆燒盡骨似蓮花白
及其復活受苦又如前
有情若見清涼摩訶池
誰知沉溺卻於屍糞漿
復為銅鐵金嘴諸蟲咬

又或有情忽見妙喜原
誰知卻被刀劍碎為泥
或者有情如行琪樹山
卻受劍葉摧斬業風吹

當其行經悅意山峰處
如見舊日家園聞呼喚
舉步卻為利鐵刮骨肉
及至山顛鷹鷲啄頭顱
又聞山下忽起呼喚聲

下山身軀亦為利鐵刮
山連原野此中亦恐怖
男女身軀火燒露獠牙
野犬豺狼追逐以為食

或者以為眼見清涼河
心生歡喜舉步欲行涉
誰料熱灰沒腰焚骨肉
唯見兩岸夜摩禁逃離
如是千萬年中受痛苦

若能不畏彼獄諸般苦
唯知無邊痛苦無自性
是即能離如是怖畏獄

【釋】應當思維近邊地獄苦。當觀無間地獄四方各有四獄，即煻火坑、膿血塘、鋒劍原、糞灰河。地獄有情於無間鐵獄中受極大痛苦後，業因已消，便覺獄門開啟，彼等但見清溪林蔭，於是急急出門即往彼處，豈知其實身入煻火炕中，燒盡骨肉。及其離開火坑，見池便去，誰料此實為膿血塘，沉溺其中，受銅嘴、鐵嘴、金嘴諸蟲咬食。得離脫後，往妙喜原，及至到時彼忽成劍原，有情下足即成碎片。於離脫後復見悅意琪樹林，然到達後卻為業風吹劍業，身肢截為碎片。如是等種種苦。

有情行經山峰，忽然如見生前家園，山上有情皆昔日眷屬故舊，呼喊其名。有情於是喜悅登山，然一攀登卻立即為利鐵刮身，及至山顛；則為鷹鷲烏鴉啄食其腦。彼復聞山下呼喚，於是返身下山，然利鐵又由上刺刮。至山邊原野，但見男女擁抱，為火所燒，復有野犬豺狼虎豹，追逐啖咬。

離此山原，見清涼河，涉渡時忽沉沒熱炭灰中，沒至腰際，火灰燒其骨肉，欲逃離時，則為兩岸夜摩所禁。

如是思維，當發解脫出離彼獄之心，具前行、正行、後行修持。（以上第廿六導引）

戊四　思維八寒地獄苦

復有八處嚴寒苦惱獄
其地層冰堆雪如山積
大黑暗中雪風呼號急
名為皰與皰裂阿吒吒
臛臛婆虎虎婆青蓮花
紅蓮花及大紅蓮八獄
此中有情利火嘴所食
受盡苦怖至業盡方息

皰獄有情壽量如是算
憍薩羅城大斗八十量
盡皆滿滿盛載芝蔴粒
百年取一直至取清光
餘獄有情二十倍壽量

有情精進則能離彼獄
彼獄實在具存於心識

【釋】應當思維八寒地獄痛苦。於暴風雪境中，雪山冰山高積，因寒生皰，故名皰獄（arbuda）；裂皰變瘡，故名皰裂地獄（nirarbuda）；冷至緊咬牙，故名阿吒吒（aṭaṭa），蓋謂唇不能動，僅能吒吒作聲；哀聲臛臛，故名臛臛婆獄（hahava）；哭聲虎虎，故名虎虎婆獄（huhuva）；因寒而至皮肉開拆，似青蓮花四分，故名青蓮花獄（utpala）；更拆，似紅蓮花八分，故名紅蓮花獄（padma）；極冷肉拆，猶如大紅蓮十六分，故名大紅蓮獄（mahāpadma）。於種種裂傷中，有眾多鋭利火焰細蟲食之。如是思維，應當心生歡喜，慶幸今生未生彼獄，故精勤修法，具前行、正行、後行而修。（以上第廿七導引）

丁二　思維餓鬼苦

餓鬼道有空行有界住
身大肢小腹如五石鼓
喉細如針口細如針眼
每因饑渴而受燃燒苦
葯草花樹見則必枯萎
凡有所食變壞且嘔吐
甚且受障不能得飲食
或每飲食即如腹生火
口出火焰且冒濃煙氣
內外二障皆貧窮恐怖
以恐懼故乃受孤寂苦

空行餓鬼於空界浮游
為妖為魔為地神妖王
以業力神變故無障礙
常作種種損害違緣事
作病損壽危害於人類

人間一月為彼界一日
彼壽五百人間萬五年
壽盡之時即受夜摩苦

人若能知自性真實性
定然厭離不執一切法
不樂煩惱世間求解脫
為求安樂決定修正法

【釋】應當思維餓鬼道苦。

初外障餓鬼。其身瘦肢細，即飲食之名亦不聞，恆受饑渴之苦，且互為損害，無悅意時。雖見藥草林木海水，欲往就食，立即乾枯冒煙。

次內障餓鬼。從心肺間火出，口鼻中煙生，食物入口即成火焰。復口咽如針，不得飲食噉啖。

復次無障餓鬼，常於人類作違緣事，雖無飲食障礙，然以業力故，食物亦成火炭，是故亦受饑渴苦。

如是思維，當為不生其處而精進，具前行、正行、後行而修。（以上第廿八導引）

丁三　思維旁生苦

旁生道中有住四大海
互相為食其苦無邊際
即使藏身海中黑暗洲
仍有饑渴寒熱被食苦

若散居人間如鳥鹿等
則有獵人傷害或互食
若牛馬羊驢犬等家畜
則有役使負重棰打苦
且因骨肉毛皮而遭殺

龍族不知彼土苦自性
正午中夜樂苦相交替
又於凌晨黃昏變苦樂
有等國土沙雨如雹降
有等國土無侶唯孤寂
彼等遭受諸般難堪苦
多數愚痴復畏鵬鷲擊
彼等壽算短者僅一日
現毒龍王則住壽歷劫

思維種種旁生欲出離
離旁生道期求利與樂
則當日夜精勤行善法
求具福身且得趣勝道

【**釋**】應當思維旁生苦 ——

住於大海或黑洲中者，多如酒糟，彼等互相為食，且無智愚蒙。

住於人天境者諸鳥獸，彼等或遭殺害、役使；或受捶打損害，是有無量痛苦。

如是思維，即當為不生彼處而精進，並具前行、正行、後行而修持。（以上第廿九導引）

丁四　思維人苦

若言諸人亦終無安樂
煩惱憂傷以及刀兵苦
一苦未除又復遭餘苦
食物攙毒由是生疾病
復次衣等錯用亦成苦
無量諸苦根源為八苦
生老病死以及怨憎會
愛別離求不得五陰盛
復有三苦是為根本苦

【**釋**】應當思維人苦。分三苦與八苦 ——

初思維三苦。苦苦者，為諸非可意苦受法，如病痛未除，又生餘苦，如痲瘋病者更生毒瘡。壞苦者，諸可意之樂受法，壞時為苦，如娶媳歡樂時，恰逢屋塌。行苦者，一切捨受法為因緣生滅，難免流轉而致身心逼惱。如種種損害行。

八苦者，生、老、病、死、怨憎會、愛別離、求不得、五陰盛。下來當細說。

當思維於彼等苦中，今須解脫，如是具前行、正行、後行而修持。（以上第三十導引）

戊一　思維生苦

以無明故風心聚明點
於七七中身軀次第熟
如卵如團如塊如魚龜
即使微細所感苦亦巨
勞累虛弱飢渴與寒熱
即使難忍亦須苦忍受
黑暗狹逼兼且感惡臭
七七之後以至廿六週
根身肢體毛髮次第具
如是乃至第三十六週
氣力漸長乃至能移動
終於狹窄骨穴中逼出
業風所轉顛倒而出生
所受苦楚猶如眾合獄
一切所觸彷彿如剝皮
於沐浴時猶如刀挖疤

【釋】應當思維中有身飄浮，以業力故，與父母紅白菩提相合，由是七七日次第成形，住於母胎，感惡臭，疲累，於是發吐，蜷縮。由於母體食用行為等，或感覺如住火坑、或感覺如住冰山。其後身體漸成，便感如壓重山、如臨危崖。如是極為苦楚。至生產時，所受痛苦如眾合地獄，立時昏絕。出生後，若受觸摸，如刀削皮；沐浴時，如刀挖疤。如是無量痛苦，無論生於何處皆不離苦性。是故今生須滅盡輪迴投生。如是思維，並具前行、正行、後行而修。（以上第卅一導引）

戊二　思維老苦

及至老年苦亦難禁受
韶華已去眼前無可悅
肢體難舉行步須依杖
胃火已衰食物難消化
體力漸弱行往盡為難
有如行屍難至欲往處
眼官已壞翳花不見色
聲香味觸亦漸無所受
意根亦亂有如昏暗睡
對可樂境僅生微喜悅
美酒佳餚嚐之輒反胃
歲月推遷畏死心隨長
有如孩童凡事難忍耐
油盡燈枯死期指顧間

【釋】復次思維老苦。衰老時身力消失，故行住坐臥皆感艱難；根力衰退，故眼不見色、耳不聞聲，以至憶念思考不明。風脈漸減，故心胸狹隘而且膽怯，如同小孩，凡事皆難忍受。而且口中雖言死亡，心中實懷畏懼，如是種種老苦，故今當求無死菩提。思維次，具前行、正行、後行而修。（以上第卅二導引）

戊三　思維病苦

受病之苦實在難忍受
體質變異心中生惱亂
受用諸境皆覺不悅意
疑懼叢生唯恐壽將盡
由是呻吟難忍諸般苦

【釋】復次思維病苦。生病時四大不調，體質無異，或感疼痛，或感寒熱。又以根力衰失故，起坐為難，一切皆不悅意。復以種種違緣，遂至疑懼死亡將至，由是心生極大痛苦。如是思維，即發願今生當得能解脫之甘露，並具前行、正行、後行而修持。（以上第卅三導引）

戊四　思維死苦

死亡痛苦諸苦中最大
衣食語睡已均為最後
何只捨身且捨財眷僕
一無所有孑孓獨行去

【釋】復次思維死苦。臥於最後床上，受用最後衣食，講說最後言語，雖眾多眷屬圍繞，亦無少許利益，終受死之苦惱。此時四大漸收，由迷亂引入中有，捨此生顯現，追後世境界，一切捨棄，唯自獨行。此時縱有財物，甚至一口飯亦不能帶去；縱有眷屬，亦不能帶去一人。如斯過患，今當為得不退轉果而修。若今後尚伏怨護親，計量處所資具，疼惜兒孫親眷。尚有何實義耶？是故應修行殊勝無死解脫道。如是思維，並具前行、正行、後行而修。（以上第卅四導引）

戊五　思維怨憎會等四苦

其為苦痛與怨憎相會
帶來危懼與苦難損害

所愛別離或別所樂土
即是憂傷愁苦痛心根
每思所愛即有期待苦

汝所有者被奪生悲苦
汝所求者不成生愁苦
資具耗盡汝即如餓鬼

經說色受想行識五蘊
即是苦處及苦所依處
以其有漏故是苦根源

是故廣大一切人間世
以因果故無樂但受苦
為求解脫唯思修善法
此即輪迴解脫方便道

【**釋**】復次思維餘四苦——

怨憎會苦，即與欲相見之人相見，由是妨害，或生危險，如是遭苦。

憂別離苦，即與所親生離死別，於思憶際每生痛苦。

求不得苦，失壞所有，離諸所悅，由是而生憂愁。

五陰盛苦，以色受想行識五蘊皆是有漏，故即是苦源、苦處、苦依。譬如身為針刺，針即為色；因刺生痛，此即為受；彼痛剎那相續，此即為想；痛即為行；因痛而苦，此即為識，如是或身苦，或心苦，皆於五蘊外餘處不生。當離苦諦之有漏熾盛，是須得聖者智慧。如是思維，並具前行、正行、後行而修持。（以上第卅五導引）

丁五　思維阿修羅苦

阿修羅道此中亦無樂
以瞋恚故罵鬧起戰爭
不忿天人所享諸殊勝
唯有戰場百般受苦惱
是故欲求安樂與清淨
速當修習殊勝解脫法

【**釋**】復次思維阿修羅苦。不忿天人豐饒富足，享受悅意，恆生嫉妒之心，如是時作爭吵，甚且開啟戰端，所生痛苦猶如炒米，故今當修持寂滅法。如是思維，並具前行、正行、後行而修持。（以上第卅六導引）

丁六　思維天人苦

欲界天人苦惱亦無量
放逸貪杯死後定墮落
花鬘枯痿不樂於安坐
眷屬捨離此際畏來世
如是七日受難堪忍苦
色界諸天如大梵天等
業盡之時定當墮惡道
感知變苦由是生苦惱

試觀寂靜無色界業盡
感知來生行苦心生苦

縱入如斯善道仍難靠
善信是應修習解脫法

【釋】復次思維天苦。諸欲界天雖暫時安樂，唯以往昔善業既盡，但餘惡業，是故必生三惡道。天人臨死時，以神通故了知來世，由是必受七日苦，如魚輾轉於熱沙中。

諸色界天及無色界天人，雖暫享受禪定之樂，亦以善業盡故，以惡業力墮於具壞苦，行苦諸趣。

如是天人之樂尚不可靠，故今務須於三界六道中求解脫。如是思維，並具前行、正行、後行而修持。（以上第卅七導引）

丙三　思維今日如何

貪着輪迴一切有情眾
實如貪着火坑唯苦惱
天人導師開示解脫法
自力解脫即是方便道
更無他力可令人解脫
猶如無人能止他人夢
如若他力堪能令解脫
佛大悲光已令輪迴空
是故決須披上精進甲
時間迫促急入解脫道

試思過去恆河沙數佛
未能解脫有情如我者
有情依然飄泊於惡處
此實由於過去未精進
是故六道之中苦相續

輪迴痛苦廣大如虛空
難忍如火亦如世界壞
縱欲退避實已無可避
若然一己無慚復無愧
是則諸佛悲光豈能照
經說如來功德與事業

所化有情業淨則能生
是當知罪求入寂滅道
如是我及無邊諸有眾
是應一心思念輪迴苦

倘若如今微苦已難受
是則豈能堪忍有情苦
倘若聞宣示已心不動
是則此心豈非如鐵石

若知心識則不更增加
煩惱隨煩惱大隨煩惱
於諸種種諸根行境中
是即難忍輪迴之苦因

由是大樂根源法喜宴
願諸三有城中有情眾
於利樂中得享長悅樂
疲勞心性今且得休息

【釋】 應當思維今日。如今已得暇滿人身，並能自在，倘若對微如火星之苦已難忍受，對少許疲勞饑渴苦已難忍受，是則焉能忍受地獄寒熱，餓鬼饑渴、旁生勞役之痛苦。倘若不能忍受一日生病之苦，則焉能忍受無邊輪迴苦。如是思維自力解脫，具前行、正行、後行而作修持。（以上第卌八導引）

乙四　思維業力因果

佛說三界有情諸苦樂
皆緣有情過去業積集
黑白二業起用故輪迴
善與不善各各有十種

業用唯依無記阿賴耶
彼如明鏡未受分別染
明澈能容諸法無分別
生起恰如明鏡之清輝
五識由是各別緣色等
亦無分別猶如影在鏡
剎那相續有取或無取
有無分別即染或不染

復次依於欲界一切業
善惡種子唯依阿賴耶
無分別光明依淨色界
無分別執為無色界因
是故二障即輪迴自性
此乃遍於過未現三時

識無分別散亂而呈現
雖無所取己緣阿賴耶
一切光明顯現俱不執

是即不動光明阿賴耶
能所開遮以及五識境
七識建立於起受想時
如是即使稱為七聚識
此等串習令飄流三界
身語意業即起惑與苦

於欲界中七聚識為主
色界之中唯主阿賴耶
無色界僅依阿賴耶識
一境既顯餘二即潛藏
應知具足於各各層界

如是欲界有情夜眠時
五根境識即漸入於意
意入阿賴耶而離於思
此際心唯自緣境不起
是入法界真實離戲論
阿賴耶識同時起現行
意識獨頭生起如夢心
由是開遮種種境如幻
此際睡醒六識復現行
復對境緣相續而作業
恆時晝夜自我如是現

色界有情識起於四禪
彼等安住阿賴耶識內
偶然亦生微細執着境
以恆修定故而入無想

無色有情唯住阿賴耶
四無色定心寂唯自緣
微細心識相續所依止
極微細受想行識四蘊
如是極寂緣心歷一劫
是故難生辨別善業種
如是四無色界寂心識
實為前生業果能報盡
以其本性無記無明故
復起輪迴顛倒因與果
如是彼天亦須求解脫

世間具欲心識能習染
如理修持上下都解脫
於晝六時七聚識為主
餘二心識境界為從屬
由眼根起形色等眼識
明分於阿賴耶無分別
無分別分即為阿賴耶
餘六聚識實亦如是起

於睡夢時心識唯自緣
及夢醒時心意識遞生
或如一體或僅現一二
或同起現行而呈一境

【釋】龍青巴導者以長頌説業之自性，及於三界中運作之機理。

業為能依，阿賴耶為所依。阿賴耶無覆無記，是故一切業種子皆無分別。阿賴耶如鏡，種子及其現行則如鏡影，如是眼等五識所緣境習如鏡影無分別呈現於鏡中。唯剎那相續心識生起，對境有取或無取，如是即成分別，心識由是受污染。

三界業力運作，欲界以阿賴耶識中一切業善惡種子為輪迴因；色界雖以阿賴耶識為主，但仍有所執，成輪迴因；無色界心識唯依阿賴耶，受想行識四名蘊極其微細，則以善業報盡，不更生善業種子為輪迴因。

欲界有情於睡夢時，五根境識入於意，意入於阿賴耶，是故一切無分別，心唯自緣，離諸戲論。然阿賴耶識卻剎那起用，獨頭意識生起，對如幻境便有分別。及至醒時，則心意識次第起用，故又對境起分別而作業。

然則欲界有情何以卻能解脱？則以修行時熏習心識，若如理修行，則能令心識漸次不起分別，如是離二邊、離能所，成清淨光明無分別阿賴耶識，是又名為如來藏。

本節闡明諸識運作及修行依據，已由唯識導入大中觀見。（本節無止觀導引）

丙一　思維不善業

業根起用即失清淨覺
由是生起貪瞋癡煩惱
虛幻有情即作黑白業
輪迴上道或輪迴下道
不善業可分別為十種
三身四語以及三意業

丁一　思維身三不善業

殺者有意取有情性命
同分罪為毆打而傷生
盜者為不與取他人物
同分罪為欺詐而取財
淫者為與他人妻苟合
同分罪為誘惑具戒人

【釋】應當思維，犯身業之殺生者，無論輪迴何處，皆短命多病，境況亦不悅意，如處身懸巖深谷險境，甚則受三惡趣苦。

犯身業之盜取者，生於貧窮、乾旱、冰雹、饑荒所害等境，甚或受三惡趣苦。

犯身業之邪淫者，家屬不美，常遇怨恨，生於鹽鹹臭穢之境，甚或受三惡趣苦。

思維及此，從今當斷身三不善業。如是思維，並具前行、正行、後行而修。（以上第卅九導引）

丁二　思維語四不善業

妄語為誑人令其意改
同分罪騙取他人信任
綺語為邪論及無義語
同分罪穢褻及支漫語
重舌為對人作離間語
同分罪一事作兩種說
惡口為作尖刻語傷人
同分罪不和樂語辱人

【**釋**】應當思維，犯妄語者他生多受誹謗，恆受他人欺誑。

綺語者，他生語言錯亂，無表達力，且難得人信任。

重舌者，他生難與人合，雖利濟他人，反招怨恨。

惡口者，唯聞他人輕慢毀謗之言，且易與人諍論。

思維及此，且念彼等亦恆墮惡趣受苦，故當斷除。如是思維，並具前行、正行、後行而修持。（以上第四十導引）

丁三　思維意三不善業

貪業不忍他財欲自取
同分罪圖獲他人福德
瞋業以忿心作傷人事
同分罪因怒而不饒益
癡業執斷執常無因果
同分罪作增上誹謗見

【**釋**】應當思維，犯貪業者，他生多求不得苦及怨憎會苦。

犯瞋業者，他生恆常恐怖，眾多損疑。

犯癡業者，以生起無因果見及常斷見故，遭受惡趣輪迴之苦。

如是思維，決心斷除，並具前行、正行、後行而修。（以上第四十一導引）

丁四　思維不善業果

沉迷十不善行所得果
等境意樂前行究竟起
等流異熟增上士用果

十不善行小者墮畜生
中墮餓鬼大者墮地獄

等流與因等起分二種
一能等起及二所等起
是故感受等流得天趣
亦能壽短以及多病等
或缺資具且因之樹敵
眷屬醜陋或反成怨偶
諸多誹謗或為人欺騙
眷僕反叛或得劣眷僕
常聞毀語或則多諍論

言語無力且易起徬徨
不能知足貪求無止境
不得饒益唯依於損害
讚嘆邪見或多誑與諂
十不善行依次各具二
經說是為所感等流果

增上果生於諸外境中
於境為諸外緣所決定
若犯殺者外境無生氣
飲食以及葯草樹花果
益少害多且亦難適應
犯盜業者恆生怖畏處
寒冷冰雹莊稼難成熟
淫者生於臭穢糞便坑
或則惡臭或則狹迫境
妄語生於恐怖敵對處
資財難保易受他人詐
重舌生處高低地不平
多具深淵狹谷懸崖等
舉步所觸盡皆不安逸
惡語者生處鹽鹹沙礫
樹樁巨石小石及荊棘

塵沙澀果以及巖巉境
綺語生處穀果不成熟
季節顛倒住無安隱地

貪者生處少實多空殼
悅意季節亦變為惡劣
瞋者生處多天然損害
穀果苦辣且多賊盜蛇
以及王者野蠻人等眾
癡者生處無助無依怙
且缺資源葯果花皆少

造十不善行之士用果
凡有所作彼必增其苦

總之十不惡業實如毒
其自性為令行者損惱
實應視之如敵而捨避
大中小品皆生大痛苦

【**釋**】不善業之犯與未犯，分四支評決。一者境支、二者意樂支、三者加行支、四者究竟支。其所生果亦復有四。一者等流果、二者異熟果、三者增上果、四者士用果。

以殺業為例。境支為人、為畜、為胎兒等。意樂支為起殺心；且從起殺心至行殺間，殺之意樂從無間斷；於預備武器毒藥至行殺間，意樂亦無間斷。加行支為預備行殺之物。究竟支為於現時或未來時，能殺未死，所殺已死。

是故殺雞供客，境支為雞；意樂支為因供客而起殺心；加行支如磨刀等；究竟支為雞死而殺雞之人未因殺而死。如是殺行四支俱足，是即為犯殺業。

誤殺未犯殺業，以缺意樂支或加行支故。

唯識家說五果，即除前述四果外復加離繫果。然離繫果指擇滅無為及涅槃而言，故世間法唯說四果。

等流果為一切由善因所生之善果，或一切從惡因所生之惡果。因與果同性，故稱等流。異熟果即由異熟因所生之無記果，因與果性質不同。增上果即與助力無障礙而生之果。士用果即由因之力用所成之果。

舉例而言，犯殺業者壽短，此為等流果，因果二者都以壽緣為自性故；生於無生氣之環境，此為增上果，蓋無生氣環境即為短壽助緣；感疾病等苦而誤服藥等，此為士用果，蓋誤醫誤藥即為因之力用。果報異時、異類、變異而熟，此統前三者而言，如犯殺與壽短，即有前生與今世之異時，二者性質不同（殺為惡業，壽短為無記業）、二者非同一阿賴耶識。

如是思維業力及因果，應與前第卅九至第四十一導引配合，並具前行、正行、後行而作修持。（本節無止觀導引）

丙二　思維善業果

十種善業能引生善趣
此即斷除十種不善業

身業不殺不盜不邪淫
語不妄言重舌惡綺語
意則遠離貪瞋及邪見

善業小品生人中欲天
大品業果無色天靜慮
是皆能引善趣喜悅境
其四善果與四惡果反
由是即知十善善趣果

【**釋**】上來順福德分說十善業果。—— 下來將順解脫分說十善業果。

應當思維身三業中，斷殺者長壽、無病；斷盜者諸受用圓滿；斷邪淫者，家人和合無恨。如是且得善趣之喜悅安樂，是故當作依止，如是思維，並具前行、正行、後行而作修持。（以上第四十二導引）

復當思維語四業中，斷妄語者，得諸眾稱讚喜悅；斷重舌者，眷僕和合恭敬；斷惡口者，得稱讚悅耳；斷綺語者，語言具力，具真實正量。如是且得善趣之喜悅安樂。思維次並具前行、正行、後行而修。（以上第四十三導引）

更當思維意三業中，斷貪心者，所求皆得成就；斷瞋心者，無有損害；斷邪見者，能成具正見者。如是且得善趣之喜悅安樂。思維次，並具前行、正行、後行而修持。（以上第四十四導引）

如是善業與福德同分
引生善趣不善生惡趣
取捨白業黑業因與果
即是世間法中之善道
如是佛說是為人天乘
是故如今已得善趣者
正應視為解脫之依止
諸具福者須當求解脫

解脫善妙業遠離輪迴
唯無漏因能導向解脫
離黑白業引導入寂滅
如是善惡趣由五道攝
十善四禪無色定六度

為利樂有情不住有寂
以智悲雙運而作善業
若能證得人法二無我
是則已達無邊佛道城
出離世間唯藉瑜伽善

【釋】應當思維修善法以求從輪迴中解脫，寂滅涅槃。

雖有聲聞、緣覺、佛三解脫道，而今唯求圓滿佛果。是故修十善、四禪、四無色定、止觀、四無量心、六度等，皆以前行發心；正行無緣實執；後行回向，一剎那不緩而作修持，以不圓滿資糧則不成佛道故。

如是思維，並具前行、正行、後行而修持。（以上第四十五導引）

復次有所緣者福資糧
雙運無所緣者慧資糧
消除二障證光明二身
凡夫有漏聖者則無漏
定中得境以及定後境
如是次第而行得解脫

解脫善業依行者佛性
是即心性光明無垢界
是即無漏自性住佛性
說為九喻二身即現分
無始以來本性大悲者
此性佛陀說為隨增性
根為無垢覺性光明智
說為善者三毒遠離故

二性生起發二菩提心
修大悲故積世間福德
瓶等三灌淨生起次第
修空性故積出世智慧
四灌圓滿次第大手印
若能行此精進二次第
善業增長煩惱轉成智

更作清除所知障增上
將見無垢法界諸法日

十善實為世間殊勝法
諸法資糧止觀無色定
則為出世極離戲論見
此即勝義真實慧資糧
由定境與定後境雙運
行持境界諸法真實證

無論煩惱有情諸善行
及其所作寂靜皆為業
遠離此等煩惱業中脫

道上十善業果為異熟
等流果增上果士用果

如其所行上中下三品
暫成人天究竟成最勝

等流即謂自然作善行
即得長壽富足受用果
夫妻和合且復無怨敵
亦無誹謗多得人助力
言語具力人皆感悅耳
知足具善且能得正見

增上果為生於豐饒地
飲食葯物受用能饒益
生清淨境時有葯草香
無他人欺且離諸恐懼
諸眾和悅耳智且安逸
節候悅意穀果皆豐足
住於平地有清涼湖井
花果豐饒且具足香氣
葉果葯草具香且美味
資源具足且有依怙住

士用果為善業之增上
一切善願如意皆易成

復次布施持戒生悅樂
忍耐為美精進則莊嚴
定能安心智慧令解脱

慈為人喜悲則能利他
喜能圓滿捨則無煩惱
如是積聚福智資糧果
暫落人天畢竟成最勝
是為大乘善道與正道
能行三世諸佛之殊勝

由是煩惱有情及寂業
皆依於心心性本光明
如虛空無作意離戲論
二諦義理相互為緣起

無始以來業由無而現
恰似畫師能造一切境
如是追隨如影不離形
成就身之苦樂更不移
是如瀑流業力難止息
如轉輪王令有情升墮
極為廣大開展如虛空
白黑無改如白蓮青蓮

若察業果彷彿如無報
然實如夢彼已異苦樂
心立諸業離言無實相
因果無欺甚深緣起法
離有無邊自性無二法
凡有所作皆生相應業
具一切相智者已善説
既如其理亦恰盡其理

【釋】上來大段偈頌，説順解脱分能解脱之業用因果。

先言順解脱分業，即積聚福德資糧、積聚智慧資糧，除煩惱障、除所知障、定中修智、定後修智，如是種種作業。

次言此等作業能解脱之理，是依於有情二性，一者自性住佛性，二者隨增性。

自性住佛性，即一切有情可以成佛的本能；隨增性則以聞思修習為緣，從而增長，故藉此造作亦可成佛。由是種種順解脱分作業，即有成就業果的解脱功能。

以此二性雙運，即勝義菩提心與世俗菩提心雙運，由是修大悲積世間福德資糧，藉瓶灌、密灌、智灌修清淨生起次第積出世間智慧資糧，於四灌圓滿次第中修二者雙運，如是即能除煩惱障，且為除所知障的增上緣。由是即見法界光明，及世間一切顯現光明，清淨無染。

復言修十善得世間果，修止觀得出世間果。所作善行，所證寂靜，悉皆為業。須對此不生執着，然後能從業中解脱。

於是分述異熟、等流、增上、士用等四果；六波羅蜜多果（布施、持戒、忍辱、精進、禪定、智慧等）；四無量心四果；二諦果（二菩提心果）。

更言業果難移，因果無欺。

業如瀑流、如大勢力王、如白青蓮。如是三自性即示難移之理。

業似無報，然實如夢中苦樂，似無實相，唯已具苦樂力用。

故當思維一切法即是業性，上下輪迴一切苦樂固為善惡業所作，菩提與諸善，亦為順解脱分業所作。且思業果難移，凡作何業，必生相應之果，故須如理取捨作業。思維已，具前行、正行、後行而修持。（以上第四十六導引）

丙三　破邪立正

丁一　破誹謗業果者

彼誹謗業因果力用者
實為常斷二見外道輩
執着劣見愈趨而愈下
既離悅樂亦不脫邪道

或執孩提見地視因果
悲福資糧無關佛覺道
大士所修止觀亦虛妄
是為斷見之中極斷見
彼由下地趨行於下地
遮因立果此見極稀奇

善若虛無修持有何益
是則徒然修習無義理
若修斷滅空能得解脫
是則心斷滅者應成佛
今既修持即應知因果
是則如斯劣見須遮遣

丁二　立正業果

正道即是因果緣起法
方便智慧雙運自生起

因果儼然而卻無自性
修道儼然而卻無自性
得果儼然而卻無自性
利他儼然而卻無自性
事業儼然而卻無自性
此即清淨因果深緣起
如是了義經續之精華
由二資糧二次第雙運
即速成就圓滿如來果

煩惱有情離因果邊見
勤求解脫道上之因果
即當速證增上勝菩提

以具利樂清涼法雨故
有情心土豐盛二資糧
煩惱有情業惑遍三界
疲勞心性今且得休息

【釋】上來所破，一為常見，一為斷見。

常見者執一切法常，是故愈趨愈下而不得解脫。斷見者執空為無，是故視一切因果虛無斷滅，然而離因果而修卻謂可以解脫。此實不知因果自性雖空，而因果力用不失。如是執常見者易入正見，而執斷見者則難入正見。

立正業果，即須知因果即是緣起，雖無自性，而力用儼然具在。

是故有情能勤求解脱道修行因果，即能速成佛道。（本節無止觀導引）

乙五　思維依止善知識

如是無謬因果正法道
依止善知識而始修持
三世佛子聲聞緣覺眾
亦依佛陀而證三種覺
即使能得悅樂善有情
亦須依止師長始悅樂
由是應知依止善知識

依止善知識即變為善
猶如藤依檀香熏香氣
依止惡知識即變為惡
猶如污沼吉祥草臭氣
是當盡力依止善知識
於惡知識則須盡力避

【釋】應當思維取捨勝士與非勝士之差別。若依止真實善知識，則如藤繞旃檀而生，自然熏沾妙香。是故應當依止善知識與善友，為自己功德長故。若依惡知識與惡友，則自然染諸過患，如不淨處生吉祥草，草亦受污染。故須應捨惡知識及惡友。如是思維並具前行、正行、後行而修。（以上第四十七導引）

丙一　觀察善知識相

若云善知識者具何相
共相恰如世間諸導師
不共相如出世間勝士
悉皆具足身語意超勝

丁一　觀察共相

身儀端正清淨行無過
其語無垢善於斷人疑
其意寂靜一切智寶藏
功德無量廣聞具大悲
復具深智心識如虛空
事業無邊且復能教化
以慈心故無懶但喜悅
奉獻自身令有情向上

【釋】此分身、語、意、功德、事業五門以觀察善知識共相。

應當思維，世間赴珍寶者尚須依止善巧導者，今吾赴解脫洲，自亦應依賴善知識。善知識者，身語意功德事業皆無過患，圓滿功德莊嚴，廣聞、慈悲，具無量空智及大悲心，堪忍疲勞，能令有情向上，入解脫道。如是善知識即為堪依止之上師。當發願能速得如此善知識，並願其大悲攝受，且願恆時不離。如是思維，並具前行、正行、後行而作修持。（以上第四十八導引）

丁二　觀察不共相

密乘上師不共相如是
既經灌頂受戒且具誓
已渡密續精義教導海
能修儀軌及諸事業法
見修行果都已具證相
大悲方便成熟所化眾
彼為相續加持傳承雲
如是智德成就師當依

【釋】復次觀察密乘上師不共相。

賜予臣民圓滿財富，應依靠具德轉輪王；今自己欲獲得無上果及諸功德，應依靠具德金剛上師。勝士上師當具圓滿灌頂，圓滿誓句，精通密續竅訣，甚深修念悉得感應，見地等持已有把握，且能廣利有情，事業圓滿。如是上師應當依止。若未遇此等上師，則發願速見；已遇者，願其不離，願其恆生喜悅，願得其大悲攝持。

如是思維，並具前行、正行、後行而作修持。（以上第四十九導引）

丙二　讚頌及依止

丁一　讚頌

片言讚曰若有情依怙
所具功德廣大無邊際

有若舟師引渡煩惱海
有若商主引入解脫道
有若能除貧困如意寶
有若能降清涼法雨雲
有若能令有情喜悅雷
有若葯王能除三毒病
有若明燈能遣無明暗
有若普利有情如意樹
有若能滿眾願吉祥寶
有若大慈旭日千輻光
有若能消苦惱清光月

【釋】應當思維，有如曇花難出，如是諸如來亦難出世，彼化身殊勝善知識亦如是難出世。今我等怙主殊勝上師，與一切真實善知識，皆具無量功德光輝，猶如舟師，引我等渡輪迴海；猶如商主，引我等入解脫道；猶如如意寶，能除有情貧苦；猶如甘露河，能摧惑苦火；猶如法雨雲，能降清涼雨；猶如天鼓雷，能令有情喜悅；猶如葯王，能除三毒病；猶如明燈，能遣無明暗；猶如如意樹，能滿有情一切願；猶如日月輪，具足事業千輻光。

當思維我今既已見上師，且已依止，當生歡喜，並當發願生生世世依止真實善知識，願善知識以大悲攝受我。如是思維，並具前行、正行、後行而修持。（以上第五十導引）

因其廣大密意如淨空
因其積集光明如明星
因其智慧有如無量海
因其廣起大悲如瀑流
因其不受魔摧如雪山
因其極不動搖如須彌
因其不為世染如蓮花
因其平等慈悲如父母
因其廣大功德如寶藏
因其引導世間如輪王
如是具德上師大導師
住於何境均有如佛陀
聞思憶隨用以遣輪迴
如濤事業功德負重載
恰如大地堪為有情依

【釋】此頌具德上師十德。初至四頌見；五六頌修；七八頌行；九十頌果。

當思維諸殊勝善知識，廣大密意如虛空、等持光明如日月、無量智慧如大海、猛利大悲如瀑流、自性堅固如山王、出世不染如蓮花、攝眾平等如父母、自成功德如寶藏、引導世間如輪王。故彼勝士每一功德皆無法衡量，極為稀有，唯願其恆常生喜，願其慈悲攝受。

如是思維，並具前行、正行、後行而修。（以上第五十一導引）

丁二　依止

如是上師佛即第四寶
壇城主尊吉祥忿怒尊
於此濁世調化諸有情
在所化前便勝於諸佛
頂禮金剛上師成就基
三門無欺清淨敬依止

上師具利樂遮止惡趣
置我等於善道梯階上
示真實義且加持心意
置我等於成熟解脫道
恆時喜悅以依止上師
信心堅固決定無更變

恰如病者須依止醫士
民須依王旅客依嚮導
行商依主舟須依舟師
為淨煩惱為離諸過失
為除生死為二利任運
為渡煩惱海須依上師

如是自心作四清淨想
由如是作他法可類推
師如醫士教法如良葯
思維自身恰恰如病者
一己所修則有如服葯
寂靜安樂猶如癒病果

劣緣弟子則為諸障根
無信無慚無愧少慈悲
根器卑劣行則非所宜
其心其業其惑五毒染
不辨善惡不辨法非法
不守誓句不護戒律儀
癡重慧淺由是無厭足

惡語瞋言彼則如山積
此種弟子於師作五想
上師如鹿其教如麝香
彼如獵人唯勤於射箭
以其所獲可轉販他人
斯輩今世他生受苦報

初無觀察妄結師弟緣
緣新則譽緣舊則誹謗
或作面譽背後作譭詐

於師眷僕親近皆譏辱
此輩弟子得墮無間果

善緣弟子明辨具大信
精進謹慎明思且受教
不違師教復能守律誓
調順三門悲心作利他
寬容謙讓慷慨具見地
於上師前深信且堅定

於是恆念上師諸功德
不挑其過且視為隱德
深思己過而不腹誹師
且能誠心懺悔作對治
師所不悅我則必不作
且行方便以求師悅意
不敢有違上師之所言
待師眷僕即有如上師
不收師僕作為己弟子
反向彼求教法及傳授

於上師前謹慎身語意
如坐必盤足而不箕踞
如貌必寬容而不怒目
如語不放言且不謊誑

不言人過語不損他人
復且不說無義無根語
彼不妄圖上師之日用
彼如指爪必除損害想
彼於上師言行及所思
不量為誤但視為深義
彼能捨離具障諸謬見
不以師命為然亦奉行
當其行經上師座前時
必思一己所容諸過失
於是恭敬作禮而懺悔
如是心生喜悅易成就
當見師時起立且迎座
於師坐時奉與坐墊等
且復合什恭敬而作語
當師行時追隨且護持
恆時衷誠自覺及專注
於溫順中供養且敬畏
親近上師三門如雛雀
既不神氣亦不敢偷懶
不靠邊站亦不作阿諛
不敢欺誑亦不弄虛假
對師親疏明暗皆不厭
具財富者應供養上師

否則亦以三門作供養
心無偏見成就令師喜
聞人謗師必挺身辯護
若不能護則思師功德
且掩雙耳慈心視上師
不以流言而加上師身

如是即能得種種利樂
遇善知識且能得法益
財富與功德皆能飽滿
道次第身心悉皆豐饒
如是即能分享寂悅樂

是故須當依止善知識
遠離諸惡知識及惡友
假若上師無上述功德
且具過失又復違律誓
既少慈悲兼且少智慧
懶惰無知而卻大我慢
心懷忿恨五毒甚污染
僅顧目前而不顧來世
所教似為解脫出世法
實無義理而且多偽善
如是上師無非大糞桶
雖擁徒眾多如蜜蜂群

無非導諸信眾入邪道
渴求解脫者須當遠彼

惡友亦須急急遠避去
若與為侶即受惡障染
善業減少而降煩惱雨
樂悅受障魔難漸滋生
惡友必毀善士厭功德
唯讚劣行且喜依黑法
對惡行者則極口稱許
以其恆時引人入惡道
智者具眼即當捨離彼

既離惡友以及惡知識
今世來生功德樂增長
恆增善業踏足解脫道
由是永時不遇諸惡士
唯見佛子所聚之淨土
於我垂注且復賜加持
此生歡悅且能生善趣
如是種種功德難思議

故須恆時依止善知識
以其能增種種善業故
黑業煩惱魔障皆遮止
得善成就增勝脫世縛

今生得樂積來世資糧
終作一切義成人天師

若能親近諸善友及伴
得善業長且得悅樂果
於煩惱世間無所畏懼
且得無限豐饒與利樂
於有情中能得二利富
善知識者勝利王化身
於五濁世故作此示現
是故直至菩提永皈依

如是周遍清淨見生起
慈悲以及菩提心熾盛
增益所修所證至猛利
所願圓滿無量利有情

【釋】上來大段頌文說依止。

先讚頌上師功德，為有情依怙，如舟師、商主等。復讚頌上師見修行果等十德。

於是即說依止之道。先說上師為第四寶種種，故須依止。如是須對上師及其所教作四種清淨想，即師如醫士、教法如良葯、自身如病者、所修如服葯，然後得癒病果。

然後辨劣緣弟子與善緣弟子之分別。復說善緣弟子應如何事師。

最後，說遠離惡友惡知識及親近善友善知識之殊勝利益作結。

故以上大段頌文，實已說師道與弟子道，藏密既重擇師，又重尊師，然上師亦擇弟子，善觀察後始傳以深法，故此段頌文，實為入道之階梯。

故當思維殊勝上師難得，若遇，縱見聞憶觸亦為解脫之種子，故上師事業實與諸佛等同，無論於何處所，上師皆為壇城本尊忿怒尊。

復次思維自身作弟子之道。願諸信眾生生世世皆能得殊勝上師以作依止。

更思如何事師，願其歡喜，慈悲攝受而求加持。

如是思維並具前行、正行、後行而修。（以上第五十二導引）

丙三　修行瑜伽

丁一　常修瑜伽

如何觀修如何作祈禱
積二資糧且懺悔除障
是故日於頂上夜於心
觀想根本上師中圍坐
上師與本尊空行無二
身色相好復具諸嚴飾
傳承上師空行護法繞
意供壇城祈禱得成就

於上師名前加梵字ༀ
咒末ཨཱཿཧཱུྃ復具祈願句

【**釋**】既皈依善知識已，即應修行瑜伽。本段言常修瑜伽。

皈依、發心後，誦百字明、獻曼達以積聚資糧。白日修法時於頂上生起壇城，眠時則於心中生起。於空性中生起蓮花、日月輪，觀想根本上師於中圍作跏趺坐，諸尊及空行圍繞。復迎請一切傳承上師及諸空行護法，化光入於上師心中。行者頂禮、供養、懺悔、祈禱，即誦——

皈依上師及本導　教禮空行護法眾
無餘外內密獻供　懺悔根本支分罪
祈求成熟得解脫　賜與灌頂及加持
並祈上師與聖眾　生生世世作導引

如是三遍。觀由上師身降下甘露，充滿自身，淨除病魔罪障。

除障已，生起大樂法性智慧，等持而住。

凡上師咒，將上師法號譯為梵文，前加ༀ（oṃ）字，後加ཨཱཿཧཱུྃ（āḥ hūṃ）二字及讚頌語，如སིདྡྷི（siddhi 悉地，意為成就）等。亦可於咒前加三金剛字，咒末復加ཧཱུྃ（hūṃ）字。如敦珠法王無畏智金剛心咒，即為——

ༀ་ཨཱཿ་ཧཱུྃ་གུ་རུ་བཛྲ་ཛྙཱ་ན་སིདྡྷི་ཧཱུྃ

oṃ āḥ hūṃ guru vajra jñāna siddhi hūṃ

復次，由上師頂輪發光，除我身障，得寶瓶灌頂，身金剛加持；由上師喉輪發光，除我語障，得秘密灌頂，語金剛加持；由上師心輪放光，除我意障，得智慧灌頂，意金剛加持。由上師三輪放光，除我異執身語意障，得名灌頂，智慧金剛加持。

行者於是以自身之身語意，融入上師身語意，彼亦融於無生法身中。行者乃無作意等持而住。出定則作回向。（以上第五十三導引）

丁二　事業瑜伽

欲除病魔惑業罪障者
觀想所除悉於白光消

欲求福壽財富功德增
觀想所求黃光中雨下

欲求自在得攝引權利
觀想紅光勾召鐵鉤相

欲求根除障礙與魔祟
觀想藍黑光遍如刀相

千輻火輪能調一切境
咒音一誦震動三千界
生起次第能成就事業
復攝所緣融入空性中
無執回向善妙菩提心

諸事業法能現諸驗相
此即深道無上大樂海

【釋】本段言諸事業法。

息災法者，觀上師本尊放白光，一切所欲除之罪障惑業，種種不祥緣起，皆於白光中消滅。凡息災咒，於根本咒後加誦「星孫古魯耶梭哈」(ཤཱནྟིཾ་ཀུ་རུ་ཡེ་སྭཱ་ཧཱ༔)。

增益法者，觀上師本尊放黃光，所求福德壽命財富權力功德等，皆於黃光中如雨而降，入行者身。凡增益咒，於根本咒後加誦「必諍古魯耶梭哈」(པུཥྚིཾ་ཀུ་རུ་ཡེ་སྭཱ་ཧཱ༔)。

懷愛法者，觀上師本尊放紅光，光芒如鐵鈎相，作自在攝引。凡懷愛咒，於根本咒後加「華生古魯耶梭哈」(ཝ་ཤཾ་ཀུ་རུ་ཡེ་སྭཱ་ཧཱ༔)。

誅滅法者，觀上師本尊放藍黑色光及火星，光芒如刀，降伏一切障礙魔祟。凡誅滅咒，於根本咒後加「瑪喇也呸」(མཱ་ར་ཡ་ཕཊ༔)。

如是修四事業法。然須具菩提心而修，故此節止觀，應與下述菩提心修習融匯。(以上第五十四導引)

丁三　施身瑜伽

別修除病障魔贖死法
觀師與佛無二虛空坐
師呈笑容無畏獅座上
傳承上師菩薩空行繞

座下六道有情悲債客
以及三世父母輪迴眾

由自心間ཧཱུྃ字出頂上
化為勇父持刀及顱器
由兩眉間劈裂自身軀
三叉架上顱器內充滿
行者血肉骨骼等碎塊
上降如雨甘露下燃火
器內熬成甘露滿大千

心輪放光化無數勇父
顱器中取甘露供十方
煩惱有情賓客皆歡喜
無始逆緣賓客亦歡喜
害魔歡喜障魔得平息

一切喜悅光芒入自身
病平魔息障礙盡消除
死魔挫敗行者得成就

後行寬坦任運而等引
心性無緣一切法空性
諸法如幻悉回歸法界
如是一切違緣皆止息
二障清除二資糧圓滿

更無我執即易得解脫
一切願滿萬象皆為師
自性無障臨終見光明
中陰解脫證圓滿二利
是故即當勤修上師法
佛說若能剎那念上師
勝於一劫修生起次第

欲求三界真實甘露雨
以及功德飽滿利樂雲
此則方為真實財富基
是即當依具信悲性者

為調如空廣大分別心
無始以來三毒生煩惱
應如善財常啼二菩薩
無厭求法依止善知識

帝釋千弦琴聲邀作伴
降於有緣耳內如甘露
依止惡道邪師疲憊者
心性於今應且得休息

【釋】修施身瑜伽的目的有二：一為去除我執，二為與魔怨結緣以除障。如是即為二種資糧之積集。

皈依、發心後，於面前自性空中觀蓮花日月輪，根本上師安坐其上，其自性與諸佛及傳承上師無二，周圍本尊空行護法圍繞。下方則有六道有情與諸魔怨。

由自心間ཧཱུྃ字放光，從頂輪出，化為五部勇父，手持彎刀，由眉間處截斷顱蓋，放置於三叉灶上。復分割自身，骨肉皆碎，即放於顱器內燃煮至沸，十方諸佛菩薩以甘露加持，顱蓋內之血肉骨皆溶為甘露盈溢。自身心輪放光，化為無數勇父，各持顱器，各各向諸賓客獻施甘露。賓客上師諸佛菩薩，為煩惱俗世有情，逆緣有情，以及損害魔、障礙魔、病魔、死魔等。以出世賓客歡喜故，二資糧得圓滿；輪迴賓客歡喜故，無始以來之宿業債償；種種害魔生歡喜故，消除其害心以及違緣。於是一切歡喜光入自心輪，而得贖死除障消災成就。

如是種種境，猶如雲散虛空。行者於無緣中作平等住。

此即為圓滿二資糧修習，且能於臨命終時認識光明而得解脫。

善財童子（Sudhana-śreṣṭhi-dāraka），為福城長者之子，以出生時有種種珍寶自然湧現，故名善財。後受文殊菩薩教誨，乃遍遊南方諸國，歷訪五十三善知識，然後於普賢菩薩道場圓成佛道。

常啼（Sadāprarudita），《道行般若》謂彼於夢中聞東方有般若波羅蜜多大法，乃東行，受種種難，經二萬里至犍陀越國（Gandhavati），遇曇無竭菩薩（Dharmodgata）而得法。菩薩成就前因見惡世人多苦惱，故常悲泣，由是得名。（以上第五十五導引）

乙六　皈依

丙一　皈依差別

以既依止諸善知識故
即當依次入此解脫道

一切道之根本為皈依
諸小士夫唯畏惡趣苦
中士有二皆畏厭三有
大士既見一切輪迴苦
不忍他苦亦自畏寂樂
由是發心皈依大乘道
是故三種皈依三意樂
分為平凡殊勝與無上

下士皈依隨行於意樂
是故唯求能得後樂果
二種中士僅皈依一世
直至能證聲聞或緣覺
大士皈依則至證菩提
乃至不可思議無量智

皈依境界亦可分兩種
共者依因不共則依果
依因依果二者之分別
因者唯許他時可成就

果金剛乘則許心即佛
是故今生已具成就果
皈依之名雖共卻有別
作皈依者須當知抉擇

因皈依境唯皈依三寶
佛化身莊嚴具相形好
法則分二其一淨教法
其二則為經續諸宗義
以及顯諸經教文字論
經典分為一十二大部
契經應頌記別與諷頌
自說因緣譬喻及本事
本生方廣希法暨論議
續者事續行續瑜伽續
方便父續與智慧母續
及無二續是為大瑜伽
如是文字例如經冊等
及道所證生圓二次第
具悲性故方便實無量
如是總持等持智慧藏
有學道上十地歡喜地
離垢發光焰慧難勝地
以及現前遠行不動地
善慧法雲如是十地等

有學道中十一普光地
為共因乘所證化身位
果金剛乘功德立地次
故有十二地及餘無量
資糧加行見修無學等
五道及二次第深心境
皆妙法日具足無垢光
僧者聲聞緣覺四果眾
及得地菩薩眾居外輪
內輪空行與密咒上師
此即面前虛空皈依境
唯許佛或上師作本尊

【**釋**】本段先說皈依差別，次說皈依對象之差別。

皈依差別者，依發心不同分為小士、中士、大士。

小士唯畏惡趣果，是故不識積聚善資糧，但求樂果，是故但得人天福報，佛說此為人天乘。其皈依對象為天王天帝等諸神。

中士知輪迴苦，厭惡欲有、色有、無色有，然但求自身寂樂，是故但得聲聞、緣覺果。皈依對象為佛法僧三寶。

大士既知輪迴苦，然亦不忍他苦，自畏寂樂，於是發菩提心，自利利他，是故得入菩薩道，以至圓成佛道。其皈依對象視依因、依果二種皈依境而有差別。前者皈依三寶，後者皈依上師三寶。—— 前者稱為共因乘，後者稱為不共果金剛乘。

聲聞四向四果者，預流向，指初入見道，得無漏清淨智慧眼之階位；預流果，指斷盡三界見惑，預入聖道法流之階位。一來向，已斷盡欲界九品修惑之前六品者；一來果，如前者證量，唯已得果，故一度生天，再來人間即可得涅槃。不還向，將斷除後三品修惑，且將證不還果之階位；不還果，已證果位，不再於欲界受生之階位。阿羅漢向，已證得不還果之聖者，趣向於阿羅漢果。阿羅漢果，指已斷盡色界、無色界一切見惑、修惑，永入涅槃，不受後有之聖者。

緣覺觀十二因緣而入涅槃，得辟支佛果。十二因緣者，無明、行、識、名色、六入、觸、受、愛、取、有、生、老死。辟支佛有十地：昔行具足地、自覺深緣地、覺四聖諦地、甚深利智地、八聖道地、覺了法界虛空界眾生界地、證寂滅地、六通地、徹秘密地、習氣漸薄地。

菩薩十地者，歡喜地、離垢地、發光地、焰慧地、難勝地、現前地、遠行地、不動地、善慧地、法雲地。

皈依之時差別者，下士僅隨意樂皈依，二種中士僅皈依一世，大士則直至菩提永久皈依。

皈依境差別者，依因皈依，僅得成佛之因；依果皈依，許心即是佛，故但能令心剎那不受污染，即可成辦佛果。前者雖亦依親教師，唯不若金剛乘上師之導引重要，故前者唯皈依三寶，後者則以上師為三寶自性，故皈依上師、佛、法、僧。

佛者，化身佛相好莊嚴，為一般皈依對象。或說佛有三身，即法身、報身、化身。或有四身，即法身、報身、應身、化身。密乘說佛有自性身，受用身、變化身、等流身。

法者，指淨教法，為佛所教，而無紀錄。已紀錄結集者，則分為經續二類。

經有十二部。契經（sūtra），即長行，以散文體記佛所說；應頌（geya），於長行外另有偈頌覆述經義；記別（vyākaraṇa），佛對弟子眾所作之證言；諷頌（gāthā），以偈頌記載佛說，自說（udāna），佛未待他人請法而自行開示；因緣（nidāna），記佛說法教化之緣起；譬喻（avadāna），以譬喻說法教化，本事（itivṛttaka），記佛與弟子前生行誼；本生（jātaka），記佛前生種種大悲行；方廣（vaipulya），宣說廣大深奧教義；希法（adbhata-dharma）記佛及弟子希有之事；論議（upadesa），載佛以論議抉擇諸法體性。

續者，分事續（kriya-tantra）、行續（carya-tantra）、瑜伽續（yoga-tantra）及無上瑜伽續（anuttarayoga-tantra）。

無上續中，父續為方便分，母續為智慧分。二者雙運則為無二續。

僧者，指外輪聲聞、緣覺、菩薩眾；內輪空行與上師。

如是須當思維，小士皈依唯求暫時安樂，無有餘果；中士皈依唯求自解脫；唯大士皈依能自利利他，願一切有情皆得佛果，故今我須學大士皈依。思維已，具前行、正行、後行而修。（以上第五十六導引）

丙二　皈依修習

以外實內意及密供養
滿心歡悅合什而祝禱
自他皈依上師佛法僧
為利他故直至證菩提
如是由心深處屢屢修

觀想歡悅光明射自他
三門清淨如是得成就
福德資糧圓滿成色身
其究竟果皈依境法身
此即自心光明離戲論
此善即為佛法本尊心

如是修習即是皈依道
一切緣起法無非自心
諸法無二無能去所去
於此性中行者而入定

若持二執則此非究竟
一無所欲即是果皈依
圓滿智慧資糧證法身
面向所顯視之如夢幻

【釋】修習皈依者，觀想面前虛空中，獅座日月輪上，根本上師與諸佛無二而住，菩薩、空行、護法眾如海聚會，圍繞上師遍虛空界。上師座下地基上，行者及一切有情恭敬合掌，並發願從今起乃至菩提，供養上師、依止上師，此外更無餘皈依處。

如是思維，乃以悅耳聲音恭誦：「皈依師、皈依佛、皈依法、皈依僧」。

盡力唸誦後，觀自身與一切有情，融入三寶、彼則融入上師寶、彼復融入法身離戲論空性中，於一切無所緣中寬坦安住。復次回向。此乃諸法根本，極為關要，當精進修持。（以上第五十七導引）

丙三　皈依功德

二種學處依因皈依者
不捨上師以及佛法僧
唯求今生得樂利世間
不欺應供視彼如上師
亦更不謗諸正法士夫

皈依佛已即不禮諸神
皈依法已即不害有情
皈依僧已即不隨外道
既作供養雖像亦供養
既已皈依晝夜恆思念

果之學處精進證無二
不思善惡亦無所取捨

不依戲論唯依了義法
諸法皆法爾圓滿壇城

說為捨因無非離言法
若執捨因斯則墮邪見
壞失學處及修墮卑劣
故當專一慎於所取捨

既見他人皈依已受愚
唯有殊勝皈依大悲尊
生生世世離畏得依怙
更無其餘生起利樂者

信心土壤即為清淨心
飽沃慈悲智慧清涼雨
由是盛長世間善福芽
殊勝如來稼穡得成熟

種種功德積集善品法
慚愧勤安不放逸不害
密咒雲端湧現智慧日
即於夢中亦不暫捨棄
回憶前生嚴德及豐饒

有情盡悅二利功德生
煩惱有情以汝為依怙

以救渡故得三身豐饒
功德有形必比虛空廣
是故諸善功德為根本
焉有智者不依賴於彼

於信心中我恭敬頂禮
頂禮除垢寂滅眾依怙
皈依三界如意樹導王
皈依一切利樂功德源

已依正法士夫所行道
大樂無上說為最莊嚴
若行邪業淪為諸惡作
疲勞心性今則應休息

【釋】皈依分二，一共，一不共。

共皈依者為依因皈依，蓋以佛法僧為成佛之因。是故皈依三寶，不捨上師，以之為依怙故。

不共皈依則為果金剛乘皈依，無所執而皈依故離取捨。然而說離取捨，不應執着於「離取捨」此名言而不抉擇取捨，應依其了義而非依名言。是故當無所執而皈依而慎於取捨。是故當觀察他人不當之皈依是為受愚，於是自己即當皈依大悲尊，是為殊勝皈依。

皈依須具信心。須積集種種善法以為資糧。若有自利利他功德生起，一切有情皆當喜悅，如是即能積集三身豐饒資糧。如是功德若有形時，必比虛空深廣。

故當思維，若皈依世間諸天神，以彼等亦轉輪迴，是故無利。由是當皈依具無畏解脫三寶。是能播解脫種，遠離一切不善，增上諸善品法。如是皈依，為一切律義所依，為一切功德源，是故為一切善神常護，一切願望皆能自然圓成。恆憶前生，從今起不離上師三寶光明，今世來生皆得安樂，具足得究竟佛果無量功德。

如是思維，並具前行、正行、後行而作修持。（以上第五十八導引）

乙七　修四無量心

丙一　思維功德

已作皈依具善增長基
即應發心悲憫諸有情
且令悲花開遍慈憫地
清涼喜蔭澆沃捨淨水

四禪所修未入解脫道
僅得喜樂仍為世間因
寂滅道上所攝之四者
渡煩惱海是故稱無量

所緣法性及無量有情
緣與無緣證德遍諸相

四禪所緣有情既有限
心識污染成為喜樂因
若無所緣直證於解脫
具慈悲者是故須當學

若人無樂常困於苦境
或貪富樂或常怨親疏
彼等即應行慈悲喜捨
心識所欲為離苦得樂
不離於喜心性得寧靜

【釋】此言修四無量心勝修四禪八定。盡四禪執所緣境，雖生喜樂，但有執即是污染，是故仍為輪迴因。四無量心緣無量有情及法性，無有分別執着，故大悲等德周遍法界，如是即成解脫道上功德。是應思維，若不修四無量心則不得成就佛果。

修慈無量者，能令一切有情得樂，究竟證報身佛果；修悲無量者，能令一切有情離苦，究竟不害，證化身佛果；修喜無量者，能令一切有情喜悅，究竟無嫉，證化身佛果；修捨無量者，無執着分別，證自性法身果。

即未得成就，於欲界中，亦得人天身而作利樂有情事業，或於色界中現前清淨等持。

思維如是種種修四量心功德，當具前行、正行、後行而修。（以上第五十九導引）

丙二　四無量心修法

丁一　修捨無量心

修習次第雖然無一定
唯初修者宜先修習捨
親怨平等然後修餘三
以所緣境為一切有情
故當如是觀察汝心境
若以父母為親敵為怨
是起分別心識即卑下
以輪迴故無始亦無終
怨敵亦曾為父母蔭我
是則焉能報怨答彼恩
親友亦曾為敵作損害
於今我亦受彼所引苦
然則如何報彼應得者
非親怨者曾為友為敵
利害無定焉能別恩仇

是故初觀汝所親諸友
視之有如非親非怨者
復次亦觀汝所怨諸敵
視之亦如非親非怨者
親怨都斷即無貪與瞋
為除非親非怨無明暗

除虛妄心無復見親敵
如是任運心離世間幻
須發願心離苦同得樂
否則無明唯落於苦因

具惑有情正為惑所困
願連習氣皆令之休息
有情惑亂為貪瞋所逼
心無親怨即離諸貪瞋

如是由一而多修止觀
修一洲已修遍四部洲
修小千已遍及三千界
自他友敵修量中平等

復次修觀無緣平等捨
一切唯心心性若虛空
等持汝心離一切戲論
勝義法界無生畢竟空
如是修量能證深寂滅
心無分別染法爾圓成

【釋】觀察了知不應貪着於父母親友為親，亦不應瞋恚諸怨敵。蓋於過去生中，親或為怨，怨或為親，一切無定。

更觀察今生怨敵，或未能危害我，或且反令我得益，甚且敵化為親；而親者則亦時說不愛語，甚或鬥爭，或則奪財，如是親化為敵。如是了知親怨無定。

如是即當斷除貪於親、瞋於敵之心，觀察親怨平等。

修止觀者，先觀一有情，至二三有情，然後推至一城一地，乃至四部洲、三千大千世界，遍法界皆平等捨，如是修證勝義無生，畢竟空寂，諸法法爾圓成。（以上第六十導引）

丁二　修慈無量心

如是心於有情持平時
觀想幻惑有情同一念
如汝願母能常得樂悅
慈心所緣一切有情眾
唯觀彼等暫得人天樂
及其究竟則共證菩提

觀修一人漸遍至十方
修量為能遍起殊勝心
慈心勝於慈母於愛子
後修所觀諸法同一體
是即殊勝無緣大悲心
如是證量為慈空無二
果為得證清淨悅樂心

【釋】修慈無量心，緣一切有情而作觀想，先觀自己及親眷不具安樂，願其皆得安樂。於是觀一切不具安樂之有情，願彼等亦皆安樂。

修止觀者，先觀想自身父母，次觀眷屬親友，如是由一有情推至無量有情，復於無緣大慈心中入定。（以上第六十一導引）

丁三　修悲無量心

慈心遍觀一切有情後
即思彼等諸苦修大悲
一如不堪隱忍父母苦

大恩父母為我而造業
為應我求造作種種罪
受熱受寒受饑渴辛勞
沉溺生老病死飄流海

飄流無際輪迴真可憫
欲脫輪迴奈無寂樂心
亦無示以正道善知識
我既見已豈即能相捨

汝當深思於心底骨髓
願有情眾剎那得解脫
以我三世所積善資糧
以我身及受用作回向

修量驗相不忍有情苦
無緣大悲止觀繼入定
如是而修悲空無分別

果得離瞋遠害清淨心
堪能成就根本心清淨

【釋】修悲無量心，緣觀受猛厲痛苦有情，為自己夙生父母眾，為答應子女要求而造種種惡業，受種種苦，故為其子女者即不應捨棄父母。如是思維，即從深心發出不可忍耐之大悲心。

止觀境界為先觀一二有情，以至遍及無量有情，如是至無所緣而入定。具前行、正行、後行而作修持。（以上第六十二導引）

丁四　修喜無量心

一切有情悲憫而得樂
是則應當修喜無量心
所緣者為無量有情眾
為修喜故汝應如是觀
有情得樂非我所設施
彼等各各自得其喜悅
願彼從今直至菩提間
永不相離舒適及悅意
由一起修遍及諸有情
修量驗相生喜無嫉妒

後復清淨止觀中生喜
身語意三自然成寂樂
果為以此內財堅定喜

【**釋**】修喜無量心，觀諸善趣中有情安樂舒適，凡諸喜悅皆為緣境。

止觀境界為自一至多。以至遍一切有情，觀其恆時不離諸喜悅，且長壽安逸，舒適安樂，眷屬眾多，受用圓滿，智慧廣大，無有損害，乃至圓成佛果。如是願一切有情滿願。尤其於我違害之怨敵，若心生嫉妒，則緣於彼等一再修習。最後於無緣中入定，身語意得法爾寂樂。

如是具前行、正行、後行而作修持。(以上第六十三導引)

丙三　修習次第及所得果

如上次第修習圓熟後
由慈起修以漸除四執
修慈若執有情如親友
修悲知苦因果以除執
若修悲時執所緣境界
則須修喜無緣以除執
設若修喜致散亂掉舉
是須修捨離親疏愛憎
倘修捨時境界墮沉滯
則又次第修慈無量心
如是修習易成且堅穩

修瑜伽者若已能堅穩
則可順逆超越無序修

如是修習時生新證量
且令堅穩修至更堅穩

修四無量心所得四果
異熟果報人天且最勝
等流樂受並盡除違緣
增上果生福地多財侶
士用果為四無量增上
自利利他自然得圓滿

修習大慈除瞋圓受用
是即可證大圓鏡智慧
獲得相好莊嚴佛報身

修習大悲除貪所證者
現前生起妙觀察智慧
獲得法身力等諸功德

修習大喜除嫉得化身
是即可證成所作智慧
化種種身自成諸事業

修平等捨除慢及除癡
證平等性法界體性智
獲離戲論法性自性身

是故天人導師極稱讚
四種功德廣大無倫比

道上不具此者為外道
皈依餘師是則為邪道
若於道上具此則為正
此乃三世諸佛解脫跡

因乘許此如種子發芽
方便智慧成就二佛身
果乘則許能除二種障
緣為方便悲心無量道
因果二乘其所共許者
行持修空亦具大悲性

經說真如無始時來際
本來具足如種未萌芽
密續則說三身本具足
是許焚燒清淨二種障
如是大德聖者說內外
經道續道二乘共許果
是故殊勝隨行諸佛子
即應精進四種無量心

如是善說內在寂滅性
一切有情心垢得清淨
趣行外道以及卑道者
疲勞心性今且應休息

【釋】四無量心總攝為大悲方便，故須同時修智，得智悲雙運。如是修習次第，即應於別修捨、慈、悲、喜次第圓熟後，復輪修慈，悲、喜、捨，以後次第修習，除前次第修習時所生之執着，如是以觀空智。

故應如頌所云，修悲以除慈執、修喜以除悲執、修捨以除喜執、復修慈以除捨執。是為由慈輪修。

又可修慈喜，然後修悲捨。俟圓熟後，則可超越次第任運而修。

修行座次，思維修四無量心所得異熟、等流、增上、士用四果為如何；又思維修四無量心以證大圓鏡智、妙觀察智、成所作智、平等性智及法界體性智。

如是思維，具前行發心，正行無執勤修、後行回向而作修持。（以上第六十四導引）

乙八　發菩提心

丙一　發心功德

圓熟四無量心修習後
當修諸法根本菩提心
彼斷我等煩惱三有海
遣除怖畏苦厄諸罪障
破除一切業苦及災厄
引導煩惱有情入寂樂

縱使菩提心未起現行
亦能增長悲心善相續
甚至智慧方便亦雙運
汝之身語所行皆具義
如是諸天亦向作供養
餘善雖獲報少且能盡
寶心所攝善業增無盡
有如淨水流入大海中
亦如嘉禾生長於沃土

諸法根種即是大悲心
縱於濁世亦生悅樂果
亦為證菩提因生寂樂
是當精進善發此寶心

此為如意寶珠吉祥瓶
此為除病妙葯生悅樂
此為智慧大日清涼月
此為無垢星聚淨虛空
恆時具足利樂之自性
極離戲論無邊福德雲
極為稀有佛勝利功德
廣大猶如真實之法界

發菩提心希求得佛果
實為無量煩惱有情眾
如是願行二種菩提心
即是意樂發願及修行

願菩提心本體四無量
行菩提心為六波羅蜜

若人為求自身之善福
遍禮十方如來無數劫
其福不及願心之一分
經說發心稍除有情苦
剎那心生即已脫惡趣
得享人天無量悅樂福

行菩提心功德更無量
以其真實加行正遍故
剎那清淨發此菩提心
經說能圓無數劫資糧

是故經說三無數劫者
能速圓滿亦能歷久遠
或且今生是皆賴智力
由彼方便精進無上智
修三者得大無比心力

此為無緣大悲具果樹
肩荷無量有情之重擔
大梵諸天固然前所無
為己而修於此亦未夢
是故生起為他菩提心
前世所無今生當生喜

【釋】菩提心分二，世俗菩提心與勝義菩提心。前者為方便，後者為智慧。方便所攝，為無緣大悲，能積福德資糧，智慧所攝，為證法性之智，能積智慧資糧。

更言之，則方便為菩提心之用，智慧為菩提心之體。以方便故，佛及佛子作種種功德事業，是故為用；以智慧故，佛及佛子證次第空性，是故為體。

然金剛乘大圓滿則以智慧為離垢之相，不說為本體，以菩提心亦勝義空寂故。

二菩提必須雙運而修。倘悲心勝則易成斷滅，倘智心勝則難得周遍。

方便菩提心亦即願菩提心，以其發心實為無量有情故；智慧菩提心亦即行菩提心，以其修行為證智故。

然則如何修習此二菩提心？

願菩提心修習，為修四無量心，此已前說。行菩提心修習，為修六波羅蜜多，此則見於下文。

經言修阿僧祇劫方得成佛，然或須經如此久遠，或則能速成辦，或則即在今生已能成辦，此皆由行者心力而定。由方便而精進，由精進而證無上智，行者心力即決定成辦遲速。故菩提心固非外道梵天等所知，亦非為己而修之聲聞緣覺眾所知。

是故大乘發心殊勝，唯發心始能圓成佛果。能救輪迴苦，能除煩惱苦。能廣大利眾，能速證菩提。

如是思維，當即發心，並具前行、正行、後行而修。（以上第六十五導引）

丙二　菩提心修習

丁一　前行

二菩提心從善知識生
如從摩尼降下如意雨
離垢圓德上師說功德
具緣弟子當令生歡喜
無限宣揚二種菩提心
以及初中後際諸善法
悲嘆輪迴讚嘆解脫道

戊一　頂禮

於悅意嚴飾清淨處所
供養勝利佛陀本尊像
觀想面前廣大虛空中
諸菩薩眾如雲而海會

此由行者自心無垢力
本尊悲憫有情之大悲
如是生起觀修淨境界

行者由是合掌滿掬花
迎請聖眾安住及獻供
復合掌如悦意池中蓮
頂禮無邊幻化身聖眾

如是頂禮福德三界無
此地諸山眾海微塵數
如微塵數世成轉輪王
禮身等量金剛界塵數
究竟能達寂樂妙喜土

【**釋**】修菩提心前行為七支供養，如是積福德智慧資糧。

初頂禮支。於莊嚴悦意淨室中，供奉佛陀及本尊像，陳設一切供品。觀面前虛空中，上師、三寶、根本本尊、根本空行護法眾如雲海聚。復觀自身化為千百俱胝無量身，遍於三界，與三界六道有情向皈依境頂禮。如是一禮即等同金剛界微塵數，獲微塵數世轉輪王福德。

或先頌《千佛名號經》、《菩薩懺罪經》、《文武本尊酬懺續》等，然後身姿端正，蓮花合掌加持三處，五支觸地而恭敬作頂禮。如是具前行、正行、回向而修持。（以上第六十六導引）

戊二　供養

真實供與意所幻化供
無上廣大行者皆供養
鮮花妙香燈明淨含水
寶蓋纓珞寶傘與音樂
尊勝憧壓尾以及腰鼓
身與受用種種資具等
供與天人導師及佛子

我供樓閣莊嚴越量宮
無數天人寶鬘為嚴飾
天人受用百千萬珍寶
擊鈸歌舞讚頌聲如雨

我供寶山林樹蓮花海
海裡天鵝成行波蕩漾
山林葯草妙香如意樹
花果累累垂枝皆供養

我供清淨悅意白蓮花
無雲虛空日月光華射
以及開敷如鐲水中蓮
千葉婆娑晃動蜂如困

我供清涼悅意沉檀香
妙香和風輕拂千花蕾

以及崖巖福地寶石山
池塘充滿種種功德水

我供清秋皎潔白月輪
離蝕而出群星如珠鬘
以及千輝紅日光華曜
復供四大部洲諸珍寶

我以意供佛及諸佛子
供養塵數十方如海剎
以及剎土之中諸受用
三千世界海及鐵圍山

我向供養境中大悲者
供寶瓶如意樹滿願牛
供輪王七寶及八吉祥
靴墊車床座劍及羊皮

等持供養意如虛空界
我以外內密供如雲供
供以絢爍花雲瑰麗閣
供以葯香甘露如雲聚
供以雲會明燈妙食樂
供以讚頌歌聲妙韻雲

供以氤氳如雲八天女
嬉鬘歌舞花香燈塗等
我供養意入廣大供雲
佛及佛子唯願生歡喜

【**釋**】七支供養次為供養支。

供養修法，為於三寶前陳設相應供品。密乘所供為洗足水、漱口水、鮮花、妙香、燈明、塗食、淨食、音樂。此為實設供養。

意供者，觀想以樓閣宮殿、輪王七寶、八吉祥物、八大天女等供養，如頌所言，即密乘行人所作之三十七供獻曼達。觀想諸供物放光，化為供養雲供養壇城聖眾，復有樂聲威光以供。

如是思維，即依《普賢行願品》及《入菩薩行論》所說，於能供所供及供品皆無執着，三輪體空而作供養。並具前行、正行、後行而作修持。（以上第六十七導引）

戊三　懺悔

我今懺悔所作種種罪
種種皆由業及煩惱造
無始以來串習諸習氣
由彼即成煩惱有情因

【**釋**】於三寶前合什懺悔，從無始以來至於今日，身語意所犯一切罪障，無論能憶與否，如不敬父母、上師、金剛兄弟及餘人眾，如造十不善業，犯五無間罪，奪盜三寶財物，以及貪瞋痴妒慢等一切罪過，皆成黑團，於自舌上聚集。

行者於是頌懺罪經或百字明，觀想由三寶壇城身語意放光，觸我舌上黑團，即此清淨。行者於是發誓，未來永不重犯，如是對治。後則於一切懺境及所懺之罪，離能所無緣而作等持，具前行、正行、後行而修。（以上第六十八導引）

戊四　隨喜

廣大無邊有情福德蘊
我願恆常無執而隨喜

【釋】前行發心後修隨喜支者，於如來為眾生轉法輪等功德，一心隨喜；於諸菩薩勇父等行廣大菩提行，一心隨喜；於上師轉法輪及菩提行，一心隨喜；於一切有情所造順福德分及順解脫分種種資糧；一心隨喜；於自身所作種種善，亦一心隨喜。如是先思維一善，次遍及一切善而作隨喜。

後則於無緣中入定，並作回向，如是修習。（以上第六十九導引）

戊五　請轉法輪

為令有情解脫無一餘
願請常轉無上正法輪

【釋】於三寶前作前行發心後，諸佛菩薩上師善知識等廣行利眾者，若不說法時，如昔帝釋梵天請佛轉法輪例，我亦化千百俱胝數身，一一供養輪寶，請轉正法輪，利益有情，解脫無餘。佛菩薩上師眾亦開許，降臨法雨。如是觀想。

後則於三輪空性中，一切無緣而入定。然後回向，如是修習。（以上第七十導引）

戊六　請不涅槃

直至空盡煩惱有情海
願佛佛子住世不涅槃

【**釋**】為利益有情請佛不涅槃。於發心後，觀想自所住地有殊勝上師、菩薩、如來，圓滿利眾事已，將取涅槃，我當如昔日優婆塞純陀請佛不涅槃，而勸請彼等勿入涅槃。

如是觀已，復觀餘地，由識觀至不識，乃至觀三千大千世界，於彼等前，我化身無量一一勸請。祈至輪迴未空，三千大千世界上師如來菩薩皆常住世間饒益有情。

觀想已，於無緣中入定。出定後回向。如是修習。（以上第七十一導引）

戊七　回向

願以此善我及有情眾
無有一餘悉皆成佛道

【**釋**】如是作普賢七支供養，願以所修善，以及三世所積一切善根，皆回向於有情眾，願一切有情無一餘，悉皆能成佛道。

如是觀想已，於無自性中稍稍入定，起定又作回向。（以上第七十二導引）

猶如布疋一經清洗淨
即能顯現所染鮮麗色
是故一經前行修習淨
有情心識即顯其莊嚴
如是即為福德無量果
有如法界遍滿虛空際

【釋】此說前行所修七支供養之功德，能清淨有情心識，令其莊嚴，然後得入正行修習。故前行修習已能積福德資糧，廣大如遍虛空法界。（本節無止觀導引。據敦珠法王無畏智金剛教授，久習者可於此際修止觀雙運，觀聖凡皈依境皆化光入行者心間，無緣而住，與法界光明融會而修。）

丁二　正行

如是行者三次誦皈依
皈依佛陀法寶殊勝僧
祈請怙主以及諸佛子
猶如過去佛及佛子眾
住於學處發起菩提心
我於今日為利有情眾
亦住學處菩提心生起
願我能渡一切未渡者
願我解脫諸未解脫眾

願我安慰未得安樂者
如是有情成就涅槃果

晝夜三誦勤發菩提心
願菩提心初誦令生起
行菩提心次誦令生起
二菩提心三誦令堅淨

我既由今發心利有情
由是亦具菩薩佛子名
離三有怖為有情作業
恆時承擔為彼作利樂

【釋】正行修習，本節為正行發心。以下即分願行二菩提心學處而修。

正行發心者，於三寶前合掌，思維我為利益一切如母有情，當發殊勝菩提心，並住於廣大學處，渡盡輪迴中諸有情眾。

如是數數精進思維，即當誦發心文 ——

> 弟子某某名，從今至菩提，皈依諸大金剛上師，皈依諸如來出有壞，皈依寂滅離貪諸殊勝妙法，皈依具殊勝資糧諸聖者不退轉僧眾，祈請攝受弟子為菩薩勇士。
>
> 祈請諸大持明上師，祈請諸佛出有壞，祈請得地諸大菩薩，為利有情已發殊勝菩提心，今弟子某某名亦從今起，乃至得證菩提，為利一切有情而發殊勝

菩提心。未渡生死海眾我願令其得渡；未解脫眾我願令其解脫；未安樂眾我願令其安樂；未涅槃眾我願令其般涅槃。

如是誦發心文三遍。想自己已成菩薩勇士，當盡形壽作自利利他事業。

復思維成菩薩勇士已，得人身已具義理，已成人天供境。以業增上故不墮惡趣，於善趣中恆得安樂，成辦廣利有情事業，成諸佛之佛子，速得證菩提果。

如是思維，歡喜讚嘆而修。後復無緣平等住。出定後回向。（以上第七十三導引）

戊一　願菩提心學處

今於清淨心之沃土上
已植二種菩提心種子
精進令長令淨令增益

我當領受一切有情苦
我作事業令有情得樂
直至菩提有情願不離
如是輪番相換而修習
修彼四無量心願學處
清淨自心護其無違犯
後當修習六波羅蜜多
亦當精勤斷除其違犯

【釋】修願菩提心學處，即修四無量心，且守護自心令無違犯學處。後當修行菩提心，即六波羅蜜多，亦精勤令無違犯學處。

今於願菩提心又復作三種止觀，修自他平等；修自他交換；修愛護他眾恆不離捨。以為於輪番修四無量心外之增上修習。

初，修自他平等——

應當思維為利益一切有情而修自他平等之菩提心。如是猛利發心後，思維一切有情與我都期望安樂，不欲受苦，恆求善妙喜悅。然一切有情卻不知善惡取捨處，以致恆受痛苦，是當悲憫。

由是猛利思維，願彼等不具安樂有情眾，能遇安樂；彼等苦惱有情，能離諸苦；彼等已具舒適安樂有情，能恆不離喜樂；彼等親怨貪瞋眾，能離親怨貪瞋平等而住。願六趣有情皆能入解脫道，恆行善法。願一切有情速得圓滿佛果。

如是思維已，於空性中平等住，並以三輪清淨而作回向。（以上第七十四導引）

次，修自他相換菩提心。

觀想面前有一煩惱有情，由自己身上，取出所具安樂、善妙、受用、善根等，加於彼身，猶如加衣。如是彼等安樂舒適。

復觀取彼所有痛苦，加於自身，猶如加衣。於觀想自身受彼痛苦時，當同時生歡喜心，毫無悔意。

如是苦樂相換，猶如換衣。且漸由一有情修觀至無量有情，與一切有情樂，受一切有情苦，悉皆具歡喜心。

後復無緣平等住。定起，修除障法，長壽安逸法，然後作善回向。（此節乃　敦珠法王傳授）

如是修觀成熟後，於呼吸際，觀呼氣時為以自身安樂施與有情，吸氣時為取他苦以自受。亦由一至多而觀。（以上第七十五導引）

復次，修愛護他眾恆不離捨之菩提心。

發心愛護有情，如慈母愛護獨子。如是發心後，於面前觀一易令自己生悲心之有情，施之以自身安樂福德，取之以彼身痛苦。思維寧可我往輪迴，寧可我生疾病，寧可我遇死亡，寧可我受損失，如是一一皆歡喜忍受。而彼若飄流於無際輪迴，豈能安忍此苦。觀已，復發悲心，由一至多，以至遍無量有情而修。

修已，於無緣中平等住，復作善回向。（以上第七十六導引）

戊二　菩提心守護

恆常守護知念無放逸
即能斷惡增長善法海
不壞二菩提心為學處
知墮及其所以即守護

若行二十墮即違守護
說為國王五墮邪見等
大臣毀城五墮平民八
以及二種共同違犯罪
不具彼墮即便無墮犯
且應知念善品同分戒
總之四黑法則應當捨
於四白法修行當精進

欺誑應供及令生悔心
於諸正士宣說其過失
對諸有情行誑詐諂媚
此四黑法行者須應捨

依止正士讚嘆其功德
勸行正善及師事佛子
以清淨心利樂諸有情
此四白法行者當依止

若但為己求寂滅安樂
此即菩薩佛子墮負處
若為利他而作非善行
佛許身語七惡都為善

是故佛子說為有三種
如國王者渡己願渡他

如舟師者自他同時渡
如牧人者渡他欲自寂
經說依次解脫歷劫數
三十三劫七劫與三劫

【釋】 發願菩提心後，當作二菩提心守護。此守護亦即行菩提心根基。

守護菩提心，廣說即不落菩提心二十墮；略說即捨黑法，行四白法。

菩提心二十墮者，國王五墮：奪三寶財；破僧戒律；阻人修持；犯五無間；邪見。大臣五墮：毀村；毀谷；毀鎮；毀市；毀城。平民八墮：未證說已證；令信者生疑；引未具根器者入大乘；追隨小乘且導人改信；自讚而毀他：自詡神通；盜用三寶供養；以修正法者財物與邪命者。二共同罪：不正信，不正行。

四黑法為欺誑應供；令信者生悔心；宣說正士過失；欺誑諂詐。四白法為依止正士並讚揚其功德，勸行正善；師事佛子善知識；三輪清淨以利樂有情。

又復以行菩提心說菩薩負墮，純求利己而不作利益有情事，為菩薩及佛子最大墮處。若為利他而作身三惡業(殺盜淫)，語四惡業(妄言、綺語、重舌、惡口)，佛亦開許為善業。

是故以發心大小說次第，如國王者，雖願利他，實先利己，經三十三阿僧祇劫始得成佛果；如舟師者，雖行利他，同時自利，經七阿僧祇劫始得成佛果；如牧人者，渡盡有情始自求寂滅，經三阿僧祇劫得成佛果。

如上說發菩提心及其守護。（本節無導引修習，唯行者於布薩時，須據此懺悔並作種種還淨。）

戊三　行菩提心學處

行者須當修習諸所學
其主要者六波羅蜜多

己一　布施

既見有情為貧而受苦
即作布施受用諸資具
如食如衣如車如牛等
大布施者施與子與女
極大布施則為頭及眼
如是布施福資糧成就

如是即能調伏吝嗇心
且能相近利他諸事業

【釋】布施波羅蜜多者，當觀想為有情而作布施。如是發心後，先觀一有情，如其貧乏而給予布施，又或給以法施。如是漸觀乃至無量有情眾。

復觀布施自身受用、身體、善根等，是為真實捨與意幻捨，及大布施、極大布施。

如是修觀，且作真實布施行，並盡力供養三寶，或作法施，或意供夜叉餓鬼等眾，為其施食子水供及甘露供。

修觀後，三輪體空，於無所緣中入定，且作回向。（以上第七十七導引）

己二　持戒

以戒守護一己內心識
心識善靜由是得寂息
復由智慧圓滿二利行

攝善律儀饒益有情眾
是故佛子恆持三種戒
居士近住戒或比丘戒
沙彌與在學女戒當持

持戒能護二種菩提心

【**釋**】修持戒波羅蜜多止觀分三。總觀、別觀、大士八種尋思。

修總觀者，先當了知，持戒即是斷除罪行，以善心護持心識相續。若是出家眾，於發心後依其所受戒律懺悔對治。若是在家眾，發心後，誦菩薩戒守護、懺悔。如是護持心識，饒益有情。

修觀後無緣而回向。（以上第七十八導引）

修別觀者，如《華嚴經》云：菩薩進屋時，願有情皆得入解脫城；菩薩睡時，願有情皆得如來法身；菩薩夢時，願諸法證如夢，菩薩繫腰帶時，願有情皆接上善緣；坐墊時，願得金剛座；生火時，願燒盡惑薪；熾燃時，願起燃智慧火；飲時願得智慧甘露；食時願得禪定食；外出時願自輪迴城中解脫；下梯時願為有情入輪迴；開門時願開解脫城門；關門時願閉惡趣門；入道時願入聖道；上行時願有情能得善趣樂；下行時願有情斷除三惡趣；見有情時願見如來；起足時願從輪迴中拔出；下足時願為利有情而落惡趣；見裝飾時願得一切相好；見無飾者願守頭陀行；見滿器願功德圓滿；見空器願離垢而空；見生喜時願於法生喜心；見不喜時願其厭煩有為法；若見有情得樂願其得如來之樂；若見苦者願滅有情諸苦；若見病者願其離病痛；若見報恩者願其不報邪見者之恩；若見反駁時願能制伏諸敵論；若見稱讚願其稱讚諸佛菩薩；若見說法語願得如來之辯才；若見佛像時願無障礙能見如來；若見佛塔時願見諸有情供境；若經商時願得聖者七財（信戒慚愧聞思慧）；若頂禮時願得諸人天世間之視而不現頂髻。

如是別觀，且當於下座後行持。（以上第七十九導引）

修大士八種尋思者，發心後，思維何時方能除一切有情苦：何時能令窮苦有情富足？何時能以血肉軀為有情利益？何時能久住地獄為有情利益？何時能以世出世財滿有情願？何時成佛後斷除一切有情苦？何時能滿願 —— 生生世世不生於無利有情處；不行於唯有勝義味、不說諸有情不悅語、不具損害有情之飲會、身體、智慧、財富、權勢；且不成令有情遭害者？何時能受有情罪果苦、及令有情能受我所造善果之樂？

如是尋思次，無緣平等住竟，作善回向。（以上第八十導引）

己三　安忍

行者當修三種安忍法
一者安忍內外諸損害
二者安忍有情離悲行
三者安忍無緣而悲忍

無有大敵能大於瞋恚
故無福德難於持安忍
行者試調猛巨瞋恚火
於其所修種種安忍度

邪惡損害諸事無量數
一一設施不能盡調伏
若心能調一切皆伏息
故當勤護戒律以調心

由損害生安忍種種善
生起慈悲種種善功德
喜悅恭敬安忍敵如師
彼為助伴生我菩提心

若然無我彼害不生起
二者依存如聲與回響
損害多寡決定於業報

宿業為因且因又造緣
邪惡損害生起為盡業
故當安忍調心待業盡

人若不欲我樂我不悲
諸法如幻雖悲亦何益
從然非幻悲亦事無補
不如安忍等置此諸緣

【釋】修安忍波羅蜜多者，分二。一安忍內外損害，及有情一切離棄悲心而作之違緣苦。二者觀察一切違緣損害皆無自性，如是三輪清淨修悲心。

今初，觀受他害時亦不起瞋恚，故先須發心為利益諸有情而修安忍。

發心後，無論受眷屬之邪作，起有義或無義之損害，皆當觀察一切本具害性，故起如是損害。我對有情不能一一報復，故當安忍；且今受其害亦為往昔造惡業之果，若回報則業更深，若安忍則得殊勝福德，故當安忍；復且除非我自身業力決定受害，否則損害亦必無能為害，若有害，則為業力所致，如是亦當安忍。

如是思維，當斷諸瞋心，於寂息中修持。後作三輪清淨回向。（以上第八十一導引）

觀察三輪無非如虛空
喜憂得失勝劣皆如是

是故執着兩邊無義理
故當精進修持平等性

【**釋**】次觀修者，觀察作損害者，受損害之自身皆無自性；復觀察損害語言無形色可認，故可消散無跡。更觀察心之本性，實住於無有實性之空中。如是，凡害者怨敵，能害之違損語、違損行及違損意，以及所害之我，一切均為空性清淨。如是思維已，三輪體空作平等住。並具前行、正行、後行而修。（以上第八十二導引）

己四　精進

於善性中喜悅唯精進
此善無盡積集如雲海
亦如蜂簇妙香蓮花國

彼之違品是為三怠惰
沉溺習染懶散而自輕
不思修善其為過失源
如是殊勝退失起厭惡

具精進者諸世間共讚
具精進者成就其所願
具精進者功德得增長
具精進者能離諸苦惱

其為世間無上諸善法
或為引向出世間正道
無論其為有漏抑無漏
皆應精進而在法中住

為除不善是當修善法
從今直至圓成佛道際
應當精進無怠汝所願
如是功德增長復增長

【**釋**】修精進波羅蜜多者，當思維精進違品為三怠惰。一者沉溺世間習染，如應酬等；二者因自輕而懶散；三者不思修善。

故當思維，若懈怠則自利亦不成，何況利他。欲利一切有情，是當精進修習世間善法及出世間道。如是即勤修十法行——寫經、供養、施贈、聞法、受持、讀經、開演、諷誦、思維、修習）。並當精進七支供養。

後行於無緣中作回向。（以上第八十三導引）

己五　禪定

欲求禪定須除散與怠
如秋空雲安住喜悅境

猶如閃電焂忽卻無定
受用無常如乾闥婆城

既非可靠是故應棄捨
速當依止寂靜林墓處

【**釋**】修禪定波羅蜜多，分六。今初。

初者思維無常變化，故一切生者皆死，一切合者必離，一切積累每盡，一切財富終失。如是種種世間法皆如電閃，焂忽無實。故我今生種種顯現亦無常，貪執一切所顯實為愚昧。且我決定死亡，明日死或今夜死皆無自主，是故目前所顯迷亂都成何用耶？

如是思維，當勤修禪定，思維晝夜變幻、霎時變幻、頃刻變幻、剎那變幻。如是並具前行、正行、後行而修。（以上第八十四導引）

行者應當寡欲且知足
凡有所欲悉多生憂患
為苦惱因且生新苦惱
又能增上慢貪與慳吝
如是引入惡趣遮善趣

猶如身瘡引苦難傾訴
愈具財多苦惱亦愈多
所求愈少歡悅即愈大
逼迫既少無須憂盜賊
故住聖道即受人稱讚
事務減少亦復無焦慮
如是即當恆時求寡欲

【**釋**】二者思維寡欲。凡有貪欲，皆具過患。以既得資財，便須忙於積聚與守護，更求增上，轉增不善，生起鬥爭。是故不知足即增上傲慢以及慳吝。又且恆時耽心用盡，或被巧取豪奪，或被強搶盜竊。然而一切資財，迄死時無非留在世間，然則財富何有？以此之故，當聞思修解脫法。若非如是，則常為聖者所呵。

如是思維，於無生中入定。並具前行、正行、後行而修持。（以上第八十五導引）

親近庸夫其過實無量
惡行增加復輾轉惡業
善行減少由是煩惱生
漸不知足極難覺喜悅
困擾漸多如是生懈怠
故須遠離庸夫如遠火
如遠毒蛇如遠諸猛獸

【**釋**】三者思維與凡庸輩交遊之過患。

於發心後，當觀想無論在家或出家，皆不應與凡庸眾交往，無論其為眷屬、親友、怨敵。以其自性惡劣，作而不報恩，利濟反成仇，大欲不知足，瞋恚求自利，是故情誼必不長久。與之相交，不如不交。

且凡庸輩不顧善法，不忌報應，不知羞恥，唯事鬥爭損害嫉妒，不但虛度此生，且令與之交遊者增諸罪惡，減諸善業，是故聖者必遠離此輩。彼輩實為修解脫善法之障礙。

如是思維後行回向。（以上第八十六導引）

行者常易受諸外境誘
除非其心己得堅固住
故當安住寂靜偏僻處
趁此身軀未被四人抬
抬向火薪必畢作饗處
即應隱退毋令身心亂

【**釋**】四者思維散亂過患。

應當觀想世事無有圓滿，若恆時忙碌，漫無義理，縱為一應俗務拋盡心力，了無實義。且多涉世務，必伏敵無邊，護親亦無邊，無論親敵皆耗我精神，導我散漫，是故今當捨棄世務，勤修靜慮。如是思維，後即作回向。（以上第八十七導引）

淨水繞林花果盡豐饒
巖洞石穴隨處可安身
樹蔭清涼垂枝如蓬帳
鳥鳴鹿躍載歌且載舞
河岸花香群蜂嗡嗡飛
葯草飄香香氣熏人醉
於此修禪自然增喜悅

於喜悅中四季觀遷變
夏秋冬春盛衰蓮花海
如是增上無常厭離心
或於寒林隨地見枯骨
反顧自身畢竟亦如此
由是不復耽樂有為法
即願此心調順得安樂
無令苦惱惑亂我寂息

佛陀稱許如是妙林山
厭離世間隱居住靜處
供養恆河沙數佛功德
不及山林向之行七步
前福僅及後福百千份
是故即當隱向寂靜林

【釋】五者思維寂靜處所功德。

應當思維，過去諸佛菩薩皆依山林靜處修持而獲甘露，故我對山林靜處應生歡喜心。彼處無散亂喧鬧，無繁忙事務，無貿易農事，無凡庸相處，周圍皆悅意鳥獸，具淨水花果草葉以為食，亦有山巖石穴可居，在此修持自然增諸善業。以自心清淨故，以明智清晰故。如是具有極多功德，我今即當求住靜處而作修持。

如是思維，後行回向。（以上第八十八導引）

如是安坐雙足作跏趺
緣不動境一心安住彼
唯當抉擇凡夫近似禪
真實禪定由是即生起

須當知曉三等至之名
未入道者名為味等至
四禪四無色定淨等至
以及聖者無漏等至等
故當不與貪及愛相應
智慧生起覺性等至起
天眼神變於心皆自在

【釋】六者正修禪定。

依毗盧七支坐法安坐，作皈依發心後，於無所執中入定，寬坦自然而不散亂，既不滅所現境，亦不執所現境，如是即能生起等持。

於三等至須當分別。修四禪八定，若與貪煩惱相應，而愛着於自地之定，是為味等至，乃鈍根貪行之定；若與無貪等淨法相應之定，為淨等至，乃中根行人之定；若既不與貪、愛相應，又不執着於淨，則入無漏等至。

於修行時，味等至當捨，求入無漏等至。如是具前行、正行、後行而修禪定。（以上第八十九導引）

己六　般若

三種智慧名為聞思修
成就勝觀斷盡種種惑
如是了知有及有法性
有城寂滅得涅槃寂樂

凡所顯現法爾如鏡影
雖無自性卻現種種相
了知諸法都由緣起生
即能速得無住殊勝果

方便具智便即是解脱
猶如毒中施以陀羅尼
方便無智便即是束縛
猶如誤葯則反成疾患
是故當令根本智生起

【**釋**】修般若波羅蜜多分三。

初觀一切法自性，說為觀幻化八喻 —— 未生如夢、不滅如幻、不來如眼花、不去如陽燄、無斷如水月、無常如谷響、不異如乾闥婆城、不一如變化。具說於《大圓滿虛幻休息》。此處略觀外有五境（色、聲、香、味、觸），其一切顯現法，皆為惑亂識執為實有。實則猶如夢境，當因緣聚會忽然顯現；猶如幻景，本無而顯有；猶如眼花，顯現時亦無有實；猶如陽燄，現於一切內外故；猶如谷響，無有能依所依故；猶如乾闥婆城，顯現有而無有性故；猶如水月，於無中一切顯現故；猶如化城，如是一切顯現時亦住於虛妄無實之空色。

如是思維修習，後作回向。（以上第九十導引）

次觀察法界空性。發心後，觀外所現粗境及自身實法，細分微塵，無有自性，如是深解無境空性。

又觀察能取之內心，亦抉擇無分剎那故，如是深解無執空性。

如是證悟，內外一切二取皆不成，乃於彼空性中任運入定。後行回向。（以上第九十一導引）

復次安住於離戲論中觀義。皈依發心後，身不動、語不言、意不執，既不滅外境顯現，亦息滅外境分別，由清淨明空內覺性，寂滅所耽着之戲論，如是身心無依，明空覺性猶如虛空，是即不思議智慧，如是安住於離心中觀本性。

後行於如幻如夢中回向。（以上第九十二導引）

如是修習六波羅蜜多
汝既如幻彼與汝同性
三輪無執積聚二資糧
即達如來所證寂滅城

諸善妙雲降下甘露雨
成熟有情淨心豐饒田
三有聚中有漏貧苦者
疲勞心性今且當休息

甲二　內果金剛乘修習 —— 生圓雙運

乙一　總說四續部

行者如是發菩提心竟
當入密咒道生圓次第
以多方便修習無難故
一義入法所證不愚昧
是故為彼極利根器說
事行瑜伽無上四續部

以時種姓根器分次第
時說為圓滿時三分時
以及二分時與爭鬥時
種姓即婆羅門刹帝利
吠舍種姓以及首陀羅
根器分為鈍根與中根
利根與極利根分為四

【釋】於《大圓滿心性休息三住三善導引菩提善道》，有二十二導引說修生起次第、圓滿次第及生圓雙運。西藏上師傳授，均附加儀軌補充，故不於此處譯出，以免未得法者妄自據以修習，致生過患。

另於下文亦有二十七導引法，則屬「大圓滿」修心之止觀，亦不在此譯出。將與前二十二導引，附加所須儀軌，另成附冊，專供已得灌頂弟子參考。

由本段起，各段註釋註均為譯者自寫。寫時主要參考無垢光尊者諸論，及甯瑪派敦珠法王無畏智金剛開示。

密乘分二，一外密，二內密。

外密分三：事密續部、行密續部、瑜伽密續部。內密則為無上瑜伽密續部。如是共成四部。（參考《佛家經論導讀叢書》中，拙譯《密續部總建立廣釋》）

成立四續部之理由，有種種說法。劉立千編譯《印藏佛教史》第十一章，說分四部之理由有五：一、為容攝修外道四種邪行，隨順而說瑜伽行；二、為內道有：有部、經部、唯識、中觀四派，配此四門而說四種修法儀軌；三、欲界有情行淫欲事有四種相，依此四相為道而有四法；四、眾生根機有劣、中、勝、最勝四種，為隨機設教故；五、受取悉地有以主從之相而受，有以友伴之相而受，有加持而入智慧尊，有二無分別之相而修等。因依四種理門，故立四種續部。

按，劉氏此段殆揉合新舊派說法。其中第二種為甯瑪派不共古義。（參考《佛家經論導論叢書》中，拙譯《四法寶鬘》）

無垢光尊者於此說分四續部，乃據四時、四種姓、四根器，亦為甯瑪派古義。於下頌亦提及其他理由，故知分四續部之理，說有多方。據敦珠法王開示，分四根器者，實已攝四宗部，以甯瑪派判教，實亦以四宗部配四根器也。（參考《四法寶鬘》）

分為四時，乃隨順婆羅門說。此乃以一劫分為圓滿時、三分時、二分時、爭鬥時。蓋不能用佛家成住壞空四時說以作配合也。

分為四種性，亦隨順婆羅門說，未為究竟義。唯分為四根器，則屬了義說。

乙二　四續部差別

事續主修沐浴清淨法

【釋】此如「十八道」等。行者入壇，須結印持咒以清淨自身，及加持法衣等等。

行續平等修心身語意

【釋】修心作止觀，修身語意則為結印持咒等。然四者修習皆等分，無主從之別。

瑜伽續部以修心為主
修身語意則作為助緣

【釋】依無垢光尊者導引法，修事續者，僅有對生本尊（與格魯派之說法不同）；修行續者，先觀自生，隨觀對生，然後兩尊放光互射；修瑜伽續者，自成誓句尊（三昧耶尊），然後迎送智慧尊。其所重者為用智慧尊之光明以清淨心識，故說以修心為主。是故瑜伽續僅有自生，並無對生本等。

無上續部簡略清淨儀
唯重心間光明為禁行
既離能所三門離作意

【**釋**】無上續部以心間種子字放光為戒體，如是清淨心識，於身語意三門則離作任運，非如修瑜伽續之有作意，故離能所。

事行瑜伽三續佛所說
分別修承事勝行止觀
彼等外密所修諸本尊
所觀父母雙運非能修
亦避依止五肉五甘露
恆時唯依清淨法儀軌

【**釋**】事續部修承事本尊，名由主取悉地；行續部依本尊行而行，名從伴取悉地。瑜伽續部修與本尊相應，故修止觀而較不重事相。然而三部皆唯修清淨法，故不取五肉、五甘露，不行五所行、五不斷。

無上瑜伽續部亦分三
父續母續無上無二續
教授生起圓滿及無二
亦名大無比無上瑜伽
表義本尊雙運降菩提
染淨無分諸法成一味
悉為壇城自在舞遊戲

【**釋**】無上瑜伽續分父續、母續、無二續。分別教授方便、智慧、雙運。

甯瑪派以大瑜伽主修生起次第、無比瑜伽主修圓滿次第，無上瑜伽主修大圓滿，故即用父、母、無二續與之配合。

無上續部視染淨諸法皆為本尊壇城示現，故皆圓滿，皆成一味，如是修五肉、五甘露等，以去除分別執着。

事續行人自劣本尊勝
修如主僕如是取成就
行續行人自本尊平等
自成誓尊智慧尊為友
如是修習由伴取成就
瑜伽續行人如水注水
自成本尊不更修對生
唯仍修習迎請及遣送

【釋】 甯瑪派說事續部配合有部、行續部配合經部，非謂此二續部為小乘修習。蓋四續部皆屬大乘，皆修四無量心及六波羅蜜多，僅說其修止觀時，見地有如有部經部。

有部視外境內心皆為實有，故事續部即觀對生本尊為外境，修心及身語意以作真實承事；經部僅視內心為實有，故須自成本尊與對生本尊相應。

至於瑜伽續，依唯識宗修止觀，故修智尊入心以作清淨，然而迎請後仍須遣送，則執着於染淨分別。（參考《四法寶鬘》及《密續部總建立廣釋》，唯須注意新舊兩派之差別。）

大瑜伽續修生起次第
修風為主是即方便道
無比瑜伽修圓滿次第

修樂為主空樂且雙運
無上瑜伽主修無二智
三者皆知諸法本一如
如是了知而修習行持

【釋】謂大瑜伽修風為主，即謂其修金剛誦等；謂無比瑜伽修樂為主，即謂其修拙火明點，四空四喜等。謂無上瑜伽修無二智為主，即謂其修紅白菩提雙運等。

如是一切修習，僅為大圓滿「加行」（sbyor ba）。

此三瑜伽，皆視諸法法爾平等，諸法法爾圓滿，故生起次第中有圓滿次第及大圓滿；圓滿次第中有生起及大圓滿；大圓滿中亦有生圓二次第。例如拙火定，為圓滿次第修習，但必須修風，亦修空樂雙運。

今人每誤解「且卻」與「妥噶」為大圓滿正行，實質此二者仍屬加行，名為密密加行。蓋正行無可教授，唯待行者自證。

何以正行無可教授？蓋一教授即有法執，由是即成污染。是故大中觀見者，無非說大圓滿之理，非實修時依此為修習見地。

甯瑪派視九乘次第（見《四法寶鬘》）皆為大圓滿加行，然而每一次第皆有其各別的基、道、果。且前一次第之果，即成後一次第之基，如是連繫，則九乘次第即成一完整系統。依整體而言，基為如來藏（大中觀見）、道為大中道，果即大圓滿。

然而若單就大圓滿加行修習之整體而言，基為般若、道為唯識、果則為如來藏。

何以有兩種基道果？

蓋加行修習必須有實修時所依的見地，作為修習立場，其修習方便亦必有依止，然後始能得修習證量。加行修習基於空性，所修方便基於清淨心識，故其基道果即不同於正行。

或再難曰：正行修習既無可教授，何以又有基道果？

須知無可教授不等於無可修證。既有修證即有基道果。蓋無可教授者，僅為不能說出所修方便而已，並非連基本見地及修證之果亦無可說也。

因說無上續部三瑜伽，故將今人多誤解之處予以說明。

我及有情無始住佛界
是故蘊界處皆一壇城
光明莊嚴修習二次第

【釋】五蘊、十八界、十二處已攝盡一切法，無上密乘三續部皆視一切法為本尊壇城顯現，故修生圓次第，皆觀三千大千世界情器為本尊眷屬及剎土。

乙三　修生圓除四生習氣

由四生故建立四修習
如是修習除卵生習氣

積集福德及智慧資糧
前者皈依發心修生起
後者無執迎請及供養
於是廣修生圓二次第
猶如鳥雛初由卵孵出
生圓次第可作廣略修

【**釋**】卵生、胎生、濕生、化生，稱為四生。行者於多世以來，輾轉四生輪迴，故當除四生習氣。如是即有四修習。

此四修習依生起次第及圓滿次第而修，各有廣修與略修二種。

除卵生習氣者，皈依、發心，修生起本尊，為積集福德資糧。復次廣修生圓二次第，於無執等持中，迎請各各聖尊，復各各融入智尊，然後供奉讚頌，且作會供，如是積集智慧資糧。復於空性中入定，如卵孵雛。此乃修法大略。

復次修習除胎生習氣
皈依發心空性中生起
各尊種子字及標幟等
如是放光一一融入後
如前依各次第而廣修
復修風心紅白菩提點
入胎凝酪漸生成血肉
乃至色身圓滿而出胎

【**釋**】修除胎生習氣，修法大略如前，唯修生起圓滿次第後，復修紅白菩提生成胎中肉身，如是於空性中回向及平等住。

又次略修除濕生習氣
所修生圓二次第觀想
皈依發心本尊身放光
於是唯誦本尊之名號
誦時觀聚溫濕而成身
剎那生成色身且出世
不須更修種子及標幟

【釋】修除濕生習氣，皈依發心後，於空性中生起壇城，唯誦諸尊名號，證悟一切有情皆無始以來如來種性，如是修供養，咒聲遍三界。後修生圓，觀於溫濕聚中生起色身出世。後行回向。

次極略修除化生習氣
剎那明觀而修二生圓
猶如剎那化生自顯現
不次第修名號種子等

【釋】除化生習氣，修極略生圓二次第，於空性中觀普賢父母雙運，由其放光遍五智剎土，行者等持，證悟一切輪涅為本來清淨佛性，於是化生法稱顯現。後行回向。

如是四法修四生習氣
須依次第習氣以清除
於每法中自生起為主
尤其初學先修卵生起
俟圓熟後即便修胎生

更圓熟時濕生宜修習
至極圓熟始修化生觀

【釋】此段説修習次第。除卵生習氣法最廣，故宜初學。以後依廣、略、極略次第修習。至修除化生習氣時，剎那顯現，故非初學所能修。

乙四　修生圓雙運

行者修習圓滿次第時
須分顯現以及無顯現
無緣收攝生起次第觀
如雲散空即為無顯現
若知生起次第即圓滿
其所顯境任運而安住
離諸整治即是為顯現

初修學者須破生起執
於所顯境勿執之為實
已熟學人須破圓滿執
於空相境勿執為證量

無論何境均即是顯現
即是生起次第即方便
一切認知均應無所執
即是圓滿次第即智慧
恆時如是顯現無增減

生起次第能除實有執
圓滿次第能除虛幻執
若無執實之顯空如幻
此即生圓無二淨自性

【釋】甯瑪派教法不單修生起次第或圓滿次第，初修生起為主，亦修圓滿；生起圓熟後修圓滿為主，亦修生起。是故生圓二次第須同時修習，而以生圓雙運為重要教授。

生起次第雖有壇城本尊種種顯現，然行者不應執着種種境界為實有；圓滿次第收放光明，行者因之而有覺受認知，亦不應執着種種覺受為證量。能無所執，即是顯空如幻，所顯所空皆非實故。此即生圓無自性清淨雙運。

乙五　深道修習

此為能得究竟金剛乘
由是利根即生得佛果
此後自然作諸佛事業
到處皆為調化有情界

此是甚深秘奧捷修道
此即恆河沙數金剛持
具福有情須依止解脫

【釋】金剛乘所修能即生得佛果，故名為果金剛乘（與「因波羅蜜多乘」相對）。

即身成佛之理，為即生可證空性，是謂為究竟道。依此道修習者，已有無數行人得金剛持位。

下來說此甚深捷道修習。

丙一　加持成就

依所信續部次第修習
圓滿證悟而得菩提果
先思論續所詳各傳承
而獲賜智允許灌頂等
由是行者心性得成熟
尤其殊勝秘密瑜伽道
具四成熟灌頂二次第

瓶灌淨身密灌清淨語
智慧灌頂則能清淨意
名灌能除習氣賜成就
由前三灌頂積福資糧
第四灌頂慧資糧圓滿
並除煩惱障及所知障
是故既得成熟四灌頂
當修解脫生起及圓滿

【釋】灌頂即為加持成就。各傳承不同，灌頂亦不同。無上續部則依四灌頂。初瓶灌，次密灌，三智灌，分別清淨身語意。第四授名灌，則清除習氣，二障，故行者易得成就。

丙二　正行修習

欲入無二無上瑜伽部
須守誓句圓滿四灌頂
於舒適墊上作跏趺坐
先作皈依發菩提心己
無我離戲廣大空性中
由ཧཱུྃ放光遍上下方隅
結成廣大無邊保護輪
十輪輻上十忿怒尊住
中圍火焰熾盛於內外

此為具德普賢大壇城
具足四門四隅四牌樓
以五妙欲嚴飾五重牆
復具瓦檐欄楯梯階等
檐上莊嚴花鬘及瓔珞
其上高聳珍寶金剛頂
中圍被八火焰地環繞
孔雀獅象共命鳥及馬
拱抬蓮花寶座日月輪

五部佛父及五部佛母
八忿怒尊與八忿怒母
八方守護四勇父空行
及六能仁一一俱安座

諸尊身色標幟與莊嚴
一一圓滿身光遍十方

中圍主尊心間普賢王
佛母雙運具足諸相好
無垢如空深藍跏趺坐
高約一寸如球光燦爛
放光照耀清淨情器界
諸法澄明如佛父母剎

唸誦三字咒及佛心咒
聲空無生如空谷回響
於無執中安住而等持

無始以來自心本尊性
身即壇城語即為密咒
諸法法爾圓滿大智中
誓句尊與智慧尊無二
是故無須召請與融入
無須遣送亦復無取捨
了知無始以來即壇城
如是明觀非是有生起

凡有所執皆應次第收
無緣任運離戲論而住
於無執中回向諸有情
一切如幻猶如水中月

凡諸所作光明如幻性
念念了知無散亂而住
如是一切所顯皆本尊
一切聲音皆即是密咒
一切思維即是根本智

守護根本及支分誓句
五犯聚戒應守不應破
復有身語意廿五律儀
亦當守護清淨汝心識

復當精勤修法會供等
每月朔望復加行布薩
上旬初八及初十應修
廿五廿九下旬修法日

行者精進透澈諸心要
風心明點以及脈瑜伽
如是樂明無念雙運道
今生圓滿佛果金剛持

業惑世間溺欲諸有情
實近吉祥忿怒尊壇城
願以極密作無上回向
疲勞心性從今得休息

【**釋**】此說無上瑜伽續部修生圓雙運。

皈依發心為前行。

於空性中，種子字放光，生起情器壇城為生起次第。

壇城本尊心間有普賢王佛父母，乃剎那觀想而成，不須迎召、融入，其後亦不作祈禱及遣送。蓋於生圓雙運修習中，已無誓句尊與智慧尊分別。

普賢王佛父母放光遍照十方，清淨情器界即是圓滿次第。

此際於無緣中任運，身即壇城、語即密咒、意即法爾圓滿根本智。如是諗誦、等持，其樂明無念境界，即是生圓雙運。

然而雖無所執，卻亦必須守護誓句及戒律。共律儀可參考《梵網經》之《菩薩心地品》，十重波羅提木叉及四十八輕垢（無垢光尊者依小乘律說為二十五垢）。不共律儀可參考《金剛乘十四根本墮》、《八支粗罪》、《三昧耶戒》等。不贅。

必須修法之日，上旬為初一、初八、初十；下旬為十五、廿五、廿九。布薩日古制為十五、廿九兩日，今人則多改為初一、十五。譯文改從今制。

本品所言，僅為生圓雙運，尚為大圓滿之密加行道，以下數品，則入密密加行。且於本品中未詳述風、脈、明點修習，此蓋尊者守秘，不擬公開予未合根器與未得教法者故。

甲三　密了義無上果大圓滿修習

乙一　抉擇見

己熟生圓雙運瑜伽士
當證諸法無生體性空
顯現幻有輪涅一切法
是皆無執離諸戲論見

由無明故起執即飄流
顯現輪迴苦與涅槃樂
凡所顯現諸法皆空性
是故當知如幻如夢境

由是外境顯現一切法
雖現於心卻亦非心性
於心以外亦復無尋處
習氣增上似有二取境
法爾性空實無能所取
猶如鏡像如是現於鏡

面現於鏡實不住於鏡
於面以外亦無成像因
一切二取顯現皆鏡影
離諸二取諸法本如是

若不細察諸法若有生
若加細察諸法本無生

深細觀察一切法離言
非有非無非離非不離

如幻而生雖有亦不生
猶如陽燄中水池中月

尤其六道不淨而顯現
由習氣故無性現幻相
恰如病翳眼中見毫髮
欲除眼翳須先去痰疾
欲除幻相則去無明翳

習氣所引輪迴決定空
彼之對治覺性根本智
若欲抉擇空性諸有法
須知二諦離諸空有見

不落二邊便即是中觀
不住輪涅法界中自在
此為殊勝了義真實見
亦為自性大圓滿實相

【**釋**】此段抉擇外境。

一切法皆由無明習氣所現。無明故起執着，由習氣增上，於是顯現諸法。由是便說為所緣外境與能緣心識。能取所取即如是建立，有情亦如是流轉輪迴。

一切法顯現實如鏡影。鏡取鏡影，實無執着，法爾圓滿顯現。故一切法之顯現實無不圓滿。

猶如映面於鏡，面實不住於鏡，故鏡非面之實性。如是，心便亦非外境之實性。

然亦須了知，除面之外亦無一法為於鏡中成像之因，如是諸法實為真實顯現。

一切法無自性而離心真實顯現，即離能所二取而顯現。故一切法無生，且離言思。非有非無，非離邊非不離邊。

是故一切法雖如幻卻能顯現；雖能顯現卻亦無生。

此即不落二邊中觀見，即自性大圓滿實相。是甚深道，是無上見。

諸法顯現非利亦非害
說為利害都緣世間縛
無散觀察別別異顯現
即能斷除能取之心性

心性雖有實則無自性
尋覓不得視亦無所見
無色無形不能執為實
不外不內三時無生滅
非支非本亦非是根基
心離言表亦復離思境
過去未來緣之皆不得
如實顯現亦不住現在
如是置之心勿將心覓

剎那覺受且抉擇受捨
此即能取心緣所取境
當下顯現彼實無內外
能尋所尋二者無分別
尋者自欺於其所尋伺
不知自尋自者無所得

本來不生是為真實義
心性如是不住亦不滅
空無根基亦復無時際
顯現不停諸法顯現基

無有實相故說為不常
法爾顯現故說為不斷
雖以言詮以離四句故
既非常斷亦非不常斷
無建立故是以無可執
但知無始以來本清淨

觀察固無不觀察亦無
此由心性本來即無二
離善離惡亦離諸取捨
離有所得故離諸怖畏
專一散漫緣心都無用
恆時不令心亂於尋覓

【釋】此段抉擇內心。

中觀家說意識作用分三。一者對境執着或作境共相；二者起分別取捨；三者分別自明。此三者，唯識家開為三識，依次為第六意識、第七末那識、第八阿賴耶識。

然而唯識家所說之阿賴耶，已非無分別自明相，此作用因執着及分別而不顯，是為心識污染相。然此作用雖不顯，卻亦不失，故說為如來藏。《楞伽》則稱之為如來藏藏識。—— 菩薩修空，令心離分別自明，名空如來藏；佛心識法爾離分別自明，則名不空如來藏。

上來所言，即大中觀。為甯瑪派不共教授，是諸佛密意。

故無論說六聚識或八聚識，無論起何種分別與執着，心識實依然無依自明，雖顯現而無實，雖無實而顯現。故說為非常、非斷、非不常、非不斷。此猶如虛空，明分自住故；此猶雲散晴空，動念亦無有實故；此猶如飄風，執着顯現時，顯現亦自消盡故。

如是抉擇心性，離言語思維。

此心若被戲論如風動
真實見地即將無可悟

菩提心者即為此見地
亦即無遮無表無來去
如是無垢根本智實相
生起如是安住見如是

種種哲思言詮成何用
了義無作離立離不立
離中離邊離宗乘分別
淨如虛空無墮亦無偏
安立有無即此生污染
離言詮者焉能詮以言
其無義理是故當遠離

是如評論同意不同意
如何安立花果與流水
植何品種應如何佈置
如是構思花園天空際

如是一切無染清淨心
若受諸惑染污即不見
是故修習生圓成何用
所修反染澄明心禪定

無始以來心性自清淨
離斷除整治亦無解脫
復無所得一切離偏見
無內無外亦復無能所
一切皆離種種汝作意
執既無實是故不應執
無得無不得故離希疑

於具緣時可現種種相
覺性自身實本無變易
於所現中顯現自解脫
如水與波法身同一體

何處被視視者無所見
尋亦不得以無方處故
以離戲論尋者自亦無
是無作者以無可作故

無垢如空悉歸根本界
更無退處於今欲何往
亦無進處諸法已窮盡
我住何處不為人所見

汝若知此則便無所求
不求如我斷惑解脱者
更復無疑離心根基故
無證無執無認無如是
相續不斷廣大復無上

如是了悟且聽我歌唱
我無垢光升起開示已

【釋】此段抉擇空性。

空性即無垢根本智實相。既離邊，亦離中，故無根基。以一住根基即有見地執着。既無執着，是故自然清淨，無墮無偏。

是故此實相僅能證而不能表，亦無可修，以一切修持皆是污染。其所謂證，實亦無所得，亦無所不得。故行者離希求、離疑懼。

諸法於本覺中具緣生起，而本覺自身實無變易遷動。於是一切顯現，即於顯現中自解脫。如波於水中顯現，水既不變，而波亦自於水中消融。

如是即現見法性。

復次，一切法均為法界遊戲；於空性中，諸法皆以歸於法界為窮盡。如是即更無可退，亦無可進。心性亦如是，離諸根基，始能離尋覓、離希疑、離幻惑、離解脫。於是心亦窮盡，與法界一味如波與水。

然而法界則相續不斷，廣大無上。故一切法無間顯現，而一切法空性。

如是即窮盡法界。

吾友且請如是觀外境
一切境不生同一空性
境相別異顯現於鏡中
諸相同一具鏡面光明

更視此心彼擅生分別
心如虛空本不依破立
縱有雲現亦消融空際
虛空幻變仍清淨無二

自性無垢即本來佛種
此即無生法爾法自性

於本淨中心境本無二
取捨無二亦不落破立
無自實性所顯皆空性
諸法一如即離諸所緣

外境無定現種種別相
心無規限復且無邊際
此即自性真實大圓滿

如是為有為幻輪涅法
不復見故過去法平等
以無生故未來法平等
以不住故現在法平等
以離基故三時無時等
無始以來一切法圓滿
有幻輪涅皆為心影像
心即法界廣大如虛空
虛空無時無去無來際
此不變性即本來涅槃
本來菩提心即普賢王

於本界中空有本無別
離諸戲論一多本不異
無分無偏諸法平等性
其現平等其空亦平等
其真平等其假亦平等
其有平等其無亦平等
離諸邊際諸法皆平等
此即一如本來清淨性

世智假立一切皆無實
名相增益自性則誹謗
真假非二心境無關涉
此不染彼以無能所故

如在鏡中影必自呈現
於根識中境相自生起
若執為實則迷貪瞋惑
善加觀察知心不趨境
外境相狀亦不生於心
無自性故二取不成立

一切外境無性皆如一
一切心識無取皆如一
心境無二本清淨一如
不須抉擇謂此謂彼勝

諸法解脫以一如為基
涅槃輪迴心界中一如
於大海中江河皆如一
諸法如是總相歸一如
於虛空中四大變如一
於空性中心破立如一
本來無二自顯自解脫
於清淨中空有本一如
水波蕩漾與流水如一
若能解此其人即智者

於種種有不執其別相
皆為影像不具二而有
視如遊戲離善惡取捨
心不執二定境即安樂
清淨覺性無執大自在
無境可顯亦復無所住
如是修持即究竟圓滿

諸法如是畢竟皆平等
離諸造作離作意抉擇
如奴枷鎖清淨覺性者
疲勞心性今且應安息

【**釋**】此段總抉擇內心外境二者

先觀外境，雖顯現別別境相，然空性則一。再觀內心，雖生種種了別認知，然本來清淨，不依破立、遮表而建立。

是知不落能所則心境一如。此即大圓滿。

由是心境離其所攀緣，即離其生起之基，則三時無時皆平等如一。是故世俗視之為有、視之為幻、視之為涅槃、視之為輪迴種種法，無非皆為心之影像，於心識中，如像在鏡。執之為實即是無明，墮貪瞋境。

故世間種種假立皆無實。名相假立實是增益，自性假立實為誹謗。——不知其為假，是增益，以假作真，是誹謗。

離能所，則心不染境，境不染心。故心不趨境，境不住心。於是無論內外，諸法一如。江河於大海一如，諸法於總相中一如，四大變化於虛空中一如，心之破立造作於空性中一如。

故定境中，無執即安樂自在。心境無二即無所執，即離希求疑畏。此即究竟大圓滿。

上來說大圓滿見地竟。

乙二　止觀雙運

如是既見一切法一如
即當急於實相中入定

丙一　三根修習差別

據其根器亦說有次第
上根解脫直於實相證
當其見無能修與所修
即便無須更覓其心性
但於任一幻有基解脫
清淨覺性離偏如河流

普賢剎土諸法自解脫
不分間次不執即如是
無相無量自存廣大界
無始時來本即住於定
於中無住亦無可住處
不須精進亦不須意樂
一經決定無得無不得
剎那成佛更不須願成
如是止觀廣大如空際

中根下根勤修達此境
彼有種種方便修止觀
直至行者我執全消除
尤其對於引向輪迴念
為清除彼教習修禪觀

如是生起離邊廣界智
於是內心寂止除煩惱

上根惡念消融於法界
無論善惡不須修對治
中根則須雙運修光明
善惡二念澈底都消融
直證現如虛空雙運境
下根對境須先修心靜
如是尋伺內心令寂息
修妙觀察而令觀生起
內外心境顯現即解脫
故依根基當知此次第

【釋】上來已明諸法一如，心境一如，諸法離根基是故空性，然則如何證此一如耶？本節即修證空性之止觀教導。

修止為止心於一境，無論內心外境皆為境界。修觀則為於定中觀察此境界，如是證空性。然二者修習非有先後，須止觀同時，且不側重於止，復不側重於觀，是為止觀雙運。故《金剛經》三句義，實即止觀雙運教導。

如云：「*如來說第一波羅蜜*」，此即是止，行者心識止於第一波羅蜜境界；復言：「*即非第一波羅蜜*」，此即是觀。於止心於境時，同時觀察此境界之本質、相狀與功能，當觀察本質時知其性空，於觀察相用時則知其幻有，如是即「*是名為第一波羅蜜*」。此即止觀雙運修習。

此修習依根器而有次第。

上根無能所，無分別，當下直證諸法一如，故無善惡、是非種種分別見，一切法於其顯現時即當下消融於法界空性，故如水面作畫，隨作隨散。如是為上根雙運。

中根則須先修生圓雙運，生起光明，於是善惡等境始能於光明中消融，顯現如虛空止觀雙運境。如是為中根雙運。

二者比較，上根心境直證雙運，中根則須修習光明，而光明則仍是作意。

下根修習，先須修除障等法令心寂息，然後逐步由止入觀而令勝觀生起，後行雙運，如是令心境於顯現中解脫。修習次第中作意甚多，故仍須漸修令離作意。

下來即細説中根下根修法。

丙二　中根修習

今當指示中根修習法
恰似在於波濤洶湧中
清晰影像模糊且震蕩
如是心識橫亂變動時
便亦耽着種種戲論見
心性澈底澄明根本智
及如星辰神通不生起
是故急須靜止修緣一

七支坐法身如須彌山
於諸根識遣除其範限

令於外境如映水星辰
心性空明若無雲空際
離諸戲論離沉掉而住

此際真實一如根本定
法身先於二取所緣境
如具光熱無垢證明日
無中無邊樂明無念起

已見一切現空皆一體
抑且遠離有無二邊際
如是寂滅煩惱無分別
能知所知是亦同一體
平不平等法性皆齊見

此即見聖諦根本智因
如來由此證殊勝法身
以其慧眼直證見真如
諸具緣者恆時此安心

心性不生廣明如空際
不緣心境念念散如雲
以無散亂離戲論心智
入於定境法爾即如是

任彼澄明平靜如大海
波浪不生遠離能所垢
任彼空明一片若長空

無所取邊亦無妄念雲
任彼堅穩無動似山王
既無希疑亦復無取捨
任彼清澈光明如若鏡
顯現不停外境所顯影
任彼如虹住本無縛境
澄淨光明離昏沉掉舉
任彼一心貫注如射手
既不奮前亦不怯退後
任彼有如決知成事者
自然成辦無希求疑懼

此即自性清淨等持住
雙運內寂外顯廣大境
住於無生此即為內寂
離戲空明即廣大顯現
功德一如無分即雙運

爾時心極深寂離戲論
見法義已離一切言思
入根本智極離分別見
此即甚深光明般若智

心極光明是故極寂息
取捨內外諸貪念漸寂
於空外生無偏大悲心

自勉行善亦勸勉他人
寂中生樂不復喜忙亂
即於夢中亦唯行善法
如是即入殊勝解脱道

其後漸修漸深前述法
心既愈明智亦愈廣大
如是證悟顯現如夢幻
諸法宛然無論其來去
境中諸法無二唯一味
廣大相智極其無分別
如是即得清淨歡喜定

此際身心均較從前淨
能證無垢智慧雙運境
以其神通大悲利有情
以厭世法故生出離心
即於夢中亦證法如是
於身內外不生蟲及卵
晝夜入定離昏沉掉舉
如是行人將速見聖道

以後極深定境更勝前
證悟大日境界不升起
已證諸法一如實義故
是能控制無障天眼通

得見百千萬億如來剎
爾時顯然無漏根本智
此即剎那證得深般若

彼止觀境增上更深時
證悟等持獲功德無量
諸顯一如無念法性中
總持智雲開展離垢染
出定入定無二皆定境
示現無量不思議幻化
入諸本見及無量佛剎

脈已澄明氣已具功德
行者無垢能得大自在
能運本智名近得相智
聖道圓滿速證正等覺

此是具力深澈光明藏
具緣行人今生即解脫

【釋】此示中根修習，分四重境界。

初者調心令寂，故依毘盧七支坐法修止觀。止者，為令六根六識任運而無範限，生諸外境，一一任其映於自心，如星辰映水。觀者，諸境雖映於心，而心性空明，如無雲晴空。

如是修習，樂明無念自然生起，此即清淨法性。如是能取所取即自然不起，故不須分別法性平等或不平等。

止觀雙運者，內心寂息與外廣大境顯現，同時而修。修心如海，觀所顯境無垢；修心如明空，所顯境為妄念雲等，一如偈頌所言。

如是無生即為止，空明即是觀，二者功德一如即是雙運。如是證般若智。

次者，復加修習則心愈明、智愈廣，諸法宛然而知為夢幻，如是即漸無執着，以至證諸法一如，乃至極無分別。神通每於此時生起，而於夢境中亦持其所證，晝夜作利生大悲事業。

三者，更深修習時，已無光明現前之執着，證諸法一如真實義，內心外境消融，無一法非法界。於是能控制神通，復能於定中見恆河沙數佛剎土，證得甚深般若。

四者，極深修習時，獲得無量功德，無論出定入定皆常在定中。身脈明澈，氣具功德，能示種種幻化入諸佛剎，故得大自在，此已近成佛之果。

上來止觀雙運修習，分攝四級灌頂，具見於各級瑜伽儀軌及口訣。

復次，大手印四瑜伽——專一、離戲、一味、無修，亦如是依次配合。故甯瑪派時亦說大手印，此非謂大圓滿即大手印，蓋依法門而言，名大圓滿，而其修習則隨順傳統說為大手印。此與噶舉派之大手印法門不同，見地異故。今人不知有此區別，乃常責人將大圓滿與大手印混淆，故澄清如上。

丙三　下根修習

下根修習生圓雙運道
寂止勝觀先分次第修
待各堅穩始行修雙運
此有無量善巧方便法

行者先修內寂止次第
須於靜處安置坐墊已
安坐數日調伏妄念流
故調氣息觀色及數息
然後專一緣注而入定
如緣佛畫壇圖經函等
種種適宜緣觀諸法物
復修四無量心二次第

如是修定成就心調順
速能緣注更不緣餘處
由是入何定境皆能住
身語意皆悅樂盡瀰漫
一緣不動內心成寂止

後當修習如何作勝觀
外境顯現輪迴涅槃法
彼種種有實如夢如幻
如像如化如乾闥婆城

如谷響如光影如陽焰
如是種種顯現皆無實
住於即空空性而說有

諸法無我空性若虛空
如是等置離戲而入定

由此證悟外法無自性
能取所取亦即證無性

後修如下觀察內心法
心具種種見卻渾無實
常緣外境真假哀樂等
唯此種種不能如所執
先尋汝從何來何處住
後尋何去現何形何色

如是觀察即將如是見
心之生起離其所賴因
其住其異其滅亦如是
無形無色不能實有執
過去已滅未來則未生
今不停留復不住內外
知其實如虛空而離戲

此際於心更不思一念
心放寬鬆如刑人將養

不作一意亦不作冥想
置心於彼諸法離戲界

如是即能證悟人無我
心自證悟心亦本無性
後證本智止觀即雙運
心境無二如水與水月

以執於二故恆作輪迴
以無二故能得涅槃樂
是故即應如是修無二
心本清淨一切法不生
置心無垢空明離戲境
如是污穢惑亂即寂息
住於無念根本智生起
清淨覺性神通等持生
離能所邊而證悟中道

爾時清淨心如淨虛空
無境可緣無離論可受
於法性中無作無作者
於法界中無生無能生
此即無垢法爾淨佛性

不緣外境視之如水月
不緣內心不動且離邊

心境皆遣無二作等持
深寂離戲光明離作意
但飲甘露法性甘露似

【釋】上來説下根修止觀雙運。

下根者先修止。初調息，用數息觀及觀氣顏色、去來等。次則緣一物而修寂止。復修四無量心及生起、圓滿二次第。

如是修習，心已調順，隨心專注，更不外馳。證量為能住定境、身語意皆悦樂，緣一而心不動。

修止成就繼修勝觀。以八喻觀種種外境，知一切外境皆住於空性，於是離戲論等置諸法而入定。於定中證悟外法無自性。

復觀察內心：心緣外境由是始具種種心態，彼心態無非皆內心造作，渾然無實，故內心所執實非外境之真實。行者於是修心如是。

修心如是者，離一切生心之因，見如是即如是，此即所謂第一卒爾心。

生心如是，心之住異滅亦如是，是即所謂任運。——任運者，於心不作一念，任心寬坦自然，如受刑人之休息。

如是修習，證人無我，是為勝觀。

勝觀修習成就後，修止觀雙運。雙運者，謂心境無二。心如鏡，境如鏡中像；心如水，境如水中月。

無二則無分別執着，離二取，離二取所生之戲論，故唯無二始能湼槃。

修無二者，任心置於無垢空明離戲論境界，令一切惑亂寂息。如是無境可緣，更不受諸戲論。法界中無能生所生，法性中無能作所作，此即本來清淨佛性。

此法門必須修生圓及生圓雙運，通常行人必須習此，故不必因下根之名而自卑。

丙四　修禪定次第

由此無執廣大禪定舟
行者已渡三界幻惑海
至於常樂自圓滿法界
以寂止故唯證法身空
以勝觀故是以色身現
此即二資二次第成就

當其證悟智勝觀之時
由內寂止行者住此境
當如理心不復執空有
無二智離心以及心所

無始以來心性即清淨
是故暫住心亦本清淨
九次第定神變及神通
無量等持總持雲自起

欲界心者唯重人我見
所修全境故落於尋伺
境覺喜樂第一靜慮支

若定境中無尋而有伺
心生樂明第二靜慮境

於定境中無尋亦無伺
喜樂潤澤第三靜慮支

定境之中一味唯有喜
是為第四靜慮生功德

定境心淨明澈如虛空
如是名為空無邊處定

離諸戲論而唯持心識
心識開展識無邊處定

於無所有中開展定境
心境離戲無所有處定

定境離諸有無戲論心
是為非想非非想處定

定中滅盡種種煩惱心
無上寂息是為滅盡定

行者依次修九次第定
或任運而修不依次第
即能了知自他前後業
及能生起種種心事業

知生住死知屏障後事
及能幻變一身幻多身
斷惑而知諸法如是相
能見佛土滿虛空佛子

若能證得顯現唯幻化
是則能入諸法如幻定
若能心離憂苦息污染
是則能入如月無垢定
若於諸法無異證一味
是則能入如空無覆定
如是百千定境至無數

以於勝觀能證諸法性
復由寂止觀境攝於一
是故總持等持自雙運

【**釋**】行者於修止觀雙運成就後，當知藉禪定以求解脫之理。

止觀雙運時，心識暫住於一境，以心識本來清淨故，暫住心亦本來清淨。以清淨故，即能任運入九次第定，自然生起神變及神通，且總持等持雙運 —— 即能起定，同時又能總持諸法一味實相。

九次第定者為修習等持之九種住心，此即內住、續住、安住、近住、調伏住、寂靜住、最寂靜住、專注一境住及等持住。

如是九次第定可依次第修，亦可任運而修，即有百千以至無數定境生起。然境界雖多，總攝為一，是即總持等持雙運。

上來總說座上如何修。

丙五　地道次第

依次修習五道得解脫
下資糧道修習四念住
即身受心至法念住等

中資糧道須修四正斷
斷惡止惡生善善增長

上資糧道修四如意足
其為欲精進念與思維

行道於暖位及頂位時
修信精進念定慧五根
於忍位及世第一位時
修信精進念定慧五力

見道即是第一歡喜地
修習七覺支即為擇法
精進以及喜除捨定念

修道分為下中上三品
每品復分下中上三等
依九次第分別而安立
分攝離垢發光焰慧地
難勝現前遠行不動地
善慧地及法雲地等九
彼等地中修行八正道
見思維及語業命精進
以及正念正定等八道

三十七道品修行成就
有學四道已臻於極頂
不住涅槃是入無學道

若非經歷上說道次第
決定無人得成就佛果
歷劫多生或一生解脫
悉皆經歷上來諸道次
是故入於因果諸乘者
當知地道依之作修行

如是深寂光明精進者
能離有情心識諸污染
久久貪着濁世戲論者
疲勞心性今應尋休息

【釋】本段說修行地道次第。

修止觀雙運已，入於禪定，此僅為修，未說行持。總修行而言，則除座上修外，於行持中其實亦無時不修止觀，以至止觀雙運。

修行分五道。此又分二，有學道四，及無學道。

有學四道，依三十七道品依次修習。具如偈頌所言。——其中見道即已稱為登地，入初歡喜地，如是以至十地。

十地菩薩若不住涅槃，則入無學道。住涅槃則成法色二身佛。

如是修行次第，不能逾躐，無論歷無數劫成佛，歷多生成佛，以至一生即能圓成佛道者，皆須依此次第。

上來說大圓滿修行竟。

乙三　善巧方便

丙一　總說修行方便

不動等持分三支修習
此即成為禪修雙運因
所修為何是為儀軌支
如何修持是為方便支
無二修持是為自性支

行者成就先須作出離
身遠離於世法諸喧鬧

心遠離於成群戲論見
由是始能速成此等持

既具信心復具慚與愧
能不放逸持戒喜善法
多聞寡欲且能知足者
是則當能速成此等持

調伏身心唯樂於靜處
斷除多言昏沉與懈怠
少作交游及除眠與悔
如是應能速成此等持

於城鄉居皆能遠鬧眾
住於靜所而離諸交往
不樂希求世法名利事
此即定能速成此等持

不執今世他生安樂果
不求自利但利他解脫
離煩惱眾以及離惱世
如此易能速成此等持

【釋】本段說出離為修持方便。以能出離，遠喧鬧，少交往，薄名利，且不希求人天樂果，而能三輪體空以利他，始能斷除煩惱及諸隨煩惱，而善心所則生起。

唯識家說煩惱心所六：貪、瞋、癡、慢、疑、惡見。小隨煩惱十：忿、恨、覆、惱、嫉、慳、誑、諂、害、憍；中隨煩惱二：無慚、無愧；大隨煩惱八：掉舉、昏沉、不信、懈怠、放逸、失念、散亂、不正知。

善心所八：信、慚、愧、無貪、無瞋、無癡、精進、輕安。

丙二　別說修行方便

丁一　修止方便

如何修持說此方便支
須除昏眠掉悔疑五蓋
如是始能止觀修雙運
昏沉與眠實為寂止蓋
悼舉及悔則能障勝觀
疑則兩蓋止觀皆違緣

五蓋總攝昏沉掉舉中
若昏沉時緣於振作事
設若掉舉則心修一緣

若無寂止勝觀成爭鬧
若無勝觀寂止陷枯寂
故須雙運對治此障礙

修寂止者身語意皆寂
即於諸法自性平等中

暫置諸緣是為主修支
心緣一境則是助修分

彼又分為有顯或無顯
復有內外四相令成止
有顯現者五根色等相
無顯現者無念無專注
外寂止者緣木石佛像
內寂止者心蓮懸垂等
持心緣一即修止方便

既善專注已生寂止後
為令堅固增長須修智
寂止功德由諸威儀生
若陷於寂則當身心活
如前所說即速得寂止

【釋】前品已說修止，此說修止方便。

修止觀須除昏沉、眠、掉舉、悔、疑等五蓋。初二障止、次二障觀、後則兩障。

昏沉則所止之境界不明，由是生散亂；掉舉則令觀不起，由是生懈怠。故五蓋又以此二者為重。

除昏沉者，須緣能令身心振作事，如緣眉間白毫旋；除掉舉者，須緣能令心久住之事，如緣臍輪拙火，或黃明點等。

復次，止觀又互為對治。無止則觀境易成爭鬧，如光飄忽似電，外內衝擊；無觀則所止境易陷枯寂，成為枯禪。故善於修雙運，則能二者互為對治。

修寂止，主修支為於諸法平等中，以無所緣為緣，無所執着，無所離捨，身語意皆寂默，如是入定。助修支則為專緣一境，是仍有取捨。

寂止境相，有內、外、有顯現、無顯現四相，唯無顯現為正修支，餘三為助修支。

內者，觀想心間有蓮花，柄垂至金剛地基，如是心即堅穩。

外者，一心專注面前木石畫像等。此則不須作觀想。

有顯現者，專注於色、聲、香、味、觸等五根所現任一境界。此可觀想而成，或實有顯現。此亦可分內外。

無顯現者，即是無念。唯須於諸法平等空性中，於無念之念亦不生執着，如是即為正修。

正修成辦，即須修智，此即止觀雙運。

修寂止，先須端正行、住、坐、臥四威儀。威儀不正，寂止不生。故知寂止不必定於坐上修，亦可於日常生活中行。

若寂止陷於枯寂，便務須令身心皆活。此即是調心。如令內外顯現境活動，或於無顯現中任樂明運作，此即無上修止口訣。

丁二　修觀方便

修勝觀觀諸法或一法
定心證明此即是主修
心無分別是為助修支

主修分二有顯及空顯
有顯即是觀前八幻喻
空顯則為離作意如空
如如而定智慧即現起

修觀覺沉則觀種種法
其幻其空無二淨光明
修觀散亂寂止中入定

爾時深澈光明如虛空
現前明空離戲清淨相
即時消解二種障礙雲
有時深澈光明現如海
波光定境無別中解脫

勝觀功德由諸威儀生
如是勝觀當速自成就

【**釋**】此說修觀方便。

定境中心地光明澄澈，此為主修支；心注一境而無分別，是為助修支。

主修分有顯及空顯兩種。有顯者，即是前説觀如幻等八喻；空顯者，定境如是即如是，現前生起如虛空。

修觀若覺沉時，則遍觀諸法，其幻有與其空性實無有二，由是澄明而住。

修觀若覺散亂，則修寂止而作對治，專心緣注一境而觀。

修觀成就者，光明虛空自行顯現，離諸戲論而住；或深澈光明如海，縱有波濤，亦為自現之解脱相。如是消除二障——修止為斷除妄相，除煩惱障；修觀為斷除妄見，除所知障。

助修者，於行住坐臥皆心緣一境而修。

丁三　修止觀雙運方便

雙運定境動靜但任運
智境無執是為主修支
離有非有戲論為助進

於定境中意任起或住
無論現住皆於中解脱
止觀如矢樂明無念升
空有智悲生圓皆自起

雙運沉時分別修止觀
散亂對治偏觀或偏止

雙運功德空明離戲智
此於晴天無雲時修習
行者背日凝空而專注

外者喻為清淨晴虛空
內者法性喻為大虛空
秘密光明具光華虛空
定境須知三重虛空義

【**釋**】修止觀雙運方便者，於定境中，無論一切法生起或停留，皆令其於無二智中任運，無所執而等持，是為主修支；定境中不作有或非有分別戲論，是為助進支。

主修支方便者，定境中一切意念或現象，皆任其於起住中自解脫，不外觀察，不內整治。此時雙運所生智慧自然如矢突然生起，於樂明無念中，空有雙運、智悲雙運、生圓雙運，頓時自行現起。

雙運覺沉，則不修雙運，分別修止或修觀；若覺散亂，則偏重於止或偏重於觀而作對治。對治已，復修雙運。

雙運之助進，為於晴天時背日而坐立，凝視無雲晴空。臥時亦觀虛空光蘊而入睡。

復次須知三虛空義而修雙運。

外境法界為清淨晴虛空；內境法性為廣大虛空；秘密光明為具光華虛空。如是住三虛空而修。

丁四　修無二方便

若修顯空自性無二支
定中諸法顯現即圓滿
不作取捨亦離取境意
凡有所執皆落世間法
無境可取無縛無解脫
是如虛空無邊具無垢

是如鏡與種種鏡像現
現種種相空性皆如是

是如虛空所聚諸相雲
聚散開遮自性皆如是

是如大海別別河水注
一切修證智性皆如是

是如幻境現種種幻化
輪迴涅槃境相皆如是

是如虛空十方廣無邊
諸法本來自在皆如是

是如水入水中無有二
心及心所無別皆如是

是如睡眠中有種種夢
取境捨境無實皆如是

是如大海波濤與流水
有念無念一性皆如是

恰似商人成辦貿遷已
樂於結束其所經營事
此際既無希求無疑慮
是即所得希疑無二果

知此唯一真實大圓滿
即印周遍諸法真實性
於無二中諸異成一味
有情即在能所中解脫
願煩惱世迷於執異者
疲勞心性今且得休息

【釋】上來已說生圓雙運、智悲雙運、止觀雙運等，均於修持境界中證一切法無二，亦以真實大離意之無二為證量。故本段即說修習無二之方便。

此言如觀鏡與鏡像，種種相皆空性無二；觀空中所聚雲，其開遮自性無二；觀眾河入海，一切證境皆為智慧無二；觀幻境中作種種幻像，輪迴涅槃如幻無二；觀虛空十方無有邊際，故一切法亦本無縛束，其自在無二；觀如水入水，心及心所種種境相亦皆無二；觀如睡時作種種夢，所取所捨夢境，無實皆無二；觀大海中波與水，動念與不念一體皆無二。

上來種種思維，即為修無二方便。由是知法界中一切法本自圓滿，如是印證諸法實相，於無二中悉成一味。

此時有如商人於成功事業後退休，結束經營，於是無有希求無有疑慮，是即為離希疑大圓滿果。

下來即說此果。

乙四　大自成果

丙一　法界

方便智慧都達究竟時
自然開啟本智及事業
心與心所以及阿賴耶
悉入法界圓滿歸寂滅
智與法界無二同一味
由是顯然離戲二清淨

光明所展證境本無生
猶如晦日月沉於空際
虛空法界細智如蓮苞
是時無念處處皆寂滅

【**釋**】法界者，無有偏執，離諸分別，為一切法顯現之根源，如是即法界之勝義諦。是故法界即為一切證悟之究竟，為一切滅盡之根本，為一切法之源頭，是即名為本來法界。

本智與細智，具名根本智與後得智。佛所證者為根本智，即契證真如之智。證根本智後，再起反照世間一切事相之智，則名後得智，功德事業即由後得智生起。

證根本智時，心及心所與阿賴耶識一時皆寂滅，故智與法界無二，唯同一味。心識清淨，法界清淨，如是為二清淨。

證智本具光明，然於法界中亦寂滅。然此光明實不生不滅，故其寂滅實如晦日之月，沉於空際，而後得智亦卷如蓮苞，雖為功德事業藏，卻不起用。如是即為究竟寂滅，亦即法界本來面目。

丙二　法界所現身

丁一　金剛不變身

三時無體無遷無變易
無始來時法性本清淨
由是名為金剛不變身
窮盡法性法界即究竟

丁二　現證菩提身

現暫二障若已得清淨
且已究竟如來如海法
究竟證智究竟斷繫縛
如是具足超越力證量
由是名為現證菩提身
是為究竟成佛諸功德

丁三　寂滅法身

所知境現心不緣於境
能知心起亦無有所執
內在光明如月沉空沒
殊勝細智雖隱而非暗
以遍知故為真實根源
由此功德現起色身智
於他能顯功德寶藏故
由是名為寂滅之法身
殊勝細智此亦極寂滅

【釋】依甯瑪派說佛有五身：法身、自性圓滿受用身、化身、現證菩提身、金剛不變身。本段只說三者，暫未說自性圓滿受用身及化身。

法界三時不變之體性，無變而住而窮盡法性究竟，是為密意法性，名為金剛不變身。

法性本來清淨，煩惱障與所知障者，無非暫時所現。若已清淨二障，且已究竟佛法，究竟證智，究竟離繫，是名現證菩提身。—— 參考《密續部總建立廣釋》所說五種現證菩提。

法界體性中，身智與密意無離無合而住，無生住異滅而住於不思議境界，此即稱為法身。

法身寂滅，智亦寂滅。然所謂寂滅非謂歸於無有，實退藏於密而已。故本頌云；內在光明如月沉空；前頌云，證智如月沉空，細智如蓮苞卷。

是故智不受障，月沉而現暗相，非月退光華，亦非受雲障而失色。法性之所謂受障實亦如是，凡有所受，皆現時暫障而已，如月本不失光明，法性亦本不受污染。

是故污染識所受之污染，不待清除，智起如月升起，光明自現，由是知成佛即斷盡業力之理。

識亦不能轉為智慧，說轉識成智，不過方便之權說而已。凡夫於心識能漸不受污染時，即謂識轉成智。其實當證根本智時，法爾即自性清淨，何待由污染轉為清淨。然而為便凡夫修習，亦說五智，用以對五污染識。

法身為法界體性，身智與密意無二。就身智邊言，為現證菩提身，就密意邊言，則為金剛不變身。如是說頌文所言三法身差別定義。下來總說三法身。

丁四　總說法身性

此種種身外界不現相
然亦非無以極微細故
彼等遠離常斷四邊際
既離言詮亦離四邊外
其為空性境相皆寂滅
除是如來不作餘者境

於極無生法界宮殿中
三世諸佛恆常住於此
各不相見各具法性故
說為住於深寂滅自性
於此性中諸佛同密意
如瓶之空無論何來住

【釋】上來所言金剛不變身、現證菩提身、寂滅法身，皆為法身。本段總說法身不現外相，離四邊際等等自性。

法身佛不可見，以極微細故不為細色粗色所見。

法身佛離四邊。即非常、非斷、非不常不斷，非亦常亦斷。亦非於四邊之外另有境界為其所住。

法身佛離言詮思議。以極寂滅故。落言語思維即非寂滅。故法身境界，除非如來能住，不為餘所住。

法身佛為恆常住。然此實不同於常斷之常。常謂永恆，恆常住卻非永恆，但謂其於法界宮殿中恆常可起功德而作事業 —— 當然亦可不作事業。

法身佛各不相見，以住於深寂滅自性中故。此即諸佛密意。故喻法界如瓶之空。空即是空，無論其已有住，或尚未住，瓶之空間仍是瓶之空間。

故法界亦不可思議，謂為深廣虛空，已落言說。

丁五　自性圓滿受用身

如是法性具智慧空性
圓滿次第亦已至究竟
彼中自現圓滿受用身
境時師法眷屬五決定

境極光明名為密嚴土
澄澈輝光五色作莊嚴
有如虹霓明耀遍空際
此土周遍虛空十方隅
越量宮具四門與門樓
五牆圍繞瓦檐窗槅等
復有短牆欄干護城河
內為莊嚴光明諸宮殿
嚴飾寶鬘幢傘珠瓔珞
華蓋旌旗幡翎耀天際
散射五色妙欲天女雲
華光旋繞周遍宮內外
中圍四方莊嚴各相應
色復飾色嚴飾極珣燦
宮殿大小非如眼所見
顯現無邊無量遍虛空
亦如剖裂芥子芝蔴莢
中圍寶座蓮花日月輪
象獅馬寶孔雀共命鳥

時者無定恆常且圓滿
三時無時名為普賢時

法者平等圓滿大法性
無始以來自性本清淨

導師具足相及隨形好
其為大日如來不動佛
寶生佛與無量光如來
以及北方不空成就佛
一佛各各為餘四佛繞
五佛母為法界自在母
金剛瑪瑪幾與白衣母
佛眼母以及誓句度母
與佛雙運圓滿諸莊嚴
五色光明藍白黃紅綠
下層寂靜上層忿怒尊
名為飲血佛陀忿怒尊
金剛寶蓮花以及吉祥
諸尊一一各為餘尊繞
有五忿佛毌與佛雙運
如是言語難以詳細說
究竟圓滿自性作顯現
是為超離言思法性界

眷屬悉為導師自顯現
八大勇父及八大勇母

四門守護四門守護母
於四十二尊寂靜尊中
六尊化現二尊為法身
三十四尊自現報身相
此外特殊眷屬二十四

忿怒尊為八大忿怒母
獅面虎面狐首狼首等
四門守護二十八巡查
於五十八尊忿怒尊中
四十八尊為特殊眷屬
露齒獠牙身佩火焰飾
極其勇猛而作游舞姿

具足身壇報刹如其數
寂忿二尊此中可相見
所化他現寂靜忿怒尊
皆為化身非自現身故

如是殊勝圓滿五決定
皆為自現無所謂善惡
光輝瀰滿閃耀燦燦然
此即天人導師之刹土
佛見佛刹互讚其功德
如是莊嚴刹土處處在
然即清淨化身亦不見

【**釋**】本段說自性圓滿受用身。

受用身具五決定，密乘所說與顯宗不同。密乘以密嚴刹土為境決定；時則無時；法則為平等圓滿法性；導師為五方佛；眷屬為五方佛所自現。

此處說五方佛壇城，每一佛均為餘佛所繞，又說眷屬等，悉依《大幻化網》身壇而說。此處不贅。

說報身壇城即在心中，復自現寂靜忿怒諸尊住於三脈五輪，此為密意。蓋一切法顯現無不圓滿，是故行者一身即具無數莊嚴佛刹。如是修三脈五輪即有意義，以一切法皆由心自現故。

自現者為受用身，他現者為化身。所謂他現，即為受用身所化。故修《大幻化網》，視心為報刹，三脈五輪為所化，而行者自身即為法界。

丁六　化身

三世諸佛所顯之自現
如空如色實不可思議
此性顯於佛之所化土
導師調化依如下次第
自性現身應身與化身
三種化身利益諸有情

戊一　自性現身

自性所現化身導師者
於五佛部中但任一部
五方佛剎任運而示現
名為密嚴剎與妙喜剎
具德剎蓮花剎成業剎
化現無數寂靜忿怒身
具足熾燃光及相形好
二利事業自辦利有情

導師各各亦俱足五智
法界體性以及大圓鏡
平等性妙觀察成所作
每智各各具足餘四智
以一切法一味平等故

法界體性智絕不動搖
遠離戲論能取所取境

大圓鏡智為諸智根源
即是明空無二顯現基

平等性智諸法平等性
輪涅無二真實大圓滿

妙觀察智知種種法相
為如所知及盡所知智

成所作智圓滿諸事業
一切所知成辦無障礙

眷屬為所化十地菩薩
法為光明盈滿之等持
生起各各地上除障心
斷除嫉等即能見如來
見佛清淨自比有差別
如是知差別已而除障
入普光地事業如鏡影
時則無停至渡盡有情
報土屬界故得恆時現

【釋】自性現身於顯乘稱為報身。密乘則將報身分為自性圓滿受用身及自性顯現變化身，而後者則列為三化身之一。

三化身者，即自性現身、應身、化身。自性現身住於報土屬界，為自性受用身所化，唯教導十地菩薩眾。應身則亦稱為自性半現變化身，教導所應根器，僅為所調眾能見，取佛寂靜或忿怒形相。化身則示現無量，不取佛形。

今說自性現身。彼於五部佛剎中皆有示現，由五佛自性顯現變化而成，或具寂靜相，或具忿怒相，各各具足五智。其五決定，導師為寂忿本尊，眷屬為十地菩薩，法為光明一味無分別等持，時為恆常，境為報土屬界。其所調化十地菩薩，因除障成就而入普光地 —— 此為如來十地之第八地，具名最勝妙淨佛智藏光明遍照清淨諸障智通地。

戊二　應身

五部種姓如是作決定
若所調者消盡愚癡時
入密嚴剎導師為大日
法為清淨法界體性智

如是滅盡瞋心不動佛
除慢寶生除貪無量光
滅盡妒者不空成就佛

境則從屬導師之報土
眷屬受用卻異於導師
並非諸法皆為報身故
半化身者法性所化現
故唯登地有情始得見
如是名為半現變化身

其境外觀悅意無量宮
七寶樓臺光輝澈十方
蓮花中生無數佛子眾
所欲諸般受用降如雨
於四時中編鈴奏法音
海池嚴飾珍寶如意樹
此即法性半現寂靜界

其忿怒界無數壇城身
空行殿內空行父母雲
界中五部吉祥忿怒眾
清楚顯現密成就者前
聖者讚為極樂空行剎

【**釋**】應身現忿怒或寂靜尊形。其所屬何部，如是決定——菩薩若除無明愚痴成就而入普光地者，居密嚴剎土，其導師為大日如來（毘盧遮那）。其餘四部類推。

故應身佛於未成佛前，則為自性顯現變化身導師所調之根器，於受調化時，生起各各地上除障心。除障已，見己身與導師清淨尚有差別，因復除障而入普光地。如是名為自性半現變化身。

半現應身唯地上菩薩得見，亦有寂靜忿怒兩部。忿怒部中之空行界，則唯修密成就者始得見，名為極樂空行剎。

戊三　化身

由法性現調眾變化身
六道各各化現其導師
天道帝釋阿修羅淨心
人道釋迦地獄道牛首
餓鬼焰口旁生善住獅
此六能仁清淨六趣眾

六化身復化不思議身
即於天界各天都示現
由梵天大自在天以次
至色究竟天皆現化身

人間化身示現應機地
化為聲聞緣覺菩薩眾
以至示現國王作調化

阿修羅界亦有化身現
旁生如化鳥以調鳥眾
或則現為麋鹿獅子王
各作調化是不可思議

如是餓鬼界及地獄道
亦化其形以應彼根器

調化導師具足兩種智
如所有智以及盡所有
不離有法於諸法空義
以其教法二利所調眾
如所有智故知諸法空
用以調化有情入寂滅
盡所有智盡知心根識
是能因應説無量法門

導師示現不淨有情前
境為六道有情六世間

導師所化因應彼根器
法為種種應機不定乘
時則相應所化有情界

如是六道有情六世間
由業力與善惡因果力
造就苦樂以及道勝劣
六道導師有情心所現
佛與凡夫顯現皆如夢
自性清淨行相則不淨
種種顯現皆大悲遊戲
此即大悲周遍所幻現
有世間時幻變無停息

以此性故復有種種相
化為色法不具有心識
例如畫像塑像懸記品
以及經卷佛塔諸法物
或為蓮花果木與園林
或為莊嚴宅舍悅眾地
或為城邑村莊船與橋
或為珍寶明燈衣食車
如是色法化現利有情
具此種種暫能生悅樂
究竟則須棄此尋淨道
種種色法自能利有情

【釋】化身者，於六道器世間示現六道有情相，如是調化六道有情。故六道各有六道能仁為導師，於一道中，導師亦非唯一，如天道中，由帝釋天至色究竟天，天天皆有其化身示現導師。

至於人間，導師化身亦未必為佛，凡聲聞、緣覺、菩薩眾等聖者，以及國王、大臣等具力有情，皆為利益有情之化身示現——王臣等或作惡行，亦應視為有情共業所感之因果，實亦大悲遊戲。

導師調化有情時，以如所有智教化，以盡所有智應機，故能因應有情根器說無量法門，悉說諸法空義而不離有法。

化身境界為六道世間；眷屬為六道不淨有情；法為應機種種乘；時則相應有情界。

上來說化身竟，下來說化身密義。

六道有情之情器世間，皆由有情業力與善惡因果力決定，如是乃有上道下道、樂與苦等差別。然此種種情器無非如夢，即導師示現亦如夢，故一切示現，自性皆清淨，以業力因果故令行相不淨。此即法性大悲遊戲，有世間即有此遊戲而無休止。

以此之故，一切色法均為法性化身，此如經卷佛像，以至有情種種造作如舟車園宅等，皆無非大悲遊戲。然此等化現雖能暫時悅樂有情，有情卻應棄此而入清淨究竟寂滅道。如是，大悲遊戲自能利樂，否則反成輪迴之因。

丙三　法界智慧遊戲

若無所化導師即寂滅
自現化身即入於法身
譬如無水月即歸空際
此以相用而令月寂滅
然於晦日月亦無圓缺

倘有所化導師即化現
此即大悲周遍自然果

如是無上殊勝寂滅性
願有情心盡入光明界
耽着於有而不知究竟
願其疲勞心性得休息

【**釋**】若無有情調化，化身導師即入法身，此乃密意。喻如水月，若無一器盛水，則月色終不在水而悉皆歸於空際，是即若無情器界則無化身之意，色法即如是寂滅。

此即法界智慧遊戲；行者若對此能會心，則修行自在，不為一法所滯，以無執着故。是即名為深般若波羅蜜多。

回向偈

由此善說具福雲
降下豐饒寂樂雨
願此三界善妙眾
自得如來諸福德

世間智眼皆暗翳
於顯密道執違異
不識合之為一體
是故彼等具偏見

殊勝甚深因果乘
攝集為一方便道
造此論者無垢光
造於雪山鄔金地

願以此善作回向
有情無餘入寂滅
無離無合身與智
十方三時增吉祥

圓 滿 吉 祥

附錄

《大圓滿心性休息三住三善導引菩提妙道》科判

甲一：外共因乘初善導引（第一至第九十二導引）

甲二：內殊勝果金剛乘中善導引

乙一：傳承

丙一：大幻化網密意傳承

丙二：大幻化網持明傳承

丙三：大幻化網補特迦羅耳傳

乙二：導引

丙一：事續生圓次第（第九十三導引）

丙二：行續生圓次第（第九十四導引）

丙三：瑜伽續生圓次第（第九十五導引）

丙四：無上續生圓次第

丁一：無上父續生起次第（第九十六導引）

丁二：無上母續圓滿次第（第九十七導引）

丁三：無二續生圓次第

戊一：生圓雙運

己一：除卵生習氣（第九十八導引）

己二：除胎生習氣（第九十九導引）

己三：除濕生習氣（第一百導引）

己四：除化生習氣（第一〇一導引）

戊二：深道生圓次第

己一：加持成就（第一〇二導引）

己二：前行修習

庚一：修中脈（第一〇三導引）

庚二：修氣風（第一〇四導引）

庚三：修明點（第一〇五導引）

己三：正行修習

庚一：上降智

辛一：修大樂輪（第一〇六導引）

辛二：修受用輪（第一〇七導引）

辛三：修法輪（第一〇八導引）

辛四：修幻化輪（第一〇九導引）

庚二：下固智

辛一：修幻化輪（第一一〇導引）

辛二：修受用輪（第一一一導引）

辛三：修大樂輪（第一一二導引）

辛四：修法輪（第一一三導引）

庚三：修普賢智（第一一四導引）

甲三：密了義無上果大圓滿後善導引

乙一：傳承

丙一：如來密意傳承

丙二：持明表示傳承

丙三：補特迦羅耳傳

乙二：導引

丙一：抉擇見

丁一：示外所取為空性

戊一：外境幻化八喻（第一一五導引）

戊二：觀察外境空性（第一一六導引）

丁二：示內能取為空性

戊一：觀內心自明無依（第一一七導引）

戊二：觀察離根空性（第一一八導引）

丙二：恒持修行

丁一：總説三根修習

戊一：下根修習

己一：尋寂止

庚一：馴伏妄念（第一一九導引）

庚二：攝心（第一二〇導引）

庚三：修聲攝心（第一二一導引）

庚四：正修（第一二二導引）

己二：發勝觀

庚一：虛空中平等住（第一二三導引）

庚二：能取為空性（第一二四導引）

己三：修雙運（第一二五導引）

戊二：中根修習

己一：修空如虛空（第一二六導引）

己二：修明如鏡（第一二七導引）

己三：修生起如波濤（第一二八導引）

戊三：上根修習（第一二九導引）

丁二：別說方便差別

戊一：寂止

己一：修寂止

庚一：有現境（第一三〇導引）

庚二：無現境（第一三一導引）

己二：助進（第一三二導引）

戊二：勝觀

己一：發勝觀

庚一：顯現中修（第一三三導引）

庚二：空性中修（第一三四導引）

己二：助進（第一三五導引）

戊三：雙運

己一：真實雙運（第一三六導引）

己二：助進（第一三七導引）

己三：方便道圓滿（第一三八導引）

丙三：離希疑果

丁一：法界本來面目（第一三九導引）

丁二：法界所現身（第一四〇導引）

丁三：法界智慧遊戲（第一四一導引）

《大圓滿心性休息》藏文本

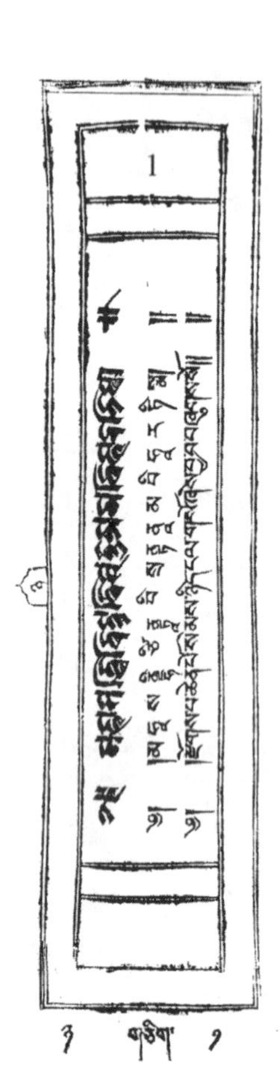

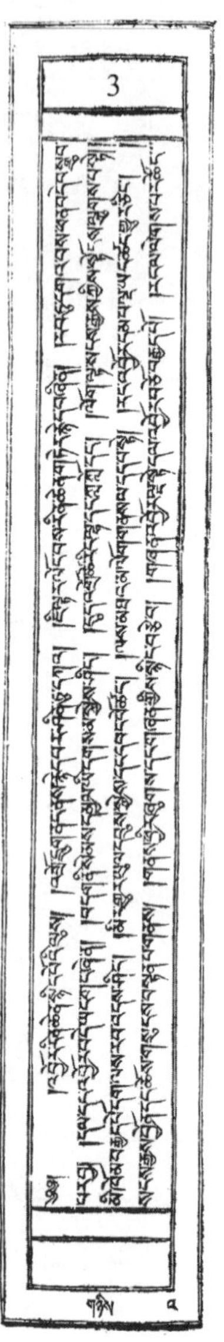

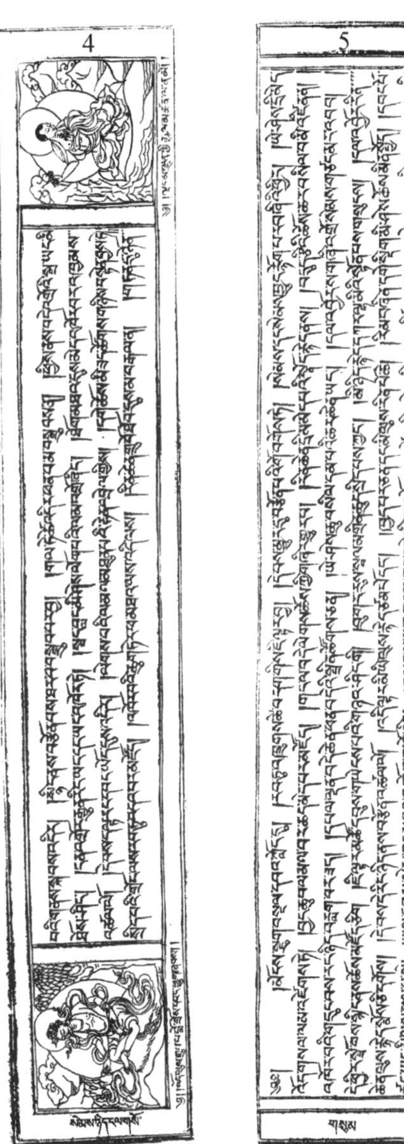

7

༄༅། །ཆོས་ཀུན་སེམས་ལ་རག་ལས་དེ་ཡང་ནི། །དལ་འབྱོར་ལ་བརྟེན་རྟེན་ཅིང་འབྲེལ་བར་འབྱུང་། །རྒྱུ་དང་རྐྱེན་རྣམས་ཚང་མཆོག་ལྡན་པ་འདིར། །ཆོས་ཀྱི་གཙོ་བོ་རང་རང་གི་སེམས་སྦྱུལ་ཅིག །འཆི་
བས་འཇིགས་པའི་སྐྱབས་མཐའ་མེད་དུ། །ཡོངས་དང་སྡུག་བསྔལ་ཆར་བཞིན་འབབ་པ་ཡང་། །དལ་འབྱོར་དོན་མེད་རྣམ་པ་རག་ཡོད་ལས་འབྱུང་། །དེ་ཕྱིར་མངོན་མཐོ་ངེས་ལེགས་ཚོགས་རྣམས་ཀུན། །དལ་འབྱོར་
རྙེད་དཀའ་བ་བས་མས་ལ་ལས་སྲུང་བས་ན། །ཉིན་མཚན་མི་དལ་བརྩོན་པས་སྦྱོབ་བསྐྱེད། །འདི་རེ་ཞིག་འདྲེན་པ་མཐོང་ངབ་དོན་ཡོད་ཅིང་། །ཆོས་ཐོས་པ་དང་བསྒྲུབ་པ་འང་དོན་ཡོད་ལ། །ཆོས་དེ་དོན་ཡོད་ཕྱི་མ་འབྲས་
བཅས་ཀུན། །དལ་འབྱོར་ལུས་རྟེན་པ་ལས་བྱུང་དེ་ཡི་ཕྱིར། །རབ་ཏུ་དགའ་བ་ཡང་དང་ཡང་བསྒོམས་ཤིག །ལྷ་རབ་ཅས་འཇིག་རྟེན་ནང་འགྲོ་བའི་གཙོ། །ཞེན་རང་ཚུལ་ཀྱིས་བསྐོར་བའི་ཞལ་མགོན་པོ་ཡིས། །འཆི་མེད་
བདུད་རྩི་ཡི་གོ་འཕང་བརྙེས་པ་ཡང་། །མི་ལུས་རིན་ཆེན་མཆོག་ལས་བྱུང་བས་ན། །ལྷ་བས་ལྷག་པའི་ལུས་ཞེས་དལ་འབྱོར་བསྔགས། །དེ་ཕྱིར་མི་ཉིད་ཐོབ་ལ་སྙིང་པོ་བསྐྱེད། །རྣམ་པར་མི་རྟོག་པ་དེ་ནམ་ཐོབ་དུ་ཡེ་ཤེ
ས། །ལྷ་མི་འི་བདེ་ནས་མི་རྒྱུར་རྟེན་དུ་སྐྱེ། །རྡོ་རྗེ་ཐེག་པའི་ལམ་ཟབ་བསྐྱེད་པ་ཡང་། །མི་ཡི་ལུས་ཉིད་འབྲས་བུ་འགྲུབ་པར་གསུངས། །དེ་ཕྱིར་ཐེག་པ་ཆེ་རྒྱུ་དང་ཆོས་ཀྱི་རྟེན། །དལ་འབྱོར་མི་ལུས་མཆོག་ཏུ་འཕགས་པར······

8

གསུངས། །ཇི་ལྟར་ལོངས་པས་ནོར་མཆོག་རྙེད་པ་ལྟར། །མི་ལམ་ཉིད་ཅེས་དོགས་དང་འཇིགས་བཞིན་སྐྱོ། །དགའ་བཞིན་སྒོམ་པས་དལ་འབྱོར་ངས་མཁས་པར་བྱ། །འདི་ཕྱིར་ཐུན་བཞི་དམ་པའི་ཆོས་འགྲུབ་བོ། །དེ་ལྟར་དགེ
ལེགས་ལྡན་པའི་བདུད་རྩི་འདི་དེས། །འགྲོ་ཀུན་དོན་མེད་གཡེང་བ་རབ་ཞི་ནས། །ཀུན་ལས་མཐར་སོང་སྐྱེ་ཉོན་མོངས་ཚ་གདུང་སེལ། །དུབ་པའི་སེམས་ཉིད་དེ་རིང་ངལ་བསོ་ཞིག །རྫོགས་པ་ཆེན་པོ་སེམས་ཉིད་ངལ་གསོ་ལས།
དལ་འབྱོར་རྙེད་དཀའ་བའི་ལེའུ་སྟེ་དང་པོའོ།། ། །དེ་ལྟར་རྙེད་དཀའི་དལ་བ་ཐོབ་གྱུར་ཀྱང་། །སྐད་ཅིག་མི་རྟག་འཇིག་པའི་ཆོས་ཅན་ཏེ། །རྣམ་པ་རབ་བརྟགས་ན་སྙིང་པོ་འགའ་མེད་པས། །དབྱུ་བརྟོས་འཇུ་ཡིད་བརྟན······
མི་རུང་བས། །ཉིན་མཚན་ཀུན་དུ་ངེས་པར་འཆི་བ་བསམས། །སྣོད་བཅུད་ལ་ཡོད་མི་བདེ་འཇིག་སྐྱེ་བ་གི། །སྟོང་ཕྱོགས་ལ་འབྱུང་དུས་བུང་ནས་མེ་རྒྱུ་ཆུ་རླུང་བ་དེས། །གསེར་ཆུ་ནས་མི་རྟག་ཁྲེང་སྤོགས་འབུབ་སྐྱུར་ཅིང་། །བཟང་བཅུད་
བཟང་དང་སྒྲུབ་མཆོད་ཅེ་བསྐུན་བཀུར་པ་ཡང་། །རྩ་མཐར་མི་རྟག་རྡེ་གཞིག་ཅིང་རབ་ཐལ་བར་སྐྱེ། །ཤར་དང་བྱ་ཡི་ཀྱི་ཅེ་སྤྲུང་ཟས་འདི་ལ། །གཅིག་སྤྲུལ་རྟག་པར་འཇོན་གཙང་བའི་སེམས་ཡོད་ལ། །དག་ཉི་ཉིད་ནས་དམ་པའི་ཆོས་མཛོད་······
ཅིག །ལ་གསུམ་འཁོར་བ་དམ་པའི་གཞི་རྒྱུ་རུ། །ཚངས་པ་དང་ནི་བདེ་འབྱུང་མི་སྐྱོང་དབང་པོ་སོགས། །གྲགས་དང་བསོད་ནམས་མཐུ་ཤེད་འབར་བ་ཡང་། །འཆི་བདག་གི་ཞགས་པས་རྒྱལ་བའི་སྟོབས་མེད་ལ།

9

༄༅། །བསམ་གཏན་བྲུ་བ་བས་བསྐལ་པ་རབ་ཏུ་ནས་པ་ཡང་། །ལས་ཟད་ཚེ་ན་འཆི་བའི་སྡུག་བསྔལ་མཆིས་ཤིང་། །སྟོད་དང་ལྟ་མི་འདྲ་བབ་པ་རིགས་སྣུགས་འཆད། །མི་དབང་འགྲོ་བ་ཕལ་པ་ཇི་སྙེད་ཀྱང་། །འཆི་བས······
འཇིགས་པའི་སྐྱོབ་པ་མཐའ་ཡས་ལས། །ཚོར་དེ་མི་རྟག་རོལ་པའི་ཆར་སྤྲིན་ནོ། །འཆི་བདག་གློག་པ་ཡི་སྒྲིང་བག་རྒྱུད་ཅིང་། །ཉིན་མཚན་དུས་རྣམས་ལ་འགྱུར་བའི་ཆར་འབབ་པས། །ས་གསུམ་སྐྱུ་བྲུ་དེ་སྙེད་བརྟན་པར་འགྱུར།།
སྣོད་བཅུད་མི་རྟག་སྲིད་པ་ཆགས་ལ་འཇིག་གི། །མེ་བདུན་ཆུ་གཅིག་རླུང་གིས་འཐོར་བའི་ཚེ། །ཁོར་ཡུག་རྒྱ་མཚོ་གླིང་དང་རི་རབ་བཅས་ཞིག །ལྷུན་པོ་རི་ཆེན་ཆུ་བོ་ཡང་མི་རྟག་ཅིང་། །ཐམས་ཅད་ནམ་མཁའ་གཅིག་ཏུ······
འགྱུར་བའི་སྐབས། །ངེས་པར་བསམས་ན་སྙིང་ནས་ཆོས་མཛོད་ཅིག །འཇིག་རྟེན་འདྲེན་པ་རང་རྒྱལ་སློབ་མའི་ཚོགས། །ཐུབ་དབང་བསྲུས་ཀྱིས་བསྐོར་བའི་མགོན་པོ་རྣམས། །དེངས་པའི་མཁའ་ལ་སྤྱོད་མེད་རི་བོང་འཛིན།།
རྒྱུ་སྐར་ཕྲེང་བ་རྣམས་ཀྱིས་བསྐོར་བ་བཞིན། །ཉི་མ་མི་སྣང་དེ་ལྟ་ན་ནི་རབ་གསལ་བ་ཡང་། །མི་རྟག་རྒྱུད་ནས་རང་རྒྱལ་སྐུ་ཉམས་མཛད་ཅིང་། །བསྟན་པ་རིན་ཆེན་ཉི་མ་དབང་མེད་ཀྱང་། །སྐྱོན་རབ་ས་སྐྱོན་རབ་ས་ལྡུབ་པར་འགྱུར······
ལ་སྤྱེས། །ཆུ་ཤིང་སྙིང་པོ་མེད་འདྲ་རང་གི་ལུས། །སྒྱུ་མ་ཞིག་ཁྱད་པ་འདྲ་བ་ཅིས་མི་འཇིག །དེ་ཕྱིར་ངེས་པ་རང་ཆེད་རང་ནམ་མཁར་ཆེ་དང་། །འདི་རང་འཆི་དེས་འཆི་དེས་པ་འགག་འཆད་དེ། །ཚེ་འདི་སྣོན་མེད་རྟག་ཏུ་གོད······

10

སེམས་ཉིད་ངལ་གསོ

11

12

སེམས་ཉིད་ངལ་གསོ

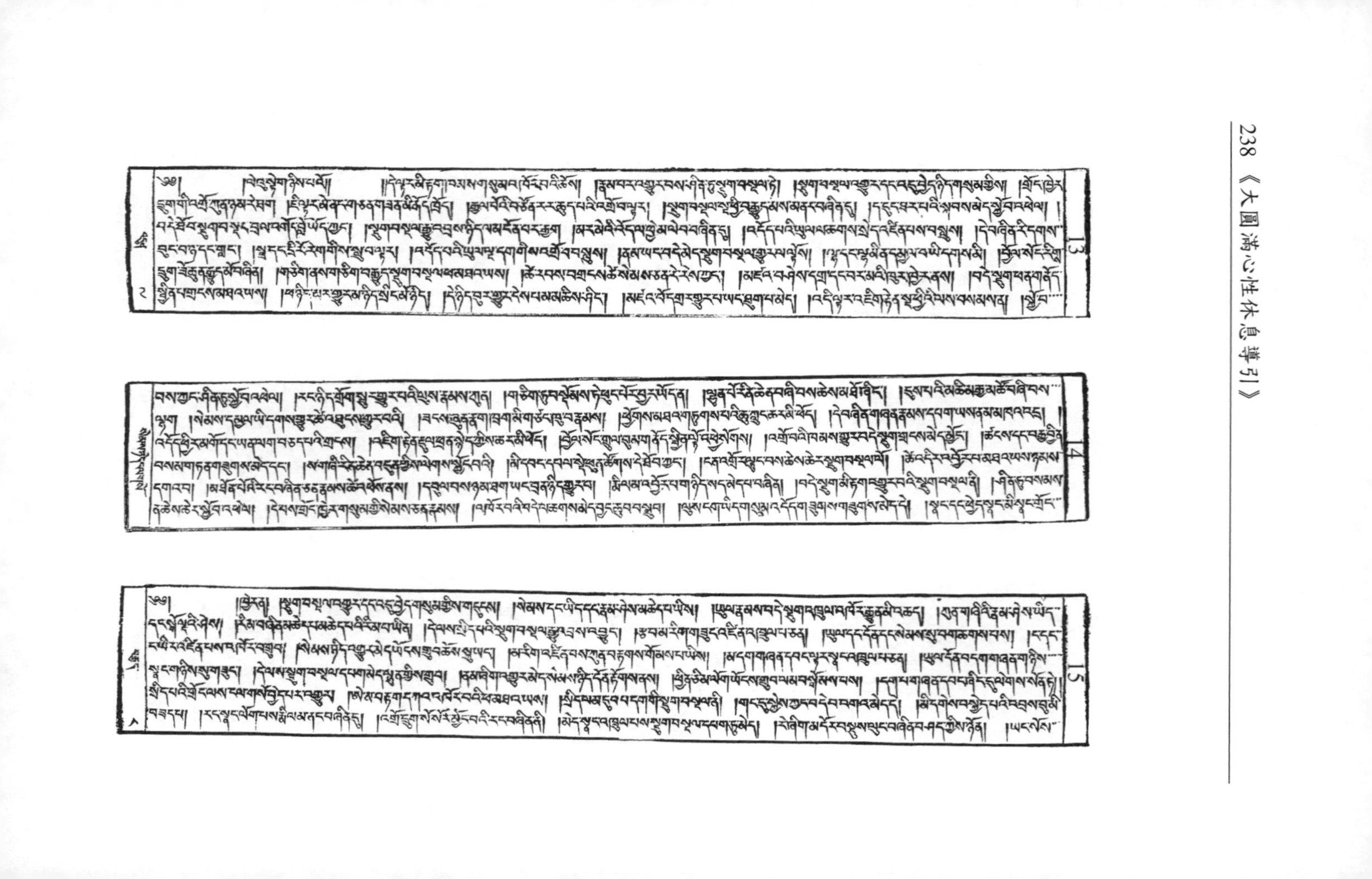

13

14

15

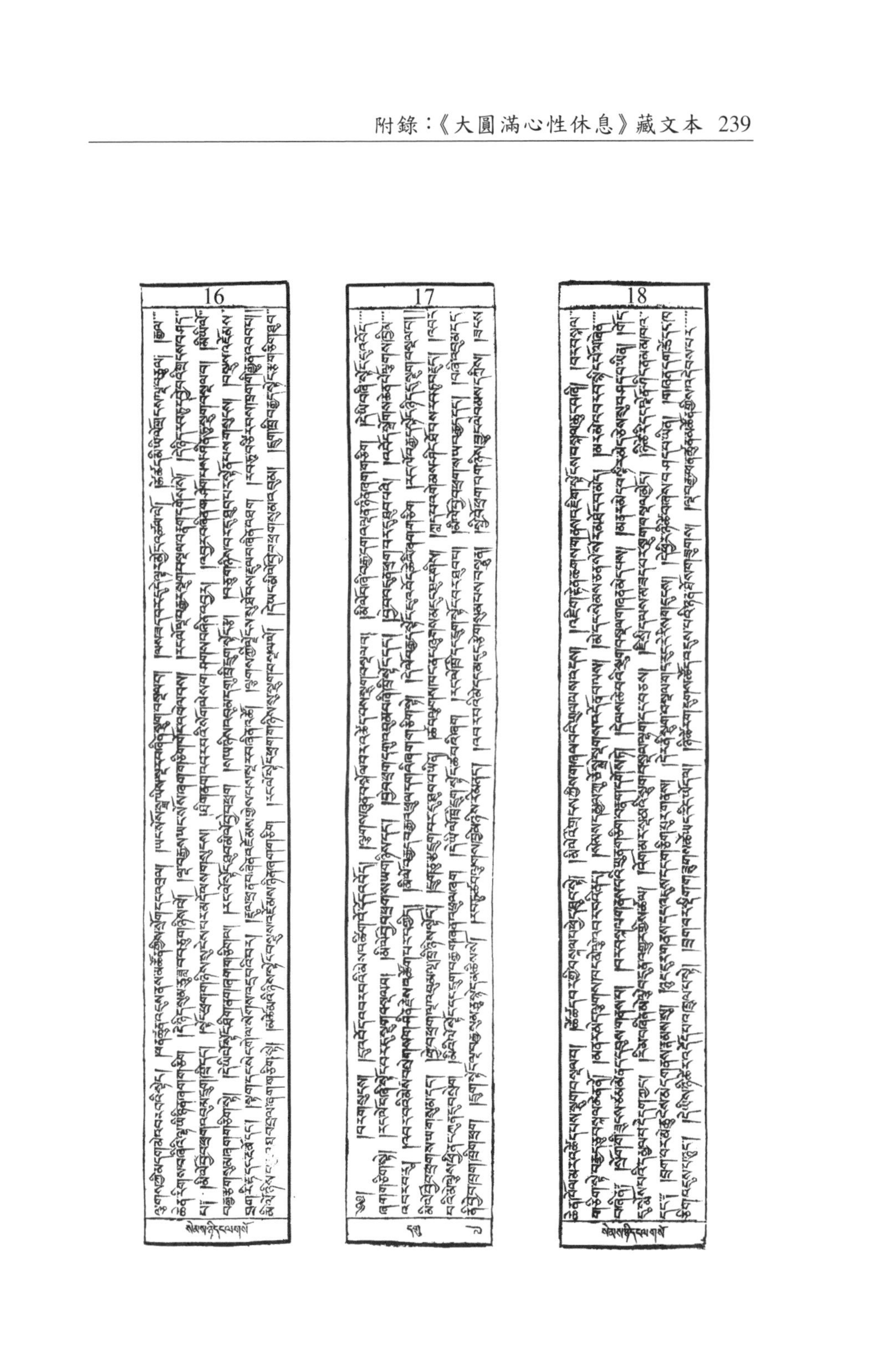

16

17

18

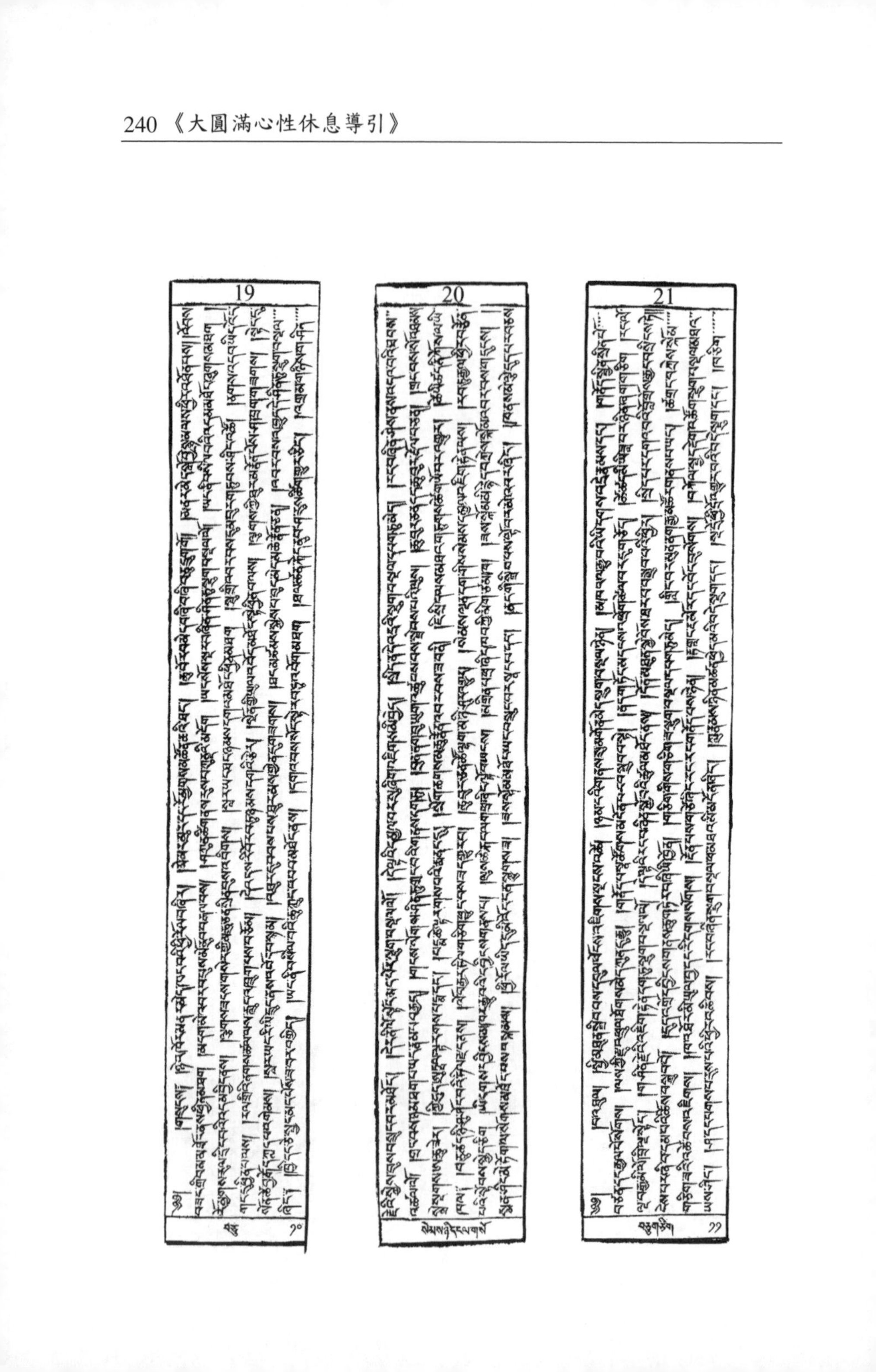

19

བསྡུ ༡༠

20

སེམས་ཉིད་ངལ་གསོ

21

བརྒྱུད་ཅིག ༡༡

22

གནས་སུ་བྱེ་ཚན་ཆར་འབབ་པས། །ལ་ལ་གཅིག་པུར་གྲོགས་བྲལ་བོང་ངས་པས་ཉེན། །ཞལ་ཆེར་རྔོད་ལས་དང་མཁར་ཁྲིད་འཇིགས་པ་ལ་སོགས། །སྡུག་བསྔལ་རྣམ་པ་སྣ་ཚོགས་རྟག་ཏུ་མྱོང་། །ཚེ་ཡང་དམ་ངེས་པ་ཅིག་ཉིན་རེ་ལ།
འཇིག་པོ་ལ་སོགས་བསྐལ་པར་གནས་པར་གསུངས། །འདི་དག་བསམས་ནས་སྐྱོ་ལ་སོང་འཇིགས་ཉེན་པས། །ཐར་པའི་དོན་དུ་རྣམས་ཀྱིས་ཕན་བདེ་བསྒྲུབ་པའི་ཕྱིར། །མངོན་མཐོ་ངེས་ལེགས་ལམ་བཟང་སྒྲོལ་བ་རྟོད་
ལ༔ །ཉིན་མཚན་བརྩོན་པས་དགེ་ལ་གཞོལ་བར་མཛོད། །མི་རྣམས་ལ་ཡང་བདེ་བའི་སྐབས་མེད་དེ། །ཕྱུག་ན་ཡི་དམི་བདེ་དང་འཕྲུག་ལ་སོགས། །གཅིག་མ་སད་ལ་པར་གཅིག་ཤེས་སྡུག་བསྔལ་ཡང་དང་། །ཟས་སོགས་
ཐག་འབྲེལ་ཞེན་པས་ཉམ་ཐུར་བ་དང་། །ཟས་གོས་སྐྱོད་ཞག་ཉེས་པས་སྐྱད་དགོས་ལ་སུ། །ཕྱིམ་རི་སྡུག་བསྔལ་བསྔལ་འདྲ་ཆུ་ཞེད་མཚོན་པ་སྒྲ། །སྡུག་བསྔལ་ལྷག་ཉིད་གསུམ་དག་དང་དེ་བཞིན་དུ། །སྐྱེན་ན་རྒ་འཆི་མི་སྡུག་ཁྲ་དགའ་དང་།
སྡུག་གྲ་བ་རྡོང་དང་ལས་སོང་དང་ཉེ་བར་ལེན། །ནུམ་པ་རྒྱུད་ཀྱི་སྡུག་བསྔལ་མཚོད་མེད་དེ། །མར་ཤིག་རྣམ་ཤེས་བསྐྱུང་སེམས་ཕྱིག་ལེར་བདུས། །ལེ་རྒྱུ་ལྷུར་མཁྲང་གོ་འབྲས་ཟུང་པར་སླུ་བར་བྱ། །རིམ་གཞི་ཞེན་བདུན་ཕྱག་བདུན་
ཆགས་པའི་ཕྱུས། །མ་ཡིད་ལ་རྟུ་བ་བཀྲེས་སྐྱོམ་ཚ་གྲང་སོགས། །རྒུད་བཟང་དང་ཚམ་པའི་འཁྲུག་པ་སྡུག་ལ་དགས་ཁྲུ་མེད། །སྨན་དགོན་ཙམ་ཡོད་ཀྱང་མ་དད་ཐོ་ཞིམ། །འཁྲུལ་མ་སྤང་པའི་སྡུག་བསྔལ་མི་ཟང་དབྲུག་དགོས་སོ། ༎

སེམས་ཉིད་ངལ་གསོ

23

༄༅། །བདུད་བྲག་བརྒྱད་བདུན་ཉི་སྲུ་ཙ་རྒྱུག་བར། །དབང་པོ་ཡན་ལག་བསྐྱུལ་བ་སོགས་ལ་འབྱུང་། །བདུན་ཕྲག་སུམ་ཅུ་ཙ་རྒྱུག་བར་ལྷེ་དང་། །ལུས་རྫུངས་བཏགས་དང་ཚེ་རབ་སྐྱེ་དགའ་ཡོ་བར་བྱེད། །དེ་ནས་རླུང་ལས་
པའི་ཕྲུལ་བ་ཞོར་བཙིར་བའི་བར། །ལུས་ཀྱི་ལྷུང་གིས་མགོ་མཇུག་སློག་པས་བཙིར། །འཆི་བས་ཉེ་བའི་སྡུག་བསྔལ་བསྡུས་པ་བདེ་མས་འདྲ། །བཙས་ནས་རེག་པས་ལག་པས་བཞུས་པ་བཞིན། །ཕྲུལ་བུ་ས་བ་
ཐུར་སྐྱུགས་རིག་དང་མཚུངས། །ཤས་བའི་སྡུག་བསྔལ་ཤིན་ཏུ་བཟོད་དཀའ་བ། །ཡང་ཚོད་ཉམས་པས་ཀུན་གྱི་ཡིད་མི་འོང་། །སྟོད་ནད་མི་ཤེག་ལ་བར་བ་ལ་བཏེ་ན་ཅིང་། །ལུས་ཀྱི་དྲོད་ཉམས་ཟས་ཀུང་འཇུ་བར་དཀའ།
མཐུ་སྟོབས་ཉམས་པས་པས་རི་འབྲོག་ལ་བསྐྱལ་བསྐྱོད་དཀའ། །འདོད་ནས་རམ་ཕྱིན་སྲུ་ཚོགས་ནུམ་པར་འགྱུར། །དབང་པོ་ཉམས་པས་ཡུལ་ལ་ཁྱབ་གཟུགས་མི་མཐོང་། །སྒྲ་སྐད་མི་ཐོས་དྲི་རོ་རེག་མི་ཚོར། །ཞན་པ་མི
གསལ་བ་གཏི་མུག་གཉིད་དུ་འགྱུར། །ཡུལ་གྱི་ཡོངས་སྤྱོད་ཉམས་པས་ལོན་ཏ་ཏ་ཚུང་། །ཟས་སོགས་ཞིམ་པོ་འང་དེ་ལས་ལོག་པར་སྨྲ། །ཚེ་ཉམས་འཆི་བ་ལ་ཉེ་ཞིང་བར་བ་ཧ་དང་འདང་ཤེས་འཁྲུག །དྲེས་བཞིན་བཟོད་སྟོབས
ལྟར་ལ་བསྲུན་མི་བཟོད། །ལྷམ་ཟད་མར་མེད་རང་བཞིན་སྲུ་རུ་འགྲོ། །ན་བའི་སྡུག་བསྔལ་ཤིན་ཏུ་བཟོད་དཀའ་བ། །ལུས་ཀྱི་རང་བཞིན་འགྱུར་དང་ཡིད་མི་བདེ། །ཡུལ་གྱི་ལོངས་སྤྱོད་ཡིད་དུ་མི་འོང་ཞིང་། །སྤྱོག་དང་

དབུ་གཉིས ༧༢

24

བྲལ་བར་དོགས་པས་མྱང་ངན་སྐྱེ། །སྡུག་བསྔལ་མི་བཟོད་སྨྲེ་སྔགས་འབྱིན་པར་བྱེད། །འཆི་བའི་སྡུག་བསྔལ་ཤིན་ཏུ་ཆེ་བ་ཡོད། །ནད་གོལ་གཏམ་དང་སྨན་གྱི་ཐམ་རང་ཉམས། །སྲོག་ལུས་འབྲལ་བའི་རྒད་ཡོག་གཉེན
འདུ་མཐོངས་སྡུག་པ་འདོར། །གཅིག་པུས་རྒྱགས་མེད་པར་འགྲོ་བས་འཇིགས། །མི་ལྷག་པ་དང་ཕྲད་པའི་སྡུག་བསྔལ་ཡང་། །ཡིད་དུ་མི་འོང་གནོད་འཚེ་འབྱི་བ་འཇིགས་པ་ལ་ཉེན། །བྲམས་ཤེས་སྡུག་པའི་ཡུལ་དང་
བྲལ་བ་ཡང་། །མྱང་ངན་སྨྲེ་སྔགས་ཡིད་མི་བདེ་བ་འདི་གཞི། །ཡོན་ཏན་རྗེས་དྲན་དོན་པས་གདུང་བར་བྱེད། །འདོད་པ་རྣམས་ཀྱི་འབྱོར་བས་བའི་སྡུག་བསྔལ་ནི། །དོན་མ་གྲུབ་པས་སེམས་ཀྱི་ཟུག་རྔུ་ལྡང་། །དབུལ
བས་ཉམ་ཐག་བགྲེས་སྐྲམ་ཡི་དགས་འདྲ། །གཟུགས་མཆོར་འདུ་ཤེས་རང་དབང་བྱེད་རྣམ་ཤེས་ཏེ། །ཉེ་བར་ལེན་པའི་ཕུང་པོ་ལྔ་ཡོད་པ་ཡང་། །ནག་འཆལ་ཉིད་ཕྱིར་སྡུག་བསྔལ་ཀུན་གྱི་གནས། །རྟེན་དང་སྨོད་དང་འབྱུང་
ལུང་ལ་གལ་བར་གསུངས། །དེ་ལྟ་མི་ཡི་འཇིག་རྟེན་མཐའ་དག་ནང་། །སྡུག་བསྔལ་རྒྱ་འབྲས་ཉིད་ཕྱིར་བདེ་བ་མེད། །དེ་ལས་ཐར་ཕྱིར་ལེགས་པའི་ཆོས་བསམས་ན། །འཁོར་བ་འདི་གནས་ལས་ཐར་པའི
ཐབས་ཤེས་ཚོལ་ལོ། །ལྷ་མི་ཉིན་རྣམས་པ་འང་བདེ་བའི་སྐབས་མེད་དེ། །ཧོ་ན་མེད་འཐབ་རྩོད་འཁྲུག་ཅིང་ཞེ་སྡང་ལ། །ཕྱུ་ཡིད་བ་ལ་མི་བཟོད་ཕྲག་དོག་ལྡན། །གཡུལ་ངོར་སྡུག་བསྔལ་བརྒྱ་ཕྲག་བཏེན་པ་ཚོལ

སེམས་ཉིད་ངལ་གསོ

25

26

27

28

སེམས་ཉིད་ངལ་གསོ

29

30

སེམས་ཉིད་ངལ་གསོ

31

32

33

34

ཡས་པ་སྤྲུ་བ་བས་ན། །ཀྱཻ་ཡ་བཟོད་དགེ་བ་རྫོགས་ཆེན་ཀུན་ལས་ལ་ར་དས། །དེ་ཡང་དམིགས་པ་བཅས་པ་བསོད་ནམས་ཚོགས་ཡིན་པས། །དམིགས་མེད་ཡེ་ཤེས་ཚོགས་ཏེ་ཟུང་འབྲེལ་གྱིས། །སྒྲིབ་གཉིས་སྦྱངས་ནས་སྐུ་གཉིས་
མངོན་དུ་བྱེད། །དེ་ཡང་སོ་སོ་སྐྱེ་བོའི་ཟག་བཅས་ཏེ། །འཕགས་པའི་ཟག་མེད་མཉམ་རྗེས་སྤྱོད་ཡུལ་ཅན། །རིམ་བཞིན་ཕྱུང་པས་ཐར་པ་ཐོབ་པ་ཡིན། །ཐར་པ་དགེ་བའི་རྟེན་ནི་རིགས་ཡིན་ཏེ། །དེ་ཡང་སེམས་ཀྱི་རང་
བཞིན་འོད་གསལ་བ། །དྲི་མེད་ཁམས་དེ་རང་བཞིན་གནས་པའི་རིགས། །དེ་ཡི་སྣང་ཆ་སྐུ་གཉིས་དཔེ་རྣམ་དགུ། །སྙིང་རྗེའི་རང་བཞིན་ཡེ་ནས་གནས་པ་ནི། །རྒྱས་འགྱུར་རིགས་ཞེས་བདེ་བར་གཤེགས་པས་གསུངས།།
རྒྱུ་བ་རིགས་པའི་ཡེ་ཤེས་ཚོགས་ལམ་ལ། །ངོ་བོ་དུ་གསུམ་མེད་པས་དགེ་བ་ཡིན། །རིམ་པ་དེས་དཔལ་ལས་སེམས་གཉིས་རང་བབ་འཆི་དང་རྣམས། །སྙིང་རྗེ་མཐོན་བསྐྱུ་བས་ཀུན་རྫོབ་བསོད་ནམས་ཚོགས། །ཐམས་སོགས་གསུམ་
དང་བ་དང་སྐྱེད་རིམ་དག་པས་སྦྱི། །སྦྱོང་བ་རང་བཞིན་རྫོགས་དམ་ཡེ་ཤེས་ཚོགས། །བཞི་པ་ཚིག་དབང་རྫོགས་ལ་རིམ་ཕྱག་རྒྱ་ཏེ། །ལེགས་པར་རབ་སྨིན་མ་ཤི་དང་རི་མ་གཉིས་སྤེལ་བ་ཡིས། །ཉོན་མོངས་ལ་ཡེ་ཤེས་གནས་གྱུར་
དགེ་བ་བརྟན་ནས། །ཚེ་འདི་རང་རབ་ཐོབ་ཡབ་བས་བར་དོ་ཀྱི་སྐུ་རུ་སྐྱུང་ལས་ཏེ། །ཆོས་གཞུག་པ་དྲི་མེད་ཉི་མ་མཐོང་བར་འགྱུར། །འདི་ཀ་རྗེ་ཆེན་ཆོས་རབ་དང་ཤེ་བ་རྣ་ཐབ་པ་བ་རྒྱ། །བསམ་གཏན་ཡན་རྒྱགས་དགེ་མེད་ཉིད་ལས་སོགས་སྣ་དབ་ཅས……

སེམས་ཉིད་ངལ་གསོ།

35

༄༅། ཚོགས། །འཇིག་རྟེན་འདས་གང་ཤིན་ཏུ་སྤྲོས་པ་མེད། །དོན་དམ་ཡེ་ཤེས་ཚོགས་ཏེ་མཉམ་རྗེས་ཡུལ། །ཟུང་དུ་འབྲེལ་བར་སྤྱད་པས་ལམ་ལྔ་གསལ་དགྲ་འགྲུབ། །དེ་ཡང་སྤྱོད་པ་རང་དབྱེད་དགེ་བ་བསྔུར། །
ཞི་བ་རང་འདྲ་བྱེད་ཚུལ་གྱིས་ལས་ལུ་བ་ཤད། །ཕྱིན་ལས་བདུད་འཁོར་ལ་ལས་པས་ཐར་པ་ཐོབ། །ལམ་ཕྱོགས་ཀྱི་དགེ་བ་ཟ་ཞུ་ཡི་ཕྲམ་རྣམ་ཡང་། །རྣམ་སྨིན་རྒྱ་མཐུན་དང་བ་དང་བདེ་བྱེད་བས་ཏེ། །དེ་དག་རྒྱུ་འབྲིད་ཆེན་པོར
སྤྱད་པ་ཡིས། །གནས་སྐབས་ལྷ་མི་མཐར་ཐུག་ངེས་ལེགས་འགྲུབ། །རྒྱ་མཐུན་བྱེད་པས་ངང་གིས་དགེ་ལ་གཞོལ། །སྤྱོད་བསམ་ཚེ་རིང་བ་དང་ལོངས་སྤྱོད་ཆེ། །མཐུན་པའི་ཁྱིམ་ཐབ་དགྲ་ཟླ་མེད་པ་དང་། །སྐུ་རབ…
མི་འཕྲུང་བས་རྣམ་མཛེས་འབབ་ཤེས་ལ་ཞེན། །ཚིག་གཟུང་འོས་དང་ཀུན་གྱི་ཞེ་བར་སྙན། །ཚིག་ཤེས་བྱམས་བརྟན་བློ་བ་ཟང་པོར་འགྱུར། །དབང་གིས་ཡུལ་བ་ཟང་གཟི་བརྗིད་ལྡན་ལུས་ཚོགས། །བཟའ་བཏུང་ལྡན
སོགས་འབྱོར་མ་ཐུབ་ཆེ་ཞིང་། །སྤྱོགས་གཅིང་ལྡན་སོགས་བྲི་ཞི་མང་དང་ལྡན། །གཞན་གྱིས་མི་སྤྱོད་རིགས་བྲལ་བ་གནོད་འཚེ་མེད། །སྐྱིད་གུ་མཐུན་དང་རིགས་ནས་མཆོག་ཏུ་བ་བ། །ལུས་ཀྱི་རྗེས་འགྲོ་ལེགས་ལ་སྤྱིན…
འབྲས་བུ་སྤྱུག །སྐྱོགས་མཉམ་ལམ་ཆེ་བ་ཤོ་ལ་བཅོད་བྲོས་མཆན། །མེ་ཏོག་འབྲས་མང་བ་ཟང་དཀྲུགས་ཞུ་བ་ཡིད། །ལོ་ཞབས་སྐྱིན་ལོགས་རྩམ་ཚོག་བ་དང་བ་དང་། །འབྱུང་བ་ཁྲུ་རིས་བ་བ་ཟངས་བཞིན་དང་ལྡང……

ངལ་གསོ། ༣༥

36

གཉེན་ལྡན་པར་སྐྱེ། །སྨིན་རྒྱ་སྒྲུབ་པ་དགེ་ལམ་དགེ་ལ་ཞེས་པས། །ལེགས་དགུ་འབྱིན་མས་ཕ་ཡི་བཞིན་འགྲུབ་པ་ཡིན། །གཞན་ཡང་སྨིན་པས་ཡོངས་སྦྱོང་ཞིང་ཁམས་ཀྱི་བདེ། །བཟོད་པས་གཟུགས་བཟང་བརྩོན་འགྲུས…
ཡོན་ཏན་ཟབ་ཉིད། །བསམ་གཏན་སེམས་ཞི་བློ་ཡིས་གྲོལ་བ་ཐོབ། །ཁྱད་པར་བལ་ཡིད་འོད་གསལ་སྙིང་རྗེ་ལས་བྱུང་བ་ཐུབ། །དགའ་བས་སྒྲུབ་ཚོགས་པ་ཏང་སྒོམ་རྟོག་པ་མེད། །མདོར་ན་བསོད་ནམས་ཡེ་ཤེས་ཚོགས…
རབ་འབྲས། །གནས་སྐབས་མངོན་མཐོ་མཐར་ཐུག་ངེས་ལེགས་འགྲུབ། །འདི་ནི་ལམ་བཟང་ཞིང་ཏ་ཆེན་པོའི་སྲོལ། །དུས་གསུམ་རྒྱལ་བའི་ལུན་ཚོགས་སྒྲུབ་བྱེད་ཡིན། །དེ་ལྟར་ཕྱི་ནང་རྣམ་དུ་ཕྱེ་དཔལ་ལས་རྣམས
ནི། །སེམས་ལ་བརྟེན་ཞིང་སེམས་ཉིད་དོན་དག་ལས། །མ་བཅོས་བཞིན་བྱེད་པ་མིན་དམིགས་སྤྲོས་དང་བྲལ། །བདེན་པ་གཉིས་དོན་ཇི་བཞིན་འབྲེལ་བ་རར་འབྱུང་། །ཀུན་རྫོབ་རྣམ་དག་མེད་བཞིན་སྣ་ཚོགས་བའི། །
ཆས་ཞིན་ཀུན་བྱེད་རིན་པོ་ཆེ་ན་དགའ་ཞིང་། །རྣལ་ཏུ་རྗེས་ལ་ཐོ་ཡུལ་ཀྱི་ཤི་ཡིད། །གཞན་ཉིད་མིན་མི་ཤིས་ཀྱི་བདེ་སྟུག་བཞིན། །རང་བཞིན་བཟློག་ཏུ་ཀ་ར་རྒྱུ་དང་ཐབ་བ་འདྲ་ཞིང་། །མཐོ་ཐོང་ངན་སྐྱུ་འབྱེད……
འགྲོ་ཀུན་དབང་པོ་འབྲ། །མི་ཉུ་ཚུ་ཚེ་ཉམ་མ་ཁའི་དབྱིངས་ལ་འདྲ་ཞིང་། །དཀར་ནག་མི་འགྱུར་ཀུན་ཏུ་སུ་རྡུལ་འདྲ། །ལས་ཉམས་པ་བརྟགས་ན་ངོ་བོ་འགག་འམེད་ཀྱང་། །ཀྲིལ་མང་ཞིན་དུ་བདེ་སྡུག་ལྷ་ཚོགས……

སེམས་ཉིད་ངལ་གསོ།

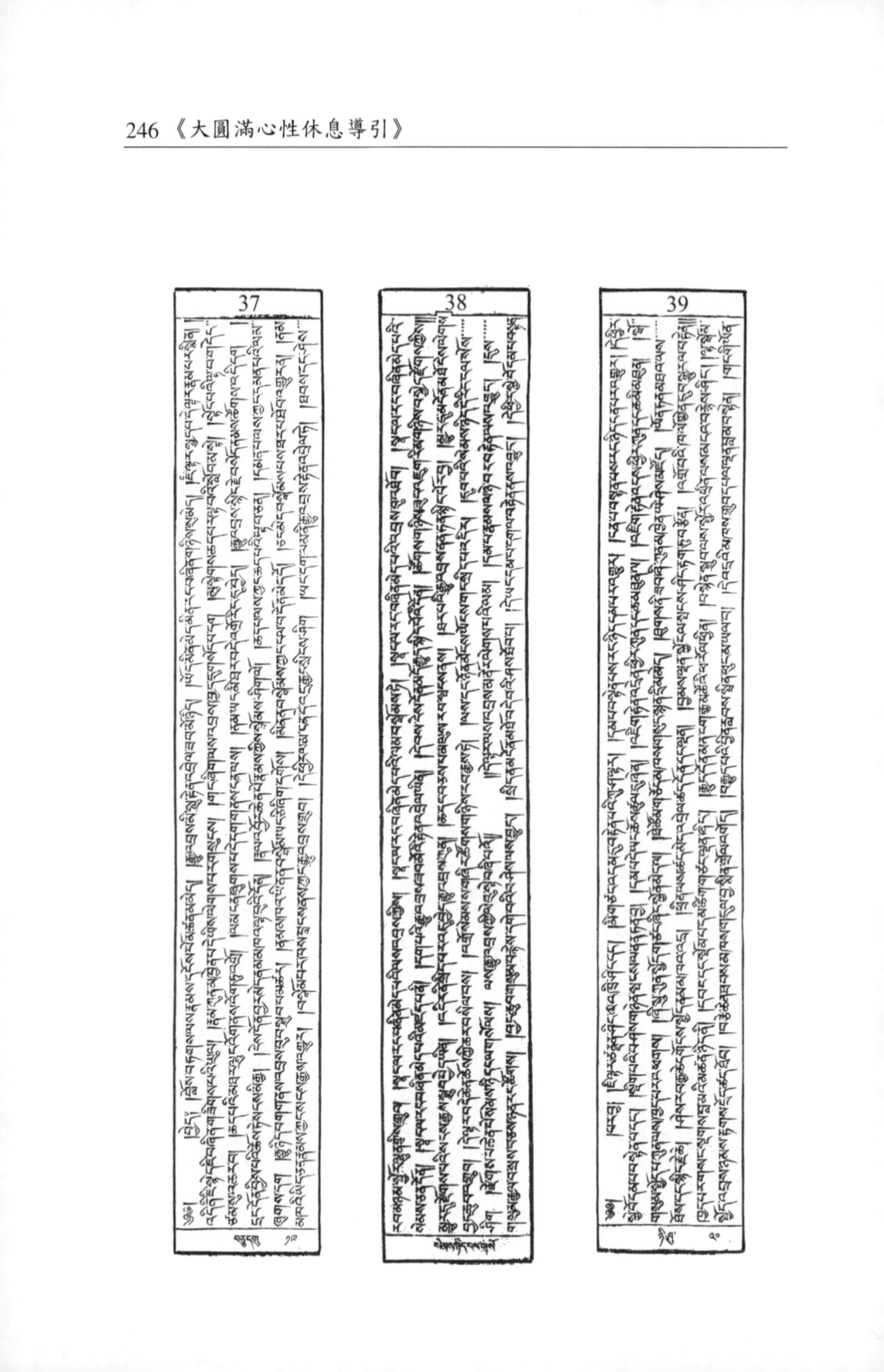

37

38

39

40

སེམས་ཉིད་ངལ་གསོ

ཏན་ཤིན་ཏུ་མ་བྲང་ཡས་ན་ཏེ། །འགྲོ་བའི་གཉེན་དུ་རྒྱུར་ཕྱོགས་ཙམ་ར་བ་བསྔགས་ན། །སྲིད་མཚོ་སྒྲོལ་བས་གྲུ་ཆེན་མཉེན་པ་སྟེ། །ལམ་ཁྱུགས་རྣམས་ཀྱི་དེ་དང་དཔོན་གླན་མེད། །རྒྱུད་པ་སེལ་བས་ཡིད་བཞིན་ནོར་བུ་སྟེ། །
ལས་དང་ཉོན་མོངས་མེ་འཇིལ་བདུད་རྩིའི་ཆུ། །ཆོས་ཆར་འབབས་ལ་བས་ཆར་སྤྲིན་བཟང་པོ་སྟེ། །འགྲོ་ཀུན་དགའ་བསྐྱེད་ཟླ་ཡི་དབང་པོ་ཆེ། །དུག་གསུམ་ནད་སེལ་སྨན་པའི་རྒྱལ་པོ་སྟེ། །མ་རིག་མུན་སེལ་སྒྲོན་མེ་འོད་
པོ་ཆེ། །སྐྱེ་དགུའི་བདེ་འབྱུང་དཔག་བསམ་ཤིང་ཆེན་ཏེ། །འདོད་དགུ་འབྱུང་བ་རིན་ཆེན་བུམ་པ་བཟང་། །བྱམས་ཆེན་ཉི་མ་འོད་ཟེར་དཔག་མེད་དེ། །གདུང་སེལ་ཟླ་བ་ཤར་བ་དེའི་འོད་དཀར་ཅན། །དགོངས
ཀློང་ཡངས་པས་དྲི་མེད་ནམ་མཁའ་འདྲ། །ཏིང་འཛིན་འོད་གསལ་བ་ཟབ་སྐར་ལྷུན་སྒྲུབ་འདྲ། །མཁྱེན་བརྩེའི་རང་བཞིན་དཔག་མེད་མཚོ་འདྲ་ཞིང་། །ཐུགས་རྗེའི་རླབས་ཆེན་གཡོ་བས་ཆུ་ཀླུང་འདྲ། །
རྣམ་གཡེང་མི་བསྐྱོད་གངས་རི་ཡི་དཔལ་འདྲ་ཞིང་། །མཆོག་ཏུ་མི་གཡོ་རི་རྒྱལ་ལྷུན་པོ་འདྲ། །སྲིད་གསུམ་མི་གོས་པདྨ་སྐྱེས་པ་འདྲ་ཞིང་། །ཀུན་ལ་ཕྱོགས་སྙོམས་བྱམས་པས་ཕྱུག་ཕམ་འདྲ། །ཡོན་ཏན
མཐའ་ཡས་པས་རིན་ཆེན་གཏེར་དང་འདྲ་ཞིང་། །འཇིག་རྟེན་འདྲེན་པས་རྒྱལ་བའི་དབང་པོ་འདྲ། །དེ་འདྲའི་བླ་མ་དད་པས་ལྷ་ནི་ཆོས་ཀྱི་རྗེ། །གང་ན་བཞུགས་པ་རྣམས་སངས་རྒྱས་ཀུན་དང་མཉམ། །མཐོང་ཐོས

41

ཉེར་གཅིག ༢༡

༄༅། །ཟུན་རིག་འཁོར་བསྒྱུར་རང་སྐྱིལ་གཞིད། །ཐབས་ཆེན་ཕྲིན་ལས་འགྱུར་ཆེན་དཔག་ཏུ་མེད། །ས་ཆེན་འགྲོ་བ་ཀུན་གྱི་རྟེན་བཞིན་ནོ། །དཀོན་མཆོག་བཞི་པ་བླ་མ་སངས་རྒྱས་ཏེ། །དཀྱིལ་འཁོར་དབང་ཕྱུག
རྗེ་ཧེ་རུ་ཀ་དཔལ་ཉིད། །སྙིགས་དུས་འགྲོ་བ་གདུལ་ཀའི་དོན་མཛད་པས། །གདུལ་བྱའི་ངོར་ནི་སངས་རྒྱས་ཀུན་བས་ལྷག །དངོས་སུ་བཙུན་བ་རྡོ་རྗེ་སློབ་དཔོན་ལ། །སྒོ་གསུམ་ཟོལ་མེད་གཙང་མའི་སྤྱི་བོས་བསྟེན། །དེ
དགོངས་ནི་དོན་འགྲོ་ཡི་ཡུལ་མཁའ་ཐོག་ཅིང་། །བདེ་འགྲོའི་སྐབས་འཇུག་པ་ཕྱི་རབས་བདེ་མཛད། །ཡང་དག་དོན་སྟོན་སེམས་རྒྱུད་བྱིན་གྱིས་རློབས། །ཆོས་འདིར་སྨིན་གྲོལ་ལམ་ལ་འགོད་པས་ན། །རྟག་བརྟན་འབོ
འཁྲུར་མེད་པའི་དད་པ་ཡིས། །དུས་རྣམས་ཀུན་ཏུ་སྤྱོད་ལམ་མེད་པར་བསྟེན། །ཇི་ལྟར་ནད་པས་སྨན་པའི་རྒྱལ་པོ་དང་། །དམངས་ཀྱི་རྒྱལ་པོ་འགྲོན་པོས་སྐྱེལ་མ་དང་། །ཚོང་པས་དེད་དཔོན་གྲུ་པས་གཉེན་པ་ལྟར། །
ཉོན་མོངས་ཞི་ཕྱིར་ཉེས་ཀུན་གནོད་བྲལ་ཕྱིར། །སྐྱེ་ཤིས་འཇིགས་ཕྱིར་དོན་གཉིས་ལྷུན་གྲུབ་ཕྱིར། །སྲིད་མཚོ་བརྒལ་ཕྱིར་བླ་མ་བསྟེན་པར་བྱ། །བླ་མ་སྟོན་པ་གདམས་ངག་སྨན་དང་ནི། །རང་ལ་ནད་པའི་འདུ་ཤེས
ཉེར་གཞག་ཀྱིས། །ནན་ཏན་བཙོན་པ་སྨན་ཉིད་བསྟེན་ཚུལ་དང་། །ཞི་བདེ་ནད་ལས་གྲོལ་བའི་འབྲས་བུ་ཐོབ་བཞིན། །བསྟེན་ཚུལ་ལ་གཞན་རྣམས་ཚུལ་དེས་དཔག་བྱས་ལ། །དགའ་བའི་འདུ་ཤེས་བཞི་ཡིས་བསྟེན་པར

42

སེམས་ཉིད་ངལ་གསོ

བྱ། །གཞན་དུ་སྐལ་ངན་སློབ་མ་ཉེས་ཀུན་གཞི། །དད་དང་ངོ་ཚ་ཁྲེལ་མེད་སྙིང་རྗེ་ཆུང་། །རིགས་དང་རང་བཞིན་ཀུན་སྤྱོད་སྐལ་པ་ངན། །སེམས་དང་ལུས་དང་ཉོན་མོངས་དུག་ལྔ་རགས། །ཆོས་དང་ཆོས་མིན་དགེ
སྡིག་བསླབ་པའི་ཚལ། །སྡོམ་དང་དམ་ཚིག་མི་བསྲུང་གཉེན་པོ་མེད། །རབ་ཏུ་ངང་སྒྲོ་གྲོས་ཆུང་ཞིང་དགའ་དང་ཀ་ལ་བ། །ཁྲོ་དང་ཚིག་རྩུབ་འཕེལ་བ་དེ་དག་གིས། །བླ་མ་རི་དགས་ཚོས་ལ་གླུ་སྒྱུ་དང་། །རང་ལ་རྟོན་པ
ཞན་ཏན་མ་དད་འཕེན་དང་། །ཆོས་གྲུབ་འབྲས་བུ་གཞན་དུ་འཚོང་བའི་ཚུལ། །འདུ་ཤེས་ལོག་པ་ལྟ་ཡིས་བསྟེན་པ་ནི། །དམ་ཚིག་མེད་པས་འདི་ཕྱིར་སྡུག་བསྔལ་འཐོབ། །ལ་ལས་ཐོག་མར་མ་བརྟགས་པ་བཅོལ
འདུག །གལ་རང་ངས་ཡོན་ཏན་བརྗོད་ཅིང་གཞན་ལ་སྨོད། །ཁ་ཅིག་འདྲིས་མས་ངོ་སྐྱོག་ངན་གཡོའི་ཚུལ། །རྒྱུ་ཟེས་བླ་མ་ཉེ་བ་འཁོར་ཡུལ་འབྱིན་པ། །དེ་དག་གིས་ནི་འབྲས་བུ་མནར་མེད་ཉིད། །སྐལ་བཟང་སློབ
མ་དད་དང་ཤེས་རབ་ཆེ། །བརྩོན་འགྲུས་བག་ཡོད་དྲན་དང་ཤེས་བཞིན་ལྡན། །བཀའ་ལས་མི་འདའ་སྡོམ་དང་དམ་ཚིག་བསྲུང་། །སྒོ་གསུམ་དུལ་ཞིང་སྙིང་རྗེ་ཕན་སེམས་ཆེ། །ཡིད་ཡངས་སྤྲོ་རིང་གཏོང་ཕོད་
དག་སྣང་ཆེ། །བརྟན་ཞིང་མོས་གུས་ཆེ་བ་དེ་དག་གིས། །རྟག་ཏུ་བླ་མའི་ཡོན་ཏན་དྲན་བྱེད་ཅིང་། །སྐྱོན་ལ་མི་རྟོག་མཐོང་ཡང་ཡོན་ཏན་བསམ། །རང་སྣང་ཡིན་ངེས་ཡོད་ལ་མི་འབད་ཞེས། །སྙིང་ནས་བསམ

43

ཉེར་གཅིག ༢༡

༄༅། །ཞི་དང་ཞགས་བསྐུམ་གཉེན་པོ་བསྟེན། །བླ་མ་མི་མཉེས་ཆད་དང་བཅས་སྤྱད་ཞིང་། །ཇི་ལྟར་མཉེས་པའི་ཐབས་ལ་འབད་པར་བྱ། །བླ་མའི་བཀའ་ལ་ནམ་ཡང་མི་བཅག་ཅིང་། །བླ་མའི་ཉེ་
འཁོར་སྤྱོད་པ་དང་བླ་མ་བཞིན། །བླ་མའི་འཁོར་གཡོག་སློབ་མ་རམ་ཡིད་བསྲུང་ཞིང་། །ཆོས་བཤད་དབང་བསྐུར་ལ་སོགས་ཞུས་ཏེ་བྱ། །བླ་མའི་སྤྱན་སྔར་ལུས་ངག་ཡིད་བསྡམ་ཞིང་། །ཀ་དང་བ་བརྐྱང་དང་དང་བསྐྱིལ་
སྐྲུང་རྒྱུ་བ་མི་བསྟན། །ངོ་འཛུམ་མི་གཏམ་གཡོག་ཉེར་བསྟུན་མི་བྱ། །བབ་ཅོལ་མི་སྨྲ་བཟློག་ཚིག་ཕྲ་མ་དང་། །གཞན་གྱི་སྐྱོན་བརྗོད་མི་སྙན་རྩུབ་མོའི་ཚིག །མ་བརྟགས་ཁ་འཕྱལ་པ་མེད་རྣམས་སྨྲ་མི་བྱ། །བླ་མའི་རྫས་ལ་
བརྣབ་སེམས་མི་བྱ་ཞིང་། །སྤྱོད་བཅས་གནོད་སེམས་ཆ་དང་བཅས་ཀུན་བསྡམ། །བླ་མའི་མཛད་སྤྱོད་སྣ་ཚོགས་ཆད་འཁྲུལ་ལ། །ཡ་ཞེ་འཛོལ་བས་འཁྲུལ་པར་མི་བརྟག་ཅིང་། །འདི་ནི་མི་རིགས་ཟེར་ངར་མཛད་མོད་
སྨྲས། །ཅུང་ཟད་འགལ་འདྲ་ཉེས་སྐྱོན་ལོག་རྟོག་དོར། །གལ་ཏེ་བླ་མ་སྤྱང་བར་མཛད་ན་ཡང་། །རང་སྐྱོན་ཡོད་ངེས་བརྟགས་ལ་བཤགས་བསྡམ་བྱ། །ཕྱི་གསུགས་བསྙོམས་ལ་གསོལ་བ་དྲག་པོ་གདབ། །དེ་ཡིས་
མཉེས་ཤིང་དངོས་གྲུབ་བསྐུར་དུ་གསོལ། །བླ་མ་མཐོང་ཚེ་ལྡང་དང་ཕྱག་འཚལ་ཞིང་། །བཞུགས་ཚེ་སྟན་སོགས་མཐོ་བའི་ཡོ་བྱད་འབུལ། །སྙན་པར་སྒྲགས་བསྟོད་ཅིང་ཐལ་མོ་སྦྱར། །བཞུད་ཚེ་སྐྱང་དང་ཞབས

44

སེམས་ཉིད་ངལ་གསོ།

འབྲིང་བསྙེན་བཀུར་བྱ། །རྟག་ཏུ་དྲན་དང་ཤེས་བཞིན་བག་ཡོད་ཅིང་། །གུས་དང་འཛེམ་བཅས་ཚུལ་བས་གནས་པར་བྱ། །ཇི་ལྟར་བག་མ་གསར་པའི་ཚུལ་བཞིན་དུ། །སྒོ་གསུམ་ཞི་བས་བླ་མའི་དྲུང་ན་འདུག
གིས། །འཁྱུར་ཞིང་གཡེང་མཆོད་བཀག་བྱ་བ་མིན། །སྒྱུགས་རིམས་མ་ཡིན་ཡེ་དང་ཁྲུགས་པས་མིན། །གཡོ་སྒྱུ་ལས་མ་ཡིན་དེ་བཞིན་ཚུལ་འཆོས་མིན། །ངོ་ལྐོག་མ་ཡིན་ཉེ་རིང་ཆགས་སྡང་མིན། །རང་ལ་འཁྲུར་པ་ཡོད་ན
བླ་མར་མཆོད། །ལུས་ངག་ཞབས་ཏོག་བསྙེན་བཀུར་སྒྲིབ་སྦྱོང་དང་། །ཚེ་འདི་བློ་བཏང་བསྒྲུབ་པས་མཉེས་པར་བྱ། །གཞན་གྱི་ལས་མི་སྨན་བརྗོད་ནང་དང་དེ་བཟློག་ཅིང་། །ནུས་པ་མེད་ན་སྨྲ་ཡང་དེ་ཡོན་ཏན་བསམ། །ནུབ་
དག་བཅིང་སྙིང་རྗེས་ཞེ་ཐབ་བཟོད་པ་བསྒྲུབ། །དེ་ལས་ཞི་བ་རྟེན་བག་ཞེ་བས་སྒྲུབ་མཐའ་ཡིན། །དེ་ནི་ཆོས་རབ་ཀུན་རྫུ་ཐེབ་པ་འགྲུབ། །དམ་པ་རྣམས་དང་འགྲུ་ཆེད་ཆོས་རབ་འཚོལ། །ས་དང་ལམ་དང་གཟུངས་དང་ཏིང་ངེ་འཛིན། །
ལྷུ་ཚོགས་ཡོན་ཏན་རྒྱ་མཚོ་ལ་ཡོངས་གང་ཞིང་། །འགྲོ་བ་ཞི་བ་དེ་ཡི་དགའ་སྟོན་འབྱེད་པ་ཡིན། །དེ་ལྟར་དམ་པ་རྣམས་ལ་ལེགས་བསྟེན་པས། །སྡིག་པའི་བཤེས་གཉེན་ངན་པ་དང་ཀུན་ཏུ་སྤང་། །དེ་ཡང་ལྟར་བཤད་
ཡོན་ཏན་མི་ལྡན་ཞིང་། །ལོག་པའི་སྤྱོད་མང་ཉོན་མོངས་དམ་ཚིག་འཆལ། །བྱམས་དང་སྙིང་རྗེ་ཤེས་རབ་ཐོས་པ་ཆུང་། །ལེ་ལོ་སྙོམ་ལས་མི་ཤེས་ངར་རྒྱལ་ཆེ། །ཁོ་ཡོང་བདག་དྲག་རྒྱ་བ་ཉེན་མེད་ངན་དུག་ལྟར་གཏགས། །ཆོས་འདི

45

ཉེར་གསུམ ༢༣

༄༅། །དོན་གཉེར་ཕྱི་མ་ཆུང་ངེ་ངང་འཐང་། །ཆོས་ལྟར་སྟོན་ཡང་ཆོས་མིན་ཟོག་པོའི་རིགས། །མི་གཙང་ཕུང་པོ་ལྟ་བུའི་བླ་མ་ནི། །གདུག་པ་སྦྲུལ་བཞིན་བུང་བ་མང་ཡང་རིང་དུ་སྤང་། །དད་ལྡན་གཡོག་ལ་མང་དུ་འཁོར་
འཕྲིད་པས་ན། །ཐར་ལམ་འཕང་སྟོང་པས་ནམ་ཡང་བསྟེན་མི་བྱ། །སྡིག་པའི་གྲོགས་པོ་ཡང་སྤང་བྱ་སྟེ། །ཇི་ཙམ་འགྲོགས་པ་དེ་ཙམ་སྡིག་པ་འཕེལ། །དགེ་བའི་གྲིབ་ཅིང་ཉོན་མོངས་ཆར་བཞིན་འབབ། །བདེ་འགྲོ་འགོག
ཅིང་ངན་འགྲོའི་འབབ་སྟེགས་ཏེ། །དམ་པ་སྨོད་ཅིང་དཀར་པོའི་ཆོས་ལ་སྡང་། །ངན་པ་བསྟོད་ཅིང་ནག་པོའི་ཆོས་ལ་སྦྱོར། །སྐལ་ལྡན་མཉམ་མེད་དགེ་སྤྱོད་རྣམས་ལ་བརྟགས་པ་སྟོ། །རྟག་ཏུ་ལོག་ལམ་ངན་འགྲོར་འཁྲིད་
པས་ན། །གྲོགས་མི་ལྡན་པས་རིང་དུ་སྤང་བར་བྱ། །སྡིག་པའི་བཤེས་གཉེན་ངན་པ་བཅས་པ་སྤངས་པ་ཡིས། །འདི་ཕྱིར་རབ་བདེ་ཞིང་ལེགས་པའི་ཡོན་ཏན་འགྲུབ། །རྟག་ཏུ་དགེ་འཕེལ་ཐར་ལམ་ཟབ་མོ་ཟིན། །སྐྱེ་བོ་ངན་པ་ནམ
ཡང་མི་མཐོང་ཞིང་། །བདེ་གཤེགས་སྲས་ཀྱིས་བསྐྱོར་བའི་མགོན་པོ་ཡིས། །བདག་ལ་དགོངས་ཤིང་བྱིན་གྱིས་རློབ་པར་མཛོད། །བདེ་བར་ཚེ་ཡི་དུས་བྱེད་མཐོ་རིས་འགྲོ། །དེ་སོགས་བསམ་གྱིས་མི་ཁྱབ་ཡོན་ཏན་
ལྡན། །དགེ་བའི་གྲོགས་པོ་དམ་པ་རྟག་ཏུ་བསྟེན། །དེ་དག་གིས་ནི་དགེ་བའི་ལམ་ལ་འཛུད་ཞིང་། །སྡིག་དང་ཉོན་མོངས་འགྲིབ་ཅིང་ཉེས་པ་འགོག །སྲིད་ལས་མཐར་འབྱིན་མངོན་མཐོ་ངེས་ལེགས་འགྲུབ། །ཚེ་འདིར་

46

སེམས་ཉིད་ངལ་གསོ།

བདེ་ཞིང་ཕྱུག་ལ་འབྲས་དང་ལྡན་ཚམས། །རྟག་ཏུ་དོན་ཡོད་ལྷ་མི་ཡི་འདྲེན་པ་རར་འགྱུར། །དགེ་བ་འདི་ཡི་ཤེས་དང་དགེ་སྒྲོགས་བསྔོན་པ་ཡིས། །དགེ་ཚོགས་ཁ་འཕེལ་ཞིང་འབྲས་བུ་བདེ་བར་ཐོབ། །སྲིད་ན་མཁའ་ཟིགས་ཤན་བ་དེ་
དཔག་མེད་ཅིང་། །འགྲོ་བའི་དོན་གཉིས་ཕ་རྒྱུར་བ་མཐའ་ཡས་པ་ར་འགྲུབ། །འདི་ནི་རྣམ་འདྲེན་རྒྱལ་བའི་ལྷུལ་བ་སྟེ། །སྙིགས་མའི་དུས་སུ་དེ་ལྟར་སྤྱོད་པ་ཡིན། །དེ་བས་ཇི་སྲིད་བྱང་ཆུབ་སྙིང་པོའི་བར། །སྐྱེ་བོ་དམ་པ
རྣམས་ལ་བརྟེན་པར་བྱ། །དེ་ཡིས་དག་སྣང་ཕྱོགས་མེད་དབང་ཆར་བ་དང་། །བྱམས་དང་སྙིང་རྗེ་བྱང་ཆུབ་སེམས་འབྱུང་ངེས་ཤིང་། །ཉམས་དང་རྟོགས་པ་རང་བཞིན་གོང་དུ་འཕེལ། །གཞན་དོན་དཔག་མེད་ཅི་བསམ་
ཆོས་བཞིན་འགྲུབ། །ཇི་ལྟར་བསྒོམ་ཞིང་གསོལ་བ་བཏབ་པ་བཞིན། །རྒྱུན་དུ་ཚོགས་བསགས་སྨོན་པ་སྤྱོད་པ་ཡིས། །ཉིན་མོ་སྤྱི་གཙུག་མཚན་མོ་སྙིང་ནང་དུ། །ཙ་བའི་བླ་མ་གང་མོས་ཡི་དམ་དང་། །མཁའ་འགྲོ་གཉིས་
མེད་མཚན་དཔེས་བརྒྱན་པའི་མཐར། །བརྒྱུད་པའི་བླ་མ་དཔའ་བོ་མཁའ་འགྲོས་བསྐོར། །ཡིད་ཀྱིས་མཆོད་ཅིང་འདོད་དོན་གསོལ་བ་གདབ། །མཆོད་དེ་ཆུ་སྣང་དཔོག་མར་ཨོཾ་སྤྱིན་ཞིང་། །ཐམ་ར་ཨཱཿཧཱུཾ་གང་
འདོད་ཡམ་སུར་གདགས། །ནང་གདོན་ཐིག་ལེ་ཞིབ་ར་འདོད་པ་ཡིས། །ཐམས་ཅད་དཀར་པོའི་ཟེར་རབ་འཕྲོས་པས། །མི་མཐུན་ཕྱོགས་ཞི་དངོས་གྲུབ་ཐོབ་པར་བསམ། །ཚེ་དཔལ་ཡར་འགྱུར་སོགས་རྒྱས་པའི

47

ཉེར་བཞི ༢༤

༄། །ལས་འདོད་པས། །སེར་པོའི་འོད་དང་དགུའི་ཆར་པ་འབེབས་པར་བསམ། །དབང་དང་དགུག་པ་ལ་སོགས་དཔའ་རྣམས་ལ། །ཐམས་ཅད་དམར་པོའི་འོད་ཟེར་ལྕགས་ཀྱུའི་ཚུལ། །བགེགས་དང་
གདོན་སོགས་མཚར་གཅོད་མངོན་སྤྱོད་ལ། །ཐམས་ཅད་མཐིང་ནག་འོད་ཟེར་མཚོན་ཆ་འཕྲོ། །མེ་དཔུང་འཕྲེ་བས་སྡང་འཁོར་ཚར་ལོས་འཇོམས་པར་བསམ། །ཐུགས་ཀ་བཟླས་སྙིང་གསུམ་གཡོ་འཁྲུལ་ལྡེ་གཅིག་འབར། །
ལས་རྣམས་སྒྲུབ་ཅིང་ལྷག་པའི་བསྐྱེད་རིམ་བསྒོམ། །རྗེས་ནས་རིམ་འཐུམ་མི་དམིགས་སྟོང་པའི་ངང་། །ཏར་ཅིག་གཞག་དང་དགེ་བ་བྱང་ཆུབ་བསྔོ། །སོ་སོའི་ལས་དང་རྗེས་མཐུན་རྟགས་རྣམས་འབྱུང་། །འདི་ནི་ཐབ
ལམ་བདེ་ཆེན་རྒྱ་མཚོ་ཡིན། །ཁྱད་པར་ནད་གདོན་བར་ཆད་འཆི་བའི་ཚེ། །མདོར་ན་ཕྱི་ནང་ཁམས་བབ་བད་སྡོང་སེལ་ནུས་གོ་འཕྲི། །མི་འཁྲུགས་རིགས་ལ་ངས་བཅན་སྨན་བླ་དང་། །སངས་རྒྱས་དཔེ་མེད་འཛམ་དང་ལྷུན་པ
ལ་ར། །བརྒྱུད་པའི་བླ་མ་བྱང་སེམས་མཁའ་འགྲོས་བསྐོར། །འོག་ཏུ་རིགས་དྲུག་ལན་ཆགས་སྙིང་རྗེའི་མགྲོན། །དུས་གསུམ་ཐམས་ཅད་འཁོར་བའི་སེམས་ཅན་བཅས། །རང་སེམས་སྤྱི་གཙུག་ཧཱུཾ་འབྲོན་དཔལ་བོའི་སྐུ། །
རྒྱུ་གྲི་ཐོད་པ་ཐོགས་པའི་རྣམ་པ་ཡིས། །ལུས་ཀྱི་ཐོད་པ་སྤྱི་མཚམས་མཛོད་སྤུར་བཅད། །ཐོད་པའི་སྒྱེད་པུ་གསུམ་སྟེང་བཞག་པའི་ནང་། །ལུས་ཀྱི་ཤ་ཁྲག་རུས་པ་ཁེངས་པ་ལ། །བདུད་རྩིའི་ཆར་བ་བབ་འགོར་གནས་

48

སེམས་ཉིད་ངལ་གསོ།

མགོ་འབར་བས། །ཐོད་པ་སྟོང་གསུམ་དང་མཉམ་བདུད་རྩི་ཡིས་ཁེངས། །རང་སེམས་དཔའ་བོ་གྲངས་མེད་སྤྲུལ་པ་ཡིས། །ཐོད་པས་ཐམས་ཅད་དུས་མཉམ་བདུད་རྩི་བགྱི། །ཞི་བའི་མགྲོན་མཉེས་ཚོགས་རྫོགས་དངོས་གྲུབ
ཐོབ། །སྲིད་པའི་མགྲོན་མཉེས་ཐོག་མེད་ལན་ཆགས་བྱང་། །ཁྱད་པར་བགེགས་གདོན་མཉེས་བར་ཆད་ཞི། །ཐམས་ཅད་མཉེས་པའི་འོད་ཟེར་བདག་ལ་ཐིམ། །ནད་དང་གདོན་བཞི་བར་ཆད་རང་སར་ཞི། །འཆི་བསླུས
ཤིང་དངོས་གྲུབ་ཐོབ་པར་བསམ། །རྗེས་ལ་ཐམས་ཅད་མི་དམིགས་སེམས་ཉིད་ཀྱི་ངང་། །སེམས་ཉིད་མི་དམིགས་ཆོས་དབྱིངས་མཉམ་པར་བཞག །སྒྱུ་མའི་རང་བཞིན་དག་པས་བསྔོ་བ་བྱ། །ངེས་ནི་མི་མཐུན་རྐྱེན
རྣམས་ཞི་བ་དང་། །ཚོགས་ཆེན་རབ་རྫོགས་སྒྲིབ་པ་ཀུན་སྦྱང་བ་སྟེ། །ཁྱིན་ལྷབ་ཚད་མེད་རྟོགས་པ་རྒྱུད་ལ་སྐྱེ། །བདག་འཛིན་མེད་ཅིང་ངེས་འབྱུང་བློ་སྣ་ཐུབ། །བསམ་པ་འགྲུབ་ཅིང་ལྟུང་སྲིད་བླ་མ་རབ་འཆར། །ནད
གཅོད་མེད་ཅིང་འཆི་ཀའི་འོད་གསལ་ལ་འགྲུབ། །བར་དོར་གྲོལ་ཞིང་དོན་གཉིས་ལྷུན་གྱིས་མཆོག །དེ་ཕྱིར་བླ་མ་བསྒྲུབ་ལ་ནན་ཏན་བྱ། །གང་ཞིག་བསྐྱེད་རིམ་བཟླས་པ་བསྐལ་པར་བསྒོམས་པས་ཀྱང་། །བླ་མ་སྐད་ཅིག་དྲན་པ
མཆོག་ཏུ་གསུངས། །དཔལ་ལྡན་ལྷ་ནས་སྐྱོར་པ་དམ་པའི་གཞིར་འགྱུར་བ། །ཡོན་ཏན་ཡོངས་རྫོགས་གཞན་བདེའི་སྐྱེ་སྣ་ཚོགས་ཅན། །ས་གསུམ་བདུད་རྩི་དམ་པའི་ཆར་འདོད་པས། །ཐུགས་རྗེའི་དང་ཅན་རྣམས་ལ་བརྟེན་པར

49

50

51

52

སེམས་ཉིད་ངལ་གསོ

འགྲོ་བ་འགྲོ་བྱེད་གཉིས་མེད་པས། །ཇི་བཞིན་ངང་ལ་དེ་བཞིན་ཉམ་མཉམ་པར་གཞག །ཡུལ་སེམས་གཉིས་སྣང་འཛིན་ན་མཐར་ཐུག་མིན། །འབྲས་བུའི་སྒྲུབས་པར་འགྲོ་སྐྱོན་མེད་པ་ཡིན། །དེས་ན་ཡེ་ཤེས་ཚོགས་
རྫོགས་ཆོས་སྐུ་འཐོབ། །རྗེས་ལ་ལྡང་ཚེ་ཡུལ་མ་སྒྱུ་མར་བསྒོམ་པར་བྱ། །བསླབ་བྱ་གཉིས་ལས་རྒྱུ་ཡི་རིམ་པ་ནི། །སྲོག་དང་རྒྱལ་སྲིད་བུ་དང་དགའ་ལ་སོགས་ཕྱིར། །བླམ་དང་ནི་དཀོན་མཆོག་སྤང་མི་བྱ། །བླམ་ར་སྒྲུབ་ལས་སོང་
མཆོད་པས་མི་སྐྱོ་ཞིང་། །དམ་པ་རྣམས་ལ་སྐུར་པ་འདེབས་མི་སྙན་ཡང་། །སངས་རྒྱས་སྐྱབས་སོང་ལྷ་གཞན་ཕྱག་མི་བཙལ། །ཆོས་ལ་སྐྱབས་སོང་སེམས་ཅན་འཚེ་བ་སྤང་། །དགེ་འདུན་སྐྱབས་སོང་མུ་སྟེགས་
ཅན་མི་འགྲོགས། །དེ་དག་གཟུགས་ལའང་དད་པས་རབ་མཆོད་ཅིང་། །ཉིན་མཚན་རྗེས་དྲན་རྟག་པར་སྐྱབས་སུ་འགྲོ། །འབྲས་བུའི་བསླབ་བྱ་མཉམ་ཉིད་ངང་ནས་ནི། །བཟང་ངན་རྣམ་མི་རྟོག་མཆོག་དམན་བླང་དོར་
མེད། །སྤྱོད་ལ་མི་བརྟེན་ཆོས་ཉིད་གཟུགས་ར་སྤྱད། །ཐམས་ཅད་ལྷུན་རྫོགས་དཀྱིལ་འཁོར་གཅིག་ཏུ་སྤྱད། །གཏོང་རྒྱུ་བཏགས་པ་ཁས་ལེན་ཕན་དགས་པ་དང་། །མཚན་ཉིད་པ་ནི་ཡོག་ལྷ་སྐྱེས་པས་གཏོང་། །
བསླབ་པ་བྱ་ཉམས་པས་དམན་པར་ལྟུང་བ་སྐྱེ། །བག་ཡོད་དྲན་པས་བསྲུངས་ནས་ཉེས་ལྟུང་དོར་བྱ། །སྤྱོད་པ་གཞན་གང་གིས་སྤྱད་དེ་མཐོང་ནས། །ལྷག་པར་ཐུགས་རྗེའི་ཞི་ལྷག་དང་པ་ཉིད། །ཚོར་བས་ཀུན་ཏུ་འཇིགས

53

ཉེར་བདུན ༢༧

༄༅། །བྲལ་སྨོན་པ་སྟེ། །དེ་ལས་ཐོབ་པ་དེ་བྱེད་པ་གང་ཞིག་ཡོད། །དེ་ནི་སེམས་གཙང་དང་བའི་ས་གཞི་ལ། །བསོད་ནམས་ཡེ་ཤེས་ཆར་རྒྱུན་ལེགས་བབ་ཏེ། །ཆོས་ཁམས་དགེ་བའི་ལྷུན་གྲུབ་ཆེར་འཕེལ་བས།།
རྒྱལ་བའི་ལྗོན་ཚོགས་ལ་ལོ་ཐོག་སྨིན་པར་བྱེད། །ཆོས་རྒྱལ་དགེ་བ་དེ་ཚེ་འཕེལ་ཡོད་ཤེས། །བག་ཡོད་ལྡན་པ་ཡོན་ཏན་ཚོགས་མང་ཞིང་། །གཟུངས་སྤྲིན་ཡེ་ཤེས་ཉི་མ་སེམས་ལ་འཆར། །མི་ལ་ནད་ཡང་མི་འབྲལ་མཐོང་བ
དང་། །ཚེ་རབས་དྲན་ཞིང་རིགས་དང་འབྱོར་པས་མཛེས། །འགྲོ་ཀུན་དགའ་བས་དོན་གཉིས་ལྷུན་གྱིས་གྲུབ། །མཐར་ཡང་རང་ཉིད་ལུས་ཅན་ཀུན་གྱི་སྐྱབས། །དཔུང་གཉེན་བྱེད་པས་སྐུ་གསུམ་འབྱོར་པ་འཛོམ།།
སྐྱབས་སོང་ཡོན་ཏན་གང་ལ་དེ་གཟུགས་མཆིས་ན། །ནམ་མཁའ་ཁམས་ཆེས་ལྷག་བསོད་ནམས་ཕ་མཐའ་ཡས། །ལེགས་པའི་ཡོན་ཏན་ཀུན་གྱི་གཞིར་གྱུར་པ། །དེ་ལ་མཁས་པ་སུ་ཞིག་བརྟེན་མི་བགྱིད། །ཉེས་སྤྱོད་ཞི་བ
འགྲོ་བ་ཀུན་གྱི་གཉེན། །དད་བརྒྱའི་སྒོ་ཡོངས་རབ་ཏུ་ཕྱག་འཚལ་ཞིང་། །ས་གསུམ་བསོད་ནམས་འདྲེན་མཆོག་དཔག་བསམ་ཤིང་། །ཕན་བདེའི་འབྱུང་གནས་དེ་ལ་སྐྱབས་སུ་མཆི། །དེ་ལྟར་བདེ་ཆེན་ཡོན་ཏན
མཆོག་བསྒྲགས་པས། །སྐྱེ་དགུ་དམ་པའི་སྤྱོད་ཡུལ་ལོག་པ་གཞོལ་ཞིང་། །ཉེས་གྱུར་ངན་པའི་ཡུལ་ལ་བརྟེན་པ་ཡིས། །དུབ་པའི་སེམས་ཉིད་དེ་རིང་ངལ་སོས་ཤིག །རྫོགས་པ་ཆེན་པོ་སེམས་ཉིད་ངལ་གསོ

54

སེམས་ཉིད་ངལ་གསོ

ལས། །སྐྱབས་སུ་འགྲོ་བའི་ལེའུ་སྟེ་བཅུ་གསུམ་པའོ།། ||དེ་ལྟར་སྐྱབས་སོང་རྗེས་ཀྱི་གང་ཟག་གིས། །བྱམས་པའི་ས་གཞིར་སྙིང་རྗེའི་མེ་ཏོག་བཀྲམ། །དགའ་བའི་གྲིབ་བསིལ་བཏང་སྙོམས་ཆུ་གཙང་གིས། །
འགྲོ་ལ་ཕན་ཕྱིར་རང་དགའི་སེམས་བསྐྱེད་དོ། །དེ་ཡང་ཐར་པའི་ལམ་དུ་དམ་པར་འབྲེལ་ན། །ཚད་མེད་པ་འདི་ཚངས་པ་བཞི་སྐྱེད་པའི་རྒྱུ། །ཞི་བའི་ལམ་ཀྱིས་ཟིན་པའི་དངོས་མ་བཞི། །སྲིད་པའི་རྒྱུ་ཏེ་རང་དབང་ཕྱིར་ཚད་མེད་
བཞི། །དམིགས་ཡུལ་མཐའ་ཡས་པ་ལ་འགྲོ་བའི་ཚད་ཉིད་པས། །རྣམ་པ་ཀུན་ལྡན་བྱ་བ་དམིགས་བཅས་དམིགས་པ་མེད། །ཡུལ་ཚད་ཡོད་ཀུང་ཟད་འགྲོ་བ་ལ། །དམིགས་པ་ཉམས་མ་དག་དམིགས་པ་བཅས་ཚད་ངེས་པའི་རྒྱུ། །འདི་ནི
དམིགས་མེད་ཐ་དད་རང་རང་ཞེན་བལ་ནི། །སྙིང་རྗེ་དེ་རང་བཞིན་ཅན་གྱིས་བསླབ་པར་བྱ། །བདེ་བ་མི་ལྡན་སྡུག་བསྔལ་གྱིས་ཉམ་ཐག །སྲིད་ཅིང་འགྲོར་འཁྱམས་ཉེ་རིང་ཆགས་སྡང་ཅན། །བྱམས་དང་སྙིང་རྗེ་དགའ་བ་བཏང་
སྙོམས་ལ། །རྣམ་པ་བདེ་ཐོབ་སྡུག་བསྔལ་བྲལ་བ་དང་། །དགའ་དང་མི་འབྲལ་བ་ཉེ་རིང་ཆགས་སྡང་བྲལ་བར་བརྟེན། །སྨོན་ཚུལ་བོ་རིམ་ལས་བསམས་པ་མེད་ན་ཡང་། །དང་པོ་དེ་གང་ཟག་གཉིས་མར་བཏང་སྙོམས་ཏེ། །ཉེ་རིང་
བསྐྱམས་ནས་དེ་ནས་གཞན་ནས་གསུམ་བསྒོམ། །དེ་ཡང་དམིགས་ཡུལ་སེམས་ཅན་ཐམས་ཅད་ལ། །བློ་ཡིས་མཐའ་བ་དེ་ལྟར་བརྟག་པར་བྱ། །དེ་ལྟ་ཕ་དང་མ་དང་ར་བཤེས་ཡ་ཚོགས། །དགྲ་ལ་སྡང་བ་ང་དེ་འདྲ་བའི་སེམས་སྐྱེད་ནས།

55

༄༅། །ཐོག་མཐའ་འདུས་མེད་དབྱིངས་ཁྱམས་ཆེ་དཀྱིལ་ངེས་ཀྱང་། །ཐམས་ལམ་སོགས་པ་ཤེས་བྱ་མཐའ་ནས་བསྒྲུབས། །དེ་ཡི་དྲིན་ལ་ནགས་ཁྲོད་སེམས་སྐྱོ་མ་བྱེད་དམ། །གཉེན་པོ་ངེས་འབྱུང་ཉིད་དཔའ་བྲུན་ནགས་ཁྲོད་པ་བསྒྲུབས། །
ད་ལྟན་ཡང་དེ་ཡི་སྡུག་བསྔལ་འགོ། །དེ་ཡི་ལན་དུ་ཐབ་ནད་པ་རི་ལྟར་རིགས། །བར་མ་ཡང་ནི་མཛའ་དང་མི་མཛར་འགྱུར། །ཐ་ནག་གནོད་མ་རེས་ཆགས་སྡང་རིགས་པ་ཡིན། །དེ་བས་ཐོག་མ་ར་མཛའ་བ་ཤེས་ཕྱོགས་རྣམས་ལ། །
བར་མ་བཞིན་དུ་ཆགས་པ་སྤང་བྱ་ཞིང་། །དེ་ནས་དགྲ་ལ་བར་མ་བཞིན་དུ་བཞི། །སྡང་བ་སྤངས་ལ་ཉེ་རིང་མེད་པར་བྱ། །བར་མའི་ཕྱོགས་ལ་ཡང་དག་ཏེ་ཕྲུག་དབྱེ་ལ་བའི་ཕྱིར། །འགྲོ་བའི་ཉོན་མོངས་སྨན་དུ་སེལ་བའི་བློ། །
སྐྱིད་དང་བྲལ་བ་བདེ་འབྲུ་ནམ་པར་བསྒོམ། །ཐམས་ཅད་བདེ་འདོད་སྡུག་བསྔལ་མི་འདོད་ཆེད་གཅིག །འོན་ཀྱང་མི་ཤེས་སྡུག་བསྔལ་རྒྱུ་ལ་སྤྱོད། །ཀྱེ་མ་ཉམ་ཐག་འགྲོ་བའི་ཉོན་མོངས་ཚོགས། །བག་ཆགས་ས་བཅས་ཀུན་
ཞི་ལ་སེམས་སྐྱོམས་ཤོག །ཆགས་སྡང་དྲུང་པོས་གཟིར་བའི་ལུས་ཅན་ཀུན། །ཉེ་རིང་སེམས་སྙོམས་ཆགས་སྡང་བྲལ་བར་ཤོག །ཅེས་བསམས་མ་འགྲོ་བ་གཅིག་ནས་གཉིས་དང་གསུམ། །ཡུལ་གྲུ་གཅིག་ནས་གླིང་
གཅིག་གླིང་བཞི་ནས། །སྟོང་གཅིག་གཉིས་གསུམ་ལ་རྗེས་ཏེ་ཀུན་ལ་བསྒོམ། །འབྱོངས་པའི་ཚད་ནི་བདག་གཞན་དགྲ་གཉེན་མཉམ། །རྗེས་ལ་དམིགས་པ་མེད་པའི་བཏང་སྙོམས་ཡུལ། །ཐམས་ཅད་སེམས་སེམས་ཏེ

ཉེར་བརྒྱད ༢༨

56

སེམས་ཉིད་ནམ་མཁའ་འདྲ། །ངོ་བོ་དམ་མ་སྐྱེས་སྟོང་པའི་ངང་དེ་ལ། །བློ་ཡི་ནམ་པ་སྤྲོས་དང་བྲལ་བར་གཞག །འབྱོངས་པའི་ཚད་ནི་ཟབ་ཞིའི་རྟོགས་པ་སྐྱེ། །འབྲས་བུ་ཉེ་རིང་རྟོག་པ་མེད་པའི་སེམས། །གནས་
ལུགས་ངོ་བོ་རང་བཞིན་ལྷུན་གྱིས་གྲུབ། །དེ་ལྟར་ཀུན་ལ་སེམས་སྙོམས་སྒྲུབ་པ་ན། །རང་ཉིད་ཐར་པ་བདེ་དང་འཕྲད་པར་འགྱུར། །ལུས་ཅན་ཀུན་ལ་དེ་བཞིན་བསམ་པར་བྱ། །བྱམས་པའི་དམིགས་ཡུལ་སེམས་ཅན་
ཐམས་ཅད་ལ། །རྣམ་པ་གནས་སྐབས་ལྷ་མི་ཡི་བདེ་བ་དང་། །མཐར་ཐུག་བྱང་ཆུབ་བདེ་དང་འཕྲད་པར་ཤོག །སྙིང་དུས་ཅིག་ནས་འགྲོ་བ་ཀུན་ཏུ་ཁྱབ་པར། །ཕྱོགས་མཐའ་ཡངས་ཏེ་ཁྱབ་པར་དེ་ཉིད་བསྒོམ་པར་བྱ། །རྟགས་
ནི་ཀུན་ལ་ཁྱབ་པའི་བྱམས་པ་མཆོག །ཐུགས་ཅིག་བརྩེ་བའི་མཐའ་བ་ལྷག་པར་འབྱུང་། །དེ་རྗེས་ཐམས་ཅད་མཉམ་པའི་ངང་ལ་གཞག །དམིགས་པ་མེད་པའི་བྱམས་པ་ཆེན་པོ་སྐྱེ། །བྱམས་དང་སྟོང་ཉིད་ཟུང་དུ་འཇུག་པ་རྟགས། །
འབྲས་བུ་མཐོང་ན་ཡིད་དགའ་དགའ་བ་ཐོབ། །བྱམས་པས་འགྲོ་ལ་ཕན་པའི་རྗེས་ཉིད་དུ། །མ་འདི་སྡུག་བསྔལ་བློས་མི་བཟོད་པ་བཞིན། །འགྲོ་བའི་སྡུག་བསྔལ་བསམས་ལ་སྙིང་རྗེ་བསྐྱེད། །དེ་ཡང་བདག་གི་ཕ་
མ་དྲིན་ཅན་རྣམས། །བདག་གི་ཆེད་དུ་སྡིག་པའི་ལས་བྱས་པས། །ཚ་གྲང་བཀྲེས་སྐོམ་གསོད་གཅོད་ལས་ཀྱིས་མནར། །སྐྱེ་རྒ་ན་འཆིའི་ཆུ་ཆེན་ལྷུག་པར་བྱེད། །སྡུག་བསྔལ་སྣ་ཚོགས་དུས་ཉམ་རེ་ཐག །

སེམས་ཉིད་ངལ་གསོ།

57

༄༅། །དེ་ལས་ཐར་འདོད་ཞི་བའི་སེམས་མེད་ལ། །ཡང་དག་ལམ་སྟོན་དགེ་བའི་བཤེས་མེད་པས། །མཐའ་མེད་འཁོར་བར་འཁྱམས་པ་སྙིང་རེ་རྗེ། །འདི་དག་མཚོན་ནས་ཡལ་བར་དོར་སྤོང་དམ། །དེ་
བས་བདག་གི་ལུས་དང་ལོངས་སྤྱོད་དང་། །དུས་གསུམ་དགེ་བས་འགྲོ་བའི་སྡུག་བསྔལ་དག །སྐད་ཅིག་ཉིད་ལ་བྲལ་བར་ཤོག་ཅིག་ཅེས། །སྙིང་པོ་ཆེ་རུས་པའི་གཏིང་ནས་བསམ་པར་བྱ། །འགྲོ་བའི་སྡུག་བསྔལ་མི་
བཟོད་དྲག་ཤུལ་ཅན། །དམིགས་མེད་སྙིང་རྗེས་དེ་རྗེས་མཉམ་པར་གཞག །རྟགས་ནི་སྟོང་ཉིད་སྙིང་རྗེ་ཟུང་དུ་འབྲེལ། །འབྲས་བུ་ཐུགས་རྗེ་སེམས་ཉམས་ན་འཚེ་བྲལ་བའི་སེམས། །ལས་ཧྲུང་དགོད་ནས་དགའ་བ་ཉིད་དུ་བསྒྲུབ། །
དེ་ལྟར་སྙིང་རྗེས་བསྟན་པའི་འགྲོ་བ་ལ། །རང་རང་བདེ་བས་གནས་ཏེ་དགའ་བ་བསྒོམ། །དེ་ཡང་དམིགས་ཡུལ་བདེ་ལྡན་སེམས་ཅན་ཏེ། །རྣམ་པ་ཨེ་མ་འགྲོ་བ་འདི་དག་ཀུན། །བདག་གིས་བདེ་ལ་དགོད་པར་མ་དགོས་
པར། །རང་རང་བདེ་བ་བདག་གིས་རྙེད་པ་རབ། །དེ་ནི་ད་ནས་བྱང་ཆུབ་སྙིང་པོའི་བར། །བདེ་ཞིང་སྐྱིད་པ་དང་ནི་མི་འབྲལ་ཤོག །སྙམ་དུ་གཅིག་ནས་ཀུན་ལ་བསྒོམ་པར་བྱ། །རྟགས་སུ་ཕྲག་དོག་མེད་ཅིང་དགའ་
བསྐྱེད། །དེ་རྗེས་མི་དམིགས་པ་ལས་ཀ་དག་ངང་དུ་བཞག །ལུས་ངག་སེམས་ལ་ཞི་བདེ་ཉམས་ཀྱིས་ཁྱབ། །འབྲས་བུ་འབྱོར་པས་བརྟན་ལ་དགའ་བར་འགྱུར། །དེ་ལྟར་གོམས་ནས་རྗེས་སུ་བྱམས་ནས་རིམ་པར་བསྒོམ། །དེ་ཡིས་བཞི

ཉེར་དགུ ༢༩

58

སེམས་ཉིད་ངལ་གསོ

པོའི་ཞིང་ས་རིམ་གྱིས་འགྲོད། །བྱམས་པ་བསྒོམས་པས་གཉེན་བཞིན་ཀུན་ལ་ཆགས་པ་ན། །སྙིང་རྗེས་སྡུག་བསྔལ་རྒྱུ་འབྲས་ཞེན་པར་འགོག །སྙིང་རྗེ་དམན་པས་དམིགས་དང་བཅས་པ་ན། །དམིགས་མེད་དགའ་བས་སྤྱོད་རྣམ་པར་
འགོག །དགའ་བས་སེམས་ཀྱི་ཡིད་མི་སྤྲོ་བ་ལ་ཆེ་རབ་ན། །ཉེ་རིང་ཆགས་སྡང་བཏང་སྙོམས་ཆེན་པོས་སྒོམ། །བཏང་སྙོམས་བར་མ་ལུང་མ་བསྟན་བཞིན་ན། །སྔར་བཞིན་བྱམས་སོགས་རིམ་པས་བསྒོམ་པར་བྱ། །དེ་
ཡིས་འབྱོངས་པར་སྦྱང་ཞིང་བརྟན་པ་ཐོབ། །ཐོབ་པ་ཤིན་ཏུ་བརྟན་པའི་རྣལ་འབྱོར་པས། །རིམ་དང་རིམ་མིན་སྤེལ་མ་ཐོད་རྒལ་བསྒོམ། །དེ་ཡིས་རྟོགས་པ་བསྒོམ་པར་བོགས་འབྱིན་ཞིང་། །ཤིན་ཏུ་བརྟན་པས་ཆེས
བརྟན་ཉིད་དུ་འགྱུར། །དེ་ལྟར་བསྒོམས་པའི་འབྲས་བུ་བཞི་དག་ལས། །རྣམ་སྨིན་མངོན་མཐོ་ངེས་ལེགས་གཉིས་ཀར་ཐོབ་ལ། །འདོད་པར་ལྷ་མིའི་ལུས་འགྲུབ་བཟང་བདེ་སྤྱོད། །རྒྱུ་མཐུན་བྱེད་པས་དེ་ཉིད་བྱེད་པ
དང་། །མྱོང་བར་མི་མཐུན་ཕྱོགས་བྲལ་བ་དེ་བཞིན་ཐོབ། །དབང་གིས་ཡིད་འོང་བདེ་ཞིང་རབ་དགའི་ཡུལ། །འགྲོ་བ་མཐུན་ཅིང་འགྲོགས་པས་བརྒྱན་པར་སྐྱེ། །བྱེད་པ་བཞི་པོ་ཆེས་ཆེར་རབ་འཕེལ་བས། །རང་གཞན
དོན་གཉིས་འགྲུབ་པ་ལྷུན་གྱིས་འབྱུང་། །བྱམས་པས་ཞེ་སྡང་མེད་ཅིང་ལོངས་སྤྱོད་རྫོགས། །མེ་ལོང་ཡེ་ཤེས་རང་ཆས་ཐོབ་པར་འགྱུར། །ལོངས་སྤྱོད་རྫོགས་པའི་སྐུ་ནི་མཚན་དཔེས་བརྒྱན། །སྙིང་རྗེས་འདོད་ཆགས

59

ལྔ་བཅུ། ༥༠

༄༅། །མེད་ཅིང་ཆོས་ཀྱི་སྐུ། །སོ་སོར་རྟོག་པའི་ཡེ་ཤེས་མངོན་དུ་བྱེད། །ཆོས་ཀྱི་སྐུ་ནི་སྤྲོས་བྲལ་སོགས་ཡོན་ཏན་ཆེས། །དགའ་བས་ཕྲག་དོག་མེད་ཅིང་སྤྲུལ་པའི་སྐུ། །བྱ་གྲུབ་ཡེ་ཤེས་དམ་པ་ཐོབ་པར་
འགྱུར། །སྤྲུལ་པའི་སྐུ་ནི་མ་ངེས་སྣ་ཚོགས་གཟུགས། །ཐུགས་རྗེས་འགྲུབ་པའི་སྐུ་སྟེ་ཕྲིན་ལས་ཡིན། །བཏང་སྙོམས་ལ་ཆགས་སྡང་མེད་ངོ་བོ་ཉིད། །མཉམ་ཉིད་ཆོས་དབྱིངས་ཡེ་ཤེས་མངོན་དུ་བྱེད། །ངོ་བོ་ཉིད་སྐུ་ཆོས
ཉིད་སྤྲོས་དང་བྲལ། །དེ་ལྟར་བྱམས་སོགས་ཡོན་ཏན་མཐའ་ཡས་ཀྱང་། །མཆོད་སྒྲ་ལྷ་མིའི་སྟོན་པས་རབ་བསྔགས་མཛད། །དེ་དག་མི་ལྡན་ལམ་དེ་ཕྱིན་ཅི་ལོག །སྟོན་པ་གཞན་ལ་སྐྱབས་སོང་ལམ་ངན་ཡིན། །དེས
གཟུང་ལམ་ཞི་ཐར་པར་འདྲེན་མེད། །དུས་གསུམ་རྒྱལ་བ་སྲས་བཅས་ཀུན་གྱི་གཤེགས་ལམ་ཡིན། །རྒྱུ་ཡི་ཐེག་པ་ལས་ནི་ཚོན་སྐྱ་གཞུ་བཞིན། །ཐབས་ཤེས་སྐུ་གཉིས་བསྐྱེད་པར་འདོད་ན་ཡང་། །འབྲས་བུའི་ཐེག་པས་སྐུ་ཡི་སྙིང་པོ
གཉིས། །སེམས་ཉིད་རྒྱུད་ཀྱི་རྣམ་པར་ཁམས་ཡིན་པས། །ཐབས་ཉིད་སྙིང་རྗེ་ཚད་མེད་ལམ་ལ་བརྟེན། །དོན་ལ་གཅིག་སྟེ་སྟོང་ཉིད་སྙིང་རྗེ་ཅན། །རྒྱུ་འབྲས་གཉིས་ཀས་མཐུན་པར་ཉམས་སུ་ལེན། །གཞན་ཡང་ཐེག་མེད
དགེ་བས་བོན་ཚུལ། །འདུས་མ་ཡེ་ནས་གནས་པར་མདོ་ནས་གསུངས། །དེ་དང་སྐུ་གསུམ་ཡེ་ལྡན་ཀུན་གྱི་རྒྱུ། །སྨིན་པས་བསྒྲུབས་པས་དེ་སེལ་འདོད་དུ་གསལ་ཉིད་མཚུངས། །མདོར་ན་མདོ་རྒྱུད་ལམ་རྣམས་གཅིག་ཉིད་དུ། །

60

སེམས་ཉིད་ངལ་གསོ

མཁས་གྲུབ་བརྣམས་ཀྱིས་ཕྱིན་ངང་བཞེད་པར་མཛད། །དེ་ཕྱིར་རྒྱལ་སྲས་དམ་པའི་རྗེས་འགྲོ་ཞིང་། །ཚད་མེད་རྣམ་པ་བཞི་ལ་འབད་པར་མཛོད། །དེ་ལྟར་ལེགས་པར་གསུངས་གཞི་བཞིའི་རང་བཞིན་གྱིས། །འགྲོ་ཀུན་སེམས་ཀྱི་
རྙོག་པ་རབ་ཞི་ནས། །ལམ་གོལ་ལོག་དང་དམན་པར་ཞུགས་པ་ཡིས། །དུབ་པའི་སེམས་ཉིད་དེ་རིང་ངལ་སོས་ཤིག །རྫོགས་པ་ཆེན་པོ་སེམས་ཉིད་ངལ་གསོ་ལས། ཚད་མེད་བཞི་ཡི་ལེའུ་སྟེ་བདུན་པའོ།། ||
དེ་ལྟར་ཚད་མེད་ལེགས་པར་རབ་གོམས་པ་ཡིས། །ཆོས་ཀུན་རྩ་བ་བྱང་ཆུབ་སེམས་གཉིས་བསྒོམ། །དེ་ཡང་ཉོན་མོངས་སྲིད་མཚོ་མཐར་ཕྱིན་ཞིང་། །འཇིགས་དང་སྡུག་བསྔལ་ཀུན་སེལ་བྱེད་དེ། །ལས་དང་སྡུག་བསྔལ
འདྲེན་ཉམས་པར་འཇོམས། །སྲིད་ནགས་ཀྱི་བར་འགྲོ་བ་འདྲེན་བྱེད་ཡིན། །གང་ལ་སེམས་པའི་དོན་རྒྱུ་མེད་ན་ཡང་། །སྙིང་རྗེའི་དགེ་རྒྱུན་གོང་ནས་གོང་འཕེལ་ཞིང་། །མཉམ་གཞག་གནས་ལ་ཐབས་དང་ཤེས་རབ་ཟུང་དུ་འབྲེལ། ||
ལུས་ངག་རྩོམ་པ་ཐམས་ཅད་དོན་ཡོད་ཅིང་། །ལྷ་བཅས་འཇིག་རྟེན་ཀུན་གྱི་མཆོད་སྡོང་འགྱུར། །དགེ་བ་གཞན་ནི་འབྲས་བུ་སྨིན་ནས་ཟད་པ་ལྟར། །རིན་ཆེན་སེམས་ནི་ཞེན་དགེ་བ་མི་ཟད་འཕེལ། །དེ་ལྟར་རྒྱ་མཚོ་དང་ས
བའི་ཆུ་བཞིན་དང་། །ས་གཞི་བཟང་པོར་ལོ་ཏོག་ཕུན་ཚོགས་བཞིན། །ཀུན་གྱི་རྩ་བ་ལས་ཞེན་སྙིང་རྗེ་འི་བདག །སྲིད་པ་ཡང་བདེ་བའི་འབྲས་ལྷ་ཟ་ཞིང་། །ཞི་བའི་རང་བཞིན་བྱང་ཆུབ་མཆོག་གི་རྒྱུ། །རིན་ཆེན་སེམས

61

སེམས་ཉིད། ༣༧

༄༅། །ལེགས་བསྐྱེད་ལ་ངང་བ་དཔའ་བར་མཛོད། །དེ་ནི་རང་པ་ལ་རྒྱས་ཡིད་བཞིན་དུ་སྨམ་པ་བཟང་། །འགྲོ་བའི་ནད་གསོབ་དེ་འབྱུང་སྨན་གྱི་མཆོག །ཡེ་ཤེས་ཉི་མ་གདུང་སེལ་ཟླ་བ་སྟེ། །མཁའ་ར་བཞིན་དུ་དྲི་མེད་
ཡོན་ཏན་རྒྱུ་སྐར་ཚོགས། །རྟག་ཏུ་ཕན་བདེ་བྱེད་པའི་རང་བཞིན་ལ། །ངལ་ལ་ཡས་བསོད་ནམས་སྤྲིན་ཚོགས་དཔག་ཏུ་མེད། །རྒྱལ་བའི་ཡོན་ཏན་ཀུན་གྱི་ཅུ་མ་དབྱུང་དང་། །ཆོས་ཀྱི་དབྱིངས་ལྟར་དཔག་ཡས་རྒྱ་ཆེའོ། །
སེམས་བསྐྱེད་པ་ནི་ཚད་མེད་འགྲོ་བའི་ཕྱིར། །ཡང་དག་སངས་རྒྱས་ཐོབ་པར་བདོད་པ་སྐྱེ། །སྨོན་དང་འཇུག་པའི་རང་བཞིན་གཉིས་ཡིན་ནོ། །དེ་ཡང་བསམ་པ་ཡས་སྨོན་དང་སྦྱོར་བས་ཁྱབ། །འགྲོ་བར་འདོད་དང་
འགྲོ་བ་ཉིད་བཞིན་ནོ། །སྨོན་པ་ཚད་མེད་བཞི་ཡི་ངོ་བོ་ལ། །འཇུག་པ་ཕ་རོལ་ཕྱིན་པ་བཅུ་རུ་འདོད། །གང་གི་སྒོ་ཕྱོགས་མཐའ་བཅུ་གསུམ་པའི་སངས་རྒྱས་ལ། །བསྐལ་པ་བྱེ་བ་མང་པོར་བསྙེན་བཀུར་ཏེ། །རང་ཉིད་
ལེགས་པ་ཙམ་ཞིག་དོན་གཉེར་བ་ཡི། །བསོད་ནམས་དེ་ཡིས་སྨོན་པའི་ཆར་མི་ཕོད། །འགྲོ་བའི་སྡུག་བསྔལ་ཅུང་ཟད་སེལ་བའི་བློ། །སྐད་ཅིག་སྐྱེས་པས་ནམ་མཁར་བྲེར་བཅད་ཅིང་། །ལྷ་མིའི་བདེ་བ་དཔག་མེད་འགྱུར་
བར་གསུངས། །དེ་བས་འཇུག་པའི་ཕན་ཡོན་མཐའ་ཡས་ཏེ། །དངོས་སུ་སྦྱོར་བས་ཡང་དག་ཁྱབ་པའི་ཕྱིར། །སྐད་ཅིག་སྦྱོར་བས་ཁྱབ་པའི་སེམས་མཆོག་གིས། །བསྐལ་པ་མང་པོའི་ཚོགས་གཉིས་བསྡུས།

62

སེམས་ཉིད་ངལ་གསོ།

པར་བཤད། །དེ་ཕྱིར་གྲངས་མེད་གསུམ་སོགས་གསུངས་པ་ཀུན། །མྱུར་དུ་རྫོགས་དང་རིང་དུ་རྫོགས་པ་དང་། །ཚེ་གཅིག་གྲོལ་བ་བློ་ཡི་སྟོབས་ལ་རག །དེ་ཡང་དཔའ་བས་དང་བརྩོན་འགྲུས་ཤེས་རབ་མཆོག །གསུམ་
ཀྱིས་བསྒྲུབ་བགྲང་མེད་རྫོགས་ཚད་ཆེའོ། །འདི་ནི་སྙིང་རྗེ་མི་ཟློག་ཤིང་སྙིང་པོ་ཅན། །འགྲོ་བའི་ཁུར་ཆེན་ལེགས་པར་ཁྱེར་བ་ནི། །ཚངས་སོགས་འཇིག་རྟེན་ན་ཡང་དཔེར་མེད་ཅིང་། །རང་ཉིད་ཕྱིར་ཡང་དམྱི་ལམ་མ
རྨིས་ན། །གཞན་ཕྱིར་སྨོན་ཅི་འཚལ་བའི་བྱང་ཆུབ་སེམས། །སྡུག་མེད་པ་འབྱུང་ངེས་ལ་དགའ་བ་བསྐྱེད། །དེ་ཡང་དགེ་བ་དེ་བ་ཤེས་པས་འབྱུང་བ་སྟེ། །ཡིད་བཞིན་དགའ་ལས་འདོད་དགུའི་ཆར་འབབ་བཞིན། །
སྐྱོན་བྲལ་ཡོན་ཏན་རྫོགས་པའི་བླ་མ་ཡིས། །སྐལ་བཟང་སློབ་མ་སྨོན་འཇུག་བསྐྱེད་པ་ནི། །འཁོར་བའི་ཉེས་དམིགས་ཐར་པའི་ཕན་ཡོན་སོགས། །ཐོག་མ་བར་དང་མཐར་དགེ་ཡི་ཆོས་རྣམས་དང་། །བྱང་ཆུབ་སེམས་ཀྱི་
བསླབ་པ་མཐའ་ཡས་པ་བརྗོད། །གནས་གཙང་མཆོད་པས་མཛེས་ཤིང་ཉམས་དགའ་བར། །རྒྱལ་བའི་སྐུ་གཟུགས་ལ་སོགས་སྤྱན་དྲངས་ཏེ། །ནམ་མཁའི་གནས་སུ་ནམ་མཁའ་ཁེངས་པ་ཡི། །རྒྱལ་བ་སྲས་
བཅས་རྒྱ་མཚོའི་སྤྲིན་ཕུང་བཞུགས། །འདི་ནི་རང་གི་སེམས་སྐྱོབས་དྲི་མེད་དང་། །མཁྱེན་བརྩེའི་དབང་ཕྱུག་རྣམས་ཀྱི་ཐུགས་རྗེ་ཡིས། །ཇི་ལྟར་བསམས་པ་དེ་བཞིན་འགྲུབ་པར་གསུངས། །དེ་ནས་ཐལ་སྦྱར་མེ་ཏོག

63

སེམས་ཉིད། ༣༨

༄༅། །སྙིམ་པ་གང་ནས། །སྤྱན་དྲང་བཞུགས་གསོལ་ཕྱག་དང་མཆོད་སོགས་དབུལ། །ཡིད་ངོར་རྗེ་དབུའི་ནང་ན་གནས་པ་ཡི། །འཆར་ཀའི་པདྨ་ཁ་སྡུས་བྱེད་དྲབ། །ལག་གཉིས་སྤྱི་བོར་ཐལ་སྦྱར་
བསྟོད་དབྱངས་བཅས། །ལུས་དཔག་མེད་པར་སྤྲུལ་ནས་གུས་ཕྱག་འཚལ། །ས་འདི་རི་རབ་བཅས་རྒྱ་མཚོའི་རྡུལ་སྙེད་དུ། །བསོད་ནམས་དེ་འདྲ་འཇིག་རྟེན་གསུམ་ན་མེད། །ལུས་བཏུད་དད་བས་ཆེན་པོས་ཀྱི་ཡུལ་རྣམས
དང་། །མཉམ་པའི་གྲངས་སྙེད་འཁོར་ལོས་སྒྱུར་ཐོབ་ཅིང་། །ཐར་དབུགས་ཞི་བ་མཆོག་གི་གོ་འཕང་འཐོབ། །དངོས་སུ་འབྱོར་དང་ཡིད་ཀྱིས་སྤྲུལ་པ་ཡི། །མཆོད་པ་བླ་མེད་རྒྱ་ཆེན་རྣམས་ཀྱིས་མཆོད། །མེ་ཏོག་སྤོས་
དང་མར་མེ་ཞལ་ཟས་རྒྱུ། །བླ་རེ་འཕན་དང་གདུགས་དང་རོལ་མོའི་སྒྲ། །རྒྱལ་མཚན་རྔ་ཡབ་བཟང་ལ་སོགས་དང་། །ལུས་དང་ལོངས་སྤྱོད་མཁོ་དགུའི་ཡོ་བྱད་ཀྱིས། །འགྲོ་བའི་བླ་མ་དཀོན་མཆོག་གསུམ་ལ་མཆོད།
ལྷ་སོགས་འཇིག་རྟེན་ཀུན་ན་ཡིད་འོང་བའི། །གཞལ་མེད་ཁང་བརྩེགས་རིན་ཆེན་དྲ་བ་ཅན། །ཀླུ་ག་ར་སིལ་ལྟན་བསྟོད་དབྱངས་ཆར་འབབ་ཅིང་། །རྒྱན་མཆོག་འཇའ་འཁྲུག་མང་འབབ་རྣམས་ཀྱིས་མཆོད། །རིན་ཆེན་རི་བོ་དཔག
ཚལ་པདྨའི་མཚོ། །ངང་མོའི་འགྲོས་ཀྱིས་གཉེར་བ་དེ་དག་དང་། །སྨན་སོགས་འབྲི་ཞིམ་དང་ལྡང་དཔག་བསམ་ཤིང་། །མེ་ཏོག་འབྲས་བུ་ཕྱུར་ཕྱུར་པའི་ཚོགས་ཀྱིས་མཆོད། །འདབ་སྔོན་ཆགས་ཡོ་བས་བྱུང་བ་བཟང་བ་ཡི།

64

སེམས་ཉིད་ངལ་གསོ

ལག་པའི་གདུ་བུ་ཀེ་ཡཱུ་ར་སམ་མཚན་ཞིང་། །སྤྲིན་བྲལ་ཉི་ཟླའི་ཟེར་གྱིས་རབ་བརྒྱན་པའི། །ཀུ་སུ་མ་སོགས་ཡིད་འོང་རྣམས་ཀྱིས་མཆོད། །ཙནྡན་བསིལ་བའི་ཁ་ཡི་སྤུངས་བས་བསྐྱོད་པའི། །དྲི་ཞིམ་བསེར་བུ་བདེ་བའི་ངད་དང་རྣམས
དང་། །ཤུག་དང་སྤྲག་གི་སྨན་སྦྱོར་ས་ཏྲ་སམ་དགའ་བ། །རྒྱུ་བ་སི་ལ་ཛ་ཧྲིད་ཏུ་ག་ར་རྣམས་ཀྱིས་མཆོད། །སྟོན་ཀའི་མཚན་མོ་དཀར་བའི་རི་བོང་འཛིན། །གཟའ་སྐར་ཕྲ་ཕྲ་རྒྱ་ར་སྦྲེང་བས་བསྐོར་བ་དང་། །ཉིན་བྱེད་དཔོན་
སྣང་དྲ་བས་མཛེས་པ་ཁ་བ་རབ། །གླིང་བཞི་རི་ཡི་འཇིག་རྟེན་རྒྱ་ཆེན་སྤུངས་རྣམས་ཀྱིས་མཆོད། །འཁོར་ཡུག་རི་རབ་བཅས་པ་བྱེ་བ་ཕྲག་བརྒྱའི་ཞིང་། །མ་ལུས་ཡོངས་སུ་བཀོད་པ་འདོད་དགུའི་འབྱོར་པ་དང་། །ཕྱོགས་བཅུ་ལ་སོགས་ཞིང་
ཁམས་རྒྱ་མཚོའི་ཞིང་ལ་སྐྱེད་ཀུན། །བློ་ཡིས་སྤྲུལ་ནས་ཉེ་བར་བཟང་བདུད་རྩི་ཆབ་ཀྱིས་མཆོད། །ཁྲུམ་བཟང་དཔག་བསམ་ཤིང་དང་འདོད་འཇོའི་བ། །རྒྱལ་སྲིད་སྣ་བདུན་དང་བཀྲ་ཤིས་རྫས་བརྒྱད་དང་། །ཉེ་བའི་རིན་ཆེན
བདུན་སོགས་རྒྱ་ཆེ་བས། །ཡོན་གནས་རྣམས་ལ་ཕྱག་མཚན་རྫས་ཆེ་རྣམས་ཀྱིས་མཆོད། །ཏིང་འཛིན་ཡིད་ཀྱིས་ནམ་མཁའི་ཁམས་ཀྱི་དབྱིངས་ཁྱབ་པར། །ཕྱི་ནང་གསང་བའི་མཆོད་སྤྲིན་རྒྱ་མཚོས་མཆོད། །མེ་ཏོག་སྤྲིན་ཕུང་མཛེས་སྡུག་སྤྲིན་
འདབ་མཛེས་པར་ར་བ། །སྤོས་དང་མར་མེ་སྣང་བྱེད་ཏེ་ཡི་སྤྲིན་ཕུང་དང་། །གཞན་ཡང་སྒྲ་སྙན་ཞལ་ཟས་རོལ་མོའི་སྤྲིན། །བསྟོད་དང་དབྱངས་ཀྱི་ཡན་ལག་རྒྱ་མཚོའི་སྤྲིན་གྱིས་མཆོད། །འཇིག་པའི་སྤྲིན་ཅན་ཤིན་ཏུ

65

༣༢

༄༅། །མཐའ་ལ་ཡས་པ། །སྙན་མོ་སྦྲེང་སོགས་རིན་ཆེན་ཕྱག་རྒྱ་སོགས། །མཆོད་པའི་ལྷ་མོ་སྣ་ཚོགས་སྤྲིན་འཕྲོ་བས། །རྒྱལ་བ་སྲས་བཅས་མཉེས་པར་མཉེས་གྱུར་ཅིག །ཐོག་མེད་དུས་ནས་བསགས་པའི་བག
ཆགས་ཀྱིས། །ལས་དང་ཉོན་མོངས་སྡིག་པ་གང་བགྱིས་པ། །སྲིད་པའི་རྒྱ་མཚོར་རྟེན་ཀུན་བཤགས་པར་བགྱི། །འགྲོ་བའི་བསོད་ནམས་ཕུང་པོ་མཐའ་ཡས་ལ། །དགའ་བ་རབ་བདག་ནི་རྗེས་སུ་ཡི་རང་ངོ་། །མ་ལུས་སྐྱེ་དགུའི
ཚོགས་རྣམས་བསྒྲལ་བའི་ཕྱིར། །ཆོས་ཀྱི་འཁོར་ལོ་བླ་མེད་བསྐོར་བར་བསྐུལ། །དེ་ནས་སྲིད་པའི་རྒྱ་མཚོ་མ་སྟོངས་བར། །མྱ་ངན་མི་འདའ་རྟག་ཏུ་བཞུགས་པར་གསོལ། །དགེ་བ་དེ་ཡིས་བདག་དང་འགྲོ་བ་ཀུན།
མ་ལུས་ཐུགས་གཅིག་རྒྱས་འགྲུབ་པར་ཤོག །དེ་ལྟར་བཏུས་ཀྱིས་བསྡུས་པའི་རང་ལུགས་དག །ཚོགས་ཀྱིས་བསྐུར་བས་ཁ་དོག་གསལ་བ་བཞིན། །དེ་ལྟར་སྔོན་དུ་འགྲོ་བས་སེམས་སྦྱངས་པའི། །རྒྱུ་དཔེས་དོན
གཞི་ནི་སེམས་ཀྱི་མཆོག་གསལ་བར་བསྒོམ། །འདི་ཡིས་ཉོན་མོངས་འབྲས་ཀུན་ཚོད་མེད་དེ། །ཆོས་དབྱིངས་རྗེ་བཞིན་ནམ་མཁའི་དབྱིངས་ཀུན་ཁྱབ། །དེ་ནས་ལས་རྒྱུ་མཆོག་དང་ཚོགས་ལ་མཆོག །ལུགས་གསུམ་བར་དུ
སྐྱབས་སུ་ཕྱག་བགྱིས་ནས་ཏེ། །མགོན་པོས་ཡང་དག་ཆོས་རྣམས་དགོངས་སུ་གསོལ། །དེ་ལྟར་སྨོན་གྱིས་དེ་གཤེགས་སྲས་བཅས་ཀྱིས། །བྱང་ཆུབ་ཐུགས་ལ་བསྐྱེད་བསླབ་པ་གནས་པ་ལྟར། །དེ་ནས་བདག་གིས་འགྲོ

66

སེམས་ཉིད་ངལ་གསོ

ལ་ཕན་དོན་དུ། །བྱང་ཆུབ་སེམས་བསྐྱེད་བསླབ་པ་ལ་གནས་པར་བགྱི། །མ་བསྒྲལ་བ་རྣམས་བདག་གིས་བསྒྲལ་བར་བགྱི། །མ་གྲོལ་བ་རྣམས་བདག་གིས་གྲོལ་བར་བགྱི་ཞིང་། །དབུགས་མ་ཕྱུང་རྣམས་བདག་གིས་དབུགས་དབྱུང་སྟེ། །སེམས་ཅན
རྣམས་ཀུན་མྱ་ངན་འདས་ལ་འགོད། །དེ་ལྟར་ཉིན་དང་མཚན་མོ་དུས་གསུམ་དུ། །བྱང་ཆུབ་སེམས་གཉིས་བསྐྱེད་ལ་འབད་པར་བྱ། །བརྗོད་པ་དང་བསམས་སྨོན་པ་སེམས་བསྐྱེད་ལ། །གཉིས་པས་འཇུག་པ་སེམས་བསྐྱེད་གསུམ་པ་ཡིས། །
གཉིས་ཀ་བརྟན་ཞིང་དག་པ་ཐོབ་པར་འགྱུར། །དེ་ནས་བདག་ཉིད་འགྲོ་ཀུན་ཉེར་འཚོའི་གཞི། །རྒྱལ་སྲས་བྱང་ཆུབ་སེམས་དཔའི་མིང་ཡང་ཐོབ། །སྲིད་ན་མི་འཇིགས་འགྲོ་བའི་དོན་བྱེད་ཅིང་། །རྟག་ཏུ་ཞེན་པ
འབའ་ཞིག་ལྷུར་ལེན་པས། །མི་ཡི་སྲིད་པ་དོན་དང་བཅས་པར་འགྱུར། །ད་ནི་སེམས་གཙང་དགེ་བའི་རིས་གཞིག །བྱང་ཆུབ་སེམས་གཉིས་ཐུག་རབ་བསྐྱེད་དེ། །དེ་གཟུང་དག་པ་སྤྱོད་པ་འབྱོར་བ་རྟོན་པར་བྱ། །འགྲོ
བའི་སྡུག་བསྔལ་བདག་གི་བླང་བྱ་ཞིང་། །བདག་གི་བདེ་བས་འགྲོ་བ་བདེ་འགྱུར་ཏེ། །བྱང་ཆུབ་བར་དུ་དེ་དང་མི་འབྲལ་ཞིག །སྐྱམ་ཏོག་ཏུ་བདེན་སེལ་བ་མར་སྒྱུར་བྱ་ཞིང་། །སྨོན་པའི་བསླབ་བྱ་ཚད་མེད་བཞི་པོ
བསྒོམ། །དེ་ཡི་མི་མཐུན་ཕྱོགས་སྤང་སེམས་བསྐྱེད་བྱ། །འཇུག་པའི་བསླབ་བྱ་ཕ་རོལ་ཕྱིན་དྲུག་སྤྱད། །དེ་ཡི་མི་མཐུན་ཕྱོགས་སྤང་བརྩོན་པར་བྱ། །རྟག་ཏུ་ཉིན་དང་ཞག་བཞིན་བག་ཡོད་ཀྱིས། །མི་དགེ་སྤང

67

༣༤

༄༅། །ཞིང་དགེ་ཚོགས་རྒྱ་མཚོ་འཕྲུལ། །བྱང་ཆུབ་སེམས་གཉིས་མི་ཉམས་བསླབ་བྱ་སྟེ། །ལོག་པར་ལྟ་སོགས་རྒྱལ་པོའི་ལྟུང་བ་ལྔ། །གྲོང་སོགས་འཇོམས་ན་བློན་པོའི་ལྟུང་བ་ལྔ་དང་བརྒྱད། །ཐུན་མོང་གཉིས་ཏེ
ཉི་ཤུ་རྩ་དྲུག་བྱེད་པ། །དེ་དང་ཕྱོགས་མཐུན་ཉེས་བྱས་ཤེས་པར་བྱ། །དེ་དག་མི་ལྡན་སྦྱང་དང་ཉེས་མེད་དེ། །དགེ་བའི་ཕྱོགས་མཐུན་བསྡུ་བར་ཤེས་པར་བྱ། །མདོར་ན་བདག་པོའི་ཆོས་པ་ཞི་ཕྲད་ཀྱི་ཞིང་། །དཀར་པོའི
ཆོས་བཞི་དགག་པ་ནན་ཏན་བྱ། །མཆོད་འོས་སླུ་དང་འགྱོད་པ་མེད་ལ་བསྐྱེད། །དམ་པ་རྣམས་ལ་མི་སྙན་སྒྲོགས་པ་དང་། །འགྲོ་བའི་ནང་ནག་ཡོད་དང་སྒྱུ་གཡོ་སྤྱོད་པ། །ནག་པོའི་ཆོས་བཞི་ལགས་པས་སྤང་འཚལ་ལོ། །
དམ་པ་བསྟེན་ཞིང་ཡོན་ཏན་བསྔགས་པ་བརྗོད། །སེམས་ཅན་རྣམས་ནི་ཡང་དག་དགེ་ལ་བསྐུལ། །རྒྱལ་སྲས་རྣམས་ལ་སྟོན་པའི་འདུ་ཤེས་བསྐྱེད། །ལྷག་པའི་བསམ་པས་འགྲོ་ལ་ཕན་བདེ་སྒྲུབ། །དཀར་པོའི་ཆོས་
རབ་བཞི་པོ་བསྟེན་པར་མཛོད། །རང་དོན་ལས་ཀྱང་གཞན་ཕན་གཙོར་འཛིན་པ། །བྱང་ཆུབ་སེམས་དཔའ་རྣམས་ཀྱི་བསླབ་པ་སྟེ། །གཞན་དོན་འགྱུར་ན་ལུས་ངག་མི་དགེ་བདུན། །གནང་བའི་སྐབས་ཡོད་དོན
ལ་དགེ་བ་ཡིན། །ཡིད་གསུམ་ནམ་ཡང་གནང་བའི་སྐབས་མེད་དོ། །རང་དོན་ཞི་བདེ་འདོད་པའི་དགེ་བ་ཡང་། །རྒྱལ་སྲས་བྱང་ཆུབ་སེམས་དཔའི་ལྟུང་བ་སྟེ། །གཞན་ཕྱིར་པ་ནི་ནམ་མི་དགེ་གང་ལགས་པ། །དེ་ཡང་

68

བསླབ་བྱ་ལགས་པར་རྒྱལ་བས་གསུངས། །རྒྱལ་སྲས་དེ་ཡང་རྣམ་པ་གསུམ་ཉིད་དེ། །རང་ཉིད་གྲོལ་ནས་འགྲོ་བ་སྒྲོལ་འདོད་པ། །རྒྱལ་པོ་ལྟ་བུའི་བྱང་ཆུབ་སེམས་དཔའ་དང་། །རང་དང་འགྲོ་བ་མཉམ་དུ་ཐར་འདོད་
པ། །གྲུ་པ་ལྟ་བུའི་བྱང་ཆུབ་སེམས་དཔའ་དང་། །འགྲོ་བ་བསྒྲལ་ནས་རང་ཉིད་ཞི་འདོད་པ། །རྫི་བོ་ལྟ་བུའི་བྱང་ཆུབ་སེམས་དཔའ་གསུམ། །རིམ་བཞིན་གྲངས་མེད་སུམ་ཅུ་རྩ་གསུམ་དང་། །བདུན་དང་གསུམ་
ཀྱིས་གྲོལ་བ་ཐོབ་པ་ཞི། །དབང་པོའི་རིམ་པ་ལགས་པར་མདོ་ལས་གསུངས། །རྒྱལ་སྲས་རྣམས་ཀྱིས་ཀུན་ལ་བསླབ་པར་བྱ། །གཙོ་བོར་ཕ་རོལ་ཕྱིན་པ་དྲུག་ལ་བསླབ། །འགྲོ་བ་བསྡུ་བ་བཞི་ཡིས་ཉམས་ཐག་མཐོང་ནས་ནི། །
ཟས་གོས་རྟ་དང་ཞིང་ནོར་ཁང་པོ་སོགས། །མཁོ་དགུའི་ཡོ་བྱད་དཔག་མེད་གཏོང་བ་སྦྱིན། །ལུས་དང་ལྷ་མོ་ལ་སོགས་གཏོང་བ་ཆེ། །མགོ་དང་མིག་སོགས་ཤིན་ཏུ་གཏོང་བ་སྦྱིན། །ཟང་ཟིང་དང་ནི་ཆོས་ཀྱིས་ཕན་པ་བསྒྲུབ། །
དེས་ན་རང་གི་སེར་སྣའི་ཚོགས་ལ་འཛེམས་ཤིང་། །གཞན་གྱི་འབྱོར་པ་ཉེ་བར་སྤེལ་བར་འགྱུར། །ལྷག་པའི་ཚུལ་ཁྲིམས་ཀྱིས་ནི་རྒྱུད་བསྡམས་ཤིང་། །སེམས་ཀྱིས་དགེ་བ་བཞི་བ་རྣམ་བསྒྲུབས་ལ། །ཤེས་རབ་ཀྱིས་ནི
དོན་གཉིས་ཕུན་ཚོགས་འཐོབ། །སྨོན་དང་ཚོགས་སྤྱོད་སེམས་ཅན་དོན་དུ་བྱེད་དེ། །རྒྱལ་སྲས་རྣམས་ཀྱི་ཚུལ་ཁྲིམས་གསུམ་རྟག་བསྲུང་། །ཁྱིམ་པས་དགེ་བསྙེན་བསྙེན་གནས་སྡོམ་འདུག་ལ། །རབ་ཏུ་བྱུང་བས

69

༣༥

༄༅། །དགེ་སློང་དགེ་ཚུལ་དང་། །དགེ་སློབ་མ་ཡི་སྡོམ་པ་གང་ཡིན་སྐྱོང་། །བྱང་ཆུབ་སེམས་གཉིས་བསྲུང་བ་ཚུལ་ཁྲིམས་ཡིན། །ཕྱི་ནང་གནོད་པ་སྣ་ཚོགས་ཤུགས་བཟོད་ལ། །ཧི་མི་ལྷམ་དང་སྙིང་རྗེས
ཆོས་ལ་སོམ། །དམིགས་མེད་བཟོད་པ་གསུམ་ཡང་བསྒྲུབ་པར་བྱ། །ཞེ་སྡང་ལྟ་བུའི་སྡིག་པ་གཞན་མེད་ལ། །བཟོད་མཚུངས་དཀའ་ཐུབ་བསོད་ནམས་གཞན་མེད་པས། །སྣ་ཚོགས་ཚུལ་གྱིས་བཟོད་ལ་ནན་ཏན་བྱ། །
ཁྲོ་བའི་མི་ཆེ་ན་འཛེ་ལ་ལ་བརྩོན་པར་བྱ། །གནོད་པའི་ཡུལ་རྣམས་མི་བསྲུན་གྲངས་མེད་པས། །རེ་རེ་ཞིང་ཡང་བཏུལ་བར་ཡོད་མི་ལོང་། །སེམས་གཅིག་བཏུལ་བས་ཐམས་ཅད་དུལ་བར་འགྱུར་བ། །སེམས་དང་དུལ་བ་
ཐུགས་བསྲུང་ལ་ནན་ཏན་མཛོད། །གནོད་ལ་བརྟེན་ནས་བཟོད་པའི་ལེགས་པ་སྒྲུབ། །སྙིང་རྗེ་དང་ནི་བྱམས་སོགས་ཡོན་ཏན་སྐྱེ། །བྱང་ཆུབ་ཐོབ་གསུར་དགྲ་ལ་སྟོན་པ་བཞིན། །ཀུན་དང་བློ་བས་བཟོད་པ་ཉེ་བར་
བསྟེན། །གཞན་ཡང་བདག་ཉིད་མེད་ན་མི་འབྱུང་ངམ། །[illegible] །རང་གིས་ཉེས་རྒྱུར་གནོད་པའི་ཚོགས་རབ་བསམ་དེ། །འཕྲལ་གྱི་རྐྱེན་དང་སྔོན་ལས་རྒྱུ་ལ་བསྐྱེད་ཕྱིར། །འདི་འབྱུང་རིགས་
ཏེ་ལས་ཟད་ཐབས་འདི་ལ། །ཅི་ནས་སེམས་ལ་[illegible] །ཡི་དང་དོན་ཏོག་ཏུ་བབ་ལ་མི་དགའ་བཏང་། །བཙོན་སྦྱོ་ཡོད་ན་མི་དགར་ཅི་ཞེ་སོས་ལ། །མེད་ན་ཕན་པ་མེད་པས་ཅི་བྱར་ཡོད། །དེ་བས

70

སེམས་ཉིད་ངལ་གསོ།

ཀྱེན་ནམ་ལ་བཟོད་ཡལ་ནན་ཏན་ཏུ། །བཏགས་ནམ་མཁར་བཞིན་སྟོང་པའི་ངང་བཞིན་ལ། །དགའ་དང་མི་དགའ་ངོར་བོ་དཔེ་ལེགས་ཉམས་མེད། །དེ་ལྟ་གཉིས་སུ་བཟུང་བ་དངོས་མེད་ཀྱིས། །ཐམས་ཅད་མཉམ་ཉིད་ངང་ལ་ནན་ཏན་
མཛོད༔ །གང་ལ་བརྩོན་པ་དེ་ར་བཞིན་དགེ་བར་སྒྲོ། །དེ་ལ་དགོས་མི་ཟད་སྤྲིན་བཞིན་འབད། །རྣམ་པ་སྣ་རི་ཚོལ་དུ་སྣང་བ་བཞིན། །དེ་ཡི་མི་ཟད་ནུས་སྤྱོད་ལག་ལེན་ལ་ལོ་གསུམ། །བྱ་བ་དན་ཞེན་སྤྱོད་ཡུལ་བདག་ཉིད་བཅས།།
ལེགས་པ་མི་འགྲུབ་ཉེས་ཀུན་འབྱུང་བའི་གཞི། །ལུས་ཚོགས་རྣམས་ལ་བརྒྱུད་པ་སྐྱེ་བར་འགྱུར། །བརྩོན་འགྲུས་ལྡན་པ་འདི་གཏན་རྟེན་གྱིས་བསྐྱོད་ཅིང་། །བརྩོན་འགྲུས་ལྡན་པ་མི་ཡི་ཐབས་མ་པ་འགྲུབ། །བརྩོན་འགྲུས་ལྡན་པ
ཡོན་ཏན་ཚོགས་ལ་འཕེལ་ཞིང་། །བརྩོན་འགྲུས་ལྡན་པ་འབྱུང་ནས་བདེ་བ་ཡང་བ་ཐུར་འགྱུར། །དེ་ཡང་འདི་གཉེན་དགོངས་མཆོག་རྣམས་དང་། །འདི་ཉིད་ཅན་འདས་པའི་ལམ་ཉིད་དག་ཡིན་པ། །ཟག་བཅས་ཟག་པ་མེད་པའི་ཚོགས
ཉམས་ལ། །མི་དགེ་སྤང་ཞིང་དགེ་བ་བསྒྲུབ་པའི་ཕྱིར། །འབད་རྩོལ་བརྩོན་པས་ཡང་དག་གནས་པར་བྱ། །ཇི་སྲིད་ལང་ལས་རྒྱ་མཚོ་བ་བར་དུའི། །ཚེ་འཆི་རང་བོད་དབུ་ཡང་དག་ཀ་གྲོ་རོ་དཔལ། །དེ་སྲིད་མི་དལ
འབད་པས་བརྩོན་འགྲུས་བརྩམ། །བསམ་གཏན་འདར་བས་རྣམ་གཡེང་དབྱུག་རྩོག་ཕྱད། །ཡུལ་ཀྱི་དགའ་བ་སྟོན་ཀ་རི་སྤྲིན་འདྲ་ཞིང་། །གྲོགས་སྤྲུ་མི་བརྟན་ཀ་ཡོ་བའི་ངང་བཞིན་ཏེ། །ལོངས་སྤྱོད་མི་རྟག་སྒྱུ་མའི་བ

71

[illegible] ༣༦

༄༅། །བཟང་ལས་ངན། །ནམ་ཡང་ཡིད་བརྟན་མི་རུང་དེ་སྤངས་ནས་ཏེ། །སྒྲུབ་པ་ཉིད་དུ་ཞི་བའི་ནགས་དང་དབེན་བསྟེན། །འདོད་པ་རྣམས་ནི་སྡུག་གྲོལ་བསྐྱེད་པ་སྟེ། །བསག་དང་བསྲུང་དང་ཚོལ་བས་སྡུག
བསྔལ་ཞིང་། །ཁེངས་དང་སྲེད་དང་འཇུངས་པས་སེར་སྣ་སྤེལ། །ངན་འགྲོར་ལྟུང་བྱེད་ཅིང་བདེ་འགྲོའི་ལམ་ངན་གོལ་བས། །འདོད་པ་ཆུང་དང་ཆོག་ཤེས་ལྡན་པར་བྱ། །ལུས་ལ་ཆ་དེ་སྙེད་སྡུག་བསྔལ་ཁྲ་བས་སྐར།།
ནོར་མང་དེ་སྙེད་སྡུག་བསྔལ་དེ་སྙེད་མང་། །ཡོ་བྱད་བསྡུས་ན་རྣམས་བདེ་བ་མཐའ་ཡས་ཏེ། །འཆིང་བ་ཆུང་ཞིང་དགྲ་རྒྱུན་འཛིན་པ་མེད། །ཀུན་གྱིས་བསྔགས་ཤིང་འཕགས་པའི་ལམ་ལ་གནས། །བྱ་བ་ཆུང་ཞིང་
སེམས་ལས་ཆུང་བས་ན། །རྟག་ཏུ་ངེས་དོན་པ་ཆུང་ལ་བསྒྲུབ་པར་བྱ། །ཁྱིམ་དང་འགྲོགས་པའི་ཉེས་པ་ཚད་མེད་དེ། །སྡིག་པ་འཕེལ་ཞིང་མི་དགེ་ངང་གིས་འགོ། །དགེ་བ་འགྲིབ་ཅིང་རྩོད་དང་ཉོན་མོངས་འཕེལ། །ཁྱིམ་པ
མི་གཞན་པ་ཡང་མཐུན་པར་དཀའ། །དོན་མེད་བྱ་བ་ཞིང་དུ་འཛེམ་བག་ཡེང་། །མེད་དང་སྦྱུལ་དང་གཙང་ཆགས་ཟན་བྱེད་ངན་པའི། །ཁྱིམ་པ་རྣམས་ལས་ཐག་རིང་འཕྲོལ་བར་བྱ། །ཇི་སྲིད་སེམས་ལ་བརྟན་པ་མ་ཐོབ་པ
བར༔ །ཕྱི་རོལ་ཡུལ་གྱིས་རང་རྒྱུད་བསླུ་བས་ན། །དབེན་པའི་ནགས་སུ་སྐྱོ་བས་གནས་པར་བྱ། །ཇི་སྲིད་སྐྱེས་བུ་བཞི་ཡི་ལམ་བརྟག་པའི་ལུས། །དུད་མོ་རི་སྐྲ་དང་འཆམས་པར་མཛར་བར། །བདག་ཉིད་ཞི་བའི་དགོན

72

སེམས་ཉིད་ངལ་གསོ།

པར་རབ་འཇོགས་ཏེ། །ལུས་སེམས་དབེན་པའི་འདོད་དགྲ་ལས་རྒྱལ་བར་བྱ། །ནགས་ཚལ་ཞི་ལྗོངས་ཅང་མི་རྟོག་འབྲས་པ་ཞིང་། །བྲག་རི་རི་ཕུག་དང་རྩི་ཤིང་ལོ་འབབ་བཟང་ངས་མང་། །དུད་པའི་ལྗོན་ཤིང་ཉིད་ཁྲིབ་མས་བརྒྱན་པའི
འདྲིད༔ །བྱ་དང་རི་དགས་མང་པོ་གར་རྩེད་ཅིང་། །ཆུ་འབབ་མེ་ཏོག་ལྗང་བསྒྲུ་ཞིན་མཛེས། །སྤོས་དང་སྨན་སོགས་དྲི་ཞིམ་དང་ལྡན་ཞིང་། །དབེན་ཞིང་ཉམས་དགའ་བསམ་གཏན་དང་མཐུན་པའི་ཡུལ། །དུས་བཞིར
དགའ་བས་པ་སྣ་ཡི་མཚོ་འདྲ་ཞིང་། །སོ་ག་དབྱར་དང་སྟོན་དང་དགུན་དང་དཔྱིད། །རིམ་གྱིས་ངང་སྒྱུར་བས་མི་རྟག་སྐྱོ་ཤས་སྐྱེལ། །ཀླུ་ཆོད་རྒྱས་པ་འཕོ་བར་བའི་ཚུལ་མཐོང་ནས། །བདག་གི་ལུས་ཀྱང་དེ་འདྲའི་ངང་ཚུལ
ཅན༔ །སོ་སོར་འགྲེལ་མཚོ་ཅན་དུ་མཐོང་བར་འགྱུར། །འདུས་བྱས་སྙིང་པོ་མེད་པ་འདི་འཁོར་བ་ལ། །དགའ་བའི་བློ་གྲོས་གང་ཡིན་རེ་རེར་དྲུ་བྱེད། །རྩོད་དང་ཉོན་མོངས་མེད་ཅིང་རྟག་ཞི་བས། །རང་གི་སེམས་ཉིད་ལས་རུང་
བདེ་བ་འཕེལ། །དེ་འདྲའི་ནགས་ལ་ཉེ་རྒྱལ་བ་རྣམས་ཀྱིས་བསྔགས། །སྲིད་ལ་སྐྱོ་བས་དགོན་པར་རབ་འཇོགས་ཏེ། །གོམ་པ་བདུན་ཙམ་འབོར་བའི་བསོད་ནམས་ནི། །གང་གིས་བསྐལ་པ་གངྒཱའི་ཀླུང་རྣམས་ལ། །བསྐལ
པར་མཆོད་པའི་བསོད་ནམས་ཕུང་པོ་ཡིས། །ཕམ་འདི་བསོད་ནམས་བརྒྱ་སྟོང་ཆར་མི་ཕོད། །དེ་ཕྱིར་ཞི་བའི་ནགས་ལ་དང་བ་བསྟེན་པར་བྱ། །དེ་རུ་ཉི་ལྟན་ལ་སྤྱིལ་ཁུང་རབ་བཅས་ནས། །རྩེ་གཅིག་སེམས་ལ་མི

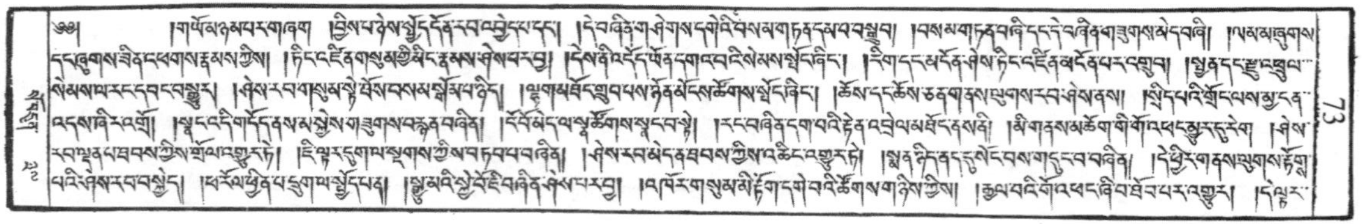
73

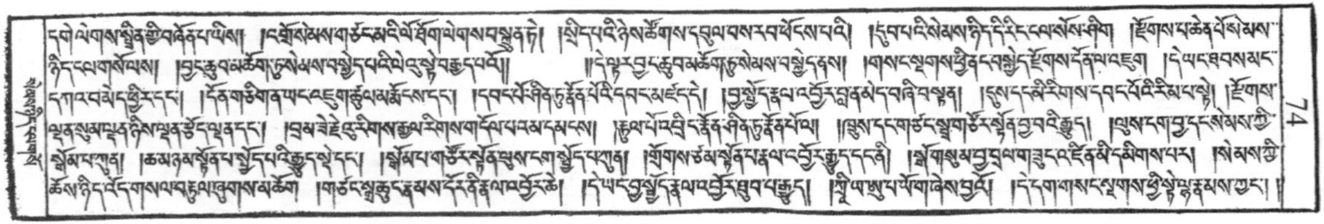
74

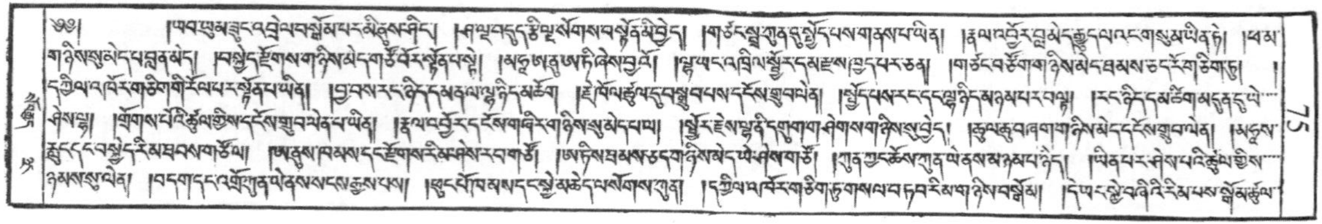
75

76

སེམས་ཉིད་ངལ་གསོ

བཞི༔ །སྒོང་སྐྱེས་བབ་ཆགས་སྦྱང་ཕྱིར་རྒྱས་པའི་ཚེ། །སྐྱབས་འགྲོ་སེམས་བསྐྱེད་བསྐྱེད་རིམ་མདོར་བསྡུས་ནས། །བསོད་ནམས་ཞིང་རབ་སྤྱན་དྲངས་མཆོད་པའི་མཐར། །རང་བཞིན་མེད་བསྒོམ་ཚོགས་གཉིས་སྔོན་སོང་
ནས༔ །གདོད་ཀྱིས་བསྐྱེད་རྫོགས་རྒྱས་པར་བསྒོམ་པ་ནི། །ཐོག་མར་སྣོད་དང་དེ་ལས་བཅུད་སྐྱེ་བ་བཞིན། །མདོར་བསྡུས་རྒྱས་པའི་བསྐྱེད་རྫོགས་རིམ་པས་བསྒོམ། །མངལ་སྐྱེས་བབ་ཆགས་སྦྱང་ཕྱིར་བསྐྱེད་པ་ནི། །སྐྱབས་འགྲོ་
སེམས་བསྐྱེད་སྟོང་ལས་ས་བོན་དང་། །ཕྱག་མཚན་ལས་ནི་སྐུ་དང་འོད་ཟེར་སོགས། །རིམ་གྱིས་རྒྱས་པར་བསྒོམ་མཐིལ་ཕྱུར་བཞིན་དུ། །མདོར་བསྡུས་སྟོན་དུ་མི་འགྲིང་བསྐྱེད་རྫོགས་ནི། །དེ་ལྟར་རྒྱུད་སེམས་ཐིག་ལེ
དཀར་དམར་ལས། །མེར་ནུར་ལྟར་དང་མཁྲང་འགྱུར་ལ་སོགས་ནས། །ལུས་ཡོངས་རྫོགས་ཏེ་བཙའ་བ་བབ་བཞིན་ནོ། །དྲོད་གཤེར་ལས་སྐྱེས་བབ་ཆགས་སྦྱང་ཕྱིར་ནི། །སྐྱབས་འགྲོ་སེམས་བསྐྱེད་སྟོང་ལས་སྐུ
རྣམས་ཀྱི། །མཚན་ཙམ་བརྗོད་ལས་ལྷར་གསལ་བསྐྱེད་རྫོགས་བསྒོམ། །དེ་ལྟར་དྲོད་གཤེར་འདུས་པས་འགྲུབ་པའི་ལུས། །ཤིན་ཏུ་མྱུར་འགྲུབ་པར་སྣང་བས་བཙའ་བ་བཞིན། །ས་བོན་ཕྱག་མཚན་སྤྲོས་པ་དགོས་པ་མེད། །
རྫུས་ཏེ་སྐྱེ་བའི་བབ་ཆགས་སྦྱང་ཕྱིར། །སྐད་ཅིག་ཙམ་གྱིས་ལྷ་ཡིས་བསྐྱེད་རྫོགས་བསྒོམ། །དེ་ལྟར་རྫུས་སྐྱེས་སྐད་ཅིག་སྐྱེ་བ་བཞིན། །མི་ལམ་རིམ་གྱིས་བསྐྱེད་རྫོགས་བསྒོམ་མི་དགོས། །དེ་ལྟར་སྒོམ

77

ཐེ ༢༩

༄༅། །རྒྱལ་རྣམས་བབ་བཞི་ཉིད་ཀྱང་། །གཙོ་བོར་སྐྱེ་བ་གང་བསྟུན་དེས་བསྒོམ་པ་ལ། །བབ་ཆགས་སྦྱང་ཕྱིར་ཀུན་གྱིས་དེ་བཞིན་བསྒོམ། །ཁྱད་པར་ལས་དང་པོ་ཡིས་སྔོན་སྦྱོང་བཞིན། །རྒྱུད་ཟིན་བརྟན
པས་མངལ་སྐྱེས་བཞིན་བསྒོམས་སམ། །བརྟན་པ་ཆེ་བས་དྲོད་གཤེར་སྐྱེས་བཞིན་བསྒོམ། །ཤིན་ཏུ་གོམས་པ་ཡང་དག་བརྟན་པ་ཡིས། །རྫུས་སྐྱེས་བཞིན་དུ་སྐད་ཅིག་དྲན་རྫོགས་བསྐྱེད་དུ། །རྫོགས་རིམ་དེ་ཡང་སྣང་བ་ཅན་སྣང
མེད་དེ། །བསྐྱེད་རིམ་བསྡུས་ནས་མཁའ་ལ་སྤྲིན་དངས་བཞིན། །མི་དམིགས་དང་དུ་འཛོག་པ་སྣང་བ་མེད། །བསྐྱེད་རིམ་དེ་ཉིད་རྫོགས་པར་ཤེས་བྱ་སྟེ། །སྣང་དུས་ཉིད་ནས་རང་བཞིན་སྤྲོས་དང་བྲལ། །མ་ཡེངས་ལ་བསྒོམ་པ
སྣང་བ་ཅན་རིམ་པ་བཞིན། །ལས་དང་པོ་ཡིས་བསྐྱེད་རིམ་ཞེན་པ་དགག །སྣང་ལ་བདེན་པར་ཞེན་པའི་གཉེན་པོ་ཡིན། །བརྟན་པ་རྣམས་ཀྱིས་རྫོགས་རིམ་ཞེན་པ་དགག །སྟོང་ལ་མཚན་མར་ཞེན་པའི་གཉེན་པོ་ཡིན། །ཕྱི
ནས་གང་སྣང་བསྐྱེད་རིམ་ཐབས་ཉིད་ལ། །འཛིན་མེད་ཤེས་པ་རྫོགས་རིམ་ཤེས་རབ་ཉིད། །དུས་རྣམས་ཀུན་ཏུ་འདུ་འབྲལ་མེད་པར་འཆར། །བསྐྱེད་རིམ་སྣང་བ་འདི་ནི་བདེན་ཞེན་འགོག་པ་སྟེ། །རྫོགས་རིམ་སྒྱུ་མར་
ཞེན་པའི་རྟོག་པ་སྤོང་། །གང་ལ་སྣང་སྟོང་བདེན་ཞེན་མེད་པ་ན། །བསྐྱེད་རྫོགས་གཉིས་མེད་རང་བཞིན་དག་པ་ཡིན། །འདི་ནི་མཐར་ཐུག་རྡོ་རྗེ་ཐེག་པ་སྟེ། །དབང་པོ་རྣོན་པོ་ཚེ་འདིར་རྫོགས་སངས་རྒྱ། །དེ་རྗེས་གདུལ

78

སེམས་ཉིད་ངལ་གསོ

བྱའི་འཇིག་རྟེན་གང་ཡོད་དེར། །སངས་རྒྱས་མཛད་པ་སྣ་ཚོགས་སྤྲུལ་གྱིས་འདུལ། །འདི་ནི་གྲོལ་ལམ་མཆོག་རྡོ་རྗེ་འཆང་རྣམས་ཀྱི། །ཉེ་ལམ་སྨྲས་པ་ཤིན་ཏུ་ཟབ་མོ་སྟེ། །སྐལ་བཟང་ཚེ་འདིར་གྲོལ་འདོད་རྣམས་ཀྱིས་བསྟེན། །
དེ་ཡང་གང་ཟག་བློ་རྒྱུད་སྟེ་ཡི་རིམ་པ་ལ། །བརྟེན་ནས་རྫོགས་པའི་བྱང་ཆུབ་བསྒྲུབ་པར་བྱ། །ཐོག་མར་རིག་གཏད་རྗེས་གནང་དང་དུ་ལ་སོགས། །རང་རང་གཞུང་ནས་གསུངས་པའི་ལུགས་མཐུན་ཏེ། །རང་གི་སེམས་ལ་དེ་
ཡོངས་སུ་སྨིན་པར་བྱ། །ཁྱད་པར་མཆོག་གི་དབང་ནི་རྒྱུ་ཆེན་པོའི་ལམ། །སྨིན་བྱེད་དབང་བཞི་གྲོལ་བྱེད་བསྐྱེད་རྫོགས་ཏེ། །དམ་དང་བརྟུལ་ཞུགས་དང་བཅས་བསྲུང་བ་ཅན་དང་ནི། །ཤེས་རབ་ཡེ་ཤེས་ཡིད་དང་ཚིག་དབང་
གིས༔ །བག་ཆགས་མཐའ་དག་སྦྱོང་ཞིང་དངོས་གྲུབ་སྟེར། །དང་པོ་གསུམ་གྱིས་བསོད་ནམས་ཚོགས་རྫོགས་པ། །བཞི་པས་ཡེ་ཤེས་ཚོགས་རྫོགས་དེ་བཞིན་དུ། །ཉོན་མོངས་པ་དང་ཤེས་བྱའི་སྒྲིབ་པ་ཀུན་སྦྱོང་། །དེ་ཕྱིར
སྨིན་བྱེད་དབང་བཞི་ཐོབ་པ་ཡིས། །གྲོལ་བྱེད་བསྐྱེད་རྫོགས་དོན་ལ་སློབ་པར་བྱ། །འདིར་ནི་དབང་རྟོགས་པ་མཆོག་ལྡན་པ་ཡིས། །གཉིས་མེད་ཨ་ཏི་དགོངས་པར་འཇུག་འདོད་པས། །བདེ་བའི་སྟན་ལ་སྐྱིལ་ཀྱང་
རབ་བཅས་ནས། །སྐྱབས་སུ་འགྲོ་དང་བྱང་ཆུབ་སེམས་བསྐྱེད་དེ། །ཆོས་རྣམས་ཐམས་ཅད་སྟོང་ཉིད་བདག་མེད་པ། །རང་བཞིན་སྤྲོས་དང་བྲལ་བའི་ངང་ཉིད་ལས། །ཧཱུྃ་ལས་སྟེང་འོག་ཕྱོགས་མཚམས་ཐམས་ཅད

79

༄༅། །ཧཱུྃ། །བསྐྱང་བའི་འཁོར་ལོ་ཡངས་ཤིང་རྒྱ་ཆེ་བ། །ཅི་ནས་བཀྲ་ཤིས་ཞི་བ་རྒྱུ་ཡིས་མཚན་པ་སྟེ། །ཕྲིན་ལས་དཔུང་དང་འབར་བའི་དབུས་ན་དཔལ། །ཀུན་ཏུ་བཟང་པོའི་དཀྱིལ་འཁོར་ཆེན་པོ་ནི། །སྔོ་
བ་ཞི་གྲུ་བཞི་རྟ་བབས་བཞིས་བརྒྱན་ཅིང་། །ཅིག་པ་ལྷ་དང་འདོད་ཡོན་སྣ་ཚོགས་ཞུ་དང་། །བཀྲ་ཤིས་རྫས་དང་ཡ་བ་སྤུ་གུས་མཛེས། །ཕྱུར་བུ་འཕྲོ་བ་རིན་ཆེན་རྡོ་རྗེའི་ཏོག །ཟླ་སྟོང་བཅུད་ཀྱིས་བསྐོར་བའི་དཀྱིལ་
འཁོར་དབུས། །སེང་གེ་ཁྲི་ཆེན་ཏ་དང་མ་ཧཱ་དང་། །ཤང་ཤང་པདྨ་ཉི་ཟླས་བརྒྱན་པའི་སྟེང་། །རིགས་ལྔ་སོ་སོའི་ཡུམ་དང་སེམས་དཔའ་བརྒྱད། །སེམས་མ་བརྒྱད་དང་སྒོ་བ་ཡབ་ཡུམ་བརྒྱད། །ཐུབ་པ་དྲུག་དང་མ་ལ་སོ་སོའི
གནས་བཞུགས་པའི། །སྐུ་མདོག་ཕྱག་མཚན་རྒྱན་རྣམས་རྫོགས་པ་ལས། །སྐུ་མེད་འོད་ཟེར་འགྱེད་མ་ཐབ་འགྱུར་ལས་པར་འགྱུར། །གཙོ་བོ་འཁྲུགས་ཀ་ར་གཞི་ཡི་ཀུན་ཏུ་བཟང་། །ཡབ་ཡུམ་འཁྲིལ་སྦྱོར་མཚན་དཔེས་བརྒྱན
པའི་སྐུ། །མ་བཅོས་རང་རིག་མེད་མཐོན་མཐིང་སྐྱིལ་ཀྲུང་རྫས། །ཆོས་ཀྱང་འོད་ཀྱི་གོང་བུ་བར་བར་བསྒོམ། །དེ་ལས་འོད་འཕྲོས་སྣང་སྲིད་སྣོད་བཅུད་སྦྱངས། །ཐམས་ཅད་རྣམ་དག་ལྷ་དང་ལྷ་མོའི་ངང་། །ཡི་གེ
གསུམ་དང་རིགས་ལྔའི་ས་བོན་བཀྲལ། །གཟུགས་བརྙན་སྐྱེ་མེད་བྲག་ཅ་ཇི་བཞིན་ནོ། །དེ་ཉིད་དང་ལྡན་བཅོས་མ་ཉམས་པར་གཞག །རང་སེམས་ཡེ་ནས་ལྷ་ཡི་ངང་བཞིན་ནི། །ལུས་ནི་དེ་ཀྱི་པ་ཕོ་རང་སྒྲ་ཆོས་གཏོགས་སུ་...

80

ཉིད། །ཐམས་ཅད་ལྷུན་རྫོགས་ཡེ་ཤེས་ཆེན་པོའི་ངང་། །དམིགས་པ་ཡེ་ཤེས་གཉིས་མེད་དཀྱིལ་འཁོར་ལ། །ག་ཤེགས་གསལ་ལ་མི་རྟོག་པ་བཟང་ངང་འགྱུར་དང་མེད། །ཡེ་ནས་ཀྱི་ལ་འཁོར་ཡིན་པའི་བདག་ཉིད
ལ། །ཡིན་པར་ཤེས་པའི་རྒྱུ་མཚན་གསལ་བ་ཡི་དེ་ཙམ་ལས། །མཐུན་པ་ལ་ཡང་སྒྲུབ་བྱེད་པ་མིན། །རྗེས་ལ་ཞེན་པ་ཡོད་ན་རིམ་གྱིས་བསྒྱུ། །གང་དུ་འང་མི་དམིགས་སྒྲོལ་དང་བྲལ་བ་རུ་གཞག །མེད་ན་སྐྱ་མཚན་བྲི་
ངང་ཉིད་ནས། །དགེ་བ་སེམས་ཅན་དོན་དུ་བསྔོ་བར་བྱ། །སྤྱོད་ལམ་ཀུན་ཏུ་སྔོན་གསལ་ལྷ་མའི་རྗེས། །སྣང་དང་གྲགས་པ་ཐམས་ཅད་ལྷ་དང་སྔགས། །དྲན་དང་སེམས་པ་ཐམས་ཅད་ཡེ་ཤེས་སུ། །སྣོད་ཅིག་སྣང
ཅིག་མ་ཡེངས་ཤེས་པར་བྱ། །ཚ་བ་ཡན་ལག་དམ་ཚིག་གཙང་མ་བསྲུང་། །ཤེས་དང་མི་སྲང་སྤྱད་དང་དང་བྲང་། །བསྐྱབ་པ་ར་བྱ་བའི་དམ་ཚིག་ལྷ་སྔགས། །ཤེས་ཀུན་ལྷ་མདོར་བ་སྟུས་སྒྲུབ་སྤྱང་ཐུབ་གས། །དེ་ཡང
རང་སེམས་རྣམ་དག་སྤྱུལ་པ་བསྒྲུབ། །ཉར་དགེ་ནམ་སྤྱད་ཚོས་བརྒྱད་ཉི་ཤུ་དགུ། །ཆོས་བརྒྱུ་ཡང་དང་མར་རྗེའི་ཉིན་དང་མཚན། །བསྐྱེན་བསྒྲུབ་ཚོགས་མཆོད་བསྐང་བ་ཞག་ས་བཤད་པར་བྱ། །རྒྱུད་སེམས་ཙ་དང་ཐིག
ལེའི་རྣལ་འབྱོར་སོགས། །ཡང་ཟབ་གནད་ལ་ནན་ཏན་བསྐྱེད་པོར་བྱ། །བདེ་གཤེགས་ཐམས་ཅད་ཀྱི་ཉུང་འདུག་ལམ་བསྒོམས་པས། །རྡོ་རྗེ་འཛིན་བ་ཆེ་འདི་རྟོགས་ལ་ངས་རྒྱུ། །དེ་ལྟར་རབ་གསང་ཟླ་མེད་སྙིང་པོ་འདིས།།

81

༄༅། །ཏེ་རྟ་ཀུ་དཔལ་གྲོང་དུ་ཉེར་འཚོ་ཞིང་། །འགྲོ་ཀུན་ལས་དང་ཉོན་མོངས་སྲིད་པ་འདི་ར། །དྭངས་བའི་སེམས་ཉིད་དེ་རིང་འཁོར་ལོ་ཞིག །རྫོགས་པ་ཆེན་པོའི་སེམས་ཉིད་ངལ་གསོ་ལས། །བསྐྱེད
རྫོགས་ཟུང་འཇུག་པའི་ལེའུ་སྟེ་དགུ་པའོ།། །།དེ་ལྟར་བསྐྱེད་རྫོགས་ཟུང་འབྲེལ་ཉམས་ལེན་འབྱོར་པས། །ཆོས་ཉམས་ལ་མི་སྦྱོལ་སྟོང་པའི་རྒྱུ་ལམ་པ་རྟོག །དེ་ཡང་སྣང་སྲིད་འཁོར་འདས་ཆོས་རྣམས་ཀུན། །ཡེ
ནས་བདག་མེད་སྤྲོས་དང་བྲལ་བ་ལ། །མ་རིག་འཛིན་བས་སྲིད་པ་འདི་ར་འཁྲུལ་མ་སྟེ། །འཁོར་འདས་བདེ་སྡུག་སྣ་ཚོགས་སྣང་མོད་ཀྱང་། །སྣང་དུས་ཉིད་ནས་རང་བཞིན་སྟོང་པ་འདི། །སྒྱུ་མ་རྨི་ལམ་འདྲ་བར
མཁྱེན་པར་མཛོད། །འདི་ལྟར་ཕྱི་རོལ་སྣང་བ་འདི་དངོས་པོ་ཀུན། །སེམས་ལ་སྣང་ཡང་སེམས་སུ་གྲུབ་པ་མེད། །སེམས་ལ་ལས་གཞན་དུ་འང་གྲུབ་པ་འགའ་མེད་དེ། །བག་ཆགས་དབང་གིས་གཟུང་འཛིན་གཉིས
སུ་ཡང་། །སྣང་དུས་ཉིད་ནས་གཟུང་འཛིན་གཉིས་མེད་པ། །བཞིན་དང་མི་ཡོད་ནང་གི་གཟུགས་བཞིན་ནོ། །དེར་ནི་རྒྱུད་ཉིད་སྣང་ཡང་མ་གྲུབ་པ། །རྒྱུ་ལས་གཞན་གྱི་རྣམ་པ་རྟོག་དཔྱད་མེད། །མེད་བཞིན
གཉིས་སུ་སྣང་བ་མདོན་སུམ་ལྟར། །སྣ་ཚོགས་ཆོས་རྣམས་དེ་བཞིན་ཤེས་པར་བྱ། །མ་བརྟགས་ཉམས་དགའ་བ་བརྟགས་ན་དངོས་པ་གཟུང་མེད། །ཤིན་ཏུ་བརྟག་དཀའ་སྣ་བ་སྐམས་བརྗོད་ལས་འདས། །ཡོད་མེད་མི

82

སེམས་ཉིད་ངལ་གསོ

དམིགས་མཐའ་འབྲལ་མ་བྲལ་མེད། །སྒྱུ་མའི་རྟ་གླང་ལྟ་བུ་སོགས་སྣང་ན་ཡང་། །སྣང་དུས་ཉིད་ནས་སྐྱེ་སོགས་རང་བཞིན་མེད། །སྨིག་སྒྱུ་ཉི་ཆུ་དང་རྗེ་དྲུའི་ཟླ་གཟུགས་བཞིན། །ཁྱད་པར་མ་དག་འགྲོ་དྲུག་སྣང་བ་འདི། །
མེད་བཞིན་སྣང་བ་བག་ཆགས་འཁྲུལ་པའི་གཟུགས། །རང་རིག་ཅན་ལ་ཤར་ནས་སྣང་བ་བཞིན། །དེ་བས་ལམ་འདོད་པས་བདག་གཉེན་སྤྱོད་བཀུར། །འཁྲུལ་སྣང་དག་འདོད་མ་རིག་གཞི་རྟོག་བསལ། །དེ་ཡི་གཉེན་པོར་རིག
པའི་ཡེ་ཤེས་ཚོལ། །འཁོར་བའི་བག་ཆགས་སྤོང་བ་ལ་བརྩོན་ཅིང་། །སྤྱོད་པའི་རང་བཞིན་སྣང་བར་ཐག་བཅད་དེ། །སྣང་སྟོང་གཉིས་མེད་བདེན་པ་གཉིས་དོན་ཤེས། །མཐའ་བ་གཉིས་གནས་བབས་ལ་དབུ་མར་
བསྒྲུབ་སླ་བ་ཡིས། །སྲིད་ཞི་མིག་ནས་ནམ་མཁའ་བའི་དང་དུ་གྲོལ། །འདི་ནི་ངེས་དོན་སྙིང་པོའི་དམ་པ་སྟེ། །རང་བཞིན་རྫོགས་པ་ཆེན་པོའི་གནས་ལུགས་ཡིན། །སྣང་བ་འདི་དང་ངོས་ཀྱིས་ཕན་གནོད་གཉིས་སུ་མེད། །དེར
འཛིན་ཞེན་པས་སྲིད་པར་འཆིང་བས་ན། །སྣ་ཚོགས་སྣང་བ་རྟག་དབྱེར་མེད་ངོས་ཀྱི། །འཛིན་པའི་སེམས་ཀྱི་རྩ་བ་བཅད་པར་མཛོད། །སེམས་ནི་སྣང་ལ་རང་བཞིན་འགག་མེད་དེ། །བཙལ་བས་མི་རྙེད་བ་ལྟ
བས་མཐོང་བ་མེད། །ཁ་དོག་དབྱིབས་མེད་དེ་བོ་ངོས་གཟུང་མེད། །སྐྱེ་དང་གནས་མེད་དུས་གསུམ་སྐྱེ་འགག་མེད། །སྤྱོགས་དང་རིས་མེད་གཞི་རྩ་དངོས་པོ་མེད། །འདི་ཞེས་མི་མཚོན་བཏགས་ས་ཡུལ་བདས་པ་འདི་སེམས། །

83

ཞེ་གཉིས ༤༢

༄༅། །འགགས་པ་མེད་མིག་ས་མ་སྐྱེས་འགྲོགས་ན་མེད། །དཔྱད་ན་མིག་ནས་རང་བཞིན་ནམ་མཁའ་བའི་ངང་། །སེམས་ཀྱིས་སེམས་མ་མཚོན་བར་དལ་དུ་ཀློག །དགག་སྒྲུབ་བཟུང་རེ་སྣང་ཅེ་ཡོད་ཀྱི་ཡུལ། །སྣང
ཚམ་ཉིད་ནས་ཕྲི་དང་ནང་ན་འང་མེད། །བཙལ་བྱའི་དོན་གྱིས་ཚོལ་མཁན་རྒྱས་ཅས་བསྐྱད། །རང་གིས་རང་དང་བཙལ་བ་ནམ་ཡང་རྙེད་མི་འགྱུར། །ཡེ་ནས་སྐྱེ་མེད་རང་བཞིན་ནམ་མཁའི་དོན། །མིག་ནས་དགག་པ་མེད་པའི་སེམས
ཉིད་ནི། །དུས་གསུམ་གཞི་རྩ་མེད་པས་སྟོང་པའི་ངང་། །སྣ་ཚོགས་འཆར་གཞི་མ་འགགས་སྣང་བ་ལ། །དངོས་པོ་མཚན་མ་མེད་པས་རྟག་པ་མེད། །རང་ཤར་དགག་བ་མེད་པས་ཆད་པ་མེད། །གཉིས་དང་གཉིས་མེད་མད
པས་བརྗོད་དུ་མེད། །འདི་ཞེས་བསྒྲུབ་པ་མེད་པ་པ་དོན་གཟུང་མེད། །རང་བཞིན་གདོད་ནས་དག་པར་ཤེས་པར་བྱ། །བརྟགས་པས་མེད་ལྟར་མཐའ་བརྟགས་དཔྱད་ནའང་མེད། །རང་བཞིན་གཉིས་མེད་གདོད་མའི་ངོ་བོ་ལ། །
བཟང་ངན་བླང་དོར་རེ་དོགས་མི་དམིགས་པས། །བརྟག་དང་དཔྱད་པས་བདེ་ལ་ཅི་བྱར་ཡོད། །དུས་གསུམ་ཡིད་ཀྱིས་ཚོལ་བྲལ་མ་བྱེད་དགོས། །རྟོག་པ་གསོལ་བ་ལྟ་བུན་པས་བསྒོམ་པའི་སེམས། །རྣམ་པ་གཡོ་ང་རྒྱུད་ལྷུར་གཡོ
བས་མི་རྟོགས་ཀྱི། །བས་ལ་གཞག་འགྲོ་འོང་མེད་པའི་བྱང་ཆུབ་སེམས། །ཀུན་བྱེད་ཡེ་ཤེས་དྲི་མེད་དེ་བོ་ཉིད། །ཇི་བཞིན་བཞག་པས་དེ་བཞིན་མཐོང་བ་ཡིན། །འདི་ར་ནི་སྣ་ཚོགས་ལ་ཐུབ་མཐར་མ་དཔོ་དང་། །བསམ

84

སེམས་ཉིད་ངལ་གསོ

བརྗོད་རྟོགས་པ་དུས་ལས་ཅི་ཞིག་བྱ། །ངེས་པའི་དོན་ལ་སྒྲུབ་དང་བསྒྲུབ་མེད། །མཐའ་དང་དབུས་མེད་ཐིག་པའི་རྣམ་དབྱེ་མེད། །མཁའ་འདབ་ཞིན་རྣམ་དག་རྒྱ་ཆད་ཕྱོགས་ལྷུང་མེད། །དེ་ལ་ཡོད་མེད་བློས་བཏགས་འཁྲུལ་པ་ལ། ན། །
བརྗོད་དུ་མེད་གང་ཇི་ལྟར་བཤད་དུ་ཡོད། །དོན་མེད་གནས་ལ་ཆ་བ་ཅུང་ལ་བར་ཟད། །ཇི་ལྟར་མཁའ་ལ་དབུས་དང་མཐའ་བའི་བརྗོད་ཡུལ་ཚོལ། །མི་རྟོག་འབྲས་མང་འབབ་བརྒྱུས་བརྒྱན་པ་ཞིག །མདོར་ན་ད་བས་མས་ནས་དེ་ཡི་རྣམ་དབྱེ
དང་། །མཐུན་ཕྱོགས་མི་མཐུན་ཕྱོགས་གང་རྟོགས་བ་བཞིན། །གང་ཡང་དྲི་མེད་སེམས་ཉིད་དག་པ་ལ། །བཙལ་བསྒྲུར་དྲིས་ནམ་ཡང་མཐོང་བ་མེད། །དེ་ལ་བསྒྲེད་དང་རྫོགས་པས་ཅི་ཞིག་བྱ། །དང་བའི་ཁམས་མ་ཀུན
བསྒོམས་པས་བསླད་པར་ཟད། །གདོད་ནས་རང་བཞིན་དག་པའི་སེམས་ཉིད་ལ། །སྣང་གཉིས་བཟླ་བ་མེད་ཀྱིས་དམིགས་པ་གང་ཤོལ། །ཕྱིན་བཟུང་འཛིན་མེད་ཀྱིས་ཆེད་འཛིན་ཐོད། །འདི་ཞེས་ངོས་བཟུང་མེད་ཀྱིས་ཞེན
པ་ཆོད། །ཁྲིབ་དང་མཐོབ་མེད་ཀྱིས་རེ་དོགས་སྤོངས། །གཞི་ནས་ཡོན་འགྱུར་མེད་པའི་ངང་བ་ལ། །སྣ་ཚོགས་རྒྱན་གྱི་རྣམ་པ་ཅི་ཤར་ཡང་། །ཤར་བ་དེ་ཉིད་རང་གི་ཐོག་ཏུ་གྲོལ། །རྒྱུ་དང་རྐྱེན་བས་བཟིན་ཆོས་སྐུར་ཤུལ་མ་གཅིག
བོ། །ཀུན་དུ་བཟང་བསམ་ཆེ་བ་ཡུམ་མཁའ་དོན་སྙེར། །བཙལ་བས་མ་རྙེད་ཡུལ་དང་སྤྱོད་ཡུལ་ཡུན་མེད། །ངེ་ཚོལ་མ་ཁན་ཉིད་ཀུན་མི་དམིགས་གཤིས་དང་བྲལ། །བྱེད་པོ་མིག་ནས་བྱ་བའི་ཡུལ་གྱིས་སྟོང་། །མ་བཅས་བཞིན་དྲི་མེད་དགོངས

85

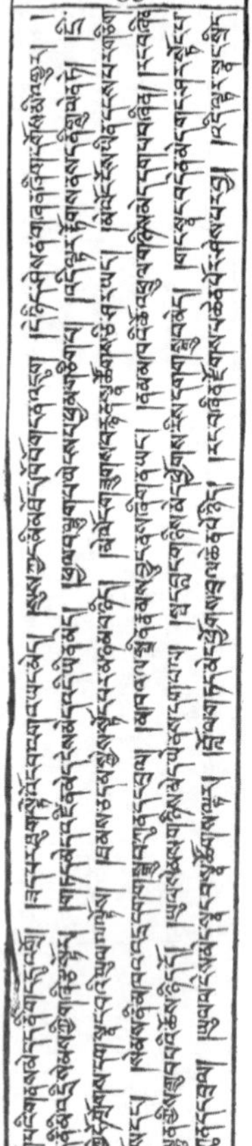

86

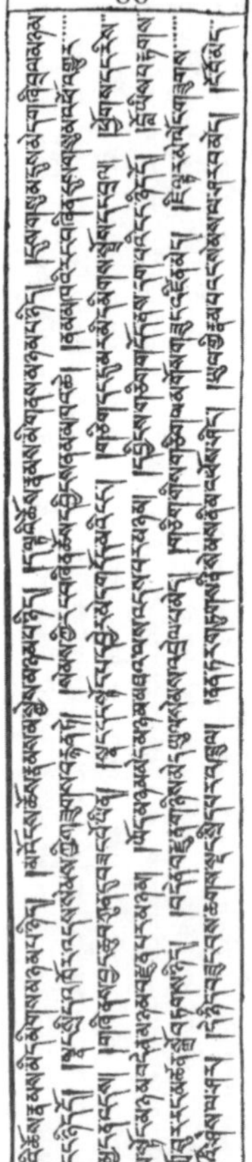

87

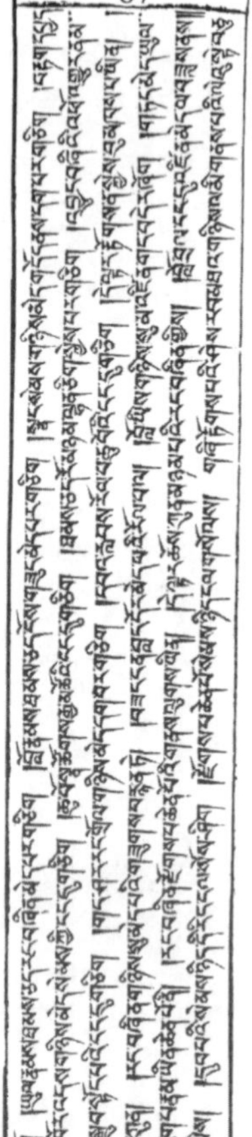

88

སེམས་ཉིད་ངལ་གསོ

པའོ༎ ༎དེ་ལྟར་ཆོས་ཀུན་མཉམ་པའི་དོན་མཐོང་ནས། །གནས་ལུགས་དང་མཐུན་བཞིན་གཞག་པ་གཅེས། །དེ་ཡང་དབང་པོའི་རིམ་པས་བསྟན་པ་སྟེ། །དབང་པོ་ཡང་རབ་གནས་ལུགས་རྟོགས་པས་
གྲོལ། །སྒོམ་དང་བསྒོམ་བྱ་གཉིས་མེད་དོན་མཐོང་ནས། །སྣང་སྲིད་གཞི་གྲོལ་སེམས་ཉིད་བྱ་བཙལ་མེད། །ཀྱེགས་བྲལ་རིག་པ་ཆུ་བོའི་རྒྱུན་བཞིན་འཆར། །ཐུན་མཚམས་རིས་མེད་འདི་ཡིན་ངེས་གཟུང་མེད། །ཐམས
ཅད་རང་གྲོལ་ཀུན་ཏུ་བཟང་པོའི་ཞིང་། །རྟགས་དང་ཚད་མེད་རང་བྱུང་གཞི་ཀློང་ཡངས། །ཇི་བཞིན་ངང་ལ་ལེ་བཞིན་གནས་པས་ན། །གོལ་དང་གོལ་ས་རྩལ་སྦྱོང་ཞོགས་འཕྲིན་མེད། །ཐོབ་དང་མ་ཐོབ་མེད་པ་རང་ཐག་ཆོད
པས༔ །འབྲས་བུར་སྨོན་མེད་དང་ལྷུན་རྫོགས་པས་ངང་རྒྱས། །དེ་འདྲའི་རྣལ་འབྱོར་ནམ་མཁའ་ཁ་རབ་འབྱམས་པ་ཡིན། །འབྲིང་དང་ཐ་མས་གོམས་པ་ལ་བརྩོན་དགོས་ཏེ། །ཇི་སྲིད་བདག་འཛིན་དྲིངས་སུ་མ་ཐུབ་པར། །དེ་སྲིད་སྣ
ཚོགས་ཐབས་ཀྱིས་བསྒོམ་པར་བྱ། །ཁྱད་པར་རྣམ་རྟོག་དྲན་པས་ཕྲིད་པར་འཕྲིད། །དེ་ཉིད་གྲོལ་ཕྱིར་ཐབས་མཁས་ཐབས་ལ་བརྟེན། །ཕྱི་ནང་ཤེས་རབ་མཐའ་གྲོལ་ཀློང་ཡངས་འཆར། །ཞི་གནས་ཀྱིས་ནི་ཉོན་མོངས་མགོ
གནོན་ནས། །ལྷག་མཐོང་གིས་ནི་ཉོན་མོངས་རྩ་བ་འབྱིན། །དེས་ན་རབ་ཀྱིས་ངང་ཉམས་ཆོས་སྐུར་རྫོགས་ངས། །བཟང་དང་ངན་མེད་ཞག་ཉིན་ཐེན་པོ་བསྒོམ་མི་དགོས། །འབྲིང་གིས་ངང་དང་དྲན་ཟུང་འབྲེལ་བསྒོམ་པ་ཡིས། །བཟང་དང་ན

89

ཞེ་ལྔ ༤༥

༄༅། །རྫོགས་བར་དབྱིངས་སུ་ཟུང་འཇུག་ནས། །ཟུང་འབྲེལ་རྟོགས་པ་ནམ་མཁའ་ལྟ་བུ་འཆར། །ཐ་མ་པ་ཕྱོགས་མ་ཞི་གནས་བཙལ་བ་ཡིས། །གང་དུ་ཞོག་ས་དེ་ལ་བརྟན་པ་ཐོབ་པར་བསྒོམ། །དེ་ནས་ལྷག་མཐོང་སོ་སོར་རྟོག
བསྒོམས་པས། །ཕྱི་ནང་སྣང་སེམས་གཞི་གྲོལ་ཆེན་པོར་འཆར། །དེ་ནས་དབང་པོའི་རིམ་པ་ཤེས་པ་གཅེས། །དེ་ནི་དབང་པོ་འབྲིང་གི་སྒོམ་པ་བསྟན། །ཇི་ལྟར་རྒྱུ་ནི་དབང་བསྐུར་བས་རྟོགས་པ་བ། །དད་ལ་པའི་རིག་གཟུགས་པ་བརྟན་མི
གསལ་ལ་གཡོ་བ་སྐུར། །ཡིད་ཉིད་ཤེ་མི་འབྱུང་ཀུན་རྟོག་འགྱུར་ཞིང་གཡོ། །སྣ་ཚོགས་སྤྲོས་པ་ཀུན་ཏུ་འཆེལ་བས་ན། །སེམས་ཉིད་འོད་གསལ་ཡང་དག་པའི་ཡེ་ཤེས་དང་། །སྤྲིན་དང་མཚན་ཤེས་གཟའ་སྐར་མི་འཆར་བས། །གཅིག་ཏུ
མི་གཡོ་མཉམ་པར་གཞག་པ་གཅེས། །ལུས་ནི་ཆོས་བདུན་ཏེ་ཀྱིལ་ཀྲུང་ལ། །དབང་པོ་མཐའ་འབྲལ་མཛེ་དབུའི་གཟའ་བསྐར་བཅད། །སེམས་ཉིད་སྤྲོང་གསལ་དངས་པའི་ནམ་མཁའ་བཞིན། །ཕྱིང་ཆོད་གཉིས་མེད་སྤྲོས་དང་
བྲལ་བར་གཞག །དེ་ཚེ་རང་བཞིན་གཅིག་སྟེ་གདོད་མའི་ངང་། །གཟུང་དང་འཛིན་པ་མེད་དམིགས་ཆོས་ཀྱི་སྐུ། །དྲི་མེད་འོད་གསལ་ཉམས་ཀྱི་སྙིང་པོ་ནི། །བདེ་གསལ་མི་རྟོག་མཐའ་དབུས་མེད་པར་འཆར། །སྣང་དང་སྟོང
པ་ཐམས་ཅད་ཐུམ་གཅིག་པ། །ཡོད་དང་མེད་པ་ཀུན་གྱི་མཐའ་ལས་འདས། །སྲིད་དང་ཞི་བ་གཉིས་སུ་མི་རྟོག་པ། །ཤེས་དང་ཤེས་བྱ་གཅིག་པའི་ངོ་བོ་ཉིད། །མཉམ་དང་མི་མཉམ་མེད་པའི་ཆོས་ཉིད་མཐོང་། །འདི་ནི

90

སེམས་ཉིད་ངལ་གསོ

འཕགས་པའི་བདེན་མཐོང་བ་ཡེ་ཤེས་རྒྱུ། །ཕྱིན་ནས་དེ་བཞིན་ཉིད་མཐོང་གྲོ་ཤིག་གིས། །རྒྱལ་བའི་ཆོས་སྐུ་ཐུན་ཚོགས་བསྒྲུབ་པས་ན། །སྐལ་བཟང་རྣམས་ཀྱིས་རྟག་ཏུ་མཉམ་པར་ཞོག །སེམས་ཉིད་མ་སྐྱེས་མཁའ་ལྟར་དག
པའི་ངང་། །སེམས་བྱུང་མི་དམིགས་སྤྲིན་ཚོགས་དེངས་པ་བཞིན། །ཡེང་མེད་སྐྱོང་དང་བྲལ་བའི་ཤེས་པ་ཡིས། །ཇི་བཞིན་ངང་ལ་ཡེ་བཞིན་མཉམ་པར་ཞོག །དངས་ཤིང་སྐྱོང་ལས་རྒྱ་མཚོ་ལྟ་བུ་ལ། །གཟུང་འཛིན་ཉོག་བྲལ
དབའ་རླབས་མེད་པར་ཞོག །སྟོང་ཞིང་གསལ་ལ་བ་ནམ་མཁའ་ལྟ་བུ་ལ། །ཀུན་རྟོག་སྤྲིན་མེད་ཕྱོགས་ལྷུང་བྲལ་བར་ཞོག །བརྟན་ཞིང་མི་གཡོ་རི་རྒྱལ་ལྟ་བུ་ལ། །དགག་སྒྲུབ་གཉིས་མེད་རེ་དོགས་བྲལ་བར་ཞོག །དག
ཅིང་གསལ་ལ་མེ་ལོང་ལྟ་བུ་ལ། །སྣང་ཡུལ་མཐའ་དག་གསལ་ལ་གཟུགས་བརྙན་ལྟ་བུར་ཞོག །ཡེ་གྲོལ་སོར་གཞག་པ་བཞང་ཆེན་ལྟ་བུ་ལ། །ཕྱི་རོལ་ཆོད་གཉིས་མེད་དང་ཅིང་གསལ་བར་ཞོག །གཞན་དུ་ལུས་ཡེངས་མདའ་མཁན་ལྟ་བུ
ལ། །གཞུ་གམ་དེ་ཡེ་ཤེས་སྒྲོ་སྐུར་བྲལ་བར་ཞོག །ཐག་ཆོད་ཤེས་པ་མཐས་ཟིན་ལྟ་བུ་ལ། །རིག་རྟོགས་གཉིས་མེད་ལྷུན་གྱིས་གྲུབ་པར་ཞོག །འདི་ནི་རང་བཞིན་དགའ་བའི་ཏིང་ངེ་འཛིན། །ཞི་གནས་ལྷག་མཐོང་ཟུང་དུ་འབྲེལ
བ་ཡིན། །སྐྱེ་མེད་ངང་དང་དེར་གནས་པ་ཞི་གནས་ལ། །གསལ་ལ་སྟོང་སྐྱོངས་དང་བྲལ་བ་ལྷག་མཐོང་ཉིད། །དབྱེར་མེད་ངོ་བོ་གཅིག་པས་ཟུང་དུ་འབྲེལ། །དེ་ཚེ་ཟབ་ཞི་སྤྲོས་དང་བྲལ་བའི་སེམས། །སྨྲ་བསམ་པ་བརྗོད་དུ་མེད

91

༄༅། །པའི་དོན་མ་མཐོང་བས། །སྣང་བའི་ཡེ་ཤེས་གཞི་རྒྱུ་མི་རྟོགས། །འོད་གསལ་ཤེས་རབ་འཆོར་ཕྱིན་ཉེས་བྱ། །དེ་ཉིད་མཐོང་བས་སེམས་ཉིད་རང་བཞིན་ཞིང་། །ཕྱིན་དང་ཆོས་ཡང་དག་ཀ་སྐུ་བཞིན་བརྒྱུད། །སྟོང་
པའི་ངང་ནས་སྲིད་རྩེ་ཐོག་མེད་བཅར། །རང་གཞན་དོན་དུ་དགེ་ལ་སྦྱོང་ཅིང་བསྒྲུབ། །དེ་བཞིན་པར་དགའ་བཞིན་རྣམ་གཡེང་བདུད་འཛིན་ཅན། །སྨོན་ལམ་དང་ཡང་དགེ་བའི་ཆོས་ལ་སྦྱོད། །དེས་ནི་ཐར་པའི་ལམ་སྣ་ཟིན་པ་ཡིན། །
དེ་ནས་ཚེས་ཆེར་སོང་དུ་གོམས་པ་ཡིས། །སེམས་ལ་གསལ་ལ་ཡེ་ཤེས་སྟོན་པས་རྒྱ་ཆེ་ཞིང་། །སྣང་བ་རྨི་ལམ་སྒྱུ་མར་རང་བཞིན་རྟོགས། །ཆོས་རྣམས་གཉིས་མེད་ངང་དུ་རོ་གཅིག་པས། །སྐྱེ་བ་དང་མ་སྐྱེས་མེད་པར་མཐོང་བའི་ཚེ། །
མཆེད་པའི་ཡེ་ཤེས་གཞི་རྒྱུ་མི་རྟོགས། །བསམ་གཏན་དག་ནས་བརྒྱད་པ་ཐོབ་པ་ཡིན། །དེ་ཚེ་ལུས་སེམས་སྤྲོན་བས་རང་དགའ་ཅིང་། །ཐབས་དང་ཤེས་རབ་ཟུང་དུ་མེད་རྟོགས་པ་འཆར། །མངོན་ཤེས་ལྔ་བཞིན་སྟོང་ཉིད་རྗེས་ཤར།
པར་སྒྲུབ། །སྤྱོད་ལ་སྒྲིབ་ལས་སེམས་ནི་ངེས་པར་འབྱུང་། །ཞི་ལམ་ན་ཡང་ཆོས་ཀུན་དེ་ལྟར་རྟོགས། །ལུས་ཀྱི་ཕྱི་ནང་གི་གསོ་ལ་ཕྱི་ནང་མེད། །ཕྱི་རོལ་དབྱིབས་ཀྱི་ཉི་མ་ཚན་ཏེ་འདོན་འགྲུབ། །སྐྱེ་བོ་དེས་ནི་ཁ་བགས
ལ་བསྒྱུར་དུ་མཐོང་། །དེ་ནས་ཚེས་ཆེར་སོ་མ་བ་ལས་སྟོན་བས་སྣང་། །ཉིད་འཛིན་རྟོགས་པ་འདི་ཉིད་ཟ་སྤྱོད་མེད་པ་འཆར། །ཆོས་ཀུན་རྒྱལ་གཅིག་མཉམ་པའི་དོན་མཐོང་ནས། །སྤྱན་དང་མངོན་ཤེས་གྲིབ་པ་མེད་མང་དུ་བས། །

ཤེ་རྒྱུ། ༤༦

92

ཉིད་ཁམས་ལ་བརྒྱ་སྟོང་ཕྲག་བྱེ་བ་དང་། གསེར་མཐོང་། །དེ་ཚེ་ཟག་མེད་འཕགས་པའི་ཡེ་ཤེས་ཏེ། །ཐོབ་གཞིས་བྱ་མངོན་དུ་གྱུར་པ་ཡིན། །དེ་ལས་ཆེས་ཆེར་སོང་དུ་བཞེས་པ་ཡིས། །རྟོགས་པའི་ཉིད་འཛིན་ཡོན་ཏན་གྲངས་མེད་…
ཅིང་། །རྟོག་དང་མི་རྟོག་མཉམ་པའི་ཆོས་ཉིད་ལས། །གཟུགས་སྐུ་ཡི་ཤེས་དེ་མེད་རྒྱ་ཆེ་ཞིང་། །མཉམ་པར་གཞག་དང་རྗེས་ཐོབ་གཉིས་མེད་པར། །རྟག་ཏུ་མཉམ་གཞག་སྒྱུ་ལ་བབས་མ་ཡས་སྟོན། །ཚད་མེད་ཞིང་དང་
ཡེ་ཤེས་གཟིགས་པ་བརྟག །ཟུ་ཁམས་དག་ཅིང་རྒྱང་ལེམ་པ་ཡོན་ཏན་མཆོག །ཤིན་ཏུ་རྒྱ་ཆེ་ཟིལ་མེད་པ་ན། །ཞེན་རི་ཐོབ་པ་ཉིད་བཅུ་ཡེ་ཤེས་ཏེ། །འཕགས་པ་ལམ་མཛོགས་ནས་སྤྲུལ་དུ་འབྱུང་སྐུ་བ་ཐོབ། །འདི་ནི་དོན
གསལ་སྐྱེང་པོའི་ཐེག་པ་སྟེ། །སྐལ་བ་བཟང་བ་བླ་མ་ཆེ་བ་དེ་ངེས་གྲོལ་བ་ཡིན། །དབང་པོ་ཐམས་བསྡོམས་པ་དེ་རིམ་པ་ཡང་། །དང་པོ་ཞི་ལྷག་སོ་སོར་རྟུལ་སྤྱད་ནས། །བརྟན་པར་གྱུར་ནས་ཟུང་འཇུག་དབྱེར་མེད་བསྒོམ། །
དེ་ཡང་བབས་རྒྱལ་དང་གསོ་རྒྱལ་ལམ་བསྐྱབ། །ཐོག་མར་ཞི་གནས་པ་ཙམ་པ་འདི་རིམ་པ་ནི། །དགེ་ནི་བའི་ཐུགས་ལྟུགས་ཤན་པ་མ་བདུག་ནས། །དབྱུགས་ཀྱི་རྒྱུས་བརྟག་པ་དེ་ཁ་དོག་གྲང་ལ་རྣམས་ཀྱིས། །ཉིན་རག
ནམ་རྟོག་འདུ་ལ་ཞེང་གནས་པ་རུ། །དེ་ནས་ཐམས་ཀ་ལ་བཞིན་དང་སེམས་གཉིས་དང་། །བསྐྱེད་རིམ་དང་ནི་བྲིས་སྐུ་སྒོ་ལ་བསྒོམ་བས། །དགེ་བའི་ཡུལ་ནི་གང་ཡང་རུང་ཞིག་ལ། །དམིགས་པ་རྩེ་གཅིག་མ་ཡེངས

སེམས་ཉིད་ངལ་གསོ

93

༄༅། །མཉམ་པར་གཞག །དེ་སྟར་བཞག་པས་སེམས་ནི་ལས་རུང་ཞིང་། །གཞན་དུ་མི་སྒྲོག་རང་སྟང་ཡུལ་ཟིན། །རྩེ་ཅམ་བཞག་པ་དེ་ཙམ་མཉམ་པར་གནས། །ལུས་དག་སེམས་ནི་དགའ་བ་བདེ་ས…
སྦྱང་བ། །ཅི་གཅིག་མིག་ཡོ་རི་ཞིག་ནས་སྦྱང་བ་ཡིན། །དེ་ནས་ལྷག་མཐོང་དོན་ལ་བསླབ་པ་ནི། །ཕྱི་རོལ་སྣང་སྲིད་འཁོར་འདས་ཆོས་ཁ་དེ་རྣམས། །སྣ་ཚོགས་སྣང་བས་རྨི་ལམ་སྒྱུ་མ་ལྟ་བུ་ཞིང་། །གཟུགས་བརྙན་སྒྲུལ
པ་སྒྲ་བརྙན་དྲི་ཟའི་གྲོང་། །མིག་ཡོར་སྨིག་རྒྱུ་འདྲ་ཞིང་སྙིང་པོ་མེད། །སྣང་བས་སྟོང་སྟེ་རང་བཞིན་སྟོང་པ་ཉིད་དང་། །ཐམས་ཅད་ནམ་མཁའ་འདྲ་ཞིང་བདག་མེད་པས། །སྐྱེ་མེད་གྲོལ་དང་བྲལ་བར་མཉམ་པར་བཞག །
དེ་ཡིས་ཕྱི་རོལ་ཆོས་ལ་བདག་མེད་ཅིང་། །གཟུང་དང་གཟུང་ཡུལ་རང་བཞིན་མེད་པར་རྟོགས། །དེ་ནས་ནང་གི་སེམས་པ་དེ་ལྟར་ནི་བརྟག །སྣ་ཚོགས་རྟོག་པ་རོ་བོ་མེད་པ་ངང་སེམས། །དཔག་སྨྲུ་བ་དེ་ན་བརྗོད་བ་དེ་སྟུག
བ་ཏང་སྒོམས་སོགས། །ཡུལ་ལ་འཛིན་ཞིང་ངོས་གཟུང་མེད་པ་ཅན། །དངོས་པོ་དང་བའོ་དམ་ཀ་དང་ཡུལ་གནས། །ཐམས་ཀ་ར་འགྲོ་དབྱིབས་ད་པ་བརྟགས་ཅིག །སྐྱེ་མ་རྟུབ་རྟགས་ཚེ་བའི་སྟར་མཐོང་པ་ར་འགྱུར། །སེམས་ནི
དང་པོར་སྐྱེ་བའི་རྒྱུས་སྟོང་ཞིང་། །བར་དུ་གནས་དང་ཐམ་ར་འགགས་པས་སྟོང་། །འདོག་དབྱིབས་མེད་དོ་བོ་ཆོས་གཟུང་མེད། །འདས་པ་ར་གཏུགས་ཞིང་མཐོང་བས་མ་སྐྱེས་ལ། །དབྱེ་མི་གནས་ཀྱི་ན་རང་དབང་…

ཤེ་བདུད། ༤༧

94

སེམས་ཉིད་ངལ་གསོ

མེད་དུ༔ །ཉམས་མཁའ་ལྟ་བུ་ཞི་ང་སྤྲོས་དང་བྲལ་བར་ཤེས། །དེ་ཚེ་སེམས་ལས་གཞན་དུ་ཡང་མི་འདའ་བར། །ཆོད་པ་ངང་ལ་གསོར་བཞིན་ངང་སྐྱོང་ཀྱིས་སྐྱོང་། །ཅི་ཡང་མི་བཅས་མ་ཡིད་ལ་བྱེད་པ་པོར། །ཐམས་ཅད་གཉིས་མེད་མཉམ་པའི་ངང་ལ
གཞག །དེ་ཡིས་ངར་འཛིན་གང་ཟག་བདག་མེད་ཅིང་། །འཛིན་པའི་སེམས་ལ་རང་བཞིན་མེད་པར་རྟོགས། །དེ་ནས་བྱུང་བ་རྡུག་གཞུག་མའི་ཡེ་ཤེས་ནི། །སྣང་སེམས་གཉིས་མེད་རྒྱུ་དང་རྒྱུ་སྐར་བཞིན། །གཉིས་སྣང་གཟུང་བས་སྲིད
པར་འཁྲུལ་ན་ཡང་། །གཉིས་མེད་ཞེས་པ་ལམ་བསྒྲུབ་ན་འདས་ཉིད་རང་གྲོལ། །དེ་བས་གཉིས་མེད་དོན་ལ་འདི་ཕྱིར་བསྒྲུབ། །ཆོས་རྣམས་ལམ་སྒྲུབ་ལ་སེམས་ཀྱི་ངོ་བོ་ཉིད། །སེམས་ཀྱང་རང་བཞིན་དག་ཅིང་དྲི་མ་མེད། །དྲི་མེད་སྣང་གསལ་ལ་སྒོམ
དང་བྲལ་བར་གཞག །དེ་ཡིས་ཉོན་མོངས་རྣམ་རྟོག་པ་རང་གྲོལ་ཞིང་། །ཉམས་པར་མི་རྟོག་པ་ཡེ་ཤེས་ཆེན་པོར་གནས། །རིག་དང་མངོན་ཤེས་ཏིང་འཛིན་འགྲུབ་འགྱུར་ཞིང་། །གཟུང་དང་འཛིན་གཉིས་མེད་མཐའ་བྲལ་དབུས་མར་རྟོགས། །
དེ་ཚེ་སེམས་ཉིད་ནམ་མཁའ་ལྟ་བུ་སྟོང་། །ཡུལ་ནི་མི་དམིགས་རང་བཞིན་སྤྲོས་དང་བྲལ། །སྒོམ་དང་བསྒོམ་བྱ་མེད་པའི་ཆོས་ཉིད་ལ། །བྱ་རྩོལ་བྱེད་མཁན་མེད་པས་གདོད་མའི་ངང་། །དྲི་མེད་རང་བཞིན་དག་པ་ལས་སངས་རྒྱས་པ་ཡིན། །
གཟུང་ཡུལ་མེད་མིག་ཆུ་ཟླ་མི་གཡོ་རང་ལ། །འཛིན་ནམ་མཁའ་ནམ་མི་དམིགས་གཡོ་མེད་སྟོང་ཉིད་ཁྱབ་བྲལ། །སྣང་སེམས་གཉིས་མེད་ཕ་རོལ་ཕྱིན་པ་འདི་དང་། །ཟབ་ཞི་སྤྲོས་བྲལ་འོད་གསལ་འདུས་མ་བྱས། །བདུད་རྩི་ལྟ་བུའི་ཆོས་ཉིད

95

ཞེ་ཆུང་ ༤༨

༄༅། །ཁོང་དུ་ཆུད། །འཛིན་མེད་ཡངས་པའི་ཏིང་འཛིན་གྲུ་ཆེན་གྱིས། །སྲིད་གསུམ་རྒྱ་མཚོ་འདི་ཕ་རོལ་བརྒལ་བ་ལས་ན། །གཞི་བདེའི་སྟེང་དུ་གྲོལ་བ་དེ་རྒྱུན་མི་འཆད། །རང་བཞིན་རྫོགས་པ་ཆེན་པོའི་ངང་དུ་ཕྱིན། །གནས
པས་ཞི་གནས་ཆོས་སྐུ་སྟོང་པ་ལ། །གསལ་བ་ལས་ལྷག་མཐོང་གཟུགས་སྐུ་སྣང་བ་ཉིད། །ཐབས་དང་ཤེས་རབ་ཚོགས་ལ་གཉིས་བསྟེན་ཟུང་འཇུག་སྒྲུབ། །ཉུག་མ་མཐོང་རྟོགས་པའི་ཞིང་རབ་བསྐྱེད་བྱས་ནས། །ཞི་གནས་ཀྱིས་ནི་དེ་ཡི
ངང་ལ་གནས། །གང་ཚེ་གཟུང་འཛིན་དངོས་དང་དངོས་མེད་དུ། །བློ་ཡི་རྣམ་པ་རབ་ཏུ་མི་གནས་པ། །དེ་ཚེ་བྱིང་རྒོད་དང་ཡེ་ཤེས་གཉིས་མེད་པར། །སེམས་དང་སེམས་བྱུང་དམིགས་པ་མེད་པ་རབ། །རང་བཞིན་གདོད་ནས་དག
པའི་སེམས་ཉིད་ལ། །གནས་སྐབས་སྒྲིབ་ཕྲ་རགས་ཀུན་རྟོག་དག་པ་ན། །སྒོམས་པས་ཕྲུག་དགུ་དང་རྫུ་འཕྲུལ་མངོན་ཤེས་འགྲུབ། །ཏིང་འཛིན་གྲངས་མེད་གཟུངས་ཕྱིན་སྤྱན་གྱིས་སྤུབ། །རང་ལ་འདོད་པའི་སེམས་ལས་གང་རྩེ་གཅིག་པ། །དེ
ལས་རྟོག་དང་དཔྱོད་པའི་ཏིང་ངེ་འཛིན། །དགའ་བདེའི་ཡན་ལག་བསམ་གཏན་དང་པོ་སྟེ། །དེ་ལས་རྟོག་མེད་དཔྱོད་པའི་ཏིང་ངེ་འཛིན། །སེམས་གསལ་དགའ་བདེའི་རང་བཞིན་གཉིས་པ་སྟེ། །དེ་ལས་རྟོག་དཔྱོད་གཉིས་མེད
ཏིང་ངེ་འཛིན། །དགའ་བདེས་བརྟན་པའི་ཡན་ལག་གསུམ་པ་སྟེ། །དེ་ལས་དགའ་བ་བསྐྱུར་བའི་ཏིང་ངེ་འཛིན། །བཞི་བ་བརྟན་པོ་ཡོན་ཏན་ལག་བཅས་པ་སྟེ། །དེ་ལས་མཁའ་བ་ལྟར་དག་ཅིང་དྭངས་པའི་སེམས། །ནམ་མཁའ

96

སེམས་ཉིད་ངལ་གསོ

མཐའ་ཡས་སྐྱེ་མཆེད་ཐོབ་པར་འགྱུར། །དེ་ལས་ཆོས་ཀུན་སེམས་ཉིད་སྤྲོས་པ་མེད། །རྣམ་ཤེས་མཐའ་ཡས་སྐྱེ་མཆེད་ཐོབ་པར་འགྱུར། །དེ་ལས་སྣང་སེམས་མི་དམིགས་སྤྲོས་དང་བྲལ། །ཅི་ཡང་མེད་པའི་སྐྱེ་མཆེད་འགྲུབ
པར་འགྱུར། །དེ་ལས་ཡོད་མེད་སྤྲོས་ཀུན་བྲལ་བའི་སེམས། །ཡོད་མིན་མེད་མིན་སྐྱེ་མཆེད་འགྲུབ་པར་འགྱུར། །དེ་ལས་སྣ་ཚོགས་ཉོན་མོངས་སྤྲོས་པའི་སེམས། །རང་བཞིན་འགོག་པ་ཞི་བ་ཐོབ་པར་འགྱུར། །དེ་སྔར
མཐར་གྱིས་སྙོམས་འཇུག་དགུ་པོ་ཡང་། །རིམ་དང་རིམ་མིན་ཐོད་རྒལ་ཚུལ་སྦྱངས་པས། །རང་གཞན་སྔ་ཕྱིའི་ཚེ་རབས་མཐའ་ཡས་རྣམས་དང་། །སེམས་ཀྱི་སྤྱོད་ཡུལ་གང་ཡིན་ཤེས་པ་དང་། །འཆི་འཕོ་སྐྱེ་དང་སྒྲིབ་པས་ཚོད
ཀྱང་མཐོང་། །གཅིག་དང་དུ་མར་སྤྲུལ་ཞིང་རྫུ་འཕྲུལ་པར་འགྱུར། །ཉོན་མོངས་མེད་ཅིང་ཇི་སྙེད་ཇི་བཞིན་ཤེས། །ཞིང་རྣམས་བདེ་གཤེགས་སྲས་ཀྱིས་གང་བར་མཐོང་། །དེ་ཚེ་སྣང་བ་སྒྱུ་མར་རབ་རྟོགས་པས། །སྒྱུ་མ་ལྟ་བུའི་ཏིང
འཛིན་ཉིད་དང་ནི། །སེམས་ཀྱི་གདུང་བྲལ་རྙོག་པ་རབ་ཞིའི་ཕྱིར། །ཟླ་བ་དྲི་མེད་པའི་ཏིང་འཛིན་དང་། །ཆོས་ཀུན་མི་དམིགས་མཉམ་པའི་ངང་གཅིག་པས། །མཁའ་ལྟར་གོས་པ་མེད་པའི་ཏིང་འཛིན་སོགས། །བཅུ
སྟོང་གྲངས་མེད་རབ་ཏུ་འགྲུབ་པར་འགྱུར། །ལྷག་མཐོང་གིས་ནི་རབ་ཏུ་རྟོགས་པའི་དོན། །ཞི་གནས་དམ་པས་རྩེ་གཅིག་གཟུང་བའི་ཕྱིར། །གཟུངས་དང་ཏིང་འཛིན་ཟུང་འབྲེལ་ལྷུན་གྱིས་གྲུབ། །ལམ་ལྔའི་རིམ་པ

97

༄༅། །བགྲོད་ལམ་ཁྲོལ་བ་སྟེ། །ཚོགས་ལམ་ཆུང་ངུར་ལུས་ཚོར་སེམས་དང་ཆོས། །དྲན་པ་ཉེ་བར་གཞག་པ་བཞི་བསྒོམ་ཞིང་། །འབྲིང་དུ་འདུན་དང་འབད་དང་རྩོལ་བ་བརྩོན་འགྲུས་བཞིས། །དགེ་དང་མི་དགེའི
ཞེན་པ་ཞི་ཡང་དག་སྤོང་། །ཆེན་པོར་འདུན་སེམས་དཔྱོད་དང་བརྩོན་པ་བཞིས། །རྫུ་འཕྲུལ་རྟེན་འགྲུབ་རྐང་པ་བཞི་པོ་བསྒོམ། །སྦྱོར་ལམ་བཞི་ཡི་དྲོད་དང་རྩེ་མོར། །དད་བརྩོན་དྲན་དང་ཏིང་འཛིན་ཤེས་རབ་ཀྱིས། །དབང་
པོ་ལྔ་དང་བཟོད་པ་ཆོས་མཆོག་ཏུ། །དད་སོགས་སྟོབས་ལྔ་རབ་ཏུ་སྒོམ་པར་བྱེད། །མཐོང་བའི་ལམ་སྐྱེ་རབ་ཏུ་དགའ་བའི་སར། །དད་བརྩོན་དྲན་པ་ཏིང་འཛིན་ཤེས་རབ་དགའ། །ཤིན་ཏུ་སྦྱངས་པ་ཡང་དག་བྱང་ཆུབ་ཀྱི། །
ཡན་ལག་བདུན་པོ་དག་ནི་ལེགས་པར་བསྒོམ་ཞིང་། །སྒོམ་ལམ་ཆུང་འབྲིང་ཆེན་པོར་རེ་ཞིང་། །ཆུང་ངུའི་ཆུང་དང་ཆུང་ངུའི་འབྲིང་དང་ནི། །ཆུང་ངུའི་ཆེ་སོགས་ས་དགུ་རིམ་པ་བཞིན། །དྲི་མེད་དང་ནི་འོད་བྱེད་འོད་འཕྲོ་ཅན། །
སྦྱང་དཀའ་མངོན་དུ་གྱུར་རིང་སོང་མི་གཡོ་བ། །ལེགས་པའི་བློ་གྲོས་ཆོས་ཀྱི་སྤྲིན་རྣམས་སུ། །ཡང་དག་ལྟ་དང་རྟོག་པ་ངག་དང་ལས། །འཚོ་རྩོལ་དྲན་པ་ཏིང་འཛིན་འཕགས་ལམ་བརྒྱད། །དེ་ལྟར་བྱང་ཆུབ་ཕྱོགས་ཆོས་…
སུམ་ཅུ་བདུན། །སློབ་པའི་ལམ་བཞི་རབ་སྒོམས་པའི་མཇུག་ཐོགས་སུ། །མི་སློབ་ལམ་མི་གནས་མྱང་འདས་འདའ། །དེ་ལྟར་ས་དང་ལམ་རྣམས་མ་བགྲོད་པའི། །སངས་རྒྱས་དེ་འདྲ་ནམ་ཡང་འབྱུང་བ་མེད། །བསྐལ་…

༤༩

98

མང་ཚེ་རབས་དུ་མཆོག་དགྲོལ། །དེ་དག་ཀུན་ཀྱང་ལམ་འདིར་བརྟེན་པས་ན། །རྒྱུ་འབྲས་ཐེག་པ་བཟང་ལ་ཞུགས་རྣམས་ཀྱིས། །ས་དང་ལམ་རྣམས་མཐར་ཕྱིན་ནས་བགྲོད་པར་མཛོད། །དེ་ལྟར་ཟབ་ཞི་འོད་གསལ་སྙིང་པོ་ཡིས། །
འགྲོ་ཀུན་སེམས་ཀྱི་རྟོག་པ་རབ་ཞི་ནས། །སྲིད་པ་འདིར་ཡུན་རིང་སྐྱོས་ལ་འཆེལ་བ་ཡིས། །ངལ་བའི་སེམས་ཉིད་དེ་རིང་ངལ་སོས་ཤིག །རྫོགས་པ་ཆེན་པོ་སེམས་ཉིད་ངལ་གསོ་ཡིས། །ལམ་བསམ་གཏན་དྲི་མེད་པའི
ལྷུག་ཟུང་དུ་འབྲེལ་བའི་ལེའུ་སྟེ་བཅུ་གཅིག་པའོ།། ||དེ་ལྟར་ཟུང་འཇུག་བསམ་གཏན་འགྲུབ་པའི་རྒྱུ། །ཏིང་འཛིན་མི་གཡོ་ཡན་ལག་གསུམ་ལ་བསྟན། །གང་གིས་བསྒྲུབ་པ་མཆོག་གི་ཡན་ལག་དང་། །ཇི་ལྟར
བསྒྲུབ་པ་ཐབས་ཀྱི་ཡན་ལག་དང་། །གཉིས་མེད་བསྒྲུབ་པ་དོན་གྱི་ཡན་ལག་གོ། །གང་གིས་བསྒྲུབ་པའི་སྐྱེ་བོ་ངེས་འབྱུང་ཅན། །ལུས་ནི་འདུ་འཛིའི་སྒྲོད་ལས་རྒྱང་བསྲིངས་ཤིང་། །སེམས་ནི་སྤྲོས་པའི་ཚོགས་ལས་རིང་
དུ་བསྲིངས། །དེ་ཡིས་ཏིང་འཛིན་འདི་ནི་མྱུར་དུ་འགྲུབ། །དད་ལྡན་དོན་ཆེ་ཤེས་ཤིང་ཁྲེལ་ཡོད་པས། །བག་ཡོད་ཚུལ་ཁྲིམས་དག་ཅིང་དགེ་ལ་སྤྲོ། །མང་ཐོས་འདོད་པ་ཆུང་ཞིང་ཆོག་ཤེས་ལྡན། །དེ་ཡིས་ཏིང་འཛིན་འདི་ནི་མྱུར་
དུ་འགྲུབ། །ལུས་སེམས་བསྡམས་ཤིང་དབེན་པར་གནས་ལ་དགའ། །གཉིད་དང་སྙོམ་ལས་ལྟ་ལ་དགའ་བ་སྤོངས། །ཐོད་འཕྱོད་མེད་ཅིང་གཞན་དང་འདྲིས་པ་ཆུང་། །དེ་ཡིས་ཏིང་འཛིན་འདི་ནི་མྱུར་དུ་འགྲུབ། །གྲོང་

སེམས་ཉིད་ངལ་གསོ།

99

༄༅། །དེར་གྲོང་འདབ་སྐྱེ་བོའི་འདུ་འཛི་མེད། །གནས་དང་དགོན་པར་མ་ངན་པོའི་རྟེན་འདྲིས་མེད། །དོན་དང་བྱ་བ་སྣ་ཚོགས་བྲེལ་བ་མེད། །དེ་ཡིས་ཏིང་འཛིན་འདི་ནི་མྱུར་དུ་འགྲུབ། །ཚེ་འདི་ཡི་བདེ་དང་ཕྱི་
མ་ཡི་བདེ་འབྲས་དང་། །རང་དོན་ཞི་བ་ཉེར་མིན་འགྲོ་བའི་ཕྱིར། །སྲིད་ལས་ཐར་འདོད་ངེས་འབྱུང་སྙིང་རྗེ་ཅན། །དེ་ཡིས་ཏིང་འཛིན་མཆོག་འདི་མྱུར་དུ་འགྲུབ། །ཇི་ལྟར་བསྒྲུབ་པ་ཐབས་ཀྱི་ཡན་ལག་ཀྱང་། །
གཉིད་རྨུགས་རྒོད་འགྱོད་ཐེ་ཚོམ་སྒྲིབ་པ་ལྔ། །སྤངས་ནས་ཞི་ལྷག་ཟུང་འབྲེལ་ཚུལ་གྱིས་བསྒྲུབ། །གཉིད་རྨུགས་གཉིས་ཀྱིས་ཞི་གནས་རབ་ཏུ་སྒྲིབ། །རྒོད་འགྱོད་གཉིས་ཀྱིས་ལྷག་མཐོང་རྣམ་པར་གཡེང་། །ཐེ་ཚོམ་…
གཉིས་ཀའི་གཏོད་བྱེད་མི་ཐུབ་ཕྱོགས། །དེ་ལྟར་ལྷ་ཉིད་ཀྱི་ངོ་དང་གཉིས་སྤྲུལ་དུ། །བྱིང་ན་གསེང་ཞིང་རྒོད་ན་རྩེ་གཅིག་བསྒོམ། །ཞི་གནས་མེད་པའི་ལྷག་མཐོང་སྤྲོས་པར་འཆོད། །ལྷག་མཐོང་མེད་པའི་ཞི་གནས་ལྡང་ལྷུང་མ་
བསྟན། །ཟུང་འབྲེལ་སྒྲིབ་པའི་གཉེན་པོ་མཆོག་གི་ལམ། །ཞི་གནས་ལུས་ངག་ཡིད་སེམས་དལ་བས་འགྲུབ། །དེ་ཡང་ཆོས་ཀུན་རང་བཞིན་མཉམ་པའི་ངང་། །དམིགས་པ་རབ་ཞི་གཙོ་བོའི་ཡན་ལག་ཡིན། །དམིགས་
པ་གཅིག་ལ་སེམས་འཛིན་ན་བོར་གྱི་ཚུལ། །དེ་ཡང་སྣང་བཅས་སྣང་མེད་རྣམ་པ་གཉིས། །ཕྱི་ནང་གཉིས་ཏེ་བཞི་ཡིས་ཞི་བར་འགྱུར། །སྣང་བཅས་གཟུགས་སོགས་སྒོ་ལྔའི་ཡུལ་རྣམས་ལ། །སྣང་མེད་མི་རྟོག་རྩེ་གཅིག

༥༠

100

ངང་ལ་འཇོག །ཕྱི་རོལ་ཇི་ལྟར་ཤེད་སྣང་གཟུགས་ལ་སོགས་དང་། །ནང་ཉིད་སྙིང་གར་པདྨ་འབུར་འཕྱུང་སོགས། །དམིགས་ཡུལ་གཅིག་ལ་རྩེ་གཅིག་སེམས་འཛིན་པ། །ཞི་གནས་བསྒྲུབ་པའི་ཐབས་ཀྱི་ཡན་ལག་ཡིན། །དེ་ཡིས་
རྩེ་གཅིག་ཞི་གནས་སྐྱེས་པའི་ཚེ། །སྤེལ་ཞིང་བརྟན་ཕྱིར་ལྷག་མཐོང་ཡེ་ཤེས་སྒོ། །ཐོགས་མ་བྱིན་སྦྱོང་ལམ་ཀུན་དང་བསྲེ་བ་ཅེས། །སྙིང་རྗེ་ནུས་ལུས་སེམས་གསལ་ལ་སྦྱར་བཞིན་བསྒོམ། །འདི་ཡིས་ནི་ཐུར་རྟུལ་ཞུ་བ་པར་འགྱུར་བ་
ཡིན། །ལྷག་མཐོང་འདོད་པ་ལས་སེམས་པ་ལས་དྭངས་པ་རི་དང་། །སོ་སོར་རྟོག་པ་གཅོད་པོའི་ཡན་ལག་ལ། །མི་རྟོག་མཉམ་པར་འཇོག་པ་འཕོར་ཀྱི་ཚུལ། །དེ་ཡང་ཆོས་ཅན་ཆོས་ཉིད་རྣམ་པ་གཉིས། །ཆོས་ཅན་སྒྱུ་མའི་དཔེ་
བརྒྱད་བསྒོམ་བྱ་ཞིང་། །ཆོས་ཉིད་མཁའ་ལྟར་སྟོང་པའི་ཚུལ་སྒོམ་བྱ། །ཇི་བཞིན་དང་ལ་བཞག་པས་ཡེ་ཤེས་འཆར། །སྟེང་ལ་ན་སྣ་ཚོགས་མཆོག་ལ་རྩལ་སྦྱང་དཀའ། །སྒོམ་སྟོང་པ་གཉིས་མེད་དག་པར་བལྟ། །འཕྲོ་ན་ཞི་གནས་
ངང་ལ་མཉམ་པར་གཞག །དེ་ཚེ་ནམ་མཁའ་ལྟ་བུའི་འོད་གསལ་ལ་ནི། །རྟོག་པ་ལས་སྤྲོས་དང་བྲལ་བའི་ངོ་བོ་མཐོང་། །དེ་ཡིས་སྒྲིབ་གཉིས་སྤྲིན་ལས་གྲོལ་བར་འགྱུར། །རེས་འགའ་རྒྱ་མཚོ་ལྟ་བུའི་འོད་གསལ་འཆར། །
ཤར་གྲོལ་དང་དངས་རྟོག་མེད་ལྷུན་གྱིས་གྲུབ། །ཐོགས་མར་བྱིན་སྦྱོང་ལམ་ཀུན་དང་དེ་ཉིད་བསྲེ། །འདིས་ནི་ལྷག་མཐོང་སྒྱུར་དུ་བསྒྲུབ་པར་འགྱུར། །རྒྱུ་རྟག་ཤེས་པ་འཛུད་གནས་མཉམ་པ་རི་དང་། །གཉིས་ཀ་རང་མི

སེམས་ཉིད་ངལ་གསོ།

101

༄༅། །རྟོག་པ་ཤེས་གཙོ་བོ་ལ། །ཡེང་མེད་སྤྲོས་དང་བྲལ་བ་འཁོར་གྱི་ཚུལ། །ཇི་ལྟར་ཤར་གནས་དེ་ཡི་ངང་བཞག་པས། །ཤར་བས་གྲོལ་ལ་གནས་པས་མཉམ་པ་ཉིད། །ཞི་ལྷག་ཟུང་འབྲེལ་བདེ་གསལ་མི་རྟོག་
འཆར། །སྣང་སྟོང་ཐབས་ཤེས་བསྐྱེད་རྫོགས་ལྷུན་གྱིས་གྲུབ། །སྙིང་ལ་ནི་རྩ་གསོ་སོར་རྩལ་སྦྱང་ཞིང་། །ཕྱི་ནང་ཆོས་ཉིད་གཤིས་ལ་བསྒོམ་པར་བྱ། །ཐོག་མ་བྱིན་ནམ་མཁའ་ངང་ལ་ཞེན་ཕྱིན་མེད་ཚེ། །ཉམས་རྒྱུ་བསྒོམས་
མཁའ་ལ་རབ་བཏང་པས། །སྟོང་གསལ་ཤེས་པ་སྒྲོས་དང་བྲལ་བ་འཆར། །ཕྱི་རོལ་དཔེ་ཡིན་ནམ་མཁའ་དག་པ་ལས། །ནང་གི་ཆོས་ཉིད་དོན་གྱི་ནམ་མཁའ་འཆེ། །གསང་བ་འོད་གསལ་སྙིང་པོའི་ནམ་མཁའ་སྟེ། །ནམ་
མཁའ་གསུམ་སྤྲུགས་དགོངས་པ་ཤེས་པར་བྱ། །གཉིས་མེད་བསྒྲུབ་པ་དོ་བོའི་ཡན་ལག་ནི། །ཐམས་ཅད་རྣམ་མཉམ་རྫོགས་པ་ཆེན་པོའི་ངང་། །སྣང་བྲང་སེམས་བྲུ་དམིགས་གཏད་ཞེན་པ་དོར། །འཛིན་ཞེན་ཐམས་ཅད་སྤྱོད་པའི་འདུ་
བྱེད་ལ། །དམིགས་གཏད་མེད་ནམ་མཁའ་བཞིན་བཅིངས་གྲོལ་མེད། །ཇི་ལྟར་གཟུགས་བརྙན་སྣ་ཚོགས་མེ་ལོང་ངང་། །དེ་ལྟར་ཆོས་རྣམས་སྣ་ཚོགས་སྟོང་པ་ཉིད་དང་། །ཇི་ལྟར་སྤྲིན་རྣམས་སྣ་ཚོགས་ནམ་མཁའ་ངང་། །དེ་
བཞིན་དགག་སྒྲུབ་སྣ་ཚོགས་སེམས་ཉིད་ངང་། །ཇི་ལྟར་ཆུ་བོ་སྣ་ཚོགས་རྒྱ་མཚོའི་ངང་། །དེ་བཞིན་རྣམ་རྟོག་སྣ་ཚོགས་གྲོལ་བའི་ངང་། །ཇི་ལྟར་སྒྱུ་མ་སྣ་ཚོགས་སྒྱུ་མ་པའི་ངང་། །དེ་བཞིན་འཁོར་འདས་སྣ་ཚོགས་ཆོས་

དག་ཅིག ༥༧

102

ཉིད་ངང་། །ཇི་ལྟར་ཕྱོགས་བཅུའི་ནམ་མཁའ་གཞི་བྲལ་ངང་། །དེ་བཞིན་ཡེ་གྲོལ་ཆོས་རྣམས་ལྟ་བའི་ངང་། །ཇི་ལྟར་རྒྱུ་ལ་རྒྱུ་བཞག་གཉིས་མེད་ངང་། །དེ་བཞིན་སེམས་དང་སེམས་ཉིད་དབྱེར་མེད་ངང་། །ཇི་ལྟར་ལྷ་ཚོགས་སྐྱེ་
ལམ་གཉིད་ཀྱི་ངང་། །དེ་བཞིན་བླང་དོར་གཉིས་མེད་སྤྱོད་པའི་ངང་། །ཇི་ལྟར་མཆོད་དང་དབང་རྣམ་པས་རྒྱུ་པོའི་ངང་། །དེ་བཞིན་རྟོག་དང་མི་རྟོག་མཉམ་པའི་ངང་། །ཇི་ལྟར་ཚང་པ་དོན་གྲུབ་བདེ་བའི་ངང་། །དེ་བཞིན་རང་རིག་
གཉིས་མེད་འབྲས་བུའི་ངང་། །ཐམས་ཅད་ཁྱབ་གཅིག་རྫོགས་པ་ཆེན་པོའི་ངང་། །ཁྱབ་གདལ་དབྱིངས་ཀྱི་ཆོས་ཉིད་ཤེས་པར་བྱ། །དེ་ལྟར་སྣ་ཚོགས་གཉིས་མེད་རོ་གཅིག་གིས། །འགྲོ་ཀུན་བདག་གཞན་གཟུང་འཛིན་
ལས་གྲོལ་ཏེ། །འདི་ཞེས་དམིགས་པས་བསྒྲུབ་པའི་སྤྱོད་པ་འདིར། །རྟོག་པའི་སེམས་ཉིད་དེ་རིང་ངང་ལ་སོས་ཤིག །རྫོགས་པ་ཆེན་པོ་སེམས་ཉིད་ངལ་གསོ་ལས། ཉིད་དེ་འཛིན་བསྒོམ་པ་ཡི་ཡན་ལག་ཐབས་ལ་མཁས་པ་ཡི་ལེའུ་
སྟེ་བཅུ་གཉིས་པའོ།། །།དེ་ལྟར་ཐབས་དང་ཤེས་རབ་མཐར་ཕྱིན་ནས། །སྐུ་དང་ཡེ་ཤེས་ཕྲིན་ལས་ལྷུན་གྱིས་གྲུབ། །སེམས་དང་སེམས་བྱུང་ཀུན་གཞི་བཅས་པ་ཀུན། །ཆོས་ཀྱི་དབྱིངས་སུ་འདུག་པ་རང་གཞི་འི་ཚེ། །
དབྱིངས་དང་ཡེ་ཤེས་གཉིས་མེད་རོ་གཅིག་གྱུར། །དེ་ཚེ་དག་པ་གཉིས་ལྡན་གྲོལ་ཀུན་གྱི། །ཤེས་ཀྱི་སྐུ་མེད་འོད་གསལ་སྙིང་པོ་རི་ངང་། །གནས་མ་ཀར་བླ་ན་དབྱིངས་སུ་ཐུབ་པ་ལྟར། །ཕྲ་བའི་ཡེ་ཤེས་མཁའ་དབྱིངས་བརྡོར

སེམས་ཉིད་ངལ་གསོ།

103

104

105

106

ཀིས་གཅིག་གཟིགས་མ་དེ་ཡིས་བསྡུས་པ་བརྗོད། །དེ་ལྟར་ཡིད་འོང་ཀུན་ནས་བཀོད་པ་ཡི་ཞིང་། །དགའ་བའི་གདུལ་བྱ་ཡིས་ཀྱང་མཐོང་མི་ནུས། །རང་སྣང་སྤྲོང་གཟུགས་བཞིན་དུ་བལྟས་མི་ཁྱབ། །དུས་གསུམ་རྒྱལ་བ་རྣམས་ཀྱི་རང་སྣང་ངོ་། །དེ་ཉིད་དངང་ལས
གདུལ་བྱའི་འཇིག་རྟེན་དུ། །འདུལ་བྱེད་སྟོན་པ་རིམ་ཀྱིས་སྣང་བ་ནི། །རང་བཞིན་འགྲོ་འདུལ་སྣ་ཚོགས་སྤྲུལ་པའི་སྐུ། །རྣམ་པ་གསུམ་གྱིས་འགྲོ་བའི་དོན་མཛད་དོ། །དེ་ཡང་རང་བཞིན་སྤྲུལ་སྐུའི་སྟོན་པ་ནི། །ཞིང་ཁམས་མངོན་དགའ་དཔལ་ལྡན་པདྨ་
བརྩེགས། །ལས་རབ་རྫོགས་པ་འོག་མིན་ཞིང་ཁམས་སུ། །རྣམ་སྣང་མི་བསྐྱོད་པ་སོགས་རིགས་ལྔའི་སྐུ། །མཚན་དང་དཔེ་བྱད་འོད་ཟེར་འབར་བར་བཞུགས། །ཞི་དང་ཁྲོ་ཚུལ་དཔག་མེད་རོལ་པ་འཆང་བས། །འགྲོ་བའི་དོན་[illegible]ལྷུན་གྱིས་གྲུབ་པར་མཛད། །དེ་ཡང་
ཡེ་ཤེས་ལྔ་ལྡན་འོད་ལྔའི་རང་བཞིན་ཏེ། །ཆོས་དབྱིངས་མེ་ལོང་མཉམ་ཉིད་སོ་སོར་རྟོག །བྱ་གྲུབ་ཡེ་ཤེས་རྣམ་པ་ལྔ་པོ་ཡང་། །རེ་རེའི་འཁོར་དུ་བཞི་བཞི་ལྡན་པ་སྟེ། །ཐམས་ཅད་རོ་མཉམ་གཅིག་གི་ངང་ཉིད་དོ། །ཆོས་དབྱིངས་ལ་ཡེ་ཤེས་ཤིན་ཏུ་[illegible]། གཟུང་
འཛིན་གྲོལ་བའི་མཐའ་ལས་འདས་པ་ཡིན། །མེ་ལོང་ཡེ་ཤེས་གསལ་ལ་[illegible]འཆར་གཞི་ཡི་ཚུལ། །ཡེ་ཤེས་ཀུན་གྱི་འབྱུང་གནས་ཆེན་པོ་ཡིན། །མཉམ་ཉིད་ཡེ་ཤེས་ཆོས་ཀུན་མཉམ་པའི་ངང་། །འཁོར་འདས་གཉིས་མེད་མཉམ་རྫོགས་ཆེན་པོ་ཡིན།
ཀུན་རྟོག་ཡེ་ཤེས་ཤེས་བྱ་མ་འདྲེས་མཁྱེན། །ཇི་སྙེད་ཇི་བཞིན་གཟིགས་པ་རྣམ་དག་ཡིན། །བྱ་གྲུབ་ཡེ་ཤེས་ཕྲིན་ལས་ལྷུན་གྲུབ་ཚོགས། །ཤེས་བྱ་ཀུན་ལ་ཐོགས་པ་མེད་པ་ཡིན། །གདུལ་བྱའི་འཁོར་ནི་ས་བཅུའི་སེམས་དཔའ་ལ། །ཆོས་ནི་ཉིང་

སེམས་ཉིད་ངལ་གསོ།

107

༄༅། །འཛིན་འོད་ཟེར་རབ་བཀྲེ་བས། །ས་དེའི་སྒྲིབ་པ་སྦྱོང་བའི་སྒོ་སྐྱེས་ནས། །[illegible] །[illegible]སྟོན་པ་རྣམ་དག་དང་། །བདག་ཉིད་ཁྱད་པར་མཐོང་ནས་སྒྲིབ་པ་སྦྱོང་། །ཀུན་ཏུ་འོད་ཀྱི་བར་དུ
འགོད་པ་སྟེ། །[illegible]བསྟན་པས་དོན་མཛད་དོ། །དུས་ནི་འགྲོ་གྲོལ་བར་དུ་རྒྱུན་མི་འཆད། །ལོངས་སྐུའི་ཞིང་ནི་འཁོར་མོར་སྣང་བ་ཡིན། །དེ་ལྟར་རིགས་ལྔ་ངེས་པའི་རང་བཞིན་ཡང་། །གདུལ་བྱ་གཏི་མུག་ཤས་ཆེར་སྤྱོད་པའི་ཚེ། །
ཞིང་ནི་འོག་མིན་སྟོན་པ་རྣམ་སྣང་[illegible]། །ཆོས་ནི་ཆོས་དབྱིངས་ཡེ་ཤེས་རྣམ་པར་དག །དེ་བཞིན་ཞེ་སྡང་སྤྱོད་ཕྱིར་མི་བསྐྱོད་ཞིང་། །[illegible] །ང་རྒྱལ་རིན་འབྱུང་འདོད་ཆགས་འོད་དཔག་མེད། །ཕྲག་དོག་སྤྱོད་ཕྱིར་དོན་གྲུབ་སྟོན་པ་ཡིན། །དེ་ལྟར་སྟོན་པ་ལོངས་
སྤྱོད་རྫོགས་ན་ཡང་། །འཁོར་སོགས་སྟོན་པ་ཉིད་ལས་གཞན་ཡིན་པས། །ཐམས་ཅད་ལོངས་སྤྱོད་རྫོགས་མིན་དེ་ཡི་ཕྱིར། །ཕྱེད་སྤྲུལ་ཉིད་དེ་རང་བཞིན་སྤྲུལ་པའི་སྐུ། །དག་པའི་འགྲོ་བ་རྣམས་ལ་སྣང་བ་ཡིན། །ས་རབ་གནས་རྣམས་[illegible]གདུལ་བྱ་གཞན
ལ་མིན། །དེ་ཕྱིར་[illegible]སྤྲུལ་པའི་སྐུ་ཞེས་བྱ། །ཞིང་དེ་འོད་མཉམ་ཡིད་འོང་གཞལ་མེད་ཁང་། །རིན་ཆེན་བརྒྱན་ལྡན་འོད་ཟེར་ཕྱོགས་ལ་འཕྲོ། །པདྨ་ལས་སྐྱེས་རྒྱལ་སྲས་དཔག་ཏུ་མེད། །ལོངས་སྤྱོད་སྣ་ཚོགས་འདོད་དགུའི་ཆར་པ་འབབ། །དུས
བ་དེར་ཆོས་གསུང་དྲི་མེད་གཡེར་ཁའི་སྒྲ། །དབང་བཅས་རིན་ཆེན་རྒྱལ་མཚན་རབ་ཏུ་མཛེས། །འདི་ནི་ཞི་བ་རང་བཞིན་སྤྲུལ་པ་ཡིན། །དེ་བཞིན་གྲོང་ཁྱེར་[illegible]འཁོར་དཔག་ཏུ་མེད། །[illegible] །དེ་རྟག

དབུ ༥༨

108

དཔལ་རིགས་ལྔའི་ཞིང་ཁམས་ཉིད། །གསང་སྔགས་སྒྲུབ་པ་རབ་ཏུ་སྣང་བ་ཡིན། །འདི་ནི་དེང་སང་བདེ་ཆེན་མཁའ་སྤྱོད་ཅེས། །མཁས་གྲུབ་རྣམས་ཀྱང་རབ་ཏུ་གྲགས་པ་ཡིན། །དེ་ཉིད་ངང་ལས་འགྲོ་འདུལ་སྤྲུལ་པའི་སྐུ། །འགྲོ་དྲུག་གནས་སུ་རང་རང་སྟོན
པར་སྣང་། །དེ་ཡང་བརྒྱ་བྱིན་ཐགས་བཟང་རིས་དང་ནི། །ཤཱཀྱ་ཐུབ་པ་སེང་གེ་རབ་བརྟན་དང་། །ཁ་འབར་[illegible]སྟེ། །ཐུབ་པ་དྲུག་གིས་ཕྱོགས་བཅུའི་ཞིང་རྣམས་སུ། །འགྲོ་བ་དྲུག་གི་རྒྱུད་དྲུག་སོ་སོར་སྦྱོང་། །དེ་ཡང་གཙོ་བོའི
གྲངས་ནི་སྤྲུལ་པ་དང་། །ཡང་སྤྲུལ་རྣམས་ནི་བསམ་གྱིས་མི་ཁྱབ་སྟེ། །ལྷ་ཡི་གནས་སུའང་གནས་རིས་སོ་སོ་རུ། །ཚངས་དང་[illegible]དུ། །རང་རང་འདུལ་བྱེད་སྟོན་པའི་ཚུལ་རྣམས་སྟོན། །[illegible]
ཉན་ཐོས་རང་རྒྱལ་བྱང་ཆུབ་སེམས་དཔའ་དང་། །རྒྱལ་པོ་ལ་སོགས་སྐུ་ཡི་[illegible]ཀུན་འདུལ། །ལྷ་མིན་གནས་སུའང་སོ་སོའི་འདུལ་བྱེད་དང་། །[illegible]སྣང་ཞིང་། །[illegible]ལ་སོགས། །སོ་སོའི
འདུལ་བྱེད་སྟོན་པ་[illegible]མི་ཁྱབ། །དེ་བཞིན་ཡི་དྭགས་དམྱལ་བའི་འཇིག་རྟེན་དུ། །རང་རང་མཐུན་པའི་གཟུགས་ཀྱིས་དོན་མཛད་དོ། །དེ་ལྟར་འགྲོ་འདུལ་རྣམས་ལ་ཡེ་ཤེས་གཉིས། །ཇི་ལྟ་ཇི་སྙེད་མཁྱེན་པའི་རྣམ་པ་སྟེ། །ཆོས་ཉིད་དང་ནི་ཆོས་ཅན
འདྲེས་པར། །སོ་སོར་མཁྱེན་ནས་གདུལ་བྱའི་དོན་གཉིས་མཛད། །ཇི་ལྟ་བའི་ཡེ་ཤེས་སྟོང་པའི་དོན་མཁྱེན་ནས། །འགྲོ་ལ་ཉེ་བར་ཞི་བའི་ཆོས་སྟོན་ཞིང་། །ཇི་སྙེད་ཡེ་ཤེས་སེམས་དང་དབང་པོ་སོགས། །[illegible]མཁྱེན་ནས་ཆོས་ཚུལ་བསམ་ཡས་སྟོན།།

སེམས་ཉིད་ངལ་གསོ།

109

༄། །འདི་ནི་མ་དག་འགྲོལ་སྣང་བ་སྐྱེ། །ཞིང་ནི་འགྲོ་དྲུག་འཇིག་རྟེན་ཕྲུག་བརྣམས་སུ། །སྟོན་པ་འགྲོ་འདུལ་རང་སྣང་མཐུན་པ་ཡིས། །ཆོས་ནི་མདོ་ལས་ཐེག་པ་སྣ་ཚོགས་ཉིད། །དུས་ནི་དུས་གྱུ་འཁོར་བ་མ་སྟོང་བར་སྟོན། །དེ་ལྟར
འགྲོ་དྲུག་འཇིག་རྟེན་ཕྲུག་པོ་ཡང་། །ལས་དང་བག་ཆགས་དགེ་སྡིག་རྒྱུ་འབྲས་ཀྱིས། །བདེ་སྡུག་མཐོ་དམན་རྣམ་པ་སྣ་ཚོགས་ཉིད། །སྟོན་པ་དྲུག་ཀྱང་འགྲོ་སེམས་རང་སྣང་སྟེ། །མི་ལམ་དང་ཡིད་ལས་རྒྱུ་སེམས་ཅན་བཞིན། །དོན་དམ་ཀྱང་
རྣམ་པ་མ་དག་པས། །སྣ་ཚོགས་སྣང་ལ་བརྟགས་མ་རྗེ་འི་རོལ་ལ་ཤར། །འདི་ནི་ཚད་མེད་ཐུགས་རྗེའི་སྒྱུ་མ་ཡིན། །ཕྱིན་པ་རྗེ་ཕྱིན་ཞིན་ལ་སྦྱོང་སྐུ་ཐེ་ཆད། །དེ་ཉིད་དང་ལས་སྣ་ཚོགས་སྤྲུལ་བའི་སྐུ། །སེམས་མེད་སེམས་པའི་རྩོལ་བ་ཀྱིས
སྣང་བསྐྱེ། །རིས་སུ་ཕྲིས་དང་དབང་རྒྱུར་དང་རང་བཙན་དང་། །ཡེ་ཤེས་ལས་ཚོགས་མཆོད་པ་འི་རྟེན་དང་བཅས། །བཅུ་དབག་བསམ་ཤིང་དང་སྐྱེད་ཚོས་ཚལ། །ཁང་བཟང་མཆོག་དང་ཀུན་དགའ་ར་བ་དང་། །སྒྲུབ་པ་འགྲོ་ང་དང་གསུག་ཟིངས
ཟམ་པ་དང་། །མར་མེ་ཟས་སྐོམ་གོས་བཞོན་བསྒོམས། །འགྲོ་བ་འི་དོན་ཐམ་ཕྱེད་པ་འི་སེམས་པ་ཡོར་སྣང་། །གནས་སྐབས་དགའ་སྐྱིད་བདེ་བ་འི་གནས་མཐོ་མཛད་ནས། །མཐར་ཐུག་ཞི་བ་བདེ་ལམ་ལ་འགོད་དཔས་མཁན། །སྣ་ཚོགས
སྤྲུལ་པ་འགྲོ་དོན་ལྷུན་གྱིས་གྲུབ། །གདུལ་བྱ་མེད་ན་འདུལ་བྱེད་དབྱིངས་སུ་ཐིམ། །རང་སྣང་ཡོངས་སྐུ་ཆོས་སྐུའི་ངང་དུ་ཐིམ། །ཆུ་སྣོད་མེད་ན་ཆུ་ཟླ་མཁའ་ལ་ཐིམ། །ཆོས་ཀྱི་དབྱིངས་ཀྱི་སྐུ་བ་དབྱིངས་སུ་ཐུབ། །གནས་ཀང

སེམ ༥༥

110

ཟླ་བ་འཆར་ལ་ཤེས་འགྲིབ་མེད་པ་བཞིན། །གདུལ་བྱ་ཡོད་ན་ཤར་བ་བཞིན་རི་མ་ལྟས་སྣང་། །འདི་ནི་འབྲས་བུ་ལྷུན་གྱིས་གྲུབ་པ་ཡིན། །དེ་ལྟར་ཞི་བ་མཆོག་གི་རང་བཞིན་གྱིས། །འགྲོ་ཀུན་སེམས་ཉིད་དོན
གསལ་དབྱིངས་གཞི་ལ་ཏེ། །ཕྱིན་ཞི་འི་མཐར་འཛིན་ཉེས་ཚའི་ཉིན་པ་ཡིས། །དུབ་པ་འི་སེམས་ཉིད་དེ་རིང་ངལ་སོས་ཤིག །རྫོགས་པ་ཆེན་པོ་སེམས་ཉིད་ངལ་གསོ་ལས། །འབྲས་བུ་ལྷུན་གྲུབ་བཅོས་པོའི
ལེའུ་སྟེ་བཅུ་གསུམ་པའོ།། །།དེ་ལྟར་ཡེ་གསལ་བ་ཞེད་པ་ཐོད་ནམ་གྲུབ་ཆེན་ལས། །ཞི་བ་དེ་ནི་རང་བཞིན་ཆར་ཀྱི་ཆོས་ལ་མངོན་པོས། །ཕས་གསུམ་འགྲོ་བ་འི་དགེ་ལེགས་ས་རང་ཆུས་ཏེ། །རྒྱལ
བའི་འཕྲུལ་ཚོགས་ལྷུན་གྱིས་གྲུབ་པར་ཤོག །དེང་སང་ཕལ་ཆེ་བློ་ཞིག་མ་དག་པས། །ཕྱོགས་དང་ཕ་རོལ་ཕྱིན་གཞུང་ལོག་ལོག་ཤེས་ཀྱིས། །ངག་ཡེ་བར་འཛིན་པས་གཅིག་ཏུ་སྨྲད་མི་ཤེས། །དེ་ཕྱིར་དེ

ཀེ་སེམས་ཉིད་ངལ་གསོ

111

༄། །དགག་སྒྲོགས་རེ་འི་མིག་ཅན་ཡིན། །འདི་ར་ནི་རྒྱུ་འབྲས་ཐེག
ཆེན་དཀར་ཕྱོགས་རྒྱན་རྫོང་གནས་སུ། །དྲི་མེད་འོད་ཟེར་ཞ་རབས་ཡོགས་པ་ར་བཀོད། །
ཐེ་བ་ནས། །སྐུ་དང་ཡེ་ཤེས་འདུ་འབྲལ་མེད་པ་ཡིས། །ཕྱོགས་དུས་ཀུན་དུ་བཀྲ་ཤིས
སྤེལ་དང་ཚེ་ཆེན་པོ་ཕྱོགས་རྣམ་མཆོག་གླིང་གི་ཡང་རྩེར་ཕུལ་བརྒྱ་དང་བའི་རྣལ་འབྱོར་པ་དྲི་མེད་འོད་ཟེར

ཨ། །མཁས་པ་རྒྱལ་བའི་མཆོད་རྟེན་ཆེ།

པའི་ཟབ་དོན་མཆོག །གཅིག་ཏུ་བསྡུས་ནས་ཉམས་སུ་ལེན་པའི་ཐབས། །གདམས་རི
དགེ་བདེ་ཡིས་ཕྱིན་པའི་སེམས་ཅན་རྣམས་ལ། །མཐུ་ཉེར་བཞི་རི་བོ་འཕང་དམ་ཆོས
བྱེད་པར་ཤོག །རྫོགས་པ་ཆེན་པོ་སེམས་ཉིད་ངལ་གསོ་ཞེས་བྱ་བ། དཔལ་ལྡན་རྒྱན་གྱི
ཤིས་གཞིས་ཀྱི་བཤོད་དཀར་ཤེལ་བསྒྲུབ་ཏུ་ལེགས་པར་སྦྱར་བ་རྫོགས་སོ།། །།དགེའོ། །དགེའོ། །དགེའོ།།

ངལ་གསོ་སྐོར་གསུམ་སེམས་ཉིད་ངལ་གསོ། ༥༨

《大圓滿心性休息三住三善導引菩提妙道》藏文本

441

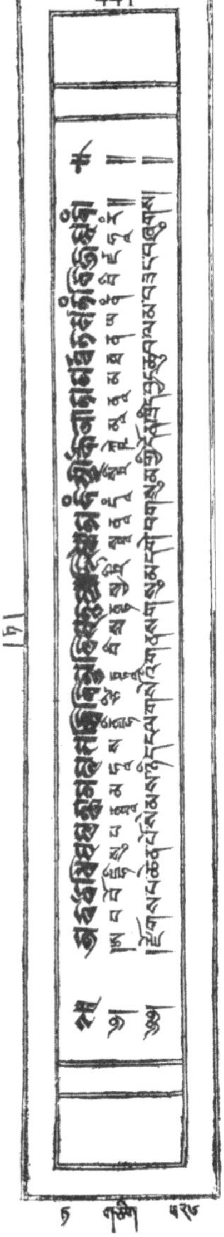

442

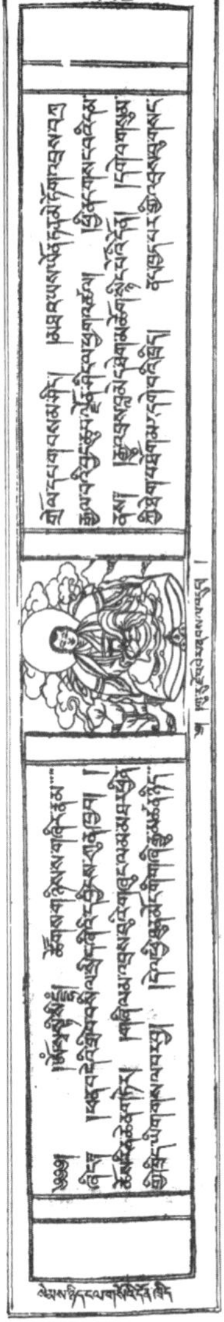

443

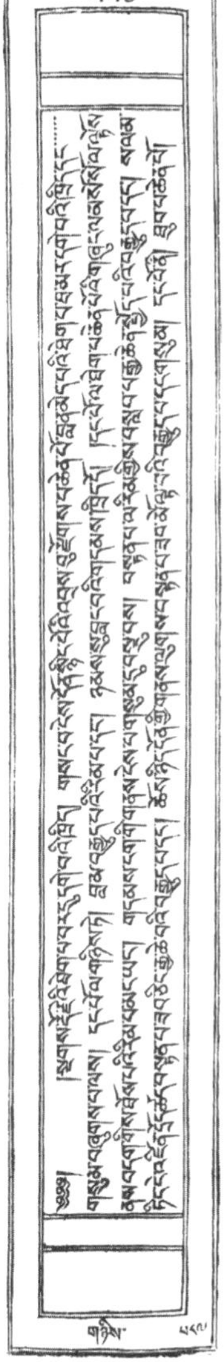

444

འཛམ་དཔལ། ཤི་བ་ལྷ། ཨེ་ལ་ཧཱུ་རི། མ་དྷུ་ཤྲཱི། ར་ཏྣ། ཧྲུ་བ་བརྡ། ཧྲུམ་ཀཱུ་ཧྲི། དཱི་པཾ་ཀ་ར། རྒྱུ་མ་ཧེ། ཤཱནྟི་བ་ཟླ་ལྡན་ཤེས་རབ། ཆོས་སྐྱོང་བ
ཆོས་ཀྱི་སྐུ་མ། སྐུ་མཆོག་ཀྱི་སེང་གེ། དབང་བཙུན་པ་དར་མ་བགྲ་ཤེས། ཤེས་རབ་སྒྲོན་གྲགས། ཤེས་རབ་དབང་ཕྱུག །སངས་རྒྱས་བརྩོན་འགྲུས
དགེ་འདུན་དགེ་ས་བུ་ཀུ་སེང་གེ། བླ་བྲང་བ་ཆོས་དཔལ་རྒྱལ་མཚན། བསམ་ཡས་པ་བརྩོན་ཁྲིམས་བློ་གྲོས། གཉིས་པའི། ཧུ་བ། ཏམ་ས་པ། ཐོ་བ
མེ་ཏྲ། དྷི་ཀ་ཀཱི་ཏྲ། འཕགས་པ་ནམ་མཁའ་སྐྱོང་ཡས། བརྩོན་འགྲུས་ནམ་མཁའ་སྐྱོང་ཡས། མཆོག་གི་སྐྱེ། དྲལ་བའི་སྐྱེ། ནམ་མཁའ་སྙིང་པོ་མཛད་བཟང་པོ། སེང

445

༄༅། །ཀེ་བ་ཟང་པོ། སངས་རྒྱས་ཡེ་ཤེས་ཞབས། གུ་ཎ་མི་ཏྲ། རཏྣ་བཛྲ། འཇམ་དྲུག་གསུམ་པ། བློ་ལྡན་ཤེས་རབ། འགྲེ་ཤེས་རབ་འབར། ཡར་ཀླུང་ཆུ་བ་ཡེ་ཤེས། ཁྱུ་ཤེས་རབ
བརྩོན་འགྲུས། དཀར་ཆུང་རིང་མོ་བ། ཞང་གཡེ་པ། གཉལ་ཞིག །རྒྱ་ཕྱིད་རུ་པ། རྒྱ་མིག་པ་སེང་གེ་དཔལ། བློ་གྲགས་པ། དེ་ལ་བརྩོན་འགྲུས་དགོན་པ་དང་། དཔོན་དགེ་བ་གཉིས། དེ་གཉིས་ལ་བླ་བྲང་པ
དང་། ཆོས་གྲགས་གཉིས་པོས། དེ་གཉིས་ལ་བདག་གིས་ཞུས་སོ། །གསུམ་པའི། སངས་རྒྱས། འཇམ་དབྱངས། འཕགས་པ་ཀླུ་སྒྲུབ། ཟླ་བ་གྲགས་པ། རིག་པའི་ཁུ་བྱུག །ཀུ་སཱ་ལི་པ་ཆེ་བ།
ཆུང་བ། ཛེ་ཏཱ་རི། བལ་པོ་ཕམ་ཐིང་པ་ཛ། ཨ་བྷྱ་ཀཱ་ར། བྱང་ཆུབ་སེམས་དཔའ་ཟླ་བ་རྒྱལ་མཚན། གྲོ་ལུང་པ་ཆེན་པོ། ཕྱི་བོ་ལྷས་པ་བྱང་ཆུབ་འོད། རྨ་ཤཱཀྱ་སེང་གེ། མཆིམས་ནམ་མཁའ་གྲགས།
མཁན་པོ་སློབ་ཚུལ། སློབ་དཔོན་བྱང་ཆུབ་གྲུབ། སློབ་དཔོན་གཞོན་ནུ་རྡོ་རྗེ། དེས་བདག་ཡང་ལ་བ་ཡང་དག་གི་དབང་པོ་ལའོ། །གཞན་ཡང་རྗེ་བོ་བཀའ་བརྒྱུད་ཀྱི་བརྒྱུད་པ་འདུ་ཡོད་དེ་མ་སྤྲོས་སོ། །ཡོན་ཏན
རང་བཞིན་བདེ་ལེགས་ལྷུན་གྲུབ་མཆོག །འབྲི་ཤེས་མཆོག་གི་ལྷ་ཡི་ལྷ་ར་རྒྱུ་རབ། །ཐུགས་རྗེ་རིང་བཞིན་ཞབ་བདེའི་སྤྱིན་ཚོགས་ཅན། །དཔལ་ལ་མགོན་བླ་མའི་ཚོགས་ལ་གུས་ཕྱག་འཚལ། །དོན་གཉིས

446

ཉམས་སུ་བླང་བའི་གདམས་ཁྲིད་ལ། དལ་འབྱོར་རྙེད་དཀའ་བ། ཚེ་མི་རྟག་པ། འཁོར་བའི་སྡུག་བསྔལ། ལས་རྒྱུ་འབྲས། དགེ་བའི་བཤེས་གཉེན་བསྟེན་པ། སྐྱབས་སུ་འགྲོ་བ། ཚད་མེད་བཞི།
བྱང་ཆུབ་མཆོག་ཏུ་སེམས་བསྐྱེད་པ་བསྒོམ་བཟླ་དང་བཅས་པ་ལ་རྡོ་རྗེའི་གནས་བརྒྱད་ལས། དང་པོ་ལ་བརྒྱུ་སྟེ། དོན་དལ་བ་བསམ་པ། ཁྱད་པར་འབྱོར་པ་བསམ་པ། དཀའ་འགྲོ་རིག་ཡང་ས་བསམ་པ།
ཐོབ་དཀའི་དཔེ་ལ་བསམ་པ། རིམ་པའི་ནུམ་དབྱེ་བསམ་པ། དོན་མེད་ཆུད་ཟོས་བསམ་པ། རྒྱུ་རྐྱེན་རྙེད་འབྲེལ་བསམ་པ། སྐྱེ་ཤི་འཕོ་འཁོར་མོ་བསམ་པ། དལ་འབྱོར་བསྟུགས་པ་བསམ་པ། སྙིང་དགའ
མཆོག་ཏུ་བསམ་པའོ། །དང་པོ་ནི། མི་ཁོམས་པའི་གནས་བརྒྱད་བསམ་པ་སྟེ། རང་ཉིད་དེ་རིམ་ལུང་བས་ཁྱོད་ལ་བ་ཐོབ་པ་ལ་དགའ་བ་བསྐྱེད་དེ་ཆོས་བསྒྲུབ་པ་ལ་བརྩོན་པར་བྱའོ། །དེ་འང་དམྱལ་བར
སྐྱེས་ན་ཚ་གྲང་གི་སྡུག་བསྔལ་ལ་སྤྱོད་སྤྱོད་ནས་ཆོས་སྒྲུབ་པའི་གནས་མེད། ཡི་དྭགས་སུ་སྐྱེས་ན་བཀྲེས་སྐོམ་གྱི་མེ་འབར་བས་ཆོས་སྒྲུབ་པའི་གནས་མེད། དུད་འགྲོར་སྐྱེས་ན་གཅིག་ལ་གཅིག་ཟ་ལ་སོགས
པས་བཅེ་བས་ཆོས་སྒྲུབ་པའི་གནས་མེད། ལྷ་ཚེ་རིང་པོར་སྐྱེས་ན་འདུ་ཤེས་མེད་པའི་ངང་དུ་བསྐལ་པ་རབ་འབྱམས་ནས་འཆི། ཁར་ལོག་པར་བལྟ་བས་ཆོས་སྒྲུབ་པའི་གནས་མེད། ཡུལ་མཐའ་འཁོབ་ཏུ་སྐྱེས་ན

447

ཞི ༧༩

༄༅། །བསྟན་པའི་སྣང་བ་མེད་པས་ཆོས་སྒྲུབ་པའི་གནས་མེད། མུ་སྟེགས་བྱེད་ལ་སོགས་པར་སྐྱེས་ན་ལོག་པ་རང་ལྟ་བས་ཆོས་སྒྲུབ་པ་འགག་ནས་མེད། སྨན་པའི་བསླབ་པ་ལ་སྐྱེས་ན་དཀོན་མཆོག
གསུམ་གྱི་སྒྲ་མི་གྲགས་པས་ཆོས་སྒྲུབ་པའི་གནས་མེད། ལྐུགས་པར་སྐྱེས་ན་ཡིད་ཀྱི་དབང་པོ་སྤྱོད་དུ་མི་རུང་བས་ཆོས་སྒྲུབ་པའི་གནས་མེད་དོ། །དེ་བས་ན་བརྒྱད་པོ་དེ་རང་ལྟར་བདག་མ་སྐྱེས་པས་ཐོས་པ
ཞེས་བྱ་སྟེ། ཆོས་སྒྲུབ་པ་ལ་བརྩོན་པར་བྱ་སྙམ་པ་སྟེ། དེའང་སྔོན་དུ་སྐྱབས་འགྲོ་བ་དང་སེམས་བསྐྱེད་ནས། མི་ཁོམ་པ་བརྒྱད་དང་དེ་ལས་ལོག་པ་དལ་བ་ཐོབ་པའི་རང་བཞིན་ལ་བསམ་སྟེ་ཆོས་ཁོ་ན་བྱ་སྙམ་པ
ཡང་ནས་ཡང་དུ་བསམས་ལ། རྗེས་དགེ་བ་བསྔོ་ཞིང་སྨོན་ལམ་ཐམས་ཅད་དུ་ཡང་དེ་ལྟར་བསམ་པ་ལ་སྦྱར་རོ། །ཁྲིད་ཀ་ར་དང་པོའོ། །དེ་ནས་འབྱོར་པ་ར་འབྱོར་བ་བསམ་པ་ནི། མི་ཡི་ལུས་ལ་ཐོབ་ན་ཆོས་འབྱུང་མེད
པ་ལས། མིར་སྐྱེས་པས་ཀྱང་རང་ཉིད་འབྱོར་པ་དང་། ཡུལ་ལྗོངས་ཆོས་མེད་པར་སྐྱེས་ན་འང་ཆོས་སྤྱོད་དུ་མེད་པ་ལས། ཆོས་དར་བའི་དོན་གྱི་ཡུལ་དབུས་སུ་སྐྱེས་པས་ཀྱང་རང་ཉིད་འབྱོར་པ་དང་། དབང
པོ་མ་ཚང་ན་འང་ཆོས་འབྱུང་མེད་པ་ལས། དབང་པོའི་སྐྱོན་ཚང་བས་ཀྱང་རང་ཉིད་འབྱོར་བ་དང་། ལས་ཀྱི་མཐའ་བ་ལོག་ནས་རྟག་ཏུ་མི་དགེ་བ་ལ་སྤྱོད་ན་འང་ཆོས་འབྱུང་མེད་པ་ལས། ལས་ཀྱི་མཐའ་རམ་ལོག་པར

448

དགེ་བ་ལ་མོས་པས་ཀྱང་རང་ཉིད་འབྱོར་བ་དང་། བསྟན་པ་ལ་མ་དད་ན་འང་ཆོས་སྤྱོད་དུ་མེད་པ་ལས། སངས་རྒྱས་ཀྱི་བསྟན་པ་ལ་དད་པས་ཀྱང་རང་ཉིད་འབྱོར་བ་སྟེ་ལྔ་ཚང་ངོ་། །སངས་རྒྱས་འཇིག
རྟེན་དུ་མ་བྱོན་ན་ཆོས་ཀྱི་མིང་མེད་པ་ལས། ད་རེས་སངས་རྒྱས་བྱོན་པས་ཀྱང་གཞན་འབྱོར་དམ་པ་ཚང་བ་དང་། སངས་རྒྱས་བྱོན་ཡང་ཆོས་མ་གསུངས་ན་ཕན་མེད་པ་ལས། ཆོས་ཀྱི་འཁོར་ལོ་གསུམ་དུ
བསྐོར་བས་ཀྱང་གཞན་འབྱོར་དམ་པ་ཚང་ང་དང་། ཆོས་གསུངས་ཀྱང་བསྟན་པ་མི་གནས་ན་ཕན་མེད་པ་ལས། ད་ལྟ་བསྟན་པ་མ་ནུབ་ཅིང་ཡོད་པས་ཀྱང་གཞན་འབྱོར་དམ་པ་ཚང་ངོ་། །བསྟན་པ
གནས་ཀྱང་རང་ཉིད་ཞུགས་རྒྱུ་མེད་པ་ལས། བསྟན་པ་ལ་ཞུགས་པས་ཀྱང་གཞན་འབྱོར་ཚང་བ་དང་། ཞུགས་ཀྱང་མཐུན་རྐྱེན་དགེ་བའི་བཤེས་གཉེན་མེད་ན་སྣང་བ་དོན་གྱི་གནས་མི་ཤེས་པ་ལས། ཡང་དག་པ་དགེ
བའི་བཤེས་གཉེན་གྱིས་རྗེས་སུ་བཟུང་བ་ཡི་ཐུགས་རྗེ་ལ་ཡོངས་སུ་འཛིན་པ་ཡོད་པས་ཀྱང་གཞན་འབྱོར་དམ་པ་ཚང་བས་སོ། །དེ་ལྟར་འབྱོར་པ་ཡི་ཕུན་སུམ་ཚོགས་པ་བཅུ་ལྡན་གྱིས་སྐྱེད་དུ་ལེགས་པར
ཚང་བའི་སྐབས་འདི་ར་སྙིང་ནས་ད་འབྱོར་དོན་ཡོད་པར་བྱ་སྙམ་པ་སྟེ། སྔོན་དུ་སྐྱབས་འགྲོ་སེམས་བསྐྱེད། དངོས་གཞི་འབྱོར་པའི་རྒྱུ་མཚན་བསམས་པ། རྗེས་བསྔོ་བ་དང་སྨོན་ལམ་རྣམ་པ་སྦྱོར་བའོ༎

449

ཞི ༨༠

༄༅། །ཁྲིད་ཀ་ར་གཉིས་པའོ། །དེ་ནས་ངན་འགྲོའི་གཡང་ས་ནས་ཐར་པ་ནི། ད་རེས་དལ་འབྱོར་ཐོབ་པའི་རྟེན་ལ་དམ་པའི་ཆོས་ཤིག་མ་བསྒྲུབ་ན་ལས་ཀྱི་དབང་གིས་ཤི་བའི་འོག་ཏུ་ངན་སོང་གསུམ
དུ་སྐྱེས་ནས་ཆོས་ཀྱི་སྒྲ་ཡང་མི་ཐོས། དགེ་བའི་བཤེས་གཉེན་དང་ཡང་མི་མཇལ། དགེ་སྡིག་གི་ངོ་ཡང་མི་ཤེས། གང་ཅི་བྱེད་ཐམས་ཅད་སྡིག་པ་མ་གཏོགས་པ་དགེ་བ་མེད་པས། རྟག་ཏུ་འཁོར་བ་ནས་འཁོར་བ
འདི་མཚང་རེ་ཆེ་ན་ཡང་དམ་པ་སྟེ། སྦྱོར་བ་དངོས་གཞི་མཇུག་གི་རིམ་པ་གསུམ་གྱིས་ཉམས་སུ་དེ་ལྟར་བླང་ངོ། །ཁྲིད་ཀ་ར་གསུམ་པའོ། །དེ་ནས་ཐར་པ་དཀའ་བ་འདི་ལ་བསམ་པ་ནི། རྒྱ་མཚོ་ཆེན་པོ་རླུང་གིས་བསྐྱོད་པའི
སྟེང་ན་གཉའ་ཤིང་བུག་གཅིག་པ། གཅིག་ཏུ་མི་གནས་པར་རྒྱུའི་རླབས་ཀྱིས་འཕྱེར་བ་དང་རྒྱུའི་འོག་ན་རུས་སྦལ་ཞར་བ་ལོ་བརྒྱ་བརྒྱ་ན་སྟེང་དུ་ལན་ཅིག་འོང་བ་དེ་བརྫེམ་ནས། གཉའ་ཤིང་གི་བུག་པར་རུས
སྦལ་གྱི་མགྲིན་པ་ཚུད་པ་བས། དལ་འབྱོར་ལས་མི་ལུས་ཐོབ་པ་དཀའ་བ་དང་། གྱང་གི་ཞལ་བ་བཙམ་པོ་ལ་ཡུངས་འབྲུ་གང་གཏོར་བ་གཅིག་ཙམ་ཆགས་པ་ཡང་དཀའ་བ་བས་མི་ལུས་ཐོབ་པ་དཀའ་བ་བས་མ་སྟེ
ཕྱིར་དངོས་རྗེས་གསུམ་ཚང་བས་ཉམས་སུ་བླང་ངོ། །ཁྲིད་ཀ་ར་བཞི་པའོ། །དེ་རིམ་པ་བཞི་ནམ་དུ་བྱེད་པ་ལ་བའི། ཕྱིར་སེམས་ཅན་ཙམ་གྱི་རིམ་པ་དང་འབྲེལ་ལ་བབས་མས་ན་མི་ལུས་ཐོབ་པ་སྲིད་བཙམ་ལ། མི

450

ལའང་ཆོས་མེད་པ་རྟག་ཏུ་ཐེག་པ་ལ་སྤྱོད་པ་རྣམས་ལ་བསམས་ནས། ཆོས་ལ་མོས་པ་དང་ཆོས་ཐོས་པ་སྲིད་པ་ཙམ་སྟེ། དེ་ལས་ཀྱང་སྙིང་ནས་ཡང་དག་པའི་ཆོས་ཀྱི་སྒོར་ཞུགས་པ་དང་སྤྱོད་པ་སྲིད་པ་ཙམ་ལ་
བསམས་ཏེ། ཡང་དག་པའི་བླ་མ་དང་མཇལ། ཟབ་མོའི་ཆོས་ཐོས། ཐར་པའི་ལམ་ལ་བསླབ་ཏུ་ཡོད་པའི་མི་ལུས་རིན་པོ་ཆེ་ཐོབ་པ་འདི་ལ་འབད་དགོས་སྙམ་དུ་སྦྱོར་དངོས་རྗེས་གསུམ་མཚང་བས་ཉམས་སུ་
བླང་ངོ་། །ཤིན་ཏུ་བསྡུ་བའོ། །དེ་ནས་དོན་མེད་ཆུད་ཟོས་པ་བསམ་པ་ནི། ནོར་བུ་ཡིད་བཞིན་གྱི་གླིང་དུ་ཕྱིན་ནས་སྟོང་པ་རང་ལོག་ན་རྒྱ་མཚོར་ཕྱིན་པ་དོན་མེད་པ་ལྟར། དེ་ལྟར་མི་ལུས་རིན་པོ་ཆེའི་གླིང་དུ་ཕྱིན་ནས། དམ་པའི་ཆོས་
ཀྱི་ནོར་སྣ་རེ་མ་བླངས་ན། ཐར་པ་ཡི་ལམ་མ་བསྒྲུབས་ན། ཚེ་འདིའི་བྱ་བས་གཡེངས་ནས་མི་ལུས་རིན་པོ་ཆེ་ཐོབ་པ་འགྱུར་སྟོང་ལོག་འགྲོ་བ་ཡིན་སྙམ་དུ་སྦྱོར་དངོས་རྗེས་གསུམ་མཚང་བས་ཉམས་སུ་བླང་བ་ནི་དལ་འབྱོར་བསམ་
པའོ། །ཤིན་ཏུ་བསྡུས་པའོ། །དེ་ནས་རྒྱུ་མཚན་ཉེ་བར་བསྒྲུབ་པ་བསམ་པ་ནི། དམ་ཆོས་སྒྲུབ་པ་ལ་སེམས་ཡར་གཅིག་ཏུ་སེམས་དེ་དལ་འབྱོར་ཀྱི་ལུས་ལ་བརྟེན་ནས། མཐུན་པའི་རྐྱེན་འབྲེལ་ཚོགས་པ་འདི་དཀའ་བས། ནད་
མེད་པ་དང་སྡུག་བསྔལ་ཀྱིས་མ་གཟིར་བ་དང་། གཞན་དབང་དུ་མ་གྱུར་པ་དང་། རང་དབང་ཐོབ་པའི་རྐྱེན་ཚང་བ་ཅིག་ཀྱང་ཆོས་ལ་འབད་དགོས་སྙམ་པ། སྦྱོར་བ་སྐྱབས་འགྲོ་སེམས་བསྐྱེད་ཀྱིས་ཏེ། ཡང་དང་

སེམས་ཉིད་ངལ་གསོའི་ཁྲིད

451

༄། །ཡང་དང་སྙིང་ནས་དྲང་དྲང་བསྒོམ་ལ་རྗེས་འཐོབ་དང་སྤྱོད་ལམ་ཐམས་ལ་བསྒྱུར་དུ་བྱའོ། །ཤིན་ཏུ་བསྡུ་བའོ། །དེ་ནས་སྐྱེ་ཤིའི་ཞེན་ལོག་བསམ་པ་ནི། འདི་ལྟར་སེམས་ཅན་ཐམས་ཅད་ཁམས་
གསུམ་རིགས་དྲུག་ཏུ་སྐྱེ་ཤིའི་ཁ་བ་རྒྱུད། སོ་སོའི་སྡུག་བསྔལ་ལ་སྤྱོད་ཀྱང་། ད་དུང་དུས་འདི་ཙམ་ན། ཐར་ཞི་མཐའ་མེད་པས། དལ་འབྱོར་ཐོབ་དུས་ཆུང་གསན་ཅིང་ཆོས་ལ་མ་བསྒྲུབ་པ་ལ་མཐུན་པར་
འདུག །བདག་གིས་དལ་འབྱོར་དོན་ཡོད་པར་བྱ་སྙམ་དུ་སྦྱོར་དངོས་རྗེས་གསུམ་གྱིས་ཉམས་སུ་བླང་ངོ་། །ཤིན་ཏུ་བཅུད་བསྡུས་སོ། །དེ་ནས་དལ་འབྱོར་ཀྱི་བརྟག་པ་བསམ་པ་ནི། ཉན་རང་གི་དགྲ་བཅོམ་དང་།
སངས་རྒྱས་ཀྱི་བྱང་ཆུབ་ཀྱང་དལ་འབྱོར་ཀྱི་རྟེན་ལས་ཐོབ་ཅིང་། གསང་སྔགས་ཀྱི་ཆོས་རྣམས་ཐོབ་ཆེ་འདོད་དལ་འབྱོར་ཡོན་ཏན་ལས་འགྲུབ་ལ། ཐེག་པ་ཆེ་ཆུང་གི་ཆོས་ཐམས་ཅད་ཀྱི་རྟེན་དལ་འབྱོར་འཕགས་པར་
གསུངས་པའི་ཕྱིར། བདག་གིས་ཀྱང་ད་རེས་ཐར་པའི་ལམ་ལ་དལ་འབྱོར་འདི་ལས་ཞེན་པ་རྒྱུ་དགོས་སྙམ་དུ་སྦྱོར་བ་སེམས་བསྐྱེད་ནས་ཡང་དང་ཡང་དུ་བསམ་ནས་མཇུག་རྗེས་བསྔོ་བ་བྱའོ། །ཤིན་ཏུ་དགུ་པའོ། །དེ་
ནས་སྤྲོ་དགའ་མཆོག་ཏུ་བསམ་པ་ནི། སྐྱབས་སུ་འགྲོ་བ་དང་སེམས་བསྐྱེད་ནས། ཐོབ་པ་ལ་ཆེར་སྤྲོ་ཉིད་པའི་དགའ་བ་ལྟར། རང་གི་དལ་འབྱོར་ཉིད་པ་ལ་ལྟ་ཞིང་ཀྱི་ལམ་ཡིན་ནམ། དེས་པ་རབ་དེ་ཉམས་

452

སྔ་མ་ལྟར་སྤྲོ་དགའ་ཆེན་པོ་བསྐྱེད་དོ། དེས་དམ་པ་ཆོས་སྒྲུབ་བསམ་པ་ཡང་ནས་ཡང་དུ་བྱ་ཞིང་རྗེས་བསྔོ་བ་དང་སྤྱོད་ལམ་ཀྱི་རྣལ་འབྱོར་དུ་བྱའོ། །ཤིན་ཏུ་བཅུ་པའོ། །དོན་གཉིས་པ་ཚེ་མི་རྟག་པ་བསམ་པ་ལ་
བཅུ་གཉིས་ཏེ། རྟེན་སྣོད་པོ་ལ་བསམས་པས་ཏེ་མི་རྟག་པ། སྐྱེ་དགུའི་བདག་པོ་ལ་བསམས་ཏེ་མི་རྟག་པ། སྟོན་པ་དམ་ཆགས་འཇིག་ལ་བསམས་ཏེ་མི་རྟག་པ། དམ་པའི་སྐྱེ་བོ་ལ་བསམས་ཏེ་མི་རྟག་པ། ནམ་འཆི་ངེས་
མེད་པ་ལ་བསམས་པས་ཏེ་མི་རྟག་པ། འདུས་བྱས་ཀྱི་རང་བཞིན་ལ་བསམས་པས་ཏེ་མི་རྟག་པ། འཆི་རྐྱེན་གྲངས་པོ་ལ་བསམས་པས་ཏེ་མི་རྟག་པ། གཅིག་ཤུར་འགྲོ་བ་ལ་བསམས་པས་ཏེ་མི་རྟག་པ། དུས་ཀྱི་སྐྱེ་བོ་ལ་བསམས་པས་
ཏེ་མི་རྟག་པ། ཡིད་བརྟན་མེད་པ་ལ་བསམས་པས་ཏེ་མི་རྟག་པ། རྐྱེན་སྣང་ངེས་མེད་པ་ལ་བསམས་པས་ཏེ་མི་རྟག་པ། འདུན་པ་དྲག་པོ་ལ་བསམས་པས་ཏེ་མི་རྟག་པའོ། །དང་པོ་ནི། རང་དང་གཞན་ཀྱི་ལུས་ཡན་ལག་དང་ཉིང་ལག་
ཏུ་ཚོགས་པ་ལ་བལྟས་ཏེ། ད་ལྟ་མཚུངས་པ་ཟས་ནོར་བསྟེན། རྒྱན་དང་ཕྱི་དྲོ་ཀྱང་། ནམ་ཞིག་འཆི་བའི་དུས་སུ་གཅེར་བུ་གོས་དང་བྲལ། སྐེ་སྦྲེལ་སྐྱོང་བར་བཏགས། ཁྱི་དང་བྱ་རྒོད་ཀྱིས་ཟ། ཡན་
ལག་དང་ཉིང་ལག་འཐོར། རུས་པ་འདང་རྣམ་ཕུད་དང་རྡུ་འགྲོ་བའི་གནས་ཡོད་སྐབས་ཡོད་ན། དེ་བས་ན་ད་ལྟ་ཉིད་ནས་དམ་པའི་ཆོས་སྒྲུབ་དགོས་སྙམ་དུ་སྦྱོར་དངོས་རྗེས་གསུམ་ཚང་བས་ཉམས་སུ་བླང་ངོ་། །

སེམས་ཉིད་ངལ་གསོ་བའི་ཁྲིད

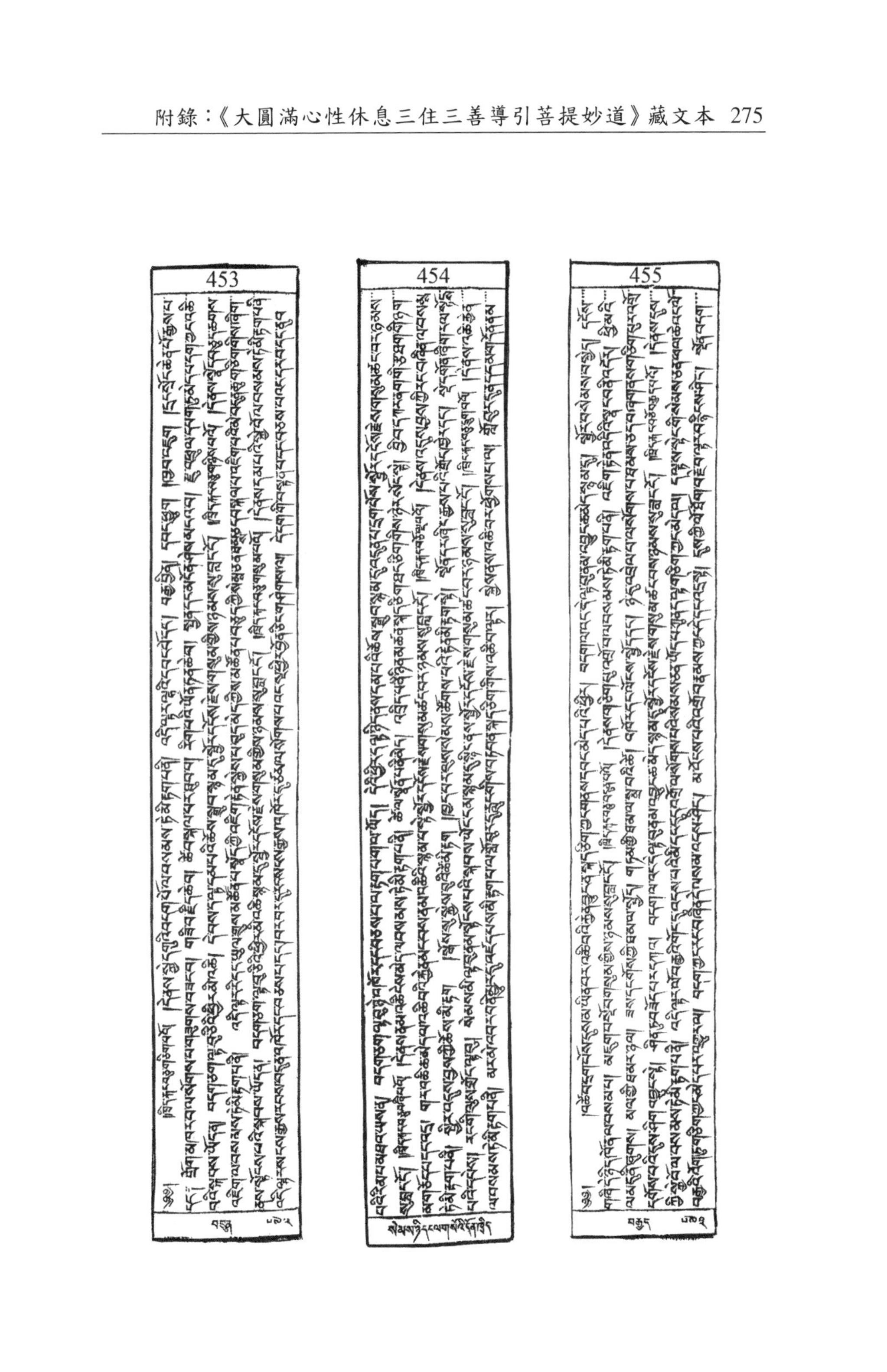

453

454

455

456

སེམས་ཉིད་ངལ་གསོའི་དོན་ཁྲིད

ཀྱིས་བཙལ་བ་འི་ཡུལ་ལ་སྐྱེ་ཞིང་མི་ཁྱིམ་མཆོག ། གྲོགས་གཉེན་འདུན། སྙིང་རྗེ་ལྡན་གས། དགྲ་སྡང་བ་བྲན་དང་སྤུན་སྲིད་ལ་སོགས་པ་མེད་པ་ལ་བབས་མས་ཏེ་སྦྱོར་དངོས་རྗེས་གསུམ་གྱིས་ཉམས་སུ་བླང་ངོ་།
ཁྲིད་རྣམ་པ་བཅུ་དགུ་པའོ། །དེ་ནས་ཡིད་རྟེན་མེད་པ་ལ་བབས་མ་སྟེ་མི་རྟག་པ་ནི། རི་བོ་ཟོམ། རྒྱ་མཚོ་འི་ནང་། བར་སྣང་གི་ཁམས་ལ་སོགས་པ་ལས་བྱོལ་ས་དང་འདུགས་ས་ཡི་ལྟ་བུ་ནང་འཆི་བས་མི་ཐུབ་པ་གཅིག
གཞུང་མེད་པར། དུས་དང་རྣམ་པ་ཡིན་པ་འི་རྒྱུ་རྐྱེན་གྱིས་འཆི་ལ། ཁྱད་པར་དུ་ཞི་ཡུལ་ན་འཆི་རྐྱེན་གྱི་འཚོ་བ་ཞིན་ཅུ་མང་བ་འི་ཕྱིར་ནམ་འཆི་བ་མི་ཤེས། སྦྱོར་དངོས་རྗེས་གསུམ་གྱིས་ཉམས་སུ་བླང་ངོ་།
ཁྲིད་རྣམ་ཉི་ཤུ་པའོ། །དེ་ནས་རྒྱུན་སྣང་ངེས་མེད་ལ་བབས་མས་ཏེ་མི་རྟག་པ་ནི། འཆི་རྐྱེན་གློ་བུར་བ་མེད་ཀྱང་དུས་བ་ཀ་འི་ཤི་བ་སོ་རྐྱར་འཆི་བ་དག་པོ་དེ་ན། དུག་དང་། མཚོན་དང་། མེ་དང་། ཆུ་དང་། དགྲ་དང་། ནད་དང་།
གདོན་དང་། ཐབ་རྒྱ་ལ་སོགས་སྒྱུ་ཕྲད་ལ་མ་ཉེས་པས་ཀྱང་རྒྱུན་ཅུ་ཏེ་འཆི་བ་ཞིན་ཅུ་མང་བས། བདག་ཀྱང་ནམ་འཆི་ནམ་སྐྲམ་དུ་སྙིང་ཐག་པ་ནས་སྦྱོར་དངོས་རྗེས་གསུམ་ཚང་བས་ཉམས་སུ་བླང་ངོ་། །ཁྲིད་རྣམ་ཉེར་གཅིག
གཅིག་པའོ། །དེ་ནས་འདུན་པ་བྲག་པོ་ལ་བབས་མས་ཏེ་མི་རྟག་པ་ནི། གཞན་དུ་འཕྲོན་དང་ཞེས་འཆི་བ་མ་གནས་པ་དེར་ཡང་ལོག་ཆ་མེད་དོ་སྙམ་པ་དང་། ལམ་དུ་ཞུགས་པ་དང་དང་ལ་ལྟེགས་ལ་སྡོད་ཅན་ནང་འདི་ར་འཆི་བ་མ་སྙམ

457

ཀ ༤༥༧

༄། །པ་དང་། གདན་བདུག་རྒྱང་དང་རེས་འདི་ར་འཆི་བམ་སྙམ་པ་དང་། ཟ་བ་དང་། འཆག་པ་དང་། ཉལ་བ་ལ་སོགས་པ་སྤྱོད་ལམ་ཅི་བྱེད་ཀྱང་འཇིག་རྟེན་འདི་འི་སྤྱོད་ལམ་ཕྱི་མ་ཡིན་སྙམ་དུ་བསམ་པ་བབ་ཞིག་ཏུ་ངང་བསྒོམ་སྟེ། ལོང
འགྲོས་མས་བསྐྱེད། དངོས་གཞི་སྙིང་ནས་འདུན་པ་དྲག་པོ། རྗེས་བསྔོ་བ་དང་སྨོན་ལམ་ནི་ལ་འཇུག་དུ་བྱའོ། །ཁྲིད་རྣམ་ཉི་ཤུ་གཉིས་པའོ། །དེ་ནས་གསུམ་པ་འཁོར་བ་སྡུག་བསྔལ་དུ་བསམ་པ་ལ་གསུམ་སྟེ། སྦྱོ
ཤིས་ཕྱིར་བསྐྱེད་པ། སྡུག་བསྔལ་ལ་བྱེ་བྲག་ཏུ་བསམ་པ། དགེ་འི་ཚུལ་ལ་དཔག་པའོ། །དང་པོ་ནི། འདི་ལྟར་ཁམས་གསུམ་འཁོར་བ་ན་འཁྱམས་པ་འི་སེམས་ཅན་འདི་དག་མ་དོན་པར་སྨྲེ་སྟེ། ལ་པོ་རབ་བརྒྱུད་
མར་ལོ་རང་དུས་སེམས་ཅན་ཐམས་ཅད་གཅིག་གིས་གཅིག་གི་ཤ་མ་གཉེན་འདུན་མ་ཛད་པ་ཤེས་བར་མདུན་སྣང་བས་ཟིན་པ་མེད་ལ། རང་ཉིད་གྲོག་སྦུར་གཅིག་ཙམ་སྐྱེས་པ་འི་མ་བོ་དང་རྐང་ལག་བསྡོམས་ན་
གཅིག་ཏུ་སྤུངས་པོ་རི་རབ་པས་ཆེས་མཐོ་ཞིང་། ངུས་པ་འི་མཆི་མ་རྒྱ་མཚོ་བས་ལྷག་ལ། འདོད་པ་འི་ཕྱིར་མགོ་དང་ཡན་ལག་བཅད་པ་འབང་གྲངས་མེད་ཅིང་། ཚེ་འདིར་ལྟ་གཅིག་འབྱོར་པ་པོ་རང་དང་བང
ལྟ་བཟུང་གསུམ་མཆོག་པ་ཡང་། ཤིན་ཏུ་ཡི་དྭགས་ལ་ཞེང་ཐོང་ལ་པ་ཡི་གནས་སུ་སྐྱེ་བ་དེ་ནི་ལམ་སྦྱིན་པ་དེ་སྤྱོད་གཉིས་ལ་ནས་མེད་པ་ལྟ་བུའོ། །ཚེ་འདི་ཡི་སྣང་བ་ལ་རང་གཞན་ཆགས་ཞེན་སྤྱོད་པ་ར་སྣང་བ་དང་ར་རྗེས་པ་

458

སེམས་ཉིད་ངལ་གསོའི་དོན་ཁྲིད

ལས་མ་འདས་པ་འི་ཕྱིར་གང་གིས་ཀྱང་ཅི་ཕྱི། འདི་ནས་བྱི་མ་རྒྱུན་རིང་བས་ཐར་པ་འི་ཚོལ་བ་གཉེན་པ་ར་ལྟ་བུ་སྨམ་དུ་སྦྱོར་དངོས་རྗེས་གསུམ་གྱིས་ཉམས་སུ་བླང་ངོ་། །ཁྲིད་རྣམ་ཉི་ཤུ་གསུམ་པའོ། །དེ་ནས་སྡུག
བསྔལ་འི་བྱེ་བྲག་ཏུ་བསམ་པ་ལ་དབྱེ་བ། དམྱལ་བ་བ་ཚང་བ་དམྱལ་བ་བརྒྱད་ཀྱི་སྡུག་བསྔལ་བ། ཡང་སོས་ནི། མ་དག་མེ་ཁབ་རབ་འི་ཡུལ་ཁམས་སུ་དགྲ་ལ་བ་པ་ཀུན་བདུས་ནས། དགྲ་བོ་མི་ཤ་བོ་གཅིག་གིས
གཅིག་མཐོང་བ་ལྷ་རྐྱར་ཆུད་ལས་ཀྱི་མཚོན་ཆས་གསོད་རེས་བྱས་ཏེ་ཤི་མ་ཐག་ཡང་སོས་པ་ར་སྒྲ་རྩ་ཅིག་གི་སྒྲ་ནམ་མཁའ་ལ་གྲགས་པ་ལས་སོས་ཏེ། ཡང་འཆི་ཡང་སོས་པ་ལ་ལས་མ་ཟད་བར་དུ་སྤྱོད་དགོས་པ་འོ།
ཐིག་ནག་ནི། ལུས་ལ་ཐིག་ནག་འི་ཐིག་བཏབ་པ་འི་སྟེང་ལ་སྟ་གས་ཀྱི་སོག་ལེས་གཤོག་ཅིང་། ག་ཤགས་པ་ཀུན་བཅུར་ནས་ཡང་ག་ཤོག་པའོ། །བསྡུས་འཛོམས་ནི། ལུགས་ཀྱི་གཏུན་ལྷོང་ལ་སུ་རྩེ
མ་ཞིང་བ་མོ་ར་བཏག་ཅིང་ཡང་སོས་ལ་ཡང་འཐག་པ་དང་། བྲག་རི་རྟ་དང་། རྡོ་ལ་སོགས་པ་བཙིར་བ་དེ་འབའ་རང་དུ་འཛོམས་པའོ། །ངུ་འབོད་ནི། ལྕགས་ཁྱིམ་བསྒོ་ལ་བ་ར་འཚོད་ཅིང་ལུས་ལ་མེ་འབབ་པ་ར་བསྡུ་ཞིང་
མེ་དོང་འབོད་པའོ། །ངུ་འབོད་ཆེན་པོ་ནི། ལྕགས་ཁང་ཉིས་རིམ་དུ་བཅུག་ནས་ཡེ་ལ་བཞི་བཅིད་ག་ཤིན་རྗེ་ཡི་མི་ཕྱི་ཐོབ་བཞད་མས་པའོ། །ཚ་བ་ནི་ལྕགས་ཟངས་ཁོལ་མ་ར་འཚོད་ཅིང་ནང་འཕྲུན་སྨེ་འབབ་རབ་འོ།

459

༄། །རབ་ཏུ་ཚ་བ་ནི། ལྕགས་ཁྱིམ་མེ་འབར་བར་བཅུག་ཅིང་མདུང་རྩེ་གསུམ་པས་ཕྲག་པ་གཉིས་དང་སྤྱི་བོ་ཕུག་སྟེ་ལྕགས་ལེབ་ཀྱིས་དཀྲི་བའོ། །མནར་མེད་ནི་ལྕགས་ཁང་མེ་འབར་བ་རབ་འབར་བ་འཁོར
ལྷག་པ་བཅུ་དྲུག་གིས་བསྐོར་བ་འདི་དང་དུ་ལུས་ཀྱི་སྡུག་བསྔལ་ཐམས་ཅད་སྤྱོད་ཞིང་། མེ་དང་འདྲེས་པས་ནང་སྐྱེ་སྡུག་སྐད་ཙམ་བརྟེན་པའོ། །དེ་དག་ཀྱང་ཚ་བ་བདུན་འགྱུར་གྱིས་རགས་པས་སྡུག་བསྔལ་བདུན
འགྱུར་གྱིས་ཆེ་བའོ། །དེ་ལྟ་བུའི་དམྱལ་བ་བཟོད་དཀའ་བའི་སྡུག་བསྔལ་ཡོད་པས། དམིགས་དེ་རྣམས་སྨིན་པ་ཞིག་ཅིག་ནས་ཀུན་བྱང་དགོས་སྙམ་དུ་སྙིང་རྗེ་སྦྱོར་དངོས་རྗེས་གསུམ་མཚན་བཅས་ཉམས་སུ་བླང་ངོ། །ཞིད
ཀ་ཉི་ཤུ་རྩ་བཞི་པའོ། །དེ་ནས་ཉེ་འཁོར་བའི་སྡུག་བསྔལ་ལ་ལས། ཉེ་འཁོར་བ་ནི། མནར་མེད་ཀྱི་འཁོར་ལྷག་པ་བཅུ་དྲུག་ཡིན་ཏེ། སྒོ་བཞི་ན་མེ་མ་མུར་གྱི་འོབས། རོ་མྱགས་ཀྱི་འདམ། མཚོན་ཆའི་ཐང་། ཐལ
ཚན་ཆུ་བོ་རབ་མེད་དང་བཞི་བཞི་ཡོད་པའོ། །དེ་ཡང་མནར་མེད་ཀྱི་ལྕགས་ཁང་དུ་སྡུག་བསྔལ་ཆེ་དྲགས་པ་དེ་སྤྱོད་པའི་ལས་བསྒྲུབས་པ་དང་ཕྱོགས་བཞིའི་སྒོ་ཕྱེ་བ་སྣང་བ་ལས་དགའ་བ་བསྐྱེད་པ་དག་སོ་སོར་ནས
ཕྱིར་འཐོན་མ་ཐག །འོབས་ལ་བཟང་པོ་ཞིག་བ་མ་ཅན་ལྟ་བུ་མཐོང་ནས་འཁྱུགས་པས། མེ་མ་མུར་འབར་བའི་ནང་དུ་ནུབ་ཅིང་བའོ། །དེ་ལས་ཐར་བ་ལྷ་མ་ཐག་དེ་ནས་རྒྱང་ཞིང་འབབ་པ་བཞིན་དུ་ལྷུགས་པ་འཇུ་སྤྱི་ལས།

460

རོ་མྱགས་ཀྱི་འདམ་གྲོན་བུ་ལྕགས་ཀྱི་མཆུ་ཅན་ལ་སོགས་པས་ཟ་ཞིང་སྡུག་བསྔལ་བའོ། །དེ་ལས་ཐར་ཉེན་ནས་ཐང་ཉམས་དགའ་བར་ཕྱིན་པ་ལས། སྤུ་གྲིར་སོང་ལུས་རྐང་པ་བཞག་པ་ན་དུམ་བུར་གཅོད། །བཏེག
པ་ན་སོས་པའོ། །དེ་ནས་ཐར་དེ་ནགས་ཚལ་བཟང་པོ་མཐོང་ནས་ཕྱིན་པ་ན་རལ་གྲིའི་ལོ་མ་ཅན་ནས་རླུང་གིས་བསྐྱོད་པས་ལུས་དུམ་བུར་གཅོད་ཅིང་ཟོས་པའོ། །དེ་ནས་གཤོང་བ་ལས་རི་རིའི་སྟེང་ན་སྔར་ཆགས་ཅིག་འདུས་པའི་སྐྱེས
པ་འམ་བུད་མེད་དེ་ཉིད་རང་ལ་འབོད་པར་མཐོང་ནས་འཛེགས་པ་ན། ལྕགས་ཀྱི་ཐུར་མས་ལུས་འཕིགས་ཤིང་སྟེང་དུ་བྱ་ལྕགས་ཀྱི་མཆུ་ཅན་ཀྱིས་མིག་ཕྱུང་ནས་ཟ། རི་འི་འདབ་ནས་ཡང་འབོད་པར་མཐོང་ནས་ཕྱིན
པས་སྤུ་གྲིའི་ལུས་ཉེ་བར་ཞིག་གི་མོད། ལྕགས་ཀྱི་གྲི་ལ་མཐུད་མེད་ཤེ་འབར་བར་སོང་སྟེ་བཞུར་བས་གཅོད་པ་ནི་ཟ་བར་བྱེད་དོ། །དེ་ནས་སོང་བ་ན་ཆུ་བོ་རབ་མེད་ཀྱི
ནས་འབབ་པ་མཐོང་ངོ། ཐལ་ཚན་དམ་སྐྱེ་ཚ་ཆུ་དང་བཅས་པ་ལུས་ཆེ་དགའ་བས་ཕྱིར་ཕྱུང་བ་བས། འགྲམ་གཉིས་ན་གཤིན་རྗེའི་སྐྱེས་བུས་བསྲུང་བར་སྟོན་བའོ། །དེ་ལྟ་བུའི་སྡུག་བསྔལ་ལྟར་ཡང་མདང་དུ
སྐྱོང་བས། དགེ་དེ་ནས་ངེས་པར་ད་ཐུང་བར་བྱ་དགོས་སྙམ་སྟེ་སྙིང་རྗེ་སྦྱོར་དངོས་རྗེས་གསུམ་མཚན་བཅས་ཉམས་སུ་བླང་ངོ། །ཞིད་ཀ་ཉི་ཤུ་རྩ་ལྔ་པའོ། །དེ་ནས་གྲང་དམྱལ་བརྒྱད་ཀྱི་སྡུག་བསྔལ་བ་ནི། གངས་རི་དང་ཀ

461

༄། །བདད་ཆ་བ་རོམ་ཀྱི་བྲོད། བུ་ཡུག་ཁང་ལས་པས་བྲིབ་ལ་པ་རི་གནས་བ་ནི། གྲང་བས་ཉེན་པ་ལུས་ལ་ཆུ་བུར་བྱུང་བས་ཆུ་བུར་ཅན་དང་། ཆུ་བུར་དེ་ལ་ནས་རྣག་ཁྲག་མོད་བས་ཆུ་བུར་རྡོལ་བ
དང་། སོ་འཐམས་པ་ལས་སོ་ཐམ་ཐམ་པ་དང་། ཨ་ཆུ་ཆུ་ཞེས་སྨྲེ་སྔགས་འདོན་པས་ཨ་ཆུ་ཟེར་བ་དང་། ཀྱི་ཧུད་ཅེས་འདོན་པས་ཀྱི་ཧུད་ཟེར་བ་དང་། ཤ་ཐ་ལ་ལྟར་བཞི་ཆ་དུ་གས་པ་ལས་ཨུཏྤལ་ལྟར་གས་པ
དང་། པདྨ་ལྟར་བརྒྱད་ཆ་ལ་དུ་གས་པ་ལས་པདྨ་ལྟར་གས་པ་དང་། པདྨ་ཆེན་པོ་ལྟར་བཅུ་དྲུག་གམ་སུམ་ཅུ་རྩ་གཉིས་སུ་གས་པས་པདྨ་ཆེན་པོ་ལྟར་གས་པའོ། །དེ་ལྟར་གས་པའི་རྨ་ནང་དུ་སྲིན་ཆགས་སུ
མོ་ཁྱུག་ནས་ཟ་ཞིང་གྲང་བའི་སྡུག་བསྔལ་མི་བཟད་པ་ལ་སྤྱོད་པའི་ཚུལ་ལ་བསམས་ནས། དཔེས་དེ་འདྲའི་གནས་སུ་མ་སྐྱེས་པ་ཡང་དག་པར་བསྒོམ་ཏེ་ཚོགས་དགོས་སྙམ་དུ་སྦྱོར་དངོས་རྗེས་གསུམ
མཚན་བཅས་ཉམས་སུ་བླང་ངོ། །ཞིད་ཀ་ཉི་ཤུ་རྩ་དྲུག་པའོ། །དེ་ནས་ཉི་ཚེ་བའི་སྡུག་བསྔལ་བ་ནི། བྲག་གི་ནང་དུ་བཅར་བ་དང་། ཀ་བ་རྡོ་མ་ཀྱི་ནང་དུ་འཁྱགས་ཤིང་རེངས་པ་དང་། རྒྱ་མཚོའི་ནང་དུ་འཚོད་པ་དང་། དགུན་རྒྱུ
གྲང་མའི་ནང་དུ་ཉེན་པ་དང་། མེ་ནང་དུ་ཚ་ཞིང་བསྲེག་པ་དང་། ཤིང་སྡོང་པོའི་གཟུགས་ལ་བཅད་གཏུབས་བྱེད་པ་བ། ཡན་ལག་གཉིས་ལ་ཆད་པའི་སྡུག་བསྔལ་དང་། སྒྲ་བ་དང་། སྒོ་དང་། སབ་མོ་དང་། ཀ

462

བདང་། སྙིང་པོ་དང་ཕྲག་པ་ལ་སོགས་པ་དྲག་ཏུ་བཀོལ་ཞིང་སྐྱུད་པའི་གཟུགས་སུ་སྐྱེས་ནས་ལས་ཀྱིས་སོ་སོའི་སྡུག་བསྔལ་བཟོད་དཀའ་བསྐྱོད་བ་དང་། ལྕགས་ཀྱི་ཁང་པར་ཉེན་མཚན་ཆ་རེ་འཕྲུར་བའི་…
སྡུག་བསྔལ་ལ་སྤྱོད་པ་ལ་སོགས་པ་སྟེ། རི་དང་རྒྱ་མཚོ་ཞིང་འགྲམ་དང་། གངས་དང་ཆབ་རོམ་ལ་སོགས་པ་མི་ཡུལ་དང་སྤྱན་མོང་དང་གཞན་ན་སྡུག་བསྔལ་ཉམས་ཉེན་པ་ལ་བབས་མས་ཏེ། དེ་ལྟ་བུ་ར་མ…
སྦྱིལ་བ་ཞིག་བྱུང་དགོས་ལྟམ་དུ་སྦྱོར་དང་དངོས་རྗེས་གསུམ་མཚང་བས་ཉམས་སུ་བླང་ངོ་། །ཞིང་ནི་ཉིན་ཞག་བདུན་པའོ། །དེ་ནས་ཡི་དྭགས་ཀྱི་སྡུག་བསྔལ་བའི། ཕྱི་རི་སྒྲིབ་པ་ཅན་ལུས་རིང་ཚིད་ཡིད་ལ་བཟུང་། བཟའ་
བཏུང་གི་སྒྲ་མི་ཐོས་ཤིང་རྣག་ཁྲག་བཀྲེས་སྐོམ་ཀྱིས་གདུང་བ། གཞན་གྱིས་བརྩེ་ཞིང་ཡིད་དུ་གྱི་ནོར་བ་རྒྱ་མཚོ་དང་ནགས་ལ་སོགས་པ་མཐོང་ཡང་མཐོང་མ་ཐག་སྐམ་པའོ། །ནང་གི་སྒྲིབ་པ་ཅན་གྱི་ཁྱིད་…
ནས་མེ་འབར་བ།།ཁ་སྣ་ནས་དུ་བ་འཐུལ་བའོ། །སྒོ་ཁྱད་ཀྱི་སྒྲིབ་པ་ཅན་ཡི་དྭགས་རྣམ་རེ་རེའི་ལུས་ལ་མང་པོ་གནས་བཅས་ཏེ། དེའི་ཁྲག་དང་ཤ་ལ་ཟ་བར་ལྡང་བས་སྡུག་བསྔལ་བའོ། །དེ་ལྟ་བུའི་གནས་སུ་སྐྱེས་
པ་ཞིག་བྱུང་དགོས་སྙམ་དུ། སྦྱོར་དངོས་རྗེས་གསུམ་གྱིས་ཉམས་སུ་བླང་ངོ་། །ཞིང་ནི་ཉི་ཤུ་རྩ་ལྔ་པའོ། །དེ་ནས་དུད་འགྲོའི་སྡུག་བསྔལ་བའི། ཀྱི་རང་ནགས་ལ་རྒྱ་མཚོ་ཆེན་པོ་དང་། གླིང་བར་གྱི་མུན་པ་ནང་ཆ་རེ་ར་མའི

སེམས་ཉིད་ངལ་གསོའི་དོན་ཁྲིད།

463

༄༅། །ལྷང་མཚམ་ཡོད་དེ། གཅིག་གིས་གཅིག་ཟ་ཞིང་བཀྲེན་མོ་ངལ་གཏི་མུག་པ་དང་། ཁ་འཐོར་པ་ལྟ་མི་རིགས་ནས་ནང་ལྷ་དང་རིགས་ལ་སོགས་པ་ཡོད་དེ། གསོད་པ་དང་། སྐྱོད་པ་དང་།
བརྡུང་བ་དང་། འཆོག་པ་དང་། འཚོ་བས་ཉེན་པ་ལ་སོགས་པ་སྡུག་བསྔལ་དཔག་ཏུ་མེད་པ་ཡོད་དོ། །དེ་ལྟ་བུར་མ་སྐྱེས་པ་ཞིག་བྱ་སྙམ་དུ་སྦྱོར་དངོས་རྗེས་གསུམ་ཚང་བས་ཉམས་སུ་བླང་ངོ་། །ཞིང་ནི་ཉི་ཤུ་
ལྔ་པའོ། །དེ་ནས་མི་ཡི་སྡུག་བསྔལ་ཞིག་སྒོམ་དང་བརྒྱད་ཀྱིས་གདུང་བ་ལས། སྡུག་བསྔལ་གྱི་སྡུག་བསྔལ་མཛེ་ཐོག་ཏུ་ཐོལ་བྱུང་བ་ལྟ་བུ་དང་། ན་བ་དང་ཚ་བ་དང་མི་འདོད་པའི་རིགས་གཅིག་མ་ངས་པར་
གཅིག་བརྩེགས་ནས་འབྱུང་བ་རྣམས་དང་། འགྱུར་བའི་སྡུག་བསྔལ་བག་མ་གླང་ལ་ནས་སྒྲོ་བརྡུངས་པས་ཁ་ནང་དུ་རྫི་བ་ནས་ཉམས་ཉེས་འབྱུང་བ་ལྟ་བུ། དེ་ལྟ་བ་དེ་བ་དེ་ཉིད་དེ་མ་ཐག་སྡུག་བསྔལ་དུ་འགྱུར་བས་…
གདུང་བ་རྣམས་དང་། འདུ་བྱེད་ཀྱི་སྡུག་བསྔལ་དུག་ཟས་ལ་འམ་གཞན་ལ་གནོད་པ་བསྒྲུབ་པ་ལྟ་བུ་ཡིས་སྡུག་བསྔལ་དུ་བྱེད་པས་སྡུག་བསྔལ་ཞིང་ཡིད་མི་བདེ་བར་བྱེད་པ་འི་རིགས་རྣམས་ཏེ། འདི་ལྟ་བུའི
སྡུག་བསྔལ་ལས་དེ་ཡིས་ཐར་བར་བྱ་དགོས་སྙམ་དུ་སྦྱོར་དང་དངོས་རྗེས་གསུམ་ཚང་བས་ཉམས་སུ་བླང་ངོ་། །ཞིང་ནི་ལྔ་ཚུ་པའོ། །དེ་ནས་ལྷ་མིན་གྱི་ནི་འཁྲུག་པོ་ཞིང་བཞི་བ་ལས་ལ་ཐར་བའི། ཐོག་མ་རང་བར་དེ་དྲིན་ཉེ་བར་…

སྔོན་འགྲོ།

464

འཁོར་དང་དབང་ཐང་ཞིབ་ཏུ་ཁྲག་གཉིས་འདྲེས་པ་ལ། ཞིག་བརྡུན་ཚོན་བརྡ་རྒྱུ་མེ་རབ་མེ་རང་པོ་དང་། རྒྱུ་རྒྱུ་ངོ་ལ་སོགས་ལ་ལམ་སྡུས་ཆགས་ཤིང་། དེ་ནས་གོང་དུ་འཕེལ་ཏེ་མ་འིའི་སྐྱོ་བ་གནས་དུས། ཉིང་བ་དང་།
སྨྲ་གསྒྲེ་བ་དང་། འགྲུམ་པ་པ་དང་། མཆན་སོ་གོས་སྤྱོད་ལ་མཆེས་པ་ཀུན་ལ། མེ་འི་ཕོ་བ་ནས་འདུག་པ་ལྟར་རེས་བའག་ཏུ་ཚང་ཚ་བ་དང་། གདངས་དང་རྒྱུའི་ནང་དུ་ཚུད་པ་ལྟ་རྒྱ་ང་བ་དང་། རེས་ཆེན་པར
ལྟར་བཅིར་བ་དང་། གཡང་ལ་བསྐྱུར་བ་ལྟར་ཉམས་ང་བ་དང་། མགོ་མཇུག་ལྡོག་ནས་སྐྱེ་ལས་པ་ལྟར་ཤིན་ཏུ་སྡུག་བསྔལ་བ། བཙའ་དུས་བཙུམས་རྩེ་མ་ཀྱི་དགྲ་ལ་བ་ལྟར་ངར་ཅིག་འཕྱུལ་བ་དང་།
ལག་པས་རེག་ཚུལ་གྱིས་སྣ་ཀྲུ་བྱི་ལ་རེག་པ་ལྟར་མི་བཟོད་པ་དང་། བྱིས་བུ་ལ་བཞུ་བ་ཀ་ལ་བ་བ་ཤུབ་ལྟར་ཚ་བ་ལ་སོགས་པ་སྡུག་བསྔལ་དཔག་ཏུ་མེད་དོ། །དེ་འི་ཕྱིར་གང་དུ་སྐྱེས་ཀྱང་སྡུག་བསྔལ་…
ཡས་མ་བདུན་བས། སྐྱེ་བ་འི་འཁོར་བ་འཛད་པ་ཞིག་དེ་རེས་བྱ་དགོས་ལྷམ་པ་ལ་སྦྱོར་དང་དངོས་རྗེས་གསུམ་ཚང་བས་ཉམས་སུ་བླང་ངོ་། །ཞིང་ནི་སོ་གཅིག་པའོ། །དེ་ནས་ནད་པ་འི་སྡུག་བསྔལ་བའི། ལུས་ཀྱི
སྟོབས་ཉམས་བས་ལྟང་འདུག་དང་ལྷུལ་སྤྱོད་དཀའ། དབང་པོ་འི་མདངས་ཉམས་པས་མི་གཞན་འཕྲོ། རྒྱ་མི་གསར། དྲན་པ་མི་གསལ། ཤེས་པ་འི་རྩལ་ཉེར་བས་བློ་འི་སྤྱོ་ཞི་ཞིང་སེམས་ཀྱི་ཕོངས་ཀྱང་།

སེམས་ཉིད་ངལ་གསོའི་དོན་ཁྲིད།

465

༄༅། །ཙནྡྲ་ཀཱནྟ་ཤེལ་ལ་གྲིབ་བསིལ་བ་བཞིན་ཚོལ་རྒྱུད་འཚོར་བ་རབ་རགས། ནང་གི་ཡུལ་སེམས་འགྱུར་བས་ནད་དང་འཚེ་བ་མང་ཞིང་ཀུན་གྱི་ཡིད་དུ་མི་འོང་། རྟག་ཏུ་འཆི་བ་ལ་སྐྲོན་ཡང་དེ་ཉན་ལ་ཤི་ཡིས་…
དོགས་པ་ལ་སོགས་པ་སྡུག་བསྔལ་དཔག་ཏུ་མེད་དོ། །དེ་ཕྱིར་ནམ་ཞིག་མི་མེད་པའི་བྱུང་རྒྱུ་བ་ཅིག་དེ་ལས་བསྒྲལ་བར་བྱ་དགོས་སྙམ་དུ་སྦྱོར་དངོས་རྗེས་གསུམ་མཚུངས་པས་ཉམས་སུ་བླང་ངོ༎ །ཁྲིད་གྲངས་སོ་གཉིས་པའོ། །དེ་ནས
ནད་ཀྱི་སྡུག་བསྔལ་ལ་བསམས་པ་ནི། འབྱུང་བཞིའི་འདུ་བ་འཁྲུགས་པས་ནད་གཟེར་གྱི་ཚོར་བ་རབ་རགས། ལུས་ཀྱི་རང་བཞིན་འགྱུར་བ་ཆེ་གཅིག་ཅིང་ཡིད་དུ་མི་བདེ། དབང་པོའི་སྟོབས་ཉམས་པས་མལ་ནས་ལྡང…
འདུག་དཀའ། གང་ཡང་ཡིད་དུ་མི་འོང་བས་རྟག་ཏུ་ངུ་ཞིང་ཞེ་ལ་འཛུགས། གདོན་བགེགས་བར་ཆད་ལ་ངས་པས་གྲིབ་བྱུར་ཡ་འདོགས་ཅེ། དེས་ན་ཤི་ཡིས་དོགས་པའི་སེམས་ཀྱི་སྡུག་བསྔལ་ཆེ་བ་ལ་སོགས་པ་སྟེ།
ཤིན་ཏུ་བཟོད་པར་དཀའ་བ་འདི་རང་བཞིན་ལ་བབས་མ་པ་ཏེ། དེས་ན་ཐུག་རྗེ་ཐམས་ཅད་ལས་གྲོལ་བའི་བདུད་རྩི་ཐོབ་པར་བྱ་དགོས་སྙམ་དུ་སྦྱོར་དངོས་རྗེས་གསུམ་མཚུངས་པས་ཉམས་སུ་བླང་ངོ༎ །ཁྲིད་གྲངས་སོ་གསུམ་པའོ།
དེ་ནས་འཆི་བའི་སྡུག་བསྔལ་ལ་བསམ་པ་ནི། མལ་གྱི་ཐ་མ་ལ་འདག་དྲུག །ཟས་གོས་ཀྱི་ཐ་མ་ལ་སྦྱིན། གཉེན་མཛའི་ཐ་མ་སྣ། འཁོར་འབངས་དང་ཉེ་དུ་འབྲེལ་པ་མང་པོས་བསྐོར་ཀྱང་འཐུན་པའི་ཕྱུག་ཟང་མེད། འཆི་བའི་…

466

ཚོར་བས་གདུངས། འཁྲུལ་སྣང་དགེ་སྡིག་རྣམས་ཤར་བས། བར་དོའི་འཕྲང་ལ་ཞུགས། ལས་ཀྱི་རྒྱུད་བསྐུལ། ཚེ་འདིའི་སྣང་བ་འདོར། ཕྱི་མའི་ཡུལ་ལ་སྙེགས། ཐམས་ཅད་བོར་ནས་གཅིག་པུར་མ་རྒྱི…
གཤེགས་ནས་སྤྱི་དོན་པ་ལྟར་འགྲོ་བའི་དུས་ན། ནོར་རྫས་ཙམ་ཡོད་ཀྱང་ཟན་ཆང་ཅིག་ཁྱེར་བའི་དབང་ཡང་མེད། འཁོར་དང་ཉེ་དུ་རྫ་མ་ཡོད་ཀྱང་མི་གཅིག་དང་འགྲོགས་པའི་དབང་ཡང་མེད་པར་འགྲོ་དགོས་པ…
འདི་མཚོན་རེ་ཆེ། དེ་རིང་སོང་ནས་ནི་ཕྱིར་མི་ལྡོག །དེ་ལ་དེ་ལྟ་བུ་ཆད་ཚེ་འདིའི་སྣང་བ་དཀྲོགས་དུས། གཉེན་སྡུག །གནས་དང་ཡོ་བྱད་ཀྱི་ཕྱི་ཆོས། སྤྱི་ཚེ་འཁོར་བ་དང་བའི་སྐད་ཚོ་བྱས་པ་ལ་དོན་ཅི་ཡོད་སྙམ…
དུ་འཆི་མེད་ཐར་པའི་ལམ་མཆོག་བསྒྲུབ་པར་བྱ་དགོས་སྙམ་དུ་སྦྱོར་དངོས་རྗེས་གསུམ་མཚུངས་པས་ཉམས་སུ་བླང་ངོ༎ །ཁྲིད་གྲངས་སོ་བཞི་པའོ། །དེ་ནས་མི་སྡུག་པ་དང་ཕྲད་པའི་སྡུག་བསྔལ་ལ་བསམ་པ་ནི། མི་འདོད་པའི་མི་དང་འཆེ་དོགས…
སྐྱོང་བ་སྟེ། མི་འདོད་བཞིན་དུ་སྡུག་བསྔལ་ཞིང་ཡིད་མི་བདེ་བ་དང་། སྡུག་པ་དང་བྲལ་བའི་སྡུག་བསྔལ་ལ་བསམ་པ་ནི། གཉེན་དང་མཛའ་བའི་རྣམ་ཤེས་ཤི་བ་དང་། ཡུལ་ཐག་རིང་པོར་སོང་བའི་རྗེས་ལ་ཉེ་བུས་ཏེ། དེ་ཡིས་ན
ཡུལ་དགའ་གི་རྣམ་འགྱུར་དང་པའི་ཡོད་པ་ཁྱུ་བའི་མདོ་ཞིན་པར་མི་འགྲོ་བ་དང་། དགོས་པའི་ཟང་ཟིང་ཉམས་པ་དང་། འདོད་ནས་བགྲིབས་ཐབས་ལ་སོགས་པ་སྟེ། གང་ཡིད་དུ་འབབ་པ་འབྲལ་བས་མྱ་ངན་སྐྱེ་བ་དང་།

467

༄༅། །གཟུགས་དང་། ཚོར་བ་དང་། འདུ་ཤེས་དང་། འདུ་བྱེད་དང་། རྣམ་པར་ཤེས་པ་སྟེ་ཉེ་བར་ལེན་པའི་ཕུང་པོ་ལྔ་པོ་འདི་ཡང་། སྡུག་བསྔལ་གྱི་གནས་དང་རྟེན་དང་འབྱུང་ཁུངས་སུ་གྱུར་པས་སྡུག…
བསྔལ་ཏེ། དཔེར་ན་ཚེར་མ་ཞིག་ཟུག་ཤར་དང་། གཟུགས་ལ་ཚ་བའི་ཟུག་རྔུ། ཚོར་བ་སེམས་ཀྱི་དེ་ཉིད་རྒྱུ་ཏུ་ཤེས་པ། ཚོར་དེ་ཉིད་སྐད་ཅིག་འབྲེལ་ཆགས་སུ་འདུ་ཤེས་པ། ཡང་ནས་རྗེས་འདུ་བྱེད་པ། ཆོས་མ་རིག་གི
རྣམ་པར་ཤེས་པར་སྨྲ། ལུས་ཅན་ཚེ་སེམས་ལ་སྡུག་བསྔལ་ཆེ་ཞིང་ང་བ་དབྱུང་བ་ཕ་རོལ་པོའི་བདེ་བ་སྒོར་དུ་མ་གནོད་པས་པ་གཞན་དུ་མི་འབྱུང་བའི་ཕྱིར། དེ་ནི་སྡུག་བསྔལ་བདེན་པའི་ཆ་ཤས་ཉེར་ལེན་ཟག་བཅས་ཀྱི་ཕུང་པོ་རྣམ…
དང་མི་ལྡན་པ་འཕགས་པའི་ཡེ་ཤེས་ཤིག་ཅིག་གིས་བཟོད་བར་བྱ་དགོས་སྙམ་དུ་སྦྱོར་དངོས་རྗེས་གསུམ་མཚུངས་པས་ཉམས་སུ་བླང་ངོ༎ །ཁྲིད་གྲངས་སོ་ལྔ་པའོ། །དེ་ནས་ལྷ་མ་ཡིན་གྱི་སྡུག་བསྔལ་ལ་བསམ་པ་ནི། ལྷ་དང་དཔལ་ལ་མི་བཟོད་པས
རྟག་ཏུ་འཁྲུག་རྩོད་ཅིང་། གཡུལ་འགྱེད་པས་ཤིན་ཏུ་ཚུག་ཏུ་བང་ང་། རང་རང་གི་གནས་ལ་རིས་གཅོད་ཅིང་ཆེ་བ་ལ་ལུས་སེམས་འཁྲུགས་པའི་ཟུག་རྔུ་ཆེན་པོ་བསྐྱེད་ཅིང་དཔལ་འབྱོར་བ་བརྗོད་དེ་བ་ལྷ་ལ་ལྟོས་རྒྱལ་དུ་ཕྱོགས་དུང་བའི་ཕྱིར། ད…
དེས་ན་ཞི་བ་དམ་པའི་ཆོས་བསྒྲུབ་དགོས་སྙམ་དུ་སྦྱོར་དངོས་རྗེས་གསུམ་མཚུངས་པས་ཉམས་སུ་བླང་ངོ༎ །ཁྲིད་གྲངས་སོ་དྲུག་པའོ། །དེ་ནས་ལྷའི་སྡུག་བསྔལ་ལ་བསམ་པ་ནི། འདོད་ལྷ་རིགས་དྲུག་གནས་ནས་དང་ཅིག་བདེ་ཡང་འཆི་འཕོ་བའི་ཚེ་སྔོན་གྱི་ལས་དགེ…

468

ཟད། མི་དགེ་བ་ཡི་འབྲས་བུ་ངན་འགྲོར་སྐྱེ་བ་མངོན་ཤེས་ཀྱིས་ཤེས་པས། ཉ་ཚེ་ཆོན་ལ་བསྟེན་པ་བས་ཆེ་བའི་སྡུག་བསྔལ་དྲག་པོ་ལྟ་བ་ཞིག་བཟུན་སྒོར་དགོས་པ་དང་། གཉུག་དང་བག་ཆགས་མེད་ན་ཇི་ལྟར་ང་འཛིན་གྱི་བདེ་བ་ལ་དར
ཅིག་སྤྱོད་ཀྱང་། ཡང་ལས་བཟང་པོ་ཟད། དམ་པའི་སྒྲོན་མ་ཀྱིས་སྲིད་པ་འདོགས་ར་ལྷུང་བའི་སྡུག་བསྔལ་འདུ་བྱེད་པས། ཕུང་པོ་ཉིད་མཚམས་སྦྱོར་བ་བསྒྱུར་བ་དང་། འདུ་བྱེད་ཀྱི་སྡུག་བསྔལ་ལ་སྐྱོད་པའི་ཕྱིར། དེ་རེས་ཁ་བསྐལ་གསུམ
རིག་རྡུག་གནས་ཀྱིས་ལ་ཀུང་རྡ་རབ་ཞིག་བྱུང་བོས་སྐུ་མ་དང་སྒྱུར་དང་ངེས་རྗེས་གསུམ་གྱིས་ཉམས་སུ་བླང་ངོ་། །ཞིང་ཏ་དབའ་བདྲུ་པའོ། །དེ་ནས་ད་ལྟ་ནི་སྐྱ་ལ་ཡང་པག་པ་ནི། འདི་ལྟར་དང་རེས་རྟེན་དལ་འབྱོར་གྱི་མི་ལུས་རྩ་བ་ཅིང་དང་རང་དབང་
ལ་ཡོད་དུས་འདི། ལུས་ལ་མི་རྐ་རབ་ཤིག་པ་ཆམ་ཀྱིས་སྡུག་བསྔལ་ལ་ཡང་མི་བཟོད། ཙུང་ཟན་དགང་བ་བ་གྲེས་གྲོམ་ང་ལ་རྟུང་གི་སྡུག་བསྔལ་བས་མོ་ཡང་མི་བཟོད་ན། མིནས་དམྱལ་བར་འབྲང་། ཡི་དགས་བ་བྲེས་སྐོམ། རྟུ་བསྒྲེ་བ་གོལ
སྤྱོད་ལ་སོ་གྱུ་པ་ཡི་སྡུག་བསྔལ་དྲག་པོ་རྒྱུན་རིང་བ་བཟོད་པ་ར་ཇི་ལྟར་ནུས། དཔྱད་ཤིན་རེ་པེ་ཁ་དང་དང་སྡུག་བསྔལ་ལ་ཡང་མི་བཟོད་ན། འཁོར་བ་མཐའ་མེད་ཀྱི་སྡུག་བསྔལ་ཇི་ལྟར་བཟོད། སྙམ་དུ་སྒྱུར་དང་ངེས་རྗེས་གསུམ་ཚང་བས
ཉམས་སུ་བླང་ངོ་། །ཞིང་ཏ་བཅོ་ལྔ་པའོ། །དོན་བཞི་པ་ལ་སྐྱ་འབྲས་བསམ་པ་ལ། མི་དགེ་བ་ཞི་ལས། དགེ་བ་ཞི་ལས། ཐམ་ཅད་ལས་ཀྱི་རང་བཞིན་དུ་བསམ་པ་གསུམ་ལས། དང་པོ་མི་དགེ་བ་ཞི་ལས་བཅུ་ཞི་འབྲས་ཀྱི་ལས་གསུམ་ནི། སྔོན

སེམས་ཉིད་ངལ་གསོའི་དོན་ཁྲིད།

469

༄༅། །བཅུ་དཔས་བགད་དུ་སྐྱེས་པ་དེ་རྗེ་ཚོ་བྲུང་ཞིང་ནད་མང་བ། སྣ་ལ་ངན་སྐྱ་མི་དགའ་བའི་ང་མགྲོན་དང་བ་ཡ་ངལ་ལ་སོགས་པ་ཚེ་ལ་བར་དུ་གཅོད་པར་གནས་པ་དང་། ངན་སོང་གསུམ་གྱི་སྡུག་བསྔལ
སྤྱོད་བ་ལ་སོགས་པའོ། །མཐྲིན་པར་བྲུངས་པས་དབུལ་ཞིང་ལོངས་ལ་ལས་དམ་ར་སྤུ་གོས་རྙེན་པའི་ཡུལ་ངན་པར་གནས་པ་དང་། ངན་སོང་གསུམ་ལ་ས་ཁྱད་པར་ཡི་དགས་ཀྱི་ཡུལ་དུ་སྐྱེ་བ་ལ་སོགས་པའོ། །ལོག
པར་ལྟ་ཡི་མ་པས་གཏི་མུག་ཐབ་མི་མ་རྫོགས་ལ་དབྲ་སྨྲ་དང་བཅས་ཤིང་། ཚ་སྒྲོད་དང་ཡོངས་སུ་དྲིང་ལ་བཙོག་པ་འི་ཡུལ་དུ་གནས་པ་དང་། ངན་སོང་གི་སྡུག་བསྔལ་མྱོང་བར་བྱེད་པའི་ཕྱིར། བདག་གིས་དེ་དང་ལུས
ཀྱི་མི་དགེ་བ་གསུམ་པོ་སྤང་དགོས་སྙམ་དུ་སྦྱོར་དང་དངོས་རྗེས་གསུམ་ཚང་བས་ཉམས་སུ་བླང་ངོ་། །ཞིང་ཏ་བཅོ་དྲུག་པའོ། །དེ་ནས་ངག་གི་བཞི་ནི། རྫུན་གྱིས་སྐུར་བ་མང་ཞིང་རྟག་ཏུ་གཞན་གྱིས་བསླུ་བ་དང་། ཕྲ་མས
འཁོར་འདབ་མི་མཐུན་ཞིང་ཡན་བ་རྟགས་པ་བར་དབྲ་སྣང་བ་དང་། ཚིག་རྩུབ་མོས་མི་སྙན་པ་བ་བ་ཞིག་ཐ་བར་ཐོས་ཞིང་འཐབ་བ་མོའི་ཚིག་ཏུ་མ་འགྱུར་བ་དང་། ངག་འཁྱལ་བ་ཡས་ཚིག་མི་བཙུན་ཞིང་ཁ་ཚོལ་བ་སྐྱེ། ངན
འགྲོ་ལོག་པར་ལྷུང་བ་འི་གནས་སུ་བརྒྱུད་ཅིང་སྡུག་བསྔལ་མྱོང་བར་ངེས་པས། བདག་གིས་སྤང་དགོས་སྙམ་དུ་སྦྱོར་དང་དངོས་རྗེས་གསུམ་ཚང་བས་ཉམས་སུ་བླང་ངོ་། །ཞིང་ཏ་བཅུ་བདུན་པའོ། །དེ་ནས་ཡིད་ཀྱི་གསུམ་ནི

༤༠༠

470

བརྣབ་སེམས་ཀྱིས་གང་བསམ་པ་མི་འགྲུབ་ཅིང་མ་བསམས་པ་འབོག་ཏུ་འབབ་པ་དང་། གནོད་སེམས་ཀྱིས་རྟག་ཏུ་འཇིགས་ཤིང་འཚེ་བ་མང་ལ་ཉམ་ང་བ་དང་། ལོག་ལྟས་ལྟ་བ་ངན་པ་རྒྱུ་འབྲས་མེད་པ་དང་རྟག
ཆད་ཀྱི་ལུས་ངན་པ་ལ་གནས་ཏེ། ངན་འགྲོ་འཁོར་བའི་སྡུག་བསྔལ་ལས་གྲོལ་བ་དཀའ་བའི་ཕྱིར། བདག་གིས་སྤང་བར་བྱ་སྙམ་དུ་སྦྱོར་དང་དངོས་རྗེས་གསུམ་ཚང་བས་ཉམས་སུ་བླང་ངོ་། །ཞིང་ཏ་བཅོ་བརྒྱད་པའོ། །དེ་ནས་དགེ
བ་ཡི་ལས་ལ། བསོད་ནམས་ཆ་མཐུན་དང་། ཐར་པ་ཆ་མཐུན་གྱི་ལས་གཉིས་ལས། དང་པོ་ལ། དགེ་བ་བཅུ་ཡི་ལུས་ཀྱི་ལས་གསུམ་ནི། སྲོག་གཅོད་པ་སྤངས་པས་ཚེ་རིང་ཞིང་ནད་མེད་པ་དང་། མ་བྱིན་པར་ལེན་པ
སྤངས་པས་ལོངས་སྤྱོད་ཕུན་སུམ་ཚོགས་པ་དང་། འདོད་ལོག་སྤངས་པས་མཐུན་པའི་གྲོགས་ཐབ་མ་མཛེས་ཤིང་དགྲ་ཟླ་མེད་པ་སྟེ། བདེ་འགྲོ་ཡི་དང་དུ་འཕོང་བ་བདེ་བ་ཐོབ་པའི་ཕྱིར། བདག་གིས་རྒྱུད་ལ་བརྟེན་དགོས་སྙམ
དུ་སྦྱོར་དང་དངོས་རྗེས་གསུམ་ཚང་བས་ཉམས་སུ་བླང་ངོ་། །ཞིང་ཏ་བཅུ་དགུ་པའོ། །དེ་ནས་ངག་གི་བཞི་ནི། རྫུན་སྤངས་པས་ཀུན་གྱིས་བསྟོད་ཅིང་དགའ་བར་བྱེད་པ་དང་། ཕྲ་མ་སྤངས་པས་འཁོར་གཡོག་མཐུན་ཞིང་མཆོག
ཏུ་གྱུར་པ་དང་། ཚིག་རྩུབ་སྤངས་པས་སྙན་པར་སྨྲ་ཞིང་བརྗོད་པ་དང་། ངག་འཁྱལ་སྤངས་པས་ཚིག་བཙུན་པར་འཐོབ་ཤིང་ཚད་མར་བྱེད་པ་སྟེ། དགེ་ཡི་དགེ་བ་དང་བདེ་བ་ཐམས་ཅད་འགྲུབ་པས། བདག་གིས་སྤང་ཏེ་བར

སེམས་ཉིད་ངལ་གསོའི་དོན་ཁྲིད།

471

༄༅། །ཐུན་འོ་སྔ་མ་ཏུ་སྦྱོར་དང་དངོས་རྗེས་གསུམ་མཚང་བས་ཉམས་སུ་བླང་ངོ་། །ཞིང་ཁ་ལེའུ་ཞུམ་པའོ། །དེ་ནས་ཡིད་ཀྱི་ལས་གསུམ་ནི། ལྟ་བས་མ་མས་སྤྱང་ལས་པས་རེ་བར་ཁྱབ་པ་དང་། གཅོད་སེམས་ཕྱང་ལ་པས་འབའ་ཚེ་
བ་མེད་པ་དང་། ལོག་ལྟ་སྤངས་བས་ལྟ་བ་བཟང་པོར་བསྒྱུར་ཞིང་། ཡིད་ཀྱི་དགེ་བ་དང་ལེགས་པ་བསམ་གཏོ་རེས་ཀྱི་དགའ་བ་དེ་བསྒྲུབ་པའི་ཕྱིར། བདག་གིས་ཉམས་སུ་བླང་བར་བྱ་དགོས་སྔ་མ་དུ་སྦྱོར་དང་དངོས་རྗེས་གསུམ་མཚང་བས་
ཉམས་སུ་བླང་ངོ་། །ཞིང་ཁ་ལེའུ་ཞི་པའོ། །དེ་ནས་ཐར་པ་ཆ་མཐུན་གྱི་ལས་ནི། དགེ་བ་གང་བྱེད་ཀྱང་འཁོར་བ་ལས་ཐར་ནས་ཞི་བ་མྱང་འདས་ཐོབ་པར་བྱ་སྙམ་པ་སྟེ། བསྡུ་ན། ཉན་ཐོས། རང་སངས་རྒྱས། རྫོགས་
པའི་སངས་རྒྱས་ཀྱི་ཐར་པ་གསུམ་ལ་དམིགས་ནས་གསུམ་དུ་ཡོད་ཀྱང་། ད་རེས་རྫོགས་པའི་སངས་རྒྱས་འདོད་པས་དགེ་བ་བཅུ་དང་། བསམ་གཏན་བཞི་དང་། གཟུགས་མེད་བཞི་དང་། ཞི་ལྷག་གཉིས་དང་། ཚད་
མེད་བཞི་དང་། པར་ཕྱིན་དྲུག་བསྡུ་བ་ལ་སོགས་པ་ཐམས་ཅད་ལ། སྔོན་དུ་སེམས་བསྐྱེད། དངོས་པོ་བདེན་ཞེན་གྱི་དམིགས་པ་མེད་པ། རྗེས་བསྔོ་བ་གསུམ་གྱིས་ཟིན་པར་བྱས་ལ་སྐད་ཅིག་ཀྱང་མ་ཡེངས་པར་སྒྲུབ་
དགོས། ཚོགས་མ་རྫོགས་ན་སངས་རྒྱས་མི་ཐོབ་པའི་ཕྱིར་སྔ་མ་ཏུ་སྦྱོར་དང་དངོས་རྗེས་གསུམ་མཚང་བས་ཉམས་སུ་བླང་ངོ་། །ཞིང་ཁ་ལྔ་པའོ། །དེ་ནས་ཐམས་ཅད་ལས་ཀྱི་རང་བཞིན་དུ་ཤེས་པ་ནི། འདི་ལྟར་འཁོར་བའི་བདེ་

༤༠༧

472

སྡུག་དང་མཐོ་དམན་ཐམས་ཅད་ཀྱང་རང་རང་གི་ལས་དགེ་སྡིག་གིས་བྱས་པ་ཡིན་ལ། བྱང་ཆུབ་གསུམ་དང་དེ་རིག་དེ་ལེགས་མཐོ་དང་བདེ་ཐར་པ་ཆ་མཐུན་གྱི་ལས་ཁྱད་པར་ཅན་སོ་སོས་བྱས་པའི་ཕྱིར། ལས་འདི་ནི་རི་
མོ་མཁན་དང་འདྲ། གཅིག་གིས་མང་པོའི་རྒྱུ་མ་པར་བསྒྱུར་བ། རྗེས་སུ་འགྲོ་བས་ལུས་ཀྱི་གྲིབ་མ་དང་འདྲ། རང་གིས་བྱས་པ་གཞན་ལ་མི་འཕོ། གཞན་གྱིས་ལས་རང་ལ་མི་འཕོ་བས་ཡུལ་ཐང་ཀྱི་བདེ་སྡུག
ལྟ་བུ། དགེ་སྡིག་གི་ལུགས་དྲག་པས་མཐོ་རིས་དང་ངན་འགྲོར་འཕེན་པས་རྒྱལ་པོ་དང་བློན་པོ་ཆེ་ལྟ་བུ། རྒྱུ་ཆུང་ཆེ་བས་ནམ་མཁའི་ཉི་ཟླ་ལྟ་བུ། རྣམ་པ་གྲངས་མང་བས་ཚོང་དུས་ཀྱི་མི་ལྟ་བུ། བཞན་གཅིག
རྒྱུ་མི་འདྲ་བས་ཟ་འོག་གི་རི་མོ་ལྟ་བུ། དཀར་ནག་དགེ་སྡིག་མི་འདྲ་བས་རྒྱུ་དང་ཀུ་སུ་ཏྲ་ཀྲ་སྟེ། གང་ཅི་བསགས་པ་དེ་དང་མཐུན་པའི་འབྲས་བུ་སྨིན་པར་བྱེད་པའི་ཕྱིར་བདག་གིས་ཐམས་ཅད་ལ་སུ་ཞེས
བར་བྱས་ལ་བླང་དོར་བརྩོན་པར་བྱ་དགོས། སྔ་མ་དུ་སྦྱོར་དང་དངོས་རྗེས་གསུམ་མཚང་བས་ཉམས་སུ་བླང་ངོ་། །ཞིང་ཁ་ལྔ་དྲུག་པའོ། །དོན་ལྟར་དགེ་བའི་བཤེས་གཉེན་བསྟེན་པ་རབ་ཏུ་མས་པ་ལས། རང་བཞིན་བཟམ་པ་དང་
རྣལ་འབྱོར་བསྒོམ་པ་གཉིས་ལས། དང་པོ་ལ་བཤད་པ་རབ་ཡམ་པ། མཚན་ཉིད་བརྟག་པ། ཡོན་ཏན་བསྟེན་པ་དང་གསུམ་ལས། དམ་པ་དང་དམ་པ་མ་ཡིན་པའི་ཁྱད་པར་བླང་དོར་དུ་བྱ་བའི། ཡང་དག་པ

སེམས་ཉིད་ངལ་བསོའི་དོན་ཁྲིད

473

༄༅། །དགེ་བའི་བཤེས་གཉེན་བསྟེན་ནས་དེའི་ཡོན་ཏན་དགེ་བ་དང་ལེགས་པ་དང་ཤེས་རབ་ལ་བཅེ་ཅེ་རྟེན་གྱི་ཤིང་དྲུང་དུ་ལ་བོང་ནས་ཕྲོས་ཏེ་ཞིམ་པོ་ཞིང་དང་འཁོ་བ་ལྟ་བུའོ། །ཡང་དགེ་བའི་བཤེས་གཉེན་
དང་དགེ་བའི་གྲོགས་པོ་བསྟེན་པར་བྱ་སྟེ། བདག་གི་དགེ་བ་གོང་ནས་གོང་དུ་འཕེལ་ཞིང་རྒྱས་པར་བྱེད་པའི་ཕྱིར་རོ། །མི་དགེ་བའི་བཤེས་གཉེན་ངན་པ་དང་སྡིག་པའི་གྲོགས་པོ་ཐ་ཐ་ཅན་དེའི་སྟོན་དང་གིས་འགོ་བ
ནི། མིག་ཅང་བའི་ཁྲོད་དུ་ཀུ་ཤ་ཏྲ་ལ་གྱིས་བསྒོས་པ་ལྟ་བུའོ། །དེའི་ཕྱིར་བདག་གིས་སྡིག་པ་བྱེད་པའི་ཤེས་གཉེན་སྡིག་གྲོགས་དང་བཅས་པ་སྤང་དགོས་ཏེ། མི་དགེ་བའི་གྲོགས་དག་བསྟེན་པས་ཤིང་སྤྲང་ནས་མེད
པར་འགྱུར་དགོས་པའི་ཕྱིར་རོ། སྔ་མ་དུ་སྦྱོར་དང་དངོས་རྗེས་གསུམ་གྱིས་ཉམས་སུ་བླང་ངོ་། །ཞིང་ཁ་བཞི་བདུན་པའོ། །དེ་ནས་མཚན་ཉིད་བརྟག་པ་ལ་གཉིས་ལས། ཐུན་མོང་གི་མཚན་ཉིད་ནི། ཐར་པ་དུ་ལེན་གྱི་གླིང་དུ་འཁྲིད་པ་དང་
དཔོན་མཁས་པའི་རང་བཞིན་ཅན་ལ་རག་ལས་པ་ལྟར་བདག་གིས་ཐར་པའི་གླིང་དུ་ཕྱིན་ནས་ལས་དང་སངས་རྒྱས་ཐོབ་པ་འདང་བླ་མ་དགེ་བའི་བཤེས་གཉེན་ལ་རག་ལས་པས། ལྷག་པར་ཐུགས་ཀྱི་རྒྱུད་པ་སྐྱོན་མེད་ཅིང་
ཡོན་ཏན་ཕུན་སུམ་ཚོགས་པས་བརྒྱན་པ། ཐོས་པ་དང་སྙིང་རྗེ་ཆེ་བ། ཚད་མེད་པའི་མཁྱེན་རབ་དང་ཐུགས་རྗེ་མང་བ། འཇིག་ཚོགས་ཟང་བའི་ལམ་ལ་འགོད་པ། སྤྱོད་ཆུབ་དང་དཀའ་སྤྱད་བཟོད་པ་ཞིག་ལ་བརྟེན

༤༠༨

474

པར་ཤོག ། དེ་ལྟ་བུའི་དགེ་བ་འདི་ལ་ཉེས་གཉེན་དང་ཐུར་ཏུ་འབྲན་དེ་ཅིང་ཐུགས་རྗེས་འཛིན་པར་ཤོག་ཅིག ། རྟག་ཏུ་མི་འབྲལ་བར་སྒྱུར་ཅིག་སྔ་མ་ལྟར་སྦྱོར་དངོས་རྗེས་གསུམ་ཚང་བས་ཉམས་སུ་བླང་ངོ་། །ཁྲིད་ཀ་བཞི
བརྒྱད་པའོ། །དེ་ནས་ཐུན་མོང་མ་ཡིན་པའི་མཚན་ཉིད་ནི། ཚེ་འདིར་དངོས་མང་འབྲས་དང་དབང་ཕྱུག་ཕུན་སུམ་ཚོགས་པ་ཕྱིན་པ་འཁོར་ལོས་སྒྱུར་བ་ལ་སོགས་པ་རྒྱལ་པོ་བཟང་པོ་ལ་རག་ལས་པ་ལྟར། བདག
གིས་ཀྱང་ཚེ་གཅིག་གི་བླ་ན་མེད་པའི་འབྲས་བུ་དང་ལྡན་ཏན་ཐོབ་པ་བླ་མ་རྡོ་རྗེ་འཛིན་པ་ལ་ཁས་སྒྲུབ་དམ་པ་ཡར་ག་ལས་པས། བླ་མ་དམ་པ་དབང་དང་དམ་ཚིག་ལྡན་ཕུན་སུམ་ཚོགས་པ། རྒྱུད་དང་མན་ངག་གི་གནས
ལ་མཁས་པ། བསྐྱེད་རྫོགས་བཟང་བ་མོ་ཞི་རྒྱུ་ལ་ཐོབ་པ། ལྟ་དགོངས་རྟོགས་དེ་འཛིན་ཀྱི་ཡིད་ཆད་མ་ངལ་བ། གཞན་དོན་ཕྲིན་ལས་ཕུན་སུམ་ཚོགས་པ་ཞིག་ལ་བརྟེན་པར་བྱ་དགོས། དེ་ལྟ་བུའི་བླ་མ་དམ་པ་རྣམས་དང
མཇལ་བ་མཇལ་བར་ཤོག་ཅིག །མཇལ་ནས་རྣམ་པ་དང་མི་འབྲལ་བར་ཤོག་ཅིག །རྟག་ཏུ་མཉེས་པ་ཞིང་ཐུགས་རྗེས་འཛིན་པར་ཤོག་ཅིག་སྔ་མ་ལྟར་སྦྱོར་དངོས་རྗེས་གསུམ་གྱིས་ཉམས་སུ་བླང་ངོ་། །ཁྲིད་ཀ་བཞི་དགུ་པའོ། །
དེ་ནས་ཡོན་ཏན་བསྟན་པ་ལ་རིམ་པ་གསུམ་ལས། རིམ་པ་དང་པོ་ནི། འཇིག་རྟེན་ཁུ་དྲུག་ལྷ་ར་རི་མི་རྟོག་ཁྱུང་ཡང་ཀ་བ་བཤུ་རས་ལ་རྒྱས་ཁྱུང་དཀའ། དེའི་ཐུགས་རྗེ་ལས་སྤྲུལ་པ་དགེ་བའི་བཤེས་གཉེན

475

༄༅། །ཁམས་འདི་ར་འབྱུང་དཀའ་བསྟེ། དེ་ལས་བདག་ཅག་གི་དཔལ་མགོན་བླ་མ་དམ་པ་འདི་ལས་མཆོག་ཏུ་ཡང་དག་པ་དགེ་བའི་བཤེས་གཉེན་རྣམས་ལ་ཡོན་ཏན་ཚད་མེད་པའི་གཏེར་མང་འབབ་ནི།
སྲིད་པའི་རྒྱ་མཚོ་སྒྲོལ་བས་གྲུ་ཆེན་མ་ཉིད་པ་ལྟ་བུ། ཐར་པའི་ལམ་སྟོན་འདྲེན་བས་དེད་དཔོན་མཁས་པ་ལྟ་བུ། སྲིད་ཞིའི་རྒུད་པ་སེལ་བས་ཡིད་བཞིན་ནོར་བུ་ལྟ་བུ། ཉོན་མོངས་མེ་དཔུང་འཇོམས་བས་བདུད་རྩིའི
རྒྱུ་ཆུ་བོ་ལྟ་བུ། ཆོས་ཀྱི་ཆར་ཆེན་འབེབས་པས་མཆར་སྤྲིན་བཟང་པོ་ལྟ་བུ། འགྲོ་ཀུན་དགའ་བ་བསྐྱེད་པས་ལྷའི་རྔ་བོ་ཆེ་ལྟ་བུ། སྡུག་བསྔལ་གདུང་ཀུན་སེལ་བས་སྨན་པའི་རྒྱལ་པོ་ལྟ་བུ། མ་རིག་མུན་པ་སེལ
བས་ཉི་ཟླ་སྒྲོན་མེ་ལྟ་བུ། འདོད་དགུའི་རེ་བ་འབྱུང་བས་དཔག་བསམ་ཤིང་ཆེན་ལྟ་བུ། བྱིན་ལས་འོད་སྟོང་མ་བ་བས་ཉི་མའི་དཀྱིལ་འཁོར་ལྟ་བུའི་ཡོན་ཏན་ཅན་མང་དཔག་བསྟོད་མཆོར་ཀུ། །དེ་ངས་བདག
ལྟ་བུས་མཇལ་ནི་ཞིང་རྟེན་དུ་ཡོད་པ་ལ་སྤྱོད་གྲང་མཆོག་ཏུ་སྐྱེ་ནས། ཚེ་རབས་ནས་ཚེ་རབས་ཐམས་ཅད་དུ་ཡང་དག་པ་དགེ་བའི་བཤེས་གཉེན་ལ་བརྟེན་ཞིང་ཐུགས་རྗེས་འཛིན་པར་གྱུར་ཅིག །བདག་ཀྱང
ནམ་ཞིག་བདག་ཡོན་ཏན་དུ་བར་ཐོབ་པར་ཤོག་ཅིག་སྔ་མ་ལྟར་སྦྱོར་དངོས་རྗེས་གསུམ་གྱིས་ཉམས་སུ་བླང་ངོ་། །ཁྲིད་ཀ་ལྔ་བཅུ་པའོ། །དེ་ནས་རིམ་པ་གཉིས་པ་ནི། འདི་ལྟར་བླ་མ་དགེ་བའི་བཤེས་གཉེན་དམ་པ་རྣམས་ཀྱིས

༢༠༣

476

དགོངས་པ་བཞམས་མཁའ་ལྟར་རྒྱ་ཆེ། དྲིན་འཛིན་ཉི་ཟླ་ལྟར་འོད་གསལ། མཁྱེན་རབ་རྒྱ་མཚོ་ལྟར་ཚད་མེད། ཐུགས་རྗེ་ཆུ་ཀླུང་ལྟར་ཤུགས་དྲག །རང་བཞིན་རི་རྒྱལ་ལྟར་བརྟན། སྙིང་བྲལ་བུ་ལྟར
རྣམ་དག་འགྲོ་ལ་མ་ལྟར་ཐུགས་སེམས། ཡོན་ཏན་ཏེ་སེར་མཛོད་ལྟར་ལྷུན་གྲུབ། འཇིག་རྟེན་རྒྱལ་པོ་ལྟར་བསོད་ནམས་འཕྲིན་པའི་རང་བཞིན་དམ་པ་སྟེ། ཡོན་ཏན་རེ་རེའི་ཆ་ཡང་དཔག་གིས་མི་ལང་བས་ན
མཆོར། རྟག་ཏུ་དད་གུས་ཤིང་ཐུགས་རྗེས་འཛིན་པར་ཤོག་ཅིག་སྔ་མ་ལྟར་སྦྱོར་དངོས་རྗེས་གསུམ་ཚང་བས་ཉམས་སུ་བླང་ངོ་། །ཁྲིད་ཀ་ང་གཅིག་པའོ། །དེ་ནས་རིམ་པ་གསུམ་པ་ནི། འདི་ལྟར་དད་པ་ལ་མགོན་བླ་མ
དམ་པ་རྣམས་ཞི་མཐོང་བ་དང་ཐོས་པ་དང་དྲན་པ་དང་རེག་པ་ཙམ་གྱིས་ཐར་པའི་ས་བོན་འདེབས་ཤིང་ཕ་རོལ་ཏུ་ཕྱིན་པ་བསྐལ་བ་ལ་བས་སངས་རྒྱས་སྐུ་དང་ཞིང་ཁམས་ཀྱི་བྱེད་པ་གཅིག་པ་དང་། ཐར་པའི་ལམ་དུ་འདྲེན
པས་སྐྱབ་བ་མཆོག་ཏུ་གྱུར་པ་དང་། དཀྱིལ་འཁོར་གྱི་རྡོ་རྗེ་ཀའི་རིགས་རང་བཞིན་རྟོགས་ཐམས་ཅད་ཀྱི་ཁྱབ་བདག་ཡང་དཀོན་མཆོག་གི་ཞིང་ཆེན་པ་དང་། གདུལ་བྱ་རིགས་ངན་རྒྱལ་བ་ཀུན་གྱིས་བཀའ་འདྲིན་མཆོག་ཏུ
ཆེ་བའི་ཡོན་ཏན་མཐའ་ཡས་སྟེ། ཚིག་དེ་ར་སྙིང་གི་བྱ་བ་མེ་ཡི་ལམ་ལ་འགོད་པའི་དང་ཅན་རྣམས་ལ་ལ་མཆོར་བས་ཐམས་ཅད་དུ་བསྟེན་ཅིང་མཉེས་ནས་ཐུགས་རྗེས་བྱིན་གྱིས་བརླབས་པར་ཤོག་ཅིག་སྔ་མ་ལྟར་སྦྱོར་དངོས

477

༄། །རྗེས་གསུམ་གྱིས་ཉམས་སུ་བླང་དོ། །ཁྲིད་རྣ་དང་གཉིས་པའོ། དེ་ནས་རྣལ་འབྱོར་བསྒོམ་པ་ལ་གསུམ་ལས། རྒྱུན་གྱི་རྣལ་འབྱོར་ནི། སྐྱབས་སུ་འགྲོ་བ་དང་། སེམས་བསྐྱེད་ནས། སྟོང་པའི་
ངང་ལས། ཉིན་མོ་སྤྱི་གཙུག་མཚན་མོ་སྙིང་ནང་དུ་པདྨ་ཉི་ཟླའི་སྟེང་དུ་རྩ་བའི་བླ་མ་ལ། ཡི་དམ་མཁའ་འགྲོ་དང་བཅས་པས་བསྐོར་བར་བསམས་ལ། རྩ་བ་དང་བརྒྱུད་པའི་བླ་མ་མཁའ་འགྲོ་དང་བཅས་པ
སྤྱན་དྲངས་ལ་ཐིམ་པར། ཕྱག་འཚལ་བ། མཆོད་པ་འབུལ་བ། སྡིག་པ་བཤགས་པ། གསོལ་བ་གདབ་པ་བརྣམས་བྱ་སྟེ། ན་མོ་བླ་མ་ཡི་དམ་དང་། །མཁའ་འགྲོ་ཆོས་སྐྱོང་ཚོགས་ལ་གུས་ཕྱག་འཚལ། །
ཕྱི་ནང་གསང་གསུམ་མཆོད་པ་འབུལ། །རྩ་བ་ལྟུང་ལག་ཉམས་ཆག་བཤགས། །སྨིན་གྲོལ་དབང་དང་བྱིན་རླབས་སྩོལ། །ཚེ་རབས་འདྲེན་སྟོན་མཛོད་དུ་གསོལ། །ཞེས་ལན་གསུམ་བརྗོད་པས།
བླ་མའི་ཆ་ཤས་ནས་བདུད་རྩིའི་རྒྱུན་བབ། ལུས་ཀྱི་ནང་ཁེངས། ནད་གདོན་སྡིག་སྒྲིབ་དག །བདེ་ཆེན་ཆོས་ཉིད་ཀྱི་རྟོགས་པ་སྐྱེས་པར་བསམས་ལ་ཡང་རྩེ་གཅིག་མཉམ་པར་བཞག་ནས། བླ་མ་གང་ཡིན་གྱི་མཚན་དེ
ཤེས་པ་རྒྱ་སྐད་དུ་བསྒྱུར་ལ་ཨོཾ་ཨཱཿཧཱུྃ་གི་སྔོན་ནས་བཟླས་སོ། །ཨོཾ་གུ་རུ་ཀུ་ཎཱ་ཙནྡྲ་སིདྡྷི་ཨཱཿཧཱུྃ་ཞེས་པ་ལྟ་བུའོ། །དེ་ནས་བླ་མ་ཡི་དམ་མཁའ་འགྲོའི་སྐུ་ལས་འོད་དང་བདུད་རྩིའི་རྒྱུན་བབ་པས་ལུས་ཀྱི་སྒྲིབ་པ་སྦྱངས།

478

བུམ་པའི་དབང་ཐོབ། སྐུ་རྡོ་རྗེའི་བྱིན་གྱིས་བརླབས། གསུང་ལ་ངག་གི་དྲི་མ་སྦྱངས། གསང་བའི་དབང་ཐོབ། གསུང་རྡོ་རྗེའི་བྱིན་གྱིས་བརླབས། ཐུགས་ཀ་ནས་འོད་དང་བདུད་རྩིས་ཡིད་ཀྱི་སྒྲིབ་པ་སྦྱངས།
ཤེས་རབ་ཡེ་ཤེས་ཀྱི་དབང་ཐོབ། ཐུགས་རྡོ་རྗེའི་བྱིན་གྱིས་བརླབས། ཐམས་ཅད་ལས་འོད་དང་བདུད་རྩིས་ལུས་ངག་ཡིད་གསུམ་ཐ་དད་དུ་འཛིན་པའི་དྲི་མ་སྦྱངས། ཚིག་དབང་རིན་པོ་ཆེ་ཐོབ། ཡེ་ཤེས་རྡོ་རྗེའི་བྱིན་གྱིས་
བརླབས། བདག་གི་ལུས་ངག་ཡིད་གསུམ་བླ་མའི་སྐུ་གསུང་ཐུགས་ལ་ཐིམ། དེ་ཉིད་ཆོས་སྐུ་སྐྱེ་བ་མེད་པ་འདི་ངང་ལ་ཐིམ་པས། གང་ཡང་ཡིད་ལ་མི་བྱེད་པའི་ངང་ལ་བཞག་ནས་བསྒོམ་བྱའོ། །ཁྲིད་རྣ་དང་གསུམ་པའོ། །དེ
ནས་ལས་ཚོགས་ཀྱི་རིམ་པ་ནི། ཞི་བ་ལ་དེ་ཐམས་ཅད་དཀར་པོར་བསམས་ལ་པའི་འོད་ཟེར་དཀར་པོས་ནད་གདོན་སྡིག་སྒྲིབ་ཞི་བར་བསམས་ལ། སྔགས་ཀྱི་ཤ་མ་བུ་ར་ཤཱནྟིཾ་ཀུ་རུ་ཡེ་སྭཱ་ཧཱ། ཞེས་བཟླས། རྒྱས་པ་ལ
ཐམས་ཅད་སེར་པོར་བསམས་ལ་པའི་འོད་ཟེར་གྱིས་ཚེ་དང་བསོད་ནམས་དང་འབྱོར་པ་རྒྱས་པར་བསམས་ལ། པུཥྚིཾ་ཀུ་རུ་ཡེ་སྭཱ་ཧཱ། ཞེས་བཟླས། དབང་ལ་ཐམས་ཅད་དམར་པོར་འཕྲོ་བས་བསྡུ་བ་དབང་དུ་བྱས
པར་བསམས་ལ། ཙེ་ཀོ་མོ་ཧ་ཤཾ་ཀུ་རུ་ཡེ་སྭཱ་ཧཱ། ཞེས་བཟླས། དྲག་པོ་ལ་ཐམས་ཅད་མཐིང་ནག་མེའི་འོད་ཟེར་དང་ཚ་ཚ་འཕྲོ་བས་གདོན་བགེགས་ཚར་བཅད་པར་བསམས་ལ། གདོན་བགེགས་མ་ར་ཡ་ཕཊ། ཅེས

479

༄། །བཟླས། དམིགས་པ་གཞན་རྣམས་སྔ་མ་དང་འདྲའོ། །ཁྲིད་རྣ་དང་བཞི་པའོ། །དེ་ནས་ནད་གདོན་འཆི་བསླུའི་ཚེ། སྐྱབས་སུ་འགྲོ་བ་དང་སེམས་བསྐྱེད་ནས། སྟོང་པའི་ངང་ལས། མདུན་གྱི་ནམ་མཁར་པད
སྡོང་སེ་ངེ་རིན་པོ་ཆེའི་ཁྲི་རྣ་དགེ་སེང་གེ་པའི་སྟེང་དུ་ཉི་ཟླ་དར་འབོལ་བརྩེགས་པའི་སྟེང་དུ་རྩ་བའི་བླ་མ་ལ། བརྒྱུད་པའི་བླ་མ་སངས་རྒྱས་དང་དབྱེར་མེད་དུ་བསམས་པ་བའི་མཐར། ཡི་དམ་དཀྱིལ་འཁོར་གྱི་ལྷ་ཚོགས
མཁའ་འགྲོ་དམ་ཅན་རྒྱ་མཚོའི་ཚོགས་དང་། འོག་ཏུ་རིགས་དྲུག་གཉོད་བྱེད་དང་བཅས་པ་བསམས་ལ། དེ་ནས་རང་གི་སྙིང་ཁ་ནས་རྣམ་ཤེས་ཧཱུྃ་གི་རྣམ་པ་ཅན་ལུག་ནས་ཐོན་པས་དཔའ་བོ་རིགས་ལྔའི་མཁའ་འགྲོ་རྒྱུ་ཡི
ཐོགས་པ་ར་གྱུར་པ་དེས། རང་གི་ཐོད་པ་སྒྲིན་མཚམས་ཀྱི་མཛོད་ཕུར་བཅད་ནས། ཐོད་པའི་སྤྱི་དཔོ་རི་རབ་ཙམ་པ་གསུམ་གྱི་སྟེང་དུ་བཞག་པའི་ནང་དུ་ལུས་ཀྱི་ཤ་ཁྲག་བླུགས་ཏེ། འོག་ནས་མེ་འབར་བས་ཁོལ་བ་ལ། སྟེང་ནས
བཅུའི་སངས་རྒྱས་དང་བྱང་ཆུབ་སེམས་དཔའ་ཐམས་ཅད་ཀྱི་བདུད་རྩི་ལྷུང་བས་ཁེངས་ཏེ། ཅི་འདོད་པའི་བཟའ་བཏུང་དང་བདུད་རྩི་བཟང་པོར་གྱུར་པ་དེ། དཔའ་བོ་ཐོད་པ་ཐོགས་པ་བརྒྱ་ངམ་མེད་པ་ཡིས་བདེའི་ཀུ་ལ་དུ་སྐྱུ་ཡ་ཡས
མགྲོན་རྣམས་ལ་སོ་སོའི་སྐྱུན་ལ་ར་དུ་ལ་མཉམ་དུ་དྲངས་པས། འཇིག་རྟེན་ལས་འདས་པའི་མགྲོན་རྣམས་མཉེས་ཏེ་ཚོགས་གཉིས་རྫོགས་ནས་མཆོག་དང་ཐུན་མོང་གི་དངོས་གྲུབ་ཐོབ། འཇིག་རྟེན་པའི་མགྲོན་རྣམས་མཉེས་ཏེ

480

ཐོགས་མེད་པའི་ལྷུན་ཆགས་ཁྱེར་ཞིང་ཟུང་མོན་ཤྭར་ངས། །ཁྱད་པར་དུ་གནོད་སྦྱིན་གྱི་བགེགས་རིགས་མ་ཉེས་པས་གདུག་སེམས་དང་བར་ཆད་ཞི། ཐམས་ཅད་མཉེས་པའི་འོད་ཟེར་རང་ལ་ཐིམ་པས་ནད་ཞི་གདོན་ཞི་འཆི་བ་བསླུས་ཞིང་དངོས་གྲུབ་ཐོབ་པ་རབ་བསམ་ནས། དེ་ཐམས་ཅད་ཉམས་ཁ་བ་ལ་ཕྱིན་དང་ལས་པ་ལྟར་ཅི་ཡང་མི་དམིགས་པའི་ངང་ལ་བསྒོམ་བྱའོ། །འདི་ནི་ཚོགས་གཉིས་རྫོགས་པ་དང་། འཆི་བསླུ་བ་དང་། ནད་གདོན་མེད་པ་དང་། བར་དོ་ནི་འོད་གསལ་ལ་ཐེན་པར་བྱེད་པའོ། །ཞེན་ནང་རྒྱུ་བའོ། །དོན་རྟོགས་པ་བསྐྱབས་ལས་སུ་འགྲོ་བ་ལ། ཁྱད་པར་དུ་བྱེད། ཡན་ལག་ལ་བསམ་པ། སྐྱབས་སུ་འགྲོ་ཚུལ་དང་གསུམ་ལས། དང་པོ་ནི། འདི་ལྟར་ངན་སོང་གསུམ་གྱི་སྡུག་བསྔལ་ལས་ཡིད་བྱུང་ནས་བདེ་འགྲོ་མཐོ་རིས་ཀྱི་བདེ་བ་དོན་དུ་གཉེར་བའི་ཕྱིར། དཀོན་མཆོག་གསུམ་ལ་སྐྱབས་སུ་འགྲོ་ན་སྐྱེས་བུ་ཆུང་ངུ་ཞེས་བྱ་སྟེ། འབྲས་བུ་གནས་སྐབས་ཀྱི་བདེ་བ་ཙམ་དོན་དུ་གཉེར་བའི་ཕྱིར་རོ། །འཁོར་བའི་སྡུག་བསྔལ་ལས་སྐྱབས་ནས་རང་ཉིད་གཅིག་པུ་ཞི་བ་དེ་ཉིད་དོན་དུ་གཉེར་བའི་ཕྱིར་དཀོན་མཆོག་གསུམ་ལ་སྐྱབས་སུ་འགྲོ་ན་སྐྱེས་བུ་འབྲིང་པོ་ཞེས་བྱ་སྟེ། འབྲས་བུ་ལས་རང་ཉིད་ཙམ་ཐར་པ་ཞི་བའི་འབྲས་བུ་ཡང་དམིགས་པའི་ཕྱིར་རོ། །མཐའ་མེད་པར་འཁོར་བ་ཞིང་སེམས་ཅན་གཞན་རྣམས་ཀྱིས་སྡུག་བསྔལ་ལ་མཐོང་ནས། དེ་རྣམས་འཁོར་བ་ལས་བསྒྲལ་བའི་ཕྱིར་དཀོན་མཆོག

481

༄༅། །གསུམ་ལ་སྐྱབས་སུ་འགྲོ་ན་སྐྱེས་བུ་ཆེན་པོ་ཞེས་བྱ་སྟེ། སེམས་ཅན་ཐམས་ཅད་ཀྱི་དོན་དུ་སངས་རྒྱས་འདོད་པ་ཡང་དམིགས་པའི་ཕྱིར་རོ། །དེའི་ཕྱིར་བདག་གིས་སྐྱེས་བུ་ཆུང་ངུ་དང་། འབྲིང་གི་ཆ་ལས་ལོག་སྟེ་སེམས་ཅན་ཐམས་ཅད་ཀྱི་དོན་དུ་སྐྱེས་བུ་ཆེན་པོའི་རྗེས་སུ་བསླབ་པར་བྱའོ་སྙམ་པ་བསྐྱེད་དེ་དོན་རྗེས་གསུམ་གྱིས་ཉམས་སུ་བླང་ངོ་། །ཁྱེད་རྣམ་དང་ལྡན་པའོ། །དེ་ནས་ཡན་ལག་བསམ་པ་ནི། འདི་ལྟར་རང་ཉིད་འཁོར་བ་ནས་འཁོར་བ། འཇིག་རྟེན་པའི་ལྷ་ལ་ཡང་སྐྱབས་སུ་འགྲོ། འཇིག་མེད་ཐར་པའི་མཆོག་ལ་གནས་པ་དཀོན་མཆོག་གསུམ་ལ་སྐྱབས་ཀྱི་ཕྱིར་སྐྱབས་སུ་མི་འགྲོ། བརྟན་པ་དང་ཀ་བ་ཞིང་གནོད་པ་སྦྱིན་པ་དེ་རང་བཞིན་རྒྱལ་པོ་ཁ་ཁ་སོགས་པ་ཡང་མགོན་དང་སྐྱབས་སུ་མི་འགྲོ། གང་གི་སྐྱབས་སུ་སོང་བ་ཅམ་གྱིས་ཐར་པ་ཞིས་ཐོབ་འདེབས་པ་དང་། མི་དགེ་བའི་ཚོགས་ལས་རིང་དུ་བྱེད་ཅིང་དགེ་བ་སོ་སོ་དུ་འཕེལ་བ་དང་། ལྡོམ་པ་ཀུན་གྱི་རྟེན་དུ་གྱུར་ཅིང་ཡོན་ཏན་ཐམས་ཅད་ཀྱི་འབྱུང་གནས་སུ་གྱུར་པ་དང་། འདི་ར་ཡང་དཀར་ཕྱོགས་ཀྱི་ལྷ་རྣམས་ཀྱིས་བསྲུང་ཞིང་སྐྱོན་པའི་རིམ་ཡིད་བཞིན་དུ་འགྲུབ་པ་དང་། རྟག་ཏུ་ཚེ་རབས་དུ་མ་ཅིང་དཀོན་མཆོག་གསུམ་གྱི་སྤྱན་སྔ་བ་དང་མི་འབྲལ་བ་དང་། འདི་ཕྱིར་བ་དེ་ཞིང་མཐར་ཐུག་སངས་རྒྱས་ཀྱི་གོ་འཕང་ཐོབ་པ་ལ་སོགས་པ་དཔག་ཏུ་མེད་པ་ལ་བསམས་མས་དེ་སྐྱོར་དང་དོན་རྗེས་གསུམ་གྱིས་ཉམས་སུ་བླང་ངོ་། །ཞེན་ནང་རྒྱུ་བའོ། །དེ་ནས་སྐྱབས

482

སུ་འགྲོ་ཚུལ་ནི། སྐྱབས་སུ་འགྲོ་བ་དང་སེམས་བསྐྱེད་ནས། མདུན་གྱི་ནམ་མཁའི་དཀྱིལ་པ་ལ་བོར་དུ་གདན་སེང་གེ་དང་པདྨ་ཉི་ཟླ་རིན་པོ་ཆེའི་སྟེང་དུ་བླ་མ་དང་སངས་རྒྱས་དབྱེར་མེད་དུ་བཞུགས་པ་ལ། བྱང་ཆུབ་སེམས་དཔའ་ཞིའི་ཚོགས་དང་མཁའ་འགྲོ་མ་ཅན་རྒྱ་མཚོའི་ཚོགས་ཀྱིས་བསྐོར་བ་ནམ་མཁའ་ཁ་གང་བ་བ་ར་བས་མཐས་ལ། བདག་དང་སེམས་ཅན་ཐམས་ཅད་ས་གཞི་འདིར་ཐལ་མོ་སྦྱར་ཏེ། དུས་འདི་ནས་བྱང་ཆུབ་སྙིང་པོའི་བར་དུ་བྱིད་ལ་བཟུང་ལ། ཁྱེད་ལ་བརྟེན། ཁྱེད་མ་གཏོགས་པ་རེ་བ་ཞིག་ནས་དང་སྐྱབས་གཞན་མེད་ཅེས་བས་མཞིང་གདངས་སྙན་པོས། བླ་མ་ལ་སྐྱབས་སུ་མཆིའོ། །སངས་རྒྱས་ལ་སྐྱབས་སུ་མཆིའོ། །ཆོས་ལ་སྐྱབས་སུ་མཆིའོ། །དགེ་འདུན་ལ་སྐྱབས་སུ་མཆིའོ། །ཞེས་ཅི་འགྲུབ་བརྒྱ་བརྗོད་པའི་རྗེས་སུ། བདག་དང་སེམས་ཅན་ཐམས་ཅད་དཀོན་མཆོག་གསུམ་ལ་ཐིམ། དེ་ཡང་ཡུམ་ཀྱི་བླ་མ་སངས་རྒྱས་རིན་པོ་ཆེ་ལ་ཐིམ། དེ་ཡང་ཆོས་སྐུ་སྤྲོས་བྲལ་སྟོང་པའི་ངང་དུ་ཐིམ་པས། གང་ལ་ཡང་དམིགས་སུ་མེད་པ་ཞིང་ལ་སྒོམ་དེ་ནས་རྗེ་ཚམ་བློ་གནས་ཀྱི་བར་དུ་བསྒོམ། དེ་ནས་བསྔོ་བ་བྱའོ། །འདི་ནི་ཆོས་ཐམས་ཅད་ཀྱི་གཞི་མ་སྟེ་གལ་པོ་ཆེ་ཡིན་པས་ནན་ཏན་དུ་བྱའོ། །ཞེན་ནང་རྒྱུ་བའོ། །དོན་བདུན་པ་ཚད་མེད་པ་བཞི་པ་ཞི་བསྒོམ་ཚུལ་ལ་གསུམ་སྟེ། ཕན་ཡོན་ལ་བསམས་མས་སྐྱེ་བསྒོམ་པ་ལ་སློང་གཞག་པ་ལ་སྐྱིད་ལ། བསྒོམ་མཚུལ་དངོས། རྗེས་ལ་སྦྱང་བའོ། །དང་པོ་ནི། འདི་ལྟར་ཚད

483

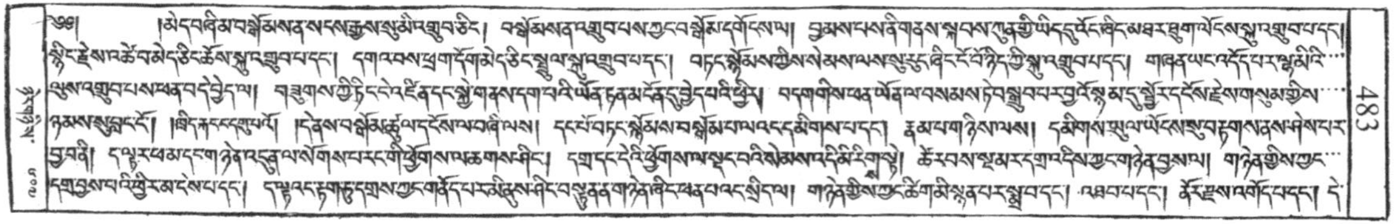

484

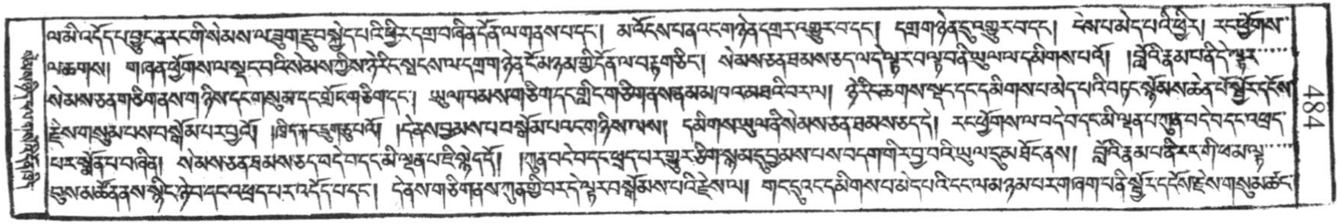

485

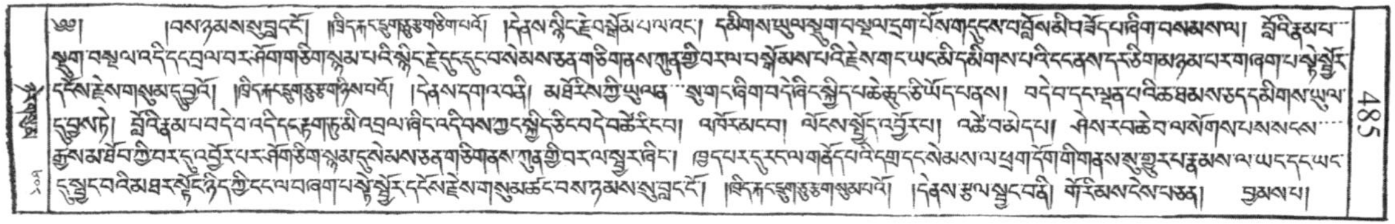

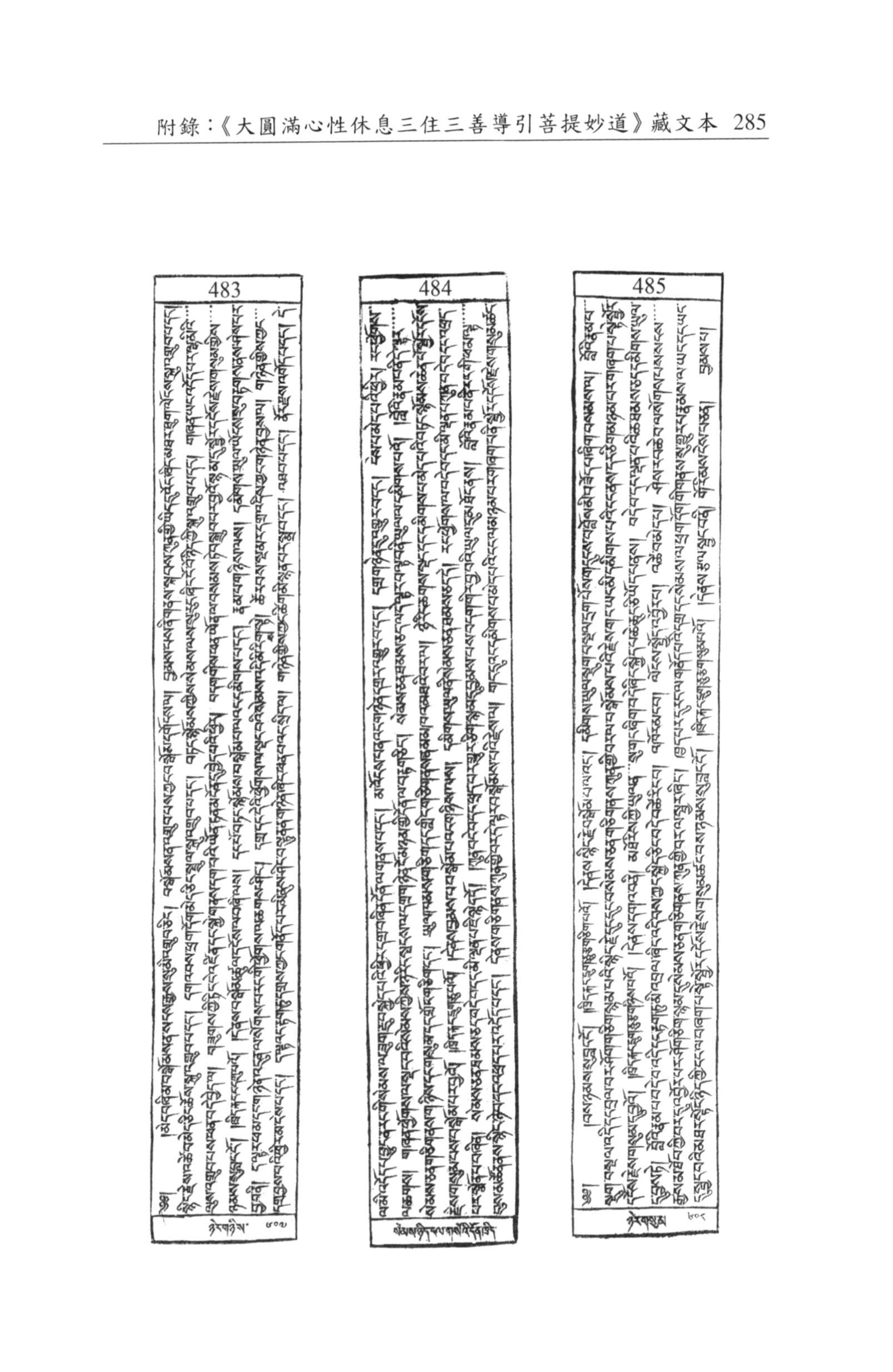

486

སྙིང་རྗེ། དགའ་བ། བཏང་སྙོམས་བཞི་པོ་རིམ་པས་བསྒོམ་ཞིང་། ཡང་བཟློག་ནས་བསྒོམ་པ་བཏང་སྙོམས་ནས་བྱམས་པའི་བར་དང་། སྤེལ་མ་བྱམས་པ་དགའ་བ། སྙིང་རྗེ་དང་བཏང་སྙོམས་
བསྒོམ་ཞིང་། སྐད་ཅིག་སྐད་ཅིག་ལ་གོམས་པར་སྦྱང་བའོ། །དེ་དག་སྦྱོར་བ་སེམས་བསྐྱེད་དངོས་གཞི་དེ་ཉིད་ལ་བརྩོན་བཞིན་དུ་ཞེན་པ་མེད་པ། རྗེས་བསྔོ་བ་གསུམ་གྱིས་ཟིན་པར་ཉམས་སུ་བླང་ངོ་། །ཕྱིད་
ར་དྷུ་ཀ་ཙུ་ཙ་བཞི་བའོ། །དོན་བརྒྱད་པ་བྱང་ཆུབ་མཆོག་ཏུ་སེམས་བསྐྱེད་པ་བསླབ་བྱ་དང་བཅས་པ་ལ་ཕན་ཡོན་བཅས་པ། བསྐྱེད་ཚུལ་དངོས། བསླབ་བྱ་བསམ་པ་དང་གསུམ་ལས། དང་པོ་ནི། ཐེག་པ་
ཆེན་པོའི་ཆོས་རྣམས་ཀྱི་ཐོག་མ་ནས་བྱང་ཆུབ་སེམས་བསྐྱེད་པ་གཙོ་མཆོག་ཏུ་གྱུར་པ་ཡིན་ཏེ། སེམས་མ་བསྐྱེད་ན་སངས་རྒྱས་སུ་མི་འགྲུབ་ལ། བསྐྱེད་ན་འགྲུབ་པའི་ཕྱིར་དང་། འཁོར་བའི་སྡུག་
བསྔལ་ལས་སྐྱོབ་པ་དང་། ཉོན་མོངས་པའི་གདུང་བ་སེལ་བ་དང་། ཉན་རང་གི་ཐེག་པ་ལས་འཕགས་པ་དང་། དགེ་རྩ་མི་ཟད་ཅིང་འཕེལ་བ་དང་། བསོད་ནམས་རྒྱ་ཆེན་པོ་ཐོབ་པ་དང་། སངས་རྒྱས་ཀྱི་
གདུང་འཚོབ་པ་དང་། བདེ་སྐྱིད་ཀྱི་གཞི་ཐེབས་པ་དང་། འཇིག་རྟེན་གྱི་མཆོད་སྡོང་དུ་འགྱུར་བ་དང་། ཅི་བསམ་ཐམས་ཅད་འགྲུབ་པ་དང་། གཞན་དོན་ནུས་པ་ཆེ་འགྲུབ་པ་དང་། མྱུར་དུ་བྱང་ཆུབ་ཐོབ

སེམས་ཉིད་ངལ་གསོའི་དོན་ཁྲིད་

487

༄༅། །པ་ལ་སོགས་པ་སྟེ། བདག་གིས་དེ་རིང་ཉིད་དུ་སེམས་བསྐྱེད་པར་བྱའོ་སྙམ་དུ་སྦྱོར་དངོས་རྗེས་གསུམ་ཚང་བས་འབད་དོ། །ཇི་ར་དྷུ་ཀ་ཙུ་ཙ་ལྔ་བའོ། །དེ་ནས་སེམས་བསྐྱེད་ཚུལ་དངོས་ལ།
སྨོན་འཇུག་དོན་གཞི་གཉིས་ལས། དང་པོ་སྔོན་དུ་འགྲོ་བ་ལ་བདུན་གྱིས་ཕྱག་འཚལ་བའི་ཡན་ལག་ནི། དཀོན་མཆོག་རྟེན་གྱི་སྤྱན་སྔར་མཆོད་པ་བཤམས། སྟེང་གི་ནམ་མཁར་བླ་མ་དང་དཀོན་མཆོག་ཡི་དམ་མཁའ་
འགྲོ་ཆོས་སྐྱོང་བའི་སྲུང་མ་སྤྲིན་ཕུང་བཞིན་བཞུགས་པར་བསམས་ལ། རང་གི་ལུས་བརྒྱ་སྟོང་དུ་སྤྲུལ་གྲངས་མེད་པ་བཞི་ཕྱག་འཚལ་བ་དང་། ཁམས་གསུམ་རིགས་དྲུག་གི་སེམས་ཅན་ཐམས་ཅད་ཀྱང་ཕྱག་འཚལ་བར
དམིགས་ཏེ། བསྟོད་དབྱངས་དང་བཅས་པས་རྫོགས་པ་བརྗོད་པའི་མདོ་སྡེ་བཟང་པོའི་རྒྱལ་པོ་དང་། བྱང་ཆུབ་ལྟུང་བཤགས་དང་། དེ་བཞིན་གཤེགས་པའི་མཚན་མང་དང་། སངས་རྒྱས་ལ་བསྟོད་རྒྱ་དང་། ཞི་ཁྲོ་སྒྲིང་
གི་ཕྱག་ལ་སོགས་པ། ལུས་བཏུད། ཐལ་མོ་སྙིང་ག་མ་སྦྱར་ནས་སྤྱི་བོ་གསུམ་ག་དང་སྒུར་དུ་སྦྱར་ལ། ལུས་ཚིགས་ལ་ཡ་བ་སྒྲེང་ཡན་ལག་ལྔ་བརྐྱང་པའི་ཕྱག་ལན་བརྒྱ་སྟོང་མང་པོ་སྦྱོར་དངོས་རྗེས་གསུམ་ཚང་བས
བཙལ་ལོ། །ཕྱིད་ར་དྷུ་ཀ་ཙུ་ཙ་ཧཱུ་ག་པའོ། །དེ་ནས་མཆོད་པ་འབུལ་བའི་ཡན་ལག་ནི། དཀོན་མཆོག་གི་སྤྱན་སྔར་ཆུའི་མཆོད་པ་དང་བྱུག་པ་རང་མ་རང་མེ་ཞིང་བ་དང་བདུག་སྤོས་ཀྱི་རྫ་བ་བཤམས་ལ། ནམ་མཁའ་

ཤིང་རྟའི་ ༤༨༧

488

དང་ས་གཞི་ཐམས་ཅད་ལྷ་དང་མིའི་མཆོད་རྫས་སྤོས་མེ་ཏོག་མར་མེ་ལ་སོགས་པ་དང་། གཞལ་ཡས་ཁང་དང་དགའ་བ་ལ་སོགས་པ་སྤྲུལ་པ་འཁོར་ཀུན་ནས་དགའ་བ་སྣ་ཚོགས་དང་། རྒྱལ་སྲིད་བདུན་དང་བཀྲ་ཤིས་
བརྒྱད་ལ་སོགས་པ་དང་། ལྷ་དང་ལྷ་མོའི་ཁྱད་པར་མང་པོ་སྒྲ་གར་དང་རོལ་མོའི་གླུ་གར་ཕུང་འཕྲོ་བས་ཞིང་ཁམས་འདི་དང་གཞན་གྱི་དཀོན་མཆོག་ཐམས་ཅད་མཆོད་པར་བསམས་ལ། འཕགས་པ་བཟང་པོ་སྤྱོད་
པ་དང་། བྱང་ཆུབ་སེམས་དཔའི་སྤྱོད་པ་འཇུག་པ་ལ་སོགས་པ་ནས་འབྱུང་བའི་མཆོད་པ་འབུལ་ཚུལ་རྣམས་དང་། འདིའི་སྐབས་ནས་བཤད་པའི། དངོས་སུ་འབྱོར་དང་ཡིད་སྤྲུལ་ལ་སོགས་པས་མཆོད་ནས། མཆོད་བྱ་མཆོད་བྱེད་
མཆོད་རྫས་ཐམས་ཅད་དམིགས་པ་མེད་པར་ཤེས་པས་སྦྱོར་དངོས་རྗེས་གསུམ་ཚང་བས་མཆོད་དོ། །ཇིད་ར་དྷུ་ཀ་ཙུ་ཙ་བདུན་པའོ། །དེ་ནས་སྡིག་པ་བཤགས་པའི་ཡན་ལག་ནི། རྟེན་གྱི་མདུན་དུ་ཐལ་མོ་སྦྱར་ཏེ་གནོང་
ཞིང་འགྱོད་པས། དྲན་པ་དང་མི་དྲན་པའི་སྡིག་པ་ཚེ་ཐོག་མ་མེད་པ་ནས། དེ་རིང་ཡན་ཆད་བསགས་པ། ལུས་ངག་ཡིད་གསུམ་གྱི་སྒོ་ནས། ཕ་མ་དང་མཁན་པོ་སློབ་དཔོན་དང་མཆེད་གྲོགས་དང་། སྐྱེ་བོ་གཞན་
དཀའ་ལ་མ་གུས་པ་བྱས་པ། སྡིག་པ་མི་དགེ་བ་བཅུ། མཚམས་མེད་པ་ལྔ། ཉེ་བ་ལྔ། དཀོན་མཆོག་གི་དཀོར་ལ་འབབས་པ། སེར་སྣ་དང་རྩུབ་ཀེགས་བྱས་པ་ལ་སོགས་པ་ཐམས་ཅད་དག་སྡོམ་ཏུ་གཙུང

སེམས་ཉིད་ངལ་གསོའི་དོན་ཁྲིད་

489

༄༅། །ཀྱིས་བརྡུངས་པ་ར་བས་མས་ནས་བཤགས་པས། སྐད་ཅིག་དེ་ལ་རྟེན་གྱི་སྐུ་གསུང་ཐུགས་ལས་འོད་ཟེར་བྱུང་བས་ཚོགས་ནས་སངས་ཀྱིས་དག་པར་བསམས་ལ། ཕྱིས་མི་བྱེད་པར་གཉེན་པོས་བསྡམ་ཞིང་།
སྡིག་པ་བཤགས་པའི་ཆོ་ག་བྱང་ཆུབ་ལྟུང་བཤགས་ལ་སོགས་པ་མདོ་རྒྱུད་ནས་བྱུང་བ་གསུང་བ་བརྗོད་པའི་མཐར། གང་ལ་བཤགས་པའི་རྟེན། གང་བཤགས་པའི་སྡིག་པ། གང་གིས་བཤགས་པའི་སྡིག་པ་རྣམས་མི་
དམིགས་པ་འདི་ངང་ལ་བཞག་པ་སྐྱེ་སྐྱོ་རང་དོན་རྗེས་གསུམ་མཚང་བས་རྣམས་སྲུང་ངོ་། །ཞེས་ཁྲིད་དྲུག་ཅུ་རྩ་བརྒྱད་པའོ། །དེ་ནས་རྗེས་སུ་ཡི་རང་བའི་ཡན་ལག་ནི། སྤྱི་རབ་སེམས་བསྐྱེད་ནས། རྒྱལ་བ་རྣམས་ཀྱིས
གཞན་དོན་དུ་ཆོས་ཀྱི་འཁོར་ལོ་བསྐོར་བ་ལ་སོགས་པའི་དགེ་བ། བྱང་ཆུབ་སེམས་དཔའ་རྣམས་ཀྱིས་བྱང་ཆུབ་ཀྱི་སྤྱོད་པ་རླབས་པོ་ཆེ་སྤྱོད་པའི་དགེ་བ། སེམས་ཅན་གང་གིས་བསོད་ནམས་དང་ཐར་པ་ཆ་མཐུན
ཀྱི་དགེ་བ་བསྒྲུབ་པ། རང་གིས་ཀྱང་དུས་གསུམ་དུ་བསགས་པ། དཔེ་བྱེད་པ་བཞིན་པ། སྣང་གྱིས་བྱེད་པ་པར་ངེས་པ་ཐམས་ཅད་ལ་རྗེས་སུ་ཡི་རང་ངས་ཧྲང་ཧྲུང་པ་སྙིང་ཐག་པ་ནས། གཅིག་ནས་ཀུན་གྱིས་དགེ་བ་ཐམས་ཅད་ལ་བསྔོ་སྨོ
པའི་མཐར། གང་ལ་འང་མ་དམིགས་པའི་ངང་ལ་བཞག་ནས་བསྒོམ་པར་བྱའོ། །ཞེས་ཁྲིད་དྲུག་ཅུ་རྩ་དགུ་པའོ། །དེ་ནས་ཆོས་ཀྱི་འཁོར་ལོ་བསྐོར་བའི་ཡན་ལག་ནི། རྟེན་གྱི་དྲུང་དུ་བསྐུལ་བ་ཕྱེ་སེམས་བསྐྱེད་ནས། སངས

༤༧༠

490

རྒྱས་དང་བྱང་ཆུབ་སེམས་དཔའ་དང་དགེ་བའི་བཤེས་གཉེན་ཆེན་པོ་གཞན་དོན་འགྲུབ་ནས་པོ་ཆེ་ལ་གཤེགས་པ་རྣམས་ལ་ལས། ཆོས་མི་གསུང་བར་བཞུགས་པ་དག་གི་ལྡང་ངོ༑ སྔོན་ཚངས་པ་དང་བརྒྱ་བྱིན་གྱིས་ཞུ་བ
ཞུས་པ་བཞིན། བདག་ཀྱང་ལུས་བྱེ་བ་མང་པོར་སྤྲུལ་ཏེ་འཁོར་ལོ་དང་ནོར་བུ་ལ་སོགས་པ་ཕུལ་ནས་ཆོས་ཀྱི་འཁོར་ལོ་བསྐོར་བར་ཞུས་པས་ཐམས་ཅད་ཀྱིས་གནང་ནས་ཆོས་ཀྱི་ཆར་ཕབ་པར་བསམ་ཞིང་། བཟང་པོ
སྤྱོད་པ་ལ་སོགས་པ་ནས་གསུངས་པ་ལྟར་བརྗོད་ནས་གང་དུ་ཡང་མ་དམིགས་པའི་ངང་ལ་རྗེས་བསྔོ་བར་བྱའོ། །ཞེས་ཁྲིད་བདུན་ཅུ་པའོ། །དེ་ནས་མྱ་ངན་ལས་མི་འདའ་བར་སེམས་ཅན་གྱི་དོན་དུ་གསོལ་བ་གདབ
པའི་ཡན་ལག་ནི། སེམས་བསྐྱེད་ནས་ཞིང་ཁམས་འདི་དང་གཞན་དག་ན་བཞུགས་པའི་སངས་རྒྱས་དང་བྱང་ཆུབ་སེམས་དཔའ་དང་། དགེ་བ་སེམས་ཅན་གྱི་དོན་མཛད་དེ་ཞི་ཆེན་མྱ་ངན་ལས་འདའ་བར་དགོངས་པ་དག་གི
མདུན་དུ། སྔོན་དགེ་བསྙེན་ཙུནྡས་གསོལ་བ་བཏབ་པ་ལྟར། བདག་གི་ལུས་མང་པོར་སྤྲུལ་པ་དག་གིས་གསོལ་བ་བཏབ་པས། འཁོར་བ་མ་སྟོངས་ཀྱི་བར་དུ་བཞུགས་ནས་དོན་མཛད་པར་བསམས་ལ
མདོ་དང་བསྟན་བཅོས་ནས་འབྱུང་བ་ལྟར་བརྗོད་པའི་རྗེས་ལ་གང་དུ་མ་དམིགས་པའི་བསྔོ་བར་བྱའོ། །ཞེས་ཁྲིད་བདུན་ཅུ་རྩ་གཅིག་པའོ། །དེ་ནས་བསྔོ་བའི་ཡན་ལག་ནི། ཕྱག་འཚལ་བ་ནས་བཟུང་སྟེ། ད

491

༄༅། །ལྟར་བྱས་པའི་དགེ་བ་འདིས་མཚོན་ནས། རང་གཞན་དུས་གསུམ་དང་འབྲེལ་པར་བསགས་པའི་དགེ་བ་ཐམས་ཅད་སེམས་ཅན་ཐམས་ཅད་ཀྱི་དོན་དུ་སངས་རྒྱས་ཀྱི་བར་བསྔོ་བར་སྟེ། དེའི
ཚིག་ཀྱང་འཕགས་པ་རྣམས་ཀྱིས་མདོ་རྒྱུད་དང་བསྟན་བཅོས་ཆེན་པོར་གསུངས་པ་བཞིན་བརྗོད་ནས། དར་ཅིག་རང་བཞིན་མེད་པའི་ངང་དུ་བཞག་པའི་རྗེས་ལ་ཡང་བསྔོ་བར་བྱའོ། །ཞེས་ཁྲིད་བདུན་ཅུ་རྩ་གཉིས་པའོ། །
དེ་ནས་དངོས་གཞི་ནི། དེ་ནས་རྟེན་གྱི་ལྷ་དང་བླ་མ་ལ་མོས་སྒུར་ཏེ། བདག་གིས་སེམས་ཅན་གྱི་དོན་དུ་བྱང་ཆུབ་མཆོག་ཏུ་སེམས་བསྐྱེད་ནས། སྤྱོད་པ་རླབས་པོ་ཆེ་ལ་བསླབ་ཅིང་འཁོར་བ་ནས་སེམས་ཅན་གཅིག་ཀྱང་མི
གནས་པ་དེ་ཙམ་དུ་བརྩོན་འགྲུས་བརྩམ་སྙམ་པས་ཆོག་གི་རྒྱལ་པོ་འདི་དག་བརྗོད་པར་བྱའོ། །བདག་མིང་འདི་ཞེས་བྱ་བ་དུས་འདི་ནས་བཟུང་སྟེ་བྱང་ཆུབ་ལ་མཆིས་ཀྱི་བར་དུ་བླ་མ་རྡོ་རྗེ་འཛིན་པ་ཆེན་པོ་རྣམས་ལ
སྐྱབས་སུ་མཆིའོ། །རྐང་གཉིས་རྣམས་ཀྱི་མཆོག་སངས་རྒྱས་བཅོམ་ལྡན་འདས་རྣམས་ལ་སྐྱབས་སུ་མཆིའོ། །ཞི་བ་འདོད་ཆགས་དང་བྲལ་བ་རྣམས་ཀྱི་མཆོག་དམ་པའི་ཆོས་རྣམས་ལ་སྐྱབས་སུ་མཆིའོ། །
ཚོགས་རྣམས་ཀྱི་མཆོག་འཕགས་པ་ཕྱིར་མི་ལྡོག་པའི་དགེ་འདུན་རྣམས་ལ་སྐྱབས་སུ་མཆིའོ། །བདག་བྱང་ཆུབ་སེམས་དཔར་རྗེས་སུ་གཟུང་དུ་གསོལ། བླ་མ་རྡོ་རྗེ་འཛིན་པ་ཆེན་པོ་རྣམས་དང་། སངས་རྒྱས

༤༧༢

492

སེམས་ཉིད་ངལ་གསོའི་འགྲེལ་པ

བཅོམ་ལྡན་འདས་རྣམས་དང་ས་ཆེན་པོ་ལ་བཞུགས་པ་འདི་བྱང་ཆུབ་སེམས་དཔའ་ཆེན་པོ་རྣམས་བདག་ལ་དགོངས་སུ་གསོལ། ཇི་ལྟར་སྔོན་གྱི་སངས་རྒྱས་བཅོམ་ལྡན་འདས་རྣམས་དང་། ས་ཆེན་པོ་ལ་བཞུགས་
པ་འདི་བྱང་ཆུབ་སེམས་དཔའ་རྣམས་ཀྱིས་སེམས་ཅན་ཐམས་ཅད་ཀྱི་དོན་དུ་བྱང་ཆུབ་མཆོག་ཏུ་ཐུགས་བསྐྱེད་པ་དེ་བཞིན་དུ། བདག་མིང་འདི་ཞེས་བགྱི་བས་ཀྱང་དུས་འདི་ནས་བཟུང་སྟེ། སྙིང་པོ་བྱང་ཆུབ་ལ་
མཆིས་ཀྱི་བར་དུ་སེམས་ཅན་ཐམས་ཅད་ཀྱི་དོན་དུ་བྱང་ཆུབ་ཆེན་པོར་སེམས་བསྐྱེད་པར་བགྱིའོ། །སེམས་ཅན་མ་བསྒྲལ་བ་རྣམས་བསྒྲལ་བར་བགྱིའོ། །མ་གྲོལ་བ་རྣམས་དགྲོལ་བར་བགྱིའོ། །དབུགས་
མ་ཕྱུང་རྣམས་དབུགས་དབྱུང་བར་བགྱིའོ། །ཡོངས་སུ་མྱ་ངན་ལས་འདས་པ་རྣམས་ཡོངས་སུ་མྱ་ངན་ལས་འདའ་བར་བགྱིའོ་ཞེས་ལན་གསུམ་བརྗོད་དོ། །དོན་དམ་སེམས་བསྐྱེད་ནི་མཚན་ཉིད་བསྒོམས་
སྟོབས་ཀྱིས་ཐོབ་པ་ལས། ཆོས་ལ་མི་རྟོག་པར་མཁས་པ་རྣམས་བཞེད་དོ། །དེ་ལྟར་བརྗོད་པ་གསུམ་གྱི་མཐར་བདག་ཉིད་བྱང་ཆུབ་སེམས་དཔར་གྱུར། མི་ཤི་སྲིད་པ་དོན་དང་བཅས་ལྡང་དང་བཅས་པའི་
མཆོད་སྦྱོར་དུ་གྱུར། ལས་ཀྱི་དབང་གིས་དབང་བསྐྱུར་འབྱུང་བའི་སྐྱོ་བ་བཅད། བདེ་བ་ནས་བདེ་བར་མཐོ་རིས་ཀྱི་འཇིག་རྟེན་རྣམས་སུ་འགྲོ། གཞན་དོན་ལྷ་བས་ལྷག་ཅིང་འགྲུབ། སངས་རྒྱས་ཐམས་ཅད་ཀྱི་

493

ཉེར་བརྒྱད ༤༧༢

༄༅། །སྐྱབས་སུ་ཕྱིན། བྱང་ཆུབ་བསྒྱུར་དུ་ཐོབ་པ་ལ་བསམས་ནས་རྟེན་ཟེར་བསྔོད་དེ་སྤྲོ་དགའ་བ་བསྐྱེད་དོ། །ཞི་ཁྲིད་བརྒྱད་ཅུ་རྩ་གསུམ་པའོ། །དེ་ནས་བསམ་བྱ་བས་མ་པ་ལ་སྨོན་འཇུག་གཉིས་ལས། དང་པོ་
སྨོན་པའི་བསམ་པ་སྦྱོང་བ་ཐམས་པ་ལ། བདག་གཞན་མཉམ་པ། བརྗེ་བ། གཞན་གཅེས་པར་གཟུང་བ་བྱང་ཆུབ་བ་བསྒོམ་པ་གསུམ་ལས། དང་པོ་ནི། སེམས་ཅན་ཐམས་ཅད་ཀྱི་དོན་དུ་བདག་གཞན་མཉམ་པ་བྱང་
ཆུབ་ཀྱི་སེམས་བསྒོམ་སྐྱམ་དུ་བྱང་ཆུབ་ཀྱི་སེམས་བསྐྱེད་ནས། འདི་ལྟར་སེམས་ཅན་ཐམས་ཅད་དང་བདག་གཉིས་བདེ་བ་འདོད། སྡུག་བསྔལ་མི་འདོད། རྟག་ཏུ་སྐྱིད་ཅིང་ལེགས་ན་དགའ་བ་རང་ཆ་བས་
གཅིག་ཀྱང་སེམས་ཅན་ཀྱིས་དེའི་རྒྱུ་དགེ་སྤྱོད་བླང་དོར་གྱི་གནས་ལ་མ་རྨོངས་པས་རྟག་ཏུ་སྡུག་བསྔལ་བ་འདི་སྙིང་རེ་རྗེ། ཀྱེ་མ་སེམས་ཅན་བདེ་བ་དང་མི་ལྡན་པ་རྣམས་བདེ་བ་དང་འཕྲད། སྡུག་བསྔལ་གྱིས་ཉམ་
ཐག་པ་རྣམས་སྡུག་བསྔལ་དང་བྲལ། བདེ་ཞིང་སྐྱིད་པ་རྣམས་དགའ་བ་དེ་དང་དུས་རྟག་ཏུ་མི་འབྲལ། ཉེ་རིང་ཆགས་སྡང་ཅན་རྣམས་ཆགས་སྡང་མེད་པའི་བཏང་སྙོམས་ལ་གནས། ཀུན་ཀྱང་ཐར་པའི་
ལམ་ལ་ཞུགས་ནས་རྟག་ཏུ་དགེ་བའི་ཚོགས་ལ་སྤྱོད་ཅིག །བདག་དང་སེམས་ཅན་ཐམས་ཅད་མྱུར་དུ་རྫོགས་པའི་སངས་རྒྱས་ཐོབ་པར་གྱུར་ཅིག་སྙམ་དུ་སྙིང་ཐག་པ་ནས་འདུན་པ་དྲག་པོས་བསྒོམས་པ་འདི་རྗེས་ལ།

494

སེམས་ཉིད་ངལ་གསོའི་འགྲེལ་པ

ཆོས་ཐམས་ཅད་ག་དང་དུ་འདང་མཉམ་པ་བའི་སྟོང་པ་ཉིད་ལ་དར་ཅིག་སྒོམ་ནས་འཁོར་གསུམ་རྣམ་པར་དག་པས་བསྔོ་བར་བྱའོ། །ཞི་ཁྲིད་བརྒྱད་ཅུ་རྩ་བཞི་པའོ། །དེ་ནས་བདག་གཞན་བརྗེ་བ་བྱང་ཆུབ་ཀྱི་སེམས་ནི། གདུང་སྙིང་
རྗེ་བའི་སེམས་ཀྱིས་གཅིག་ཐོག་མར་མདུན་དུ་བསམས་ནས། རང་གི་བདེ་བ་དང་ལེགས་པ་ལུས་ལོངས་སྤྱོད་དགེ་བའི་རྩ་བ་དང་བཅས་པ་ཐམས་ཅད་གྲོགས་པོ་གཉེན་གྱིས་བུད་དགོས་གཡོགས་པ་ལྟར་དེ་ལ་སྦྱིན་པས་
བདེ་ཞིང་སྐྱིད་པར་འགྱུར། དེའི་སྡུག་བསྔལ་ཅི་ཡོད་པ་ཀུན་ཚུར་བླངས་ཏེ་རང་གི་སྙིང་དུ་བཞག་པས་སྡུག་ཅིང་བསྔལ་བ་ལ་དགའ་བ་བསྐྱེད་དེ་དང་དུ་བླངས་པ་བའི་ཡོས་བརྗེ་བ་ལྟར་བྱ་ཞིང་། འབྱོངས་དུས་དུ་དྲུགས་
ཡར་རྒྱུ་བ་ན་བདག་གི་དགེ་བ་སེམས་ཅན་ལ་སྦྱིན། ཚུར་རྒྱུ་བ་ན་སེམས་ཅན་གྱི་སྡུག་བསྔལ་དང་དུ་བླངས་པ་ལ་སྦྱང་ངོ་། །དེ་ལྟར་སེམས་ཅན་གཅིག་ནས་ཐམས་ཅད་ཀྱི་བར་དུ་བཏང་ལེན་ལ་སྦྱང་ཞིང་ཉམས་པའི་
བརྩོན་འགྲུས་ཉིན་མཚན་དུ་འབད་དེ་སྦྱོར་དངོས་རྗེས་གསུམ་ཚང་བས་ཉམས་སུ་བླང་ངོ་། །ཞི་ཁྲིད་བརྒྱད་ཅུ་རྩ་ལྔ་པའོ། །དེ་ནས་གཞན་གཅེས་པར་བཟུང་བའི་བྱང་ཆུབ་ཀྱི་སེམས་ནི། བུ་གཅིག་པའི་མ་བུ་ལ་བརྩེ་བ་
ལྟར་བསྒོམ་མོ། །སེམས་བསྐྱེད་ནས་གང་སྐྱེ་བར་སྣང་བའི་སེམས་ཅན་སྙིང་ལམ་གཅིག་མ་དྲན་དུ་བསམས་ནས་དེའི་སྡུག་བསྔལ་གྲོགས་མི་བཟོད་པ་ཙམ་དུ་བདག་གིས་དང་དུ་བླང་ཞིང་བདག་གི་དགེ་བ་དེ་ལ་ཕྱིན་པས

495

༄༅། །བདེ་བར་བསམས་ལ། བདག་བཟོད་བར་གནས་རུང་། ནད་རུང་། ཤི་རུང་། ཉམས་ཉེས་ཅི་བྱུང་ཡང་དབང་བཙོན་དགེ། འདི་འཁོར་བར་འཁྱམས་སྡུག་བསྔལ་བར་གཡལ་བཟོད་སྙམ་དུ་བརྩེ་སེམས་ཐུན་
མོང་མ་ཡིན་པ་བསྐྱེད་དོ། །དེ་བཞིན་དུ་སེམས་ཅན་ཀུན་ལ་བསྒོམ་ཞིང་། སེམས་ཅན་ཐམས་ཅད་ཀྱི་གཉེར་ཀ་ང་ལ་ཡོད་སྙམ་ནས། བདག་ལ་ཕན་རུང་། གནོད་རུང་། གང་ཅི་མཐོང་བ་དང་ཐོས་པའི་སེམས་
ཅན་གྱིས་མཚོན་ནས་ནམ་མཁའ་ཁ་བ་མཐའ་བ་ཁྱབ་ཀྱི་སེམས་ཅན་ཀུན་ལ་སྡུག་པ་འབྱུང་རྒྱུ་བ་ཀྱི་སེམས་ཀྱིས་བལྟ་ཞིང་། སྙིང་རྗེས་དམིགས་པ་མེད་པའི་ངང་ལས་བསྔོ་བ་བྱའོ། །ཁྲིད་ཀ་ང་བ་ཉི་ཤུ་རྩ་དྲུག་པའོ། །དེ་
ནས་འདུག་པ་འདི་བསམ་བསྒྲུབ་ཕ་རོལ་ཏུ་ཕྱིན་པ་དྲུག་ལས། དང་པོ་སྦྱིན་པའི་ཕ་རོལ་ཏུ་ཕྱིན་པ་ནི། དེས་སེམས་ཅན་གྱི་དོན་དུ་སྦྱིན་པ་གཏོང་སྙམ་དུ་སེམས་པ་བསྐྱེད་ནས། སེམས་ཅན་གྱི་ཡུལ་ལ་ཡང་དངོས་སུ་ཟང་ཟིང་དང་
ཆོས་ཀྱི་སྦྱིན་པ་ཅི་འགྲུབ་དང་། ཡིད་ཀྱིས་ལུས་ལོངས་སྤྱོད་དགེ་བའི་རྩ་བ་དང་བཅས་པ་སྦྱིན་ནོ། གཏོང་བ་དང་ཡོངས་སུ་གཏོང་བ་དང་ཤིན་ཏུ་གཏོང་བ་གསུམ་དངོས་དང་ཡིད་ཀྱིས་བྱ། དཀོན་མཆོག་གསུམ་ལ་
མཆོད་པ་ཅི་འགྲུབ་དང་། ཏིང་ངེ་འཛིན་ཡིད་ཀྱིས་མཆོད་པ་འབུལ། འབྱུང་པོ་དང་ཡི་དྭགས་ལ་གཏོར་མ་དང་ཆུ་སྦྱིན་གཏོང་ནས། གང་ཡང་དམིགས་སུ་མེད་པའི་ངང་ནས་བསྔོ་བ་བྱའོ། །ཁྲིད་ཀ་ང་བ་ཉི་ཤུ་རྩ་བདུན་པའོ།

ཉི་མ་སྐྱུང་ ༤༧༢

496

དེ་ནས་ཚུལ་ཁྲིམས་ཀྱི་ཕ་རོལ་ཏུ་ཕྱིན་པ་ལ། ངོ་བོ་དང་ཁྱད་པར་ལ་བསླབ་པ་གཉིས་ལས། དང་པོ་ནི། ཉེས་སྤྱོད་སྤངས་པའི་སེམས་དགེ་བས་རྒྱུད་བསྡམ་པ་ཡིན་ཏེ། སེམས་བསྐྱེད་ནས། བྱང་ཆུབ་
སེམས་དཔའི་བསླབ་བྱ་སྲུང་བ་ཡིན་ནོ། ལྷུར་ཉན་ཐོས་ཀྱི་སྡོམ་པ་བསྲུང་བས་པའི་ཁྲིམས་ལ་བརྟེན་ནས་ཉེས་སྤྱོད་ཅི་བཀག་ཅིང་སྡོམ་དང་གཉེན་པོ་བསྟེན་པའི་སྟེང་དུ་སྨོན་འཇུག་བྱང་ཆུབ་ཀྱི་སེམས་བསྲུང་ཞིང་།
ཡང་དང་ཡང་དུ་ཚོགས་སྤྲངས་པ་དང་། ཁྲིམས་པ་ཡིན་ན་འང་བྱང་ཆུབ་ཀྱི་སྡོམ་པ་ལ་བསླབ་པ་དང་། གཉིས་ཀ་སར་དགེ་སྒྲུབ་སྡོམ་པ་དང་། གཞན་ལ་ཕན་གདགས་པ་དང་། ཚོགས་ཡང་ཡང་བསྡུ་ཞིང་
རྗེས་ལ་མི་དམིགས་པའི་ངང་ནས་བསྔོ་བ་བྱའོ། །ཁྲིད་ཀ་ང་བ་ཉི་ཤུ་རྩ་བརྒྱད་པའོ། །དེ་ནས་ཁྱད་པར་ལ་བསླབ་པ་ལ་གཉིས་ལས། ཕྱོགས་དང་པོ། སྤྱོད་ཡུལ་དག་པ་ཞལ་བ་ཅིག་ལ། བྱང་ཆུབ་སེམས་དཔའ་
ཁང་པའི་ནང་དུ་འཇུག་པའི་ཚེ། སེམས་ཅན་ཐམས་ཅད་ཀྱིས་ཐར་པའི་གྲོང་ཁྱེར་ཐོབ་པར་གྱུར་ཅིག་སྙམ་དུ་སེམས་བསྐྱེད་དོ། །ཉལ་བའི་ཚེ་སངས་རྒྱས་ཀྱི་ཆོས་ཀྱི་སྐུ་ཐོབ་པར་གྱུར་ཅིག་དང་། སྐྱིལ་མོ་
ཀྲུང་བཅས་པ་ན་ཆོས་ཐམས་ཅད་རྣལ་མ་ལ་ཕུགས་རྟོགས་པར་གྱུར་ཅིག་དང་། སྒོ་རྒྱག་པ་ན་ཆེད་ནང་དགེ་བའི་རྩ་བ་དང་འབྲེལ་བར་གྱུར་ཅིག་དང་། སྟན་ལ་བསྡད་པ་ན་རྡོ་རྗེའི་གདན་ཐོབ་པར་གྱུར་ཅིག་དང་། མེ་བཏང

སེམས་ཉིད་ངལ་གསོའི་ཁྲིད་ཡིག

497

༄༅། །བཏང་ན་ཉོན་མོངས་པའི་བུད་ཤིང་བསྲེག་པར་གྱུར་ཅིག་དང་། འབར་བ་ན་ཡེ་ཤེས་ཀྱི་མེ་འབར་བར་གྱུར་ཅིག་དང་། གཡོས་བྱེད་པ་ན་ཡེ་ཤེས་ཀྱི་བདུད་རྩི་ཐོབ་པར་གྱུར་ཅིག་དང་། །ཁ་ཟས་ཟ་བ་ན་
བསམ་གཏན་གྱི་ཟས་ཐོབ་པར་གྱུར་ཅིག་དང་། ཕྱིར་འགྲོ་བ་ན་འཁོར་བའི་གྲོང་ལས་ཐར་བར་གྱུར་ཅིག་དང་། སྐས་ལས་འབབ་པ་ན་སེམས་ཅན་གྱི་དོན་ལ་འཁོར་བར་འཇུག་པར་གྱུར་ཅིག་དང་། སྒོ་འབྱེད་པ་ན་ཐར་
པའི་གྲོང་གི་སྒོ་འབྱེད་པར་གྱུར་ཅིག་དང་། སྒོ་གཅོད་པ་ན་ངན་སོང་གི་སྒོ་གཅོད་པར་གྱུར་ཅིག་དང་། ལམ་དུ་འཇུག་པ་ན་འཕགས་པའི་ལམ་དུ་འཇུག་པར་གྱུར་ཅིག་དང་། གྱེན་ལ་འགྲོ་བ་ན་སེམས་ཅན་ཐམས་ཅད་
མཐོ་རིས་ཀྱི་བདེ་བ་ལ་འགོད་པར་གྱུར་ཅིག་དང་། ཐུར་ལ་འབབ་པ་ན་ངན་སོང་གསུམ་རྒྱུན་གཅོད་པར་གྱུར་ཅིག་དང་། སེམས་ཅན་དང་འཕྲད་པ་ན་སངས་རྒྱས་མཇལ་བར་གྱུར་ཅིག་དང་། རྐང་པ་བཏེག་པ་ན་སེམས་
ཅན་ཐམས་ཅད་ཀྱི་དོན་ལ་འགྲོ་བར་གྱུར་ཅིག་དང་། རྐང་པ་འདེགས་པ་ན་འཁོར་བ་ནས་འདོན་པར་གྱུར་ཅིག་དང་། རྒྱན་དང་ལྡན་པ་མཐོང་ན་མཚན་དང་དཔེ་བྱད་ཀྱི་རྒྱན་ཐོབ་པར་གྱུར་ཅིག་དང་། རྒྱན་མེད་པ་
མཐོང་ན་སྦྱངས་པའི་ཡོན་ཏན་དང་ལྡན་པར་གྱུར་ཅིག་དང་། སྣོད་གང་བ་མཐོང་ན་ཡོན་ཏན་གྱིས་གང་བར་གྱུར་ཅིག་དང་། སྟོང་པ་མཐོང་ན་སྐྱོན་གྱིས་སྟོང་པར་གྱུར་ཅིག་དང་། སེམས་ཅན་དགའ་བ་མཐོང་ན་ཆོས

ཉེ་རབ ༤༧༤

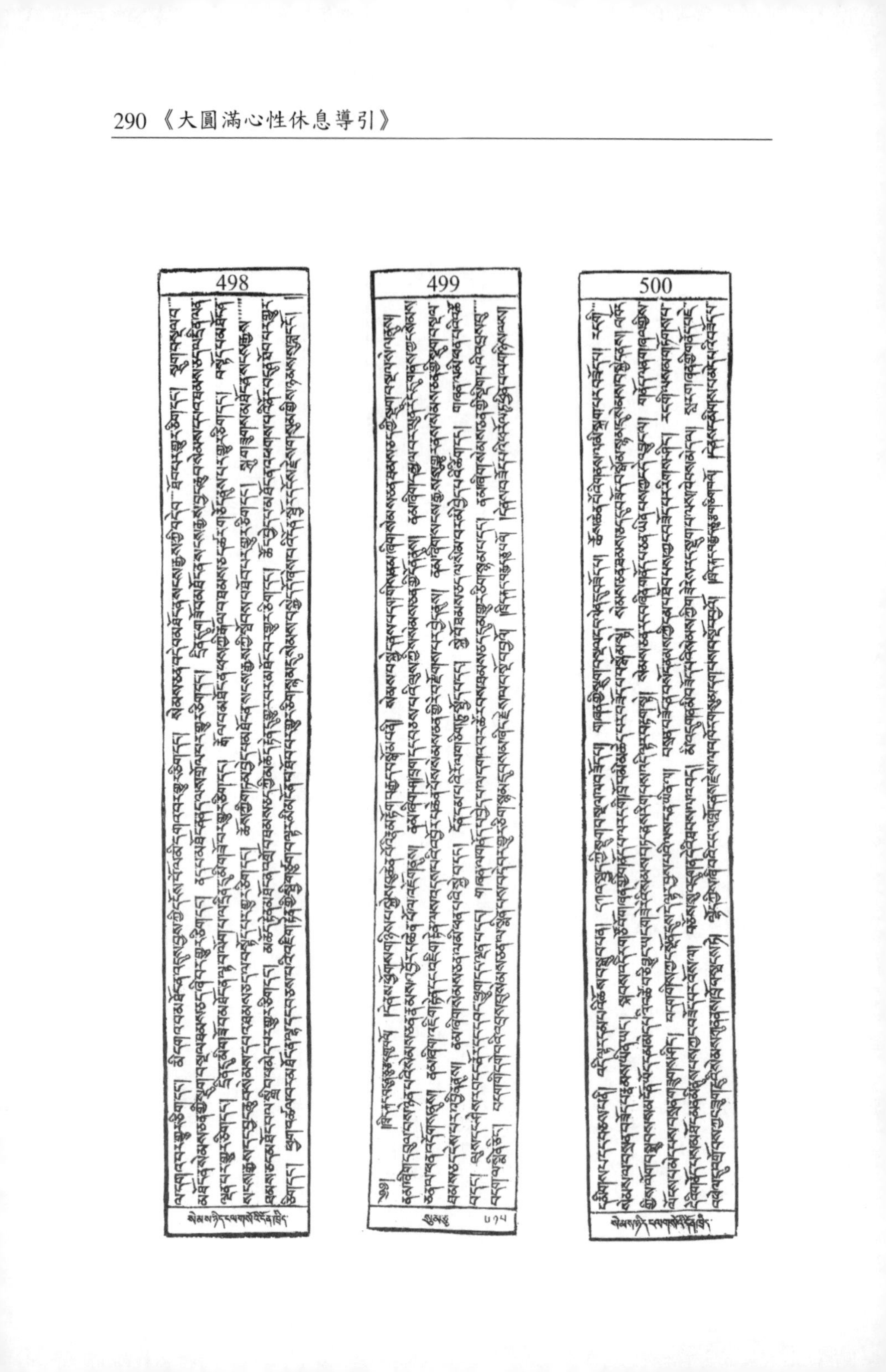

498

499

500

501

སོ་གཅིག ༤༧༨

༄། །ཨེ། གནོད་བྱེད་དང་ང་བདག་གི་ཡུལ་ལ་རྡུལ་ཕྲན་རྡུལ་གཞིག་པས་ཆ་མེད་སྟོང་པ། དགག་ལ་བརྟགས་དང་དོན་གྱི་གཞུང་གཞིག་པས་རང་ཡལ་ལ་རྗེས་མེད། སེམས་ལ་ངོ་བོ་དོན་གྱི་གཞུང་བལྟས་པས་དོན་མེད་དུ་……
འདུག་སྟེ། གནོད་བྱེད་དགྲ། གནོད་པ་གཏན་མི་སྣང་བ་དང་འཆི་བ་དང་ཡིད་མི་བདེ་བ་ལ་སོགས་པ། གནོད་ཡུལ་བདག་རྣམས་སྟོང་པ་རིས་མེད་དུ་གོ་བས། སྐྱེ་བ་མེད་པའི་ངང་ལ་གློད་ནས་བཞག་གོ། །དེ་འདྲ་སྦྱོར……
དངོས་རྗེས་གསུམ་མཚང་བས་ཉམས་སུ་བླང་ངོ་། །ཁྲིད་རིམ་བརྒྱ་དང་རྩ་གཉིས་པའོ། །དེ་ནས་བརྩོན་འགྲུས་ཀྱི་ཕ་རོལ་ཏུ་ཕྱིན་པའི། སེམས་བསྐྱེད་ནས། འདི་ལྟར་ལེ་ལོ་ཞི་རང་གི་དོན་ཡང་མི་འགྲུབ་ན། གཞན་གྱི་དོན་ལྟ་ཅི
སྨོས། བདག་གིས་སེམས་ཅན་ཐམས་ཅད་ཀྱི་དོན་དུ་བསྒྲུབ་དགོས་པས་བརྩོན་པར་བྱའོ་སྙམ་ནས། ཆོས་སྤྱོད་བཅུ་དང་། ཕ་རོལ་ཏུ་ཕྱིན་པ་བཅུ་དང་། ཕྱག་དང་བསྐོར་བ་ལ་སོགས་པ་ཅི་འགྲུབ་དང་། ཁྱད་པར་དུ……
ཡན་ལག་བདུན་པ་དང་། ཕུང་པོ་གསུམ་པའི་ལག་ལེན་ལ་འབད་ནས། རྗེས་ལ་འཁོར་གསུམ་མི་དམིགས་པའི་ངང་ལས་བསྔོ་བར་བྱའོ། །ཁྲིད་རིམ་བརྒྱ་དང་རྩ་གསུམ་པའོ། །དེ་ནས་བསམ་གཏན་གྱི་ཕ་རོལ་ཏུ་ཕྱིན་པ་ལ་བསླབ
ལས། དང་པོ་འགྱུར་ཞིང་མི་རྟག་པའི་རང་བཞིན་ལ་བསམས་པའི། འདི་ལྟར་སྐྱེས་པ་ཐམས་ཅད་ནི་འཆི། འདུས་པ་ཐམས་ཅད་ནི་འབྲལ། བསགས་པ་ཐམས་ཅད་ནི་འཛད་དོ། བརྩེགས་པ་ཐམས་ཅད་ནི་ལྷུང་……

502

སེམས་ཉིད་ངལ་གསོའི་ཁྲིད་ཡིག

པ་ཡི་མཐའ་བཅས་ཏེ། གཡོ་ཞིང་སྙིང་པོ་མེད་པ་ཚེ་འདིའི་སྣང་བ་མི་རྟག་པའི་རང་བཞིན་ལ་ཆགས་པ་རྣམས་རེ་ཞུད། བདག་ཀྱང་མྱུར་དུ་འཆི། ངེས་པར་འཆི། སང་ནང་པར་རམ། དོ་ནུབ་ཀྱང་མི་འཆི་བའི་ངེས་པ……
མེད་ན། འཁྲུལ་སྣང་ཚེ་འདིའི་སྣང་བས་ཅི་བྱ། འཆི་བའི་དུས་སུ་ཕན་པར་ངེས་པ་བཟླ་བ་མི་ཞིག་དམ་པའི་ཆོས་ཡིན་པས་བསམ་གཏན་བསྒོམ་པ་ལ་འབད་དགོས། ཉིན་མོ། མཚན་མོ། སྐད་ཅིག །ཡུད་ཙམ། ཐང་
ཅིག་འགྱུར་བས་ཀྱང་འཆི་བ་ལ་ཉེར་སོང་སྙམ་དུ་སྦྱོར་དངོས་རྗེས་གསུམ་གྱིས་ཉམས་སུ་བླང་ངོ་། །ཁྲིད་རིམ་བརྒྱ་དང་རྩ་བཞི་པའོ། །དེ་ནས་འདོད་པའི་ཉེས་དམིགས་བསམ་པ་ནི། འདི་ལྟར་འདོད་པ་རྣམས་ནི་ཉེས……
པ་མང་བ་སྟེ། བསགས་པ་བསྲུང་བ་སྤེལ་བ་གསུམ་གྱིས་བྲེལ་ཞིང་མི་དགེ་བ་འཕེལ་བ། ཀུན་དང་རྩོད་པ་དང་བཅས་པ། ཡོད་ཅིང་ཚོག་མི་ཤེས། ཁེངས་ཤིང་སེར་སྣ་འཕེལ་བ་བཟང་གྱིས་དོགས། བླངས་ཀྱིས
དོགས། འཕྲོག་གིས་དོགས། རྒྱལ་པོ་ལ་སོགས་པ་ཐམས་ཅད་དང་ཐུན་མོང་བ། བསགས་ཀྱང་འཆི་བའི་དུས་སུ་ཐམས་ཅད་འཇོག་ཅིང་འབྲལ་བའི་རང་བཞིན་ཅན། ཇི་ཙམ་དུ་འབྱོར་པ་དེ་ཙམ་དུ་སྡུག་བསྔལ་
བདེ་བས་མང་བ་སྟེ། ཐོས་པ་དང་། བསམ་པ་དང་། སྒོམ་པ་དང་། ཚུལ་ཁྲིམས་ལ་སོགས་པ་རྣམ་པར་གྲོལ་བའི་ཆོས་དང་འགལ་བ། འཕགས་པ་རྣམས་ཀྱིས་ཀུན་དུ་སྨད་པའོ་སྙམ་དུ་བསམས་ནས། རྗེས་

503

སོ་གཉིས ༤༧༩

༄། །ལ་སྐྱེ་བ་མེད་པའི་ངང་དུ་གཞག་གོ། །དེ་ཡང་སྦྱོར་དངོས་རྗེས་གསུམ་ངེས་པས་ཉམས་སུ་བླང་ངོ་། །ཁྲིད་རིམ་བརྒྱ་དང་རྩ་ལྔ་པའོ། །དེ་ནས་བྱིས་པ་དང་འགྲོགས་པའི་ཉེས་པ་བསམ་པ་ནི། སེམས
བསྐྱེད་ནས། འདི་ལྟར་ཁྱིམ་པ་དང་རབ་བྱུང་དམ་པ་ལ་སོགས་པ་བར་སྣང་བ་སོ་སོ་སྐྱེ་བོ་ཚོགས་ཀྱི་ཞེ་ཕོང་དང་། མཛའ་བཤེས་དང་། གཉེན་འདུན་དང་། གྲོགས་དང་། དགྲ་དང་། བར་མའི་ཕྱོགས་ཐམས་ཅད
ཀྱང་འགྲོགས་པར་མི་བཟོད་དེ། རང་བཞིན་ངན་པ། བྱས་པ་མི་གཟོ། ཕན་པའི་ལན་དུ་གནོད་པ་སྦྱིན་པ། འདོད་པ་ཆེ་བ། ཆོག་མི་ཤེས་པ། ལོང་འབྲེལ། ཚིག་རྩུབ་པ། རང་གི་འདོད་པ་བ་འབའ་ཞིག་སྒྲུབ་པ།
གཞན་པ་དང་དགེ་བ་གནོད་པ། ཕྱི་ཟླ་རྒྱུང་བ། རང་གི་འགྱུར་བ་དང་ལེགས་པ་ཉམས་ན་འདོར་ཞིང་ཁྲེང་སླད་བྱེད་པ། ངོ་ཚབ། ཆོས་དང་དམ་ཚིག་ལ་སོགས་པ་དང་། ལ་ཡོགས་དང་རྣམ་སྨིན་གྱི་ལྟ་བ་འདང་མི……
འཛེམ་པ། དོན་དང་བྱ་བ་མང་བ། མགུ་བར་ཤིན་ཏུ་དཀའ་བ། འཐབ་པ་དང་། འཚེ་བ་དང་། ཕྲག་དོག་པ་ལ་སོགས་པ་ཆོས་མ་ཡིན་པ་འབའ་ཞིག་གིས་བསླུ་ཞིང་ཚེ་འདར་བ་བའི་རང་བཞིན་ཏེ། འགྲོགས་པ……
ཙམ་གྱིས་དགེ་བ་འགྲིབ་ཅིང་མི་དགེ་བ་འཕེལ་བའི་བྱིས་པ་རྣམས་ནི། འཕགས་པ་རྣམས་ཀྱིས་ཀུན་དུ་སྨད་པའི་ཕྱིར། བདག་ཀྱང་ཐར་པའི་དམ་པ་བསྒྲུབ་པ་ལ་བར་དུ་གཅོད་པས་སུ་དང་ཡང་འགྲོགས་པར

504

སེམས་ཉིད་ངལ་གསོའི་དོན་ཁྲིད

མི་བྱ༔ གཅིག་བུ་ཞི་བ་ཡི་ཀློང་དེ་ནི་འཛིན་བ་བསྒྲུབ་སྐྱ་མདུན་བསམ་ཞིང་རྗེས་ལ་བསྔོ་བ་བྱའོ། །ཁྲིད་ཀ་དང་བཅུ་རྩ་ཙ་དྲུག་པའོ། །དེ་ནས་འདུ་འཛི་ཉེས་ལ་བ་བསམ་པའི། སེམས་བསྐྱེད་ནས། འདི་ལྟར་སྦྱོར་བ་རྫོགས་ཆེན
ཀྱི་སྣང་བ། སྣོས་ཆེ་འདི་འདི་བྱ་བཙུམ་སམ་ལ་ཟིན་པ་དང་ཚོགས་པ་འདྲེས་མེད་པ། རྟག་ཏུ་སྒྲིལ་ཞིང་གཡེང་བ་ལ་དོན་ཆུང་བ། རྩེ་ཅན་བ་རྩོན་ཀུན་སྙིང་པོ་མེད་པ། དགྲ་བ་ཏུ་ལ་ཡང་མཐར་མེད་པ། གཉེན
བསྐྱངས་ཀྱང་མཐའ་མེད་པ། ཆོས་སོ་མ་བཞི་རིག་པ་ཞེ་སྒང་ཉེན་ཅི་བྱས་ཀྱང་ལྷོ་བོ་སྒྱེ་ཀྱི་རྩེ་ལ་སྐྱུག་པས། ཁྱུས་པ་དོན་དུ་བསྒྱུར་བཅོས་ཀྱི་ལམ་དུ་འགྲོ་བ་རྒྱུ་ལ་ཚམ་ཡང་མེད་པ། ཉིན་མོ་མཚན་མོ་ལ་བོར
ཡུག་ཏུ་རྣམ་གཡེང་དགེ་འདུན་འཛིན་སྒྲུབ་ཁར་དང་བ་བདེན་ཅི་བྱེད། དེས་ཆོ་བ་དགོས་པ་ཀུན་བ་བསམ་གཏན་བསྒོམ་སྐྱ་མདུན་བསམ་པའི་རྗེས་ལ་བསྔོ་བ་བྱའོ། །ཁྲིད་ཀ་དང་བཅུ་དྭ་རྩ་ཙ་བདུན་པའོ། །དེ་ནས་དབེན
པའི་ཡོན་ཏན་བསམས་པའི། སྟོན་ཀྱི་སངས་རྒྱས་དང་བྱང་ཆུབ་སེམས་དཔའ་ཐམས་ཅད་ཀྱང་ཞི་བ་འི་ནགས་སུ་བསྒྲུབས་པ་ལས་བདུད་རྩི་བཅུད་ལྡན་པའི་ཕྱིར། བདག་ཀྱང་དབེན་པའི་ནགས་སུ་འགྲོ་བར་བྱ།
སྙེ༔ དེན་དུ་འཛིན་དང་རྣམ་གཡེང་མེད། བྱ་བ་དང་བྲེལ་བ་མེད། ཆོས་དང་སྲོན་མ་མེད། ཁྲེལ་བ་དང་འགྲོགས་པ་མེད། བྱ་དང་རི་དགས་འགྲོགས་ཤ་བ་དེ་བས་ཀྱང་། རྒྱུད་ལ་མཐོ་ལ་སོགས་པ་དཀའ་ཐུབ

505

༥༡༨

༄༅། །ཁྱིམ་དང་མཐུན། ཕྱུགས་དང་གྲག་རི་འཐེན་རྒྱུད་ལ་སོགས་པ་གནས་མ་ལ་ཚོགས་དང་མཐུན། སུ་ཡང་བ་ཤེས་འདྲིས་མེད་པས་དགེ་བ་དང་གྱིས་འཕེལ། རིག་པ་དང་གིས་དངས་པས་ཤེས་རབ
གསལ་ལ་དངས། དེས་ན་དབེན་པའི་ཡོན་ཏན་མང་བས་དེ་རིང་ཉིད་ནས་དབེན་པར་གནས་དགོས་སྙམ་དུ་བསམ་ཞིང་རྗེས་ལ་བསྔོ་བ་བྱའོ། །ཁྲིད་ཀ་དང་བཅུ་དྭ་རྩ་ཙ་བརྒྱད་པའོ། །དེ་ནས་བསམ་གཏན་བསྒོམ་པ
དངོས་ནི། རྣམ་སྣང་གི་ཆོས་བདུན་དང་ལྡན་པ་ལ་སྒྲུབས་སུ་འགྲོ་བ་དང་སེམས་བསྐྱེད་དེ། གང་དུ་བང་མི་རྟོག་ཅི་ཡང་མི་འཛིན་པའི་ངང་ལ་མ་ཡེངས་པར་ལྷུན་ནེ་བཞག་པས། སྣང་ཡུལ་ལ་བགག་གས་ལ
འཛིན་རྟོག་ཞི་བའི་ཀློང་དེ་འཛིན་སྐྱེ་བོ། །རྗེས་ལ་བསྔོ་བ་བྱའོ། །ཁྲིད་ཀ་དང་བཅུ་ཙ་རྩ་ཙ་དགུ་པའོ། །དེ་ནས་ཤེས་རབ་ཀྱི་ཕ་རོལ་ཏུ་ཕྱིན་པ་ལ་གསུམ་ལས། དང་པོ་སྣང་བ་འི་རང་བཞིན་སྒྱུ་མ་འདྲ་བ་བརྒྱད་དུ་བལྟ་བ
ནི༔ སེམས་བསྐྱེད་ནས། འདི་ལྟར་ཕྱི་ཡུལ་ལ་ལྟར་སྣང་བ་ཐམས་ཅད་ནི་མེད་བཞིན་བཀྲ་ལ་བ་འདི་ངོ་ལ་སྣང་བས། མི་ལམ་གྱི་སྣང་བ་ལྟ་བུ། རྒྱུ་རྐྱེན་རྟེན་འབྲེལ་གྱི་ཚོགས་པ་ལས་སྒྱུ་རུ་པར་སྣང་བས་སྒྱུ
མ་འདྲ་མ་པ་ལྟ་བུ། མེད་ལ་ཡོད་པར་སྣང་བས་མིག་ཡོར་གྱི་སྣང་བ་ལྟ་བུ། སྣང་དུས་བདེན་པར་མེད་པས་སྨིག་རྒྱུ་དང་ཆུ་ཟླ་ལྟ་བུ། ཕྱི་ནང་ལ་སྣང་བས་བྲག་ཅ་སྒྲ་བརྙན་ལྟ་བུ། རྟེན་དང་བརྟེན

506

སེམས་ཉིད་ངལ་གསོའི་དོན་ཁྲིད

པར་མེད་པས་དྲི་ཟའི་གྲོང་ཁྱེར་ལྟ་བུ། སྣང་ལ་རང་བཞིན་མེད་པས་གཟུགས་བརྙན་གྱི་སྣང་བ་ལྟ་བུ། མེད་སྣང་ཅིར་ཡང་ཤར་བས་སྤྲུལ་པའི་གྲོང་ཁྱེར་ལྟ་བུ། ཇི་ལྟར་སྣང་བཞིན་པའི་དུས་ནས་བརྟེན
ལ་དངོས་པོ་མེད་པའི་སྟོང་པ་གཟུགས་སུ་འདུག་སྙམ་དུ་བསྒོམས་པ་འི་མཐར་བསྔོ་བ་བྱའོ། །ཁྲིད་ཀ་དང་སུམ་བཅུ་པའོ། །དེ་ནས་ཆོས་ཉིད་སྟོང་པ་ལ་བརྟག་པ་ནི་སེམས་བསྐྱེད་ནས། ཕྱི་ཡུལ་ལ་སྣང་རྒྱས་པ
དང༔ རང་གི་ལུས་ཀྱི་དངོས་པོ་འདི་རྡུལ་ཕྲན་དུ་ཞིག་པས་ཡུལ་མེད་སྟོང་པར་ཐག་ཆོད། ནང་འཛིན་པའི་སེམས་ལ་སྐད་ཅིག་ཆ་མེད་དུ་བརྟགས་པས་འཛིན་མེད་སྟོང་པར་ཐག་ཆོད། གཟུང་འཛིན
གཉིས་འདང་མཐུ་བ་པར་རྟོགས་པའི་ངང་དེར་སྐྱོང་པ་གཏད་མེད་དུ་མཉམ་པར་བཞག་ནས་རྗེས་ལ་བསྔོ་བ་བྱའོ། །ཁྲིད་ཀ་དང་སུམ་བཅུ་རྩ་གཅིག་པའོ། །དེ་ནས་མཐར་ཐུག་པ་ཕྱག་རྒྱ་ཆེན་པོའི་དོན་ལ་བཞག་པའི། སྐྱབས
སུ་འགྲོ་བ་དང་སེམས་བསྐྱེད་ནས། ལུས་མི་གཡོ། ངག་མི་བརྗོད། སེམས་མི་རྟོག་པས། ཕྱི་ཡུལ་ལ་སྣང་མ་འགགས་ལ། ཡུལ་འཛིན་གྱི་རྣམ་རྟོག་ཞི། ནང་རིག་པ་སྟོང་གསལ་དང་ལ་འཛིན་མེད
ཀྱི་སྟོང་ཉིད་བའི། བར་ལུས་སེམས་རྟེན་མེད་ལ་རང་དང་མ་ཀྱིས་མཚོན་ཉིད་ཤར་ཏེ། སྟོང་གསལ་ནམ་མཁའ་ལྟ་བུའི་རིག་པ། སྒྲ་བསམ་བརྗོད་མེད་ཆེན་པོའི་ཡེ་ཤེས། ཉམས་ལ་

507

༄། །དབུ་མ་འི་དེ་ཁོ་ན་ཉིད་ཀྱི་ངང་ལ་ཇི་ཙམ་གནས་ཀྱི་བར་དུ་མཉམ་པར་གཞག །རྗེས་སྣང་མི་ལམ་སྒྱུ་མ་འི་ངང་ལ་བསློབ་བྱའོ། །ཞི་གནས་དང་ལྷག་མཐོང་གཉིས་པའོ། །
འདི་ནི་མཚན་ཉིད་རྒྱུ་ཡི་ཐེག་པ་སྟེ། །དུས་གསུམ་རྒྱལ་བ་ཡབ་སྲས་ཕྱི་ནི་གཤེགས་ཤུལ་ཡིན། །རང་བཞིན་དོན་གཉིས་ལ་བསྒྲུབ་པ་པའི་དོན་ཆེན་ཏེ། །གནས་སྐབས་མཐར་ཐུག་དོན་གཉིས་ཕུན་
ཚོགས་ཡིན། །མདོ་དང་བསྟན་བཅོས་ཀུན་གྱི་སྙིང་པོ་འི་དོན། །ཇི་ལྟར་ཉམས་ལེན་ཕྱོགས་གཅིག་བཀོད་པ་དེས། །མ་ལུས་འགྲོ་ཀུན་ཐར་པ་འི་ལམ་ཞུགས་ཏེ། །སྐུ་དང་ཡེ་
ཤེས་ཕྲིན་ལས་ལྷུན་གྲུབ་ཤོག །རྫོགས་པ་ཆེན་པོ་སེམས་ཉིད་ངལ་གསོ་འི་དོན་ཁྲིད་བྱང་ཆུབ་ལམ་བཟང་ལས། ཐོག་མར་དགེ་བ་རྒྱུ་མཚན་ཉིད་ཀྱི་ཐེག་པ་འི་གནས་བསྟན་པ་སྟེ་དང་
པོའོ།། ༄། །སྤྱི་དོན་གཉིས་པ་བར་ཁྱད་པར་གྱི་ལམ་འབྲས་བུ་གསང་སྔགས་རྡོ་རྗེ་འི་ཐེག་པ་བར་དུ་དགེ་བའི་ཁྲིད་ཀྱི་རིམ་པ་རྒྱ་ཆེར་བསྟན་པ་ལ། སྨིན་བྱེད་
པ་འི་རིམ་པ་དང་། གདམས་ཁྲིད་གཉིས་ལས། དང་པོ་ནི། སྨིན་གསང་སྔགས་གསར་རྙིང་གི་རྒྱུད་སྡེ་འི་གནས་མང་དུ་ཤོར་བ་ཞིང་དེ་དག་གི་མན་ངག་ཐམས་ཅད་འདུས་པ་འི

508

སྙིང་པོ་ཡིན་པས་བརྒྱུད་རིམ་དུ་མ་དགོད་པ་ཡོད་མོད་ཀྱང་། འདིར་གཙོ་བོ་འི་དབང་དུ་བྱས་ཏེ་གསང་སྔགས་རྙིང་མ་རིས་པ་དོན་གྱི་སྙིང་པོ་སྒྱུ་འཕྲུལ་དྲྭ་བ་ཆེན་པོ་འི་བླ་མ་བརྒྱུད་རིམ་བསྟན་
པ་ནི། རྒྱལ་བ་དགོངས་པས་བརྒྱུད་པ། རིག་འཛིན་བརྡ་ཡིས་བརྒྱུད་པ། གང་ཟག་སྙན་ཁུང་དུ་བརྒྱུད་པ་དང་གསུམ་ལས། དང་པོ་ནི། ཆོས་སྐུ་ཀུན་ཏུ་བཟང་པོ། ལོངས་སྐུ་རིགས་
ལྔ་འི་སངས་རྒྱས། སྤྲུལ་སྐུ་རིགས་གསུམ་མགོན་པོ་སོགས་གནས་རིགས་སོ་སོ་ར་མི་མ་ཡིན་གྱི་རིག་འཛིན་ཐ་དད་པ་བརྒྱུད་པའོ། །གཉིས་པ་ནི། ཕྱག་ན་རྡོ་རྗེ་ལ་རྒྱལ་པོ་ཛཿལ་ཞུས་པ། དེ་ནས་རིམ་པ་བཞིན།
ཨིནྡྲ་བྷཱུ་ཏི། ཤྲ་ས་ན་ཀ་བྷཱུ་ཏི། ཀུ་ཀུ་རཱ་ཛ། ནཱ་གཱ་རྫུ་ན། པདྨ་སཾ་བྷ་ཝ། བི་མ་ལ་མི་ཏྲ། །གསུམ་པ་ནི། གཉགས་ཛྙཱ་ན་ཀུ་མཱ་ར། མ་རིན་ཆེན་མཆོག །ཀྱེ་རི་མཆོག་སྐྱོང་། དར་རྗེ་དཔལ་གྱི་གྲགས་པ། གཉུབས་
སངས་རྒྱས་ཡེ་ཤེས། ཟུར་པོ་ཆེ་ཤཱཀྱ་འབྱུང་གནས། ད་ཡོན་ཏན་མཆོག །ཟེ་གསལ་བ་བྱང་ཆུབ། རྒྱ་སྒོམ་གྲོལ་བ་གཞོན་ནུ། བཀྲ་ཚུལ་ཁྲིམས་བཟང་པོ། མཚུར་ཡེ་ཤེས་དབང་པོ། དན་ཆོས་ཀྱི་
དབང་ཕྱུག །ཞང་མཆོག་གི་ཞམ། ཀྱི་ཡོན་ཏན་རྒྱ་མཚོ་གནས། སློབ་དཔོན་གཞོན་ནུ་དོན་གྲུབ། དེས་བསམ་ཡས་པ་དག་གི་དབང་པོ་ལའོ། །རྒྱལ་བ་ཀུན་གྱི་རྣམ་འཕྲུལ་མཆོག །ཡོན་ཏན་རྒྱ་མཚོ་འི་ཕ

སེམས་ཉིད་ངལ་གསོའི་དོན་ཁྲིད

509

༄། །རོལ་ཕྱིན། །སྐྱབས་ཆེན་ཕྲིན་ལས་དཔག་ཏུ་མེད། །བླ་མ་ཀུན་ལ་ཕྱག་འཚལ་ལོ། །གཉིས་པ་གདམས་ཁྲིད་རྒྱ་ཆེར་བཤད་པ་ལ། བྱ་བ། སྤྱོད་པ། རྣལ་འབྱོར། རྣལ་འབྱོར་ཆེན་པོ་བླ་ན་
མེད་པ་འི་རྒྱུད་ཀྱི་བསྐྱེད་རྫོགས་བསྟན་པ་དང་བཞི་ལས། དང་པོ་ནི། རྒྱུ་མཚན་ཉིད་ཀྱི་ཐེག་པ་དང་གསང་སྔགས་གཉིས། འབྲས་བུ་སངས་རྒྱས་བསྒྲུབ་པར་དོན་གཅིག་ཀྱང་། ཐབས་ཀྱི་ཐེག་པ་བསྒྲུབ
ཚུལ་གྱི་ལམ་ཟབ་ཅིང་རྒྱ་ཆེ་བ་འི་གནས་ལ་མ་རྨོངས་པ་དང་། ཐབས་མང་བ་དང་། དཀའ་བ་ཆུང་བ་དང་། དབང་པོ་རྣོན་པོ་འི་དབང་དུ་བྱས་པས་ཁྱད་པར་དུ་འཕགས་པ་འི་ཕྱིར། གང་ཟག་གཅིག
ཀྱང་རྩ་ཚང་ཆེ་བར་བྱེད་པ་འི་ཐེག་པ་བླ་ན་མེད་པ་སྟེ། དེ་འང་གང་ཟག་གཅིག་གི་རྒྱུད་ལ་དེ་གཉིས་བསྒྲུབ་པ་ན་ཡང་། མཚན་ཉིད་ཀྱི་ཐེག་པ་སྔགས་ཀྱི་འཇུག་པ་འི་ལམ་སྦྱོང་བས་སྔོན་འགྲོ་འི་ཆོས་ཡིན་ལ།
སྔགས་ལམ་དངོས་གཞིར་འཇུག་བྱེད་བས། འདིར་དེ་བསྒོམས་པ་བའང་དང་པོ་ར་འཇུག་པ་འི་སྒོ་ཀྲི་ཡ་འི་ཐེག་པ་ཡིན་ཞིང་། དེ་ཡི་ལྟ་བུ་གསང་སྔགས་ཆེན་པོ་ལ་ཞུགས་པ་སྟེ། །ཁྲུས་དང་གཙང་སྦྲ་སྔོན་དུ་སོང་
ནས་འཇུག་པ་ལས། འདིར་ཐུགས་རྗེ་ཆེན་པོ་བསྒོམ་པ་འི་ཚུལ་ལམ། སྐྱབས་སུ་འགྲོ་བ་དང་སེམས་བསྐྱེད་ནས། མདུན་གྱི་ནམ་མཁར་པདྨ་དང་ཟླ་བ་འི་སྟེང་དུ་འཇིག་རྟེན་དབང་ཕྱུག་སྐུ་མདོག་དཀར་པོ

510

ཞལ་གཅིག་ཕྱག་བཞི་པ། རལ་པ་ཉི་ཟེར་གཙུག་ཏོར་ཅན། རིན་པོ་ཆེ་ཡི་དར་རྒྱན་དང་། མགུར་རྒྱུ་དང་། དོར་ཤ་ལ་དང་། ཕྱག་གདུབ་དང་། ཞབས་གདུབ་ཅུ་བྱས་པ། དར་གྱི་ཤམ་ཐབས་ཅན། རྡོ་རྗེ་སྐྱིལ་ཀྲུང་
མཛད་པ། ཕྱག་དང་པོ་གཉིས་ཐུགས་ཀར་ཐལ་མོ་སྦྱར་བ། གཡས་འོག་མ་འཕྲེང་བ། གཡོན་འོག་མ་པདྨ་དཀར་པོ་བསྣམས་པ། ཐུགས་ཀར་པད་ཟླའི་དཀྱིལ་དུ་ཧྲཱིཿ་ལ་ཡི་གེ་དྲུག་པས་བསྐོར་བ་ལས་འོད་
འཕྲོས་པས་བདག་དང་སེམས་ཅན་ཐམས་ཅད་ལ་ཕོག ། སྡིག་སྒྲིབ་ཐམས་ཅད་དག ། ཐམས་ཅད་ཡི་གེ་བཟླ་བ་བརྗོད་པར་བསམས་ལ། ཨོཾ་མ་ཎི་པདྨེ་ཧཱུཾ་ཧྲཱིཿ ཞེས་གདངས་སྙན་པོས་བཟླས་པའི་མཐར་
ཐུགས་རྗེ་ཆེན་པོའི་སྐུ་ཡི་འོད་ཟེར་སེམས་ཅན་ལ་ཕོག་པས་སྡུག་བསྔལ་སྦྱོང་བར་ཡལ། བདག་ཀྱང་སྟོང་པར་ཡལ། ཐུགས་རྗེ་ཆེན་པོའི་ངང་དམིགས་པ་མེད་པའི་ངང་ལ་དར་གཅིག་བཞག་ནས་བསྔོ་བ་བྱའོ། །འདི་ནི་སྡིག
སྒྲིབ་སྦྱོང་བ་རྣམས་ཀྱི་ནང་ནས་མཆོག་ཏུ་གྱུར་པའོ། །ཁྲིད་རིམ་དགུ་བཅུ་ཙ་གསུམ་པའོ། །དེ་ནས་སྤྱོད་པའི་རྒྱུད་ནི། བདག་དམ་ཚིག་པ་འདི་མཉམ་དུ་ལྷ་ཡེ་ཤེས་པ་བཞུགས་པ་ཡིན་ཏེ། རེ་ཞིག་རྗེ་བཙུན་མི་གཡོ་བ་བསྒོམ་
པ་དང་སྦྱར་ནས། སྐྱབས་སུ་འགྲོ་བ་དང་སེམས་བསྐྱེད་ནས། ཨོཾ་སྭ་བྷཱ་ཝ་ཤུདྡྷཿ་སརྦ་དྷརྨཱཿ་སྭ་བྷཱ་ཝ་ཤུདྡྷོ྅ཧཾ། ཅེས་ཆོས་ཐམས་ཅད་སྟོང་པའི་ངང་ལས། པདྨ་དང་ཉི་ཟླའི་སྟེང་དུ་རང་ཉིད་མི་གཡོ་བ་དཀར་པོ་ཞལ་

511

༄། །གཅིག་སྤྱན་གསུམ། ཡ་སོས་མ་མཆུ་མནན་པ། སྨ་ར་དང་དབུ་སྐྲ་དམར་སེར་ཅན། ཕྱག་གཡས་རལ་གྲི་སྤྱི་བོར་གདེངས་ཤིང་། གཡོན་པས་སྡིག་མཛུབ་ཐུགས་ཀར་གཏད་པ། ཞབས་
གཡས་ཀྱི་པུས་མོས་ཉི་མ་ལ་བཙུགས་ཤིང་། གཡོན་པ་ཟླ་མ་ཐི་ལ་ཀྱིས་བརྣབ་མནན་པ། རིན་པོ་ཆེའི་རྒྱན་ཐམས་ཅད་ཀྱིས་བརྒྱན་ཞིང་དར་གྱི་ཤམ་ཐབས་ཅན། ཐུགས་ཀར་པདྨ་དང་ཟླ་བའི་དབུས་སུ་ཧཱུཾ་ལ་སྔ
བའི་སྔགས་ཀྱིས་བསྐོར་བར་བསམ། རང་གི་མདུན་དུ་ཡང་དེ་འདྲ་བའི་མི་གཡོ་བ་བསམས་པ་ནི། རང་གི་ཐུགས་ཀའི་ཧཱུཾ་ལ་སྔགས་ཕྲེང་འཁོར་བ་མདུན་གྱི་ཞལ་དུ་ཞུགས། སྐུའི་དབྱིབས་བརྒྱུད།
སྟེ་བཞུས་རང་གི་ལྟེ་བར་ཞུགས་ཏེ། འཁོར་བའི་འོད་ཟེར་གྱིས། ཕྱོགས་བཅུའི་སངས་རྒྱས་དང་བྱང་ཆུབ་སེམས་དཔའ་ལ་མཆོད་སོགས་པའི་ཤེས་རབ་དང་། ཏིང་ངེ་འཛིན་དང་། རྟོགས་པ་དང་། ཆོ་དང་། བསོད་ནམས
ལ་སོགས་པའི་ཡོན་ཏན་ཐམས་ཅད་བསྡུས་ཏེ་རང་གི་སྙིང་གའི་ཧཱུཾ་ལ་ཐིམ་པས་རང་ཉིད་ཡོན་ཏན་དེ་དག་དང་ལྡན་པར་བསམས་ལ། ཨོཾ་བཛྲ་ཙཎྜ་མ་ཧཱ་རོ་ཥ་ཎ་ཧཱུཾ་ཕཊ། ཅེས་པ་ཅི་རྒྱུ་བཅུ་བརྗོད་ནས། སྔགས་ཕྲེང་
སྙིང་གར་བསྡུས་ཏེ་ཡེ་ཤེས་པ་གཤེགས། དམ་ཚིག་པ་མི་དམིགས་པའི་ངང་ལ་བསྔོ་བ་བྱའོ། །ཁྲིད་རིམ་དགུ་བཅུ་ཙ་བཞི་པའོ། །དེ་ནས་རྣལ་འབྱོར་གྱི་རྒྱུད་ནི། བདག་དམ་ཚིག་པ་ལ་ཕྱག་ཡེ་ཤེས་པ་དགུག་གཞུག་བསྟིམ

512

ནས་དངོས་གྲུབ་བརྙེད་པ་ཡིན་ཏེ། འདི་ར་རེ་ཞིག་ངན་སོང་སྦྱོང་བ་དང་སྦྱར་ན། སྐྱབས་སུ་འགྲོ་བ་དང་སེམས་བསྐྱེད་ནས། སྟོང་པའི་ངང་ལས་ཁྲོ་བོ་འཇིག་རྟེན་གསུམ་ལས་རྣམ་པར་རྒྱལ་བ། སྐུ་མདོག་ལྗང་སྔོན་
ཞལ་གཅིག་ཕྱག་གཉིས་པ་རྡོ་རྗེ་དང་དྲིལ་བུ་འཛིན་པ། ཞབས་གཡས་བསྐུམ་གཡོན་བརྐྱང་། པདྨ་དང་ཉི་མའི་སྟེང་དུ་ཁྲོ་བོའི་རྒྱན་ཐམས་ཅད་ཀྱིས་བརྒྱན་པའི་སྐུ་ལས་མེ་དཔུང་འབར་བ་ནམ་མཁའི་དབྱིངས
ཐམས་ཅད་ཁྱབ། རྡོ་རྗེའི་ར་བ་གུར་བླ་རེས་གཏམས་ཤིང་སྤྲུལ་པའི་ཁྲོ་བོ་མང་པོ་སྤྲུལ་པས་འཁོར་བར་བསམས་ལ། མཐེ་བོ་དང་དང་གུང་མཛུབ་སྦྱར་བཀན། མཐེ་ཆུང་གཉིས་སྦྲེལ། མཛུབ་མོ་ཕྱིར་བརྐྱང་ཞིང་།
ཨོཾ་བཛྲ་ས་ཏྭ་ཀྲོ་དྷ་ཨ་ཤྭ་ཎ་ཨཱ་ཤྭ་ཎ་མ་ཏུ་ཀྲོ་དྷ་བ་བྲ་བ་བྲ་པི་ཏྲ་པི་ཏྲ་བས་ཏྲ་ཨཱ་ཧ་ཧ་ལ། ནུ་ཤ་ཡ་ནུ་ཤ་ཡ། ཕཊ་ར་ཕཊ་ར་སྤྲ་ཝཾ་ཧཱུཾ་ཕཊ། ཅེས་བཟླས་ལ་སྦྱིན་བདག་དང་གནས་དང་རྣལ་འབྱོར་བསྲུངས་ལ། དེ་ནས་དེའི་ཐུགས་
ཀར་སྟོང་པའི་ངང་ལས་སེང་གེ་དང་པད་དང་ཟླ་བའི་སྟེང་དུ་རང་ཉིད་བཅོམ་ལྡན་འདས་ཀུན་རིག་རྣམ་པར་སྣང་མཛད་དཀར་པོ་ཞལ་བཞི་ཕྱག་གཉིས་མཉམ་པར་བཞག་ཅིང་། ཞབས་གཉིས་སྐྱིལ་ཀྲུང་དུ་བཞུགས་པའི་རྩ
ཞལ་དཀར་བ། གཡས་ཞལ་སེར་བ། གཡོན་ཞལ་དམར་བ། རྒྱབ་ཞལ་ལྗང་བ། དར་དང་རིན་པོ་ཆེའི་རྒྱན་གྱིས་བརྒྱན་པའི་ཐུགས་ཀར་པདྨ་དང་ཟླ་བའི་སྟེང་དུ་ཨོཾ་ལ་སྔགས་ཕྲེང་གིས་བསྐོར་བར་བསམས་ལ།

513

ཐོར་བུ། ༤༨༠

༄༅། །འོག་མིན་གྱི་གནས་ནས་དེ་བོན་འདྲ་བའི་ཀུན་རིག་ལ། སངས་རྒྱས་དང་བྱང་ཆུབ་སེམས་དཔའ་འམ་དཔོས་བསྐོར་བ་སྤྱན་དྲངས་ནས་ཏེ། ཛཿཧཱུྃ་བཾ་ཧོཿ་ས་གཉིས
སུ་མེད་པར་ཐིམ་པར་བསམ་མོ་ལ། སྙིང་གའི་ཧཱུྃ་རིག་ལས་འོད་འཕྲོས་བདག་དང་འགྲོ་དྲུག་གི་སྒྲིབ་པ་སྦྱངས། འཕགས་པ་མཆོད། སེམས་ཅན་གྱི་དོན་བྱས་པ་ཚབ་བསམ
ཞིང་། ཨོཾ་ནམོ་བྷ་ག་ཝ་ཏེ། སརྦ་དུར་ག་ཏེ། པ་རི་ཤོ་དྷ་ན་རཱ་ཛཱ་ཡ། ཏ་ཐཱ་ག་ཏཱ་ཡ། ཨརྷ་ཏེ་སམྱཀྶཾ་བུདྡྷཱ་ཡ། ཏདྱ་ཐཱ། ཨོཾ་ཤོ་དྷ་ནེ་ཤོ་དྷ་ནེ་སརྦ་པཱ་པཾ་བི་ཤོ་དྷ་ནི་ཡེ་སྭཱ་ཧཱ། ཞེས
ཅི་འགྲུབ་བ་བཟླས་ནས། ཕྱི་རིམ་མཆོད་པ་གསོལ་མེ་ཏོག་ལ་སོགས་པས་མཆོད་དེ། ཆོས་དབྱིངས་ཡེ་ཤེས་རྣམ་པར་དག །རྣམ་པར་སྣང་མཛད་བཅོམ་ལྡན་འདས། །ཏིང་ངེ
འཛིན་དེ་སྒྲིབ་ཀྱི་ཆུ་ཅན། །ཕྱག་འཚལ་བ་བཅོམ་ལྡན་ཀུན་རིག་ལའོ། །ཞེས་བསྟོད་ནས། ཨོཾ་བཛྲ་མུཿས་སྤྱན་དྲངས་པའི་ཡེ་ཤེས་པ་འོག་མིན་དུ་གཤེགས། དམ་ཚིག་པ་མི
འོད་ལ་ཞུ་ནས་བདག་ལ་ཐིམ་པར་ཡང་ཏེ་ཨོཾ་གྱི་བར་ཐིམ་ནས། དེ་ཡང་མི་དམིགས་པའི་ངང་ལ་དར་ཅིག་མཉམ་པར་གཞག །དགེ་བ་སེམས་ཅན་དོན་དུ་བསྔོ་བར་བྱའོ། །འདིས

514

སེམས་ཉིད་ངལ་གསོའི་ཐོར་བུ་ཁྲིད་ཡིག

ཉི་མཚམས་མེད་པ་ལྔ་ཡི་ལས་ཀྱང་འཛད་པར་གསུངས་པས་ཕན་ཡོན་ཤིན་ཏུ་ཆེའོ། །ཞི་ཁྲོ་དང་ཀུན་རིག་ཚ་ཚ་བྱ་བའོ། །དེ་ནས་རྣལ་འབྱོར་བླ་ན་མེད་པའི་རྒྱུད་ལ་གསུམ་ལས། དང་པོ
བཟླ་ན་མེད་པའི། །ཆོས་ཐམས་ཅད་དཀྱིལ་འཁོར་གསུམ་དུ་ཡེ་ནས་སངས་རྒྱས་པའི་རྟོགས་པ་ལ་བརྟེན་ནས་པ་ཙམ་དུ་ཐབས་ལ་བསྐྱེད་པའི་རིམ་པ་གཙོ་བོར་ཉམས་སུ་ལེན་པ་ཡིན་ཏེ། དཔལ་གསང་བ་འདུས་པ་ལ་སོགས
པའོ། །འདི་ནི་རྣམ་མཆོག་རོལ་པའི་རྒྱུད་དང་སྦྱར་ན། སྐུ་བསམ་སྤྱི་འགྲོ་བ་དང་སེམས་པ་བསྐྱེད་ནས། སྟོང་པ་ཉིད་དང་ལམ་ཡ་བཛྲ་དང་ཉི་ཟླའི་སྟེང་དུ་ཧཱུྃ་དང་མཿ ཡོངས་སུ་གྱུར་པ་ལས། རྣམ་གྱི་ཡབ་ཡུམ་འཁྲིལ་སྦྱོར
བརྒྱད་བསྐུམ་དུ་བཞུགས་པའི་ཡབ་ཀྱིས་ཕྱག་གཡས་དྲིལ་བུ་གཡོན་ཏོག་དེ་ངས་ཞིང་། གཡོན་པས་ཕྱིགས་མཛུབ་ཞུགས་ཀ་རྒྱན་དཔལ། ཡུམ་གྱིས་ཕྱག་གཡས་གྲི་གུག་འཁྱུར་ཞིང་། གཡོན་པས་ཐོད་ཁྲག་ཡབ་ལ
སྟོན་པ། གཉིས་ཀ་འདང་ཞལ་གཅིག་ཕྱག་གཉིས་སྐུ་མདོག་དམར་ཞི་བ་ཁྲོ་བོའི་རྒྱན་ཐམས་ཅད་ཀྱིས་བརྒྱན་པ། ཡབ་ཀྱི་དབུ་གཙུག་ཏུ་རྣམ་སྣང་ཁྱུང་ལས་རྟ་སྐད་འཚོག་ཅིང་མཆེར་བ། ཞིང་ཆེན་གྱི
ག་ཡང་གཞི་དང་སྟག་གི་ཤམ་ཐབས་དང་ཟོད་ཕྲེང་གིས་རལ་པ་བཅིངས་པ། སྐུ་ཆེ་ལ་ཡན་ལག་རགས་པ། སྐུ་ལས་བསྐལ་པའི་མེ་འབར་བས་སྟོད་ཐམས་ཅད་སྲེག་པར་བྱེད་པ། ཕྱག་ཀ་རཱ་བཱི

515

ཐོར་བུ། ༤༨༡

༄༅། །ང་ཉི་ཟླའི་སྟེང་ན་ཧཱུྃ་ལ་ཙ་བའི་ཕྱོགས་ཀྱིས་བསྐོར་བར་བསམ་མོ་ལ། ཡེ་ཤེས་པ་བསྒོམས་ནས། སྣང་བ་མཐའ་ཡས་ཀྱིས་དབུ་བརྒྱན་པར་བསམ་མོ་ལ། སྙིང་གའི་ཧཱུྃ་ལས་མེ་རི་ཚ་ཚ་དང་ཕྲུལ
པའི་ཕྲོ་ཆུ་དགྲ་ངས་མེད་པར་འཕྲོས་ཏེ་སྟོང་། ཐམས་ཐམས་ཅད་ཀ་ཡི་བཀླེག་པ་མེར་བ་བཙྲ་སྤྲུ་པར་བསམ་མོ་ལ། ཨོཾ་བཛྲ་ཀྲོ་དྷ་ཧ་ཡ་གྲཱི་ཝ་ཧུ་ལུ་ཧུ་ལུ་ཧཱུྃ་ཕཊ། ཅེས་པ་ཅི་འགྲུབ་བཟླས་པའི་མཐར། དེ་དག་ཐམས་ཅད་རིམ
གྱིས་ཐུགས་ཀའི་ཧཱུྃ་ལ་ཐིམ་ནས། དེ་ཡང་འོད་དུ་ཞུ་བ་རང་མི་དམིགས་པ་ཆོས་ཉིད་ཀྱི་ངང་དུ་བཞག་ནས་བསྔོ་བ་བྱའོ། །ཁྲིད་ཀྱང་དཀྱིལ་ཚང་ཚང་རྟག་པའོ། །དེ་ནས་བླ་ན་མེད་པའི། ཆོས་ཐམས་ཅད་དབྱིངས་དང་ཡེ་ཤེས་དབྱེར་མེད་དུ
སངས་རྒྱས་པའི་དོན་བསྐྱེད་རྫོགས་བདེ་བ་ཆེན་པོས་ཉམས་སུ་ལེན་པ་ར་འདོད་དོ། །དཔལ་བདེ་མཆོག་འཁོར་ལོ་ལ་སོགས་པའོ། །འདི་ར་དེ་ཧེ་རུ་ཀ་ལ་པོ་དང་སྦྱར་ན། སྐྱབས་སུ་འགྲོ་བ་དང་སེམས་བསྐྱེད་དེ། ཏིང་ངེ་འཛིན
གསུམ་བསྒོམ་པ་སྔོན་དུ་འགྲོ་བས། པདྨ་དང་ཉི་ཟླའི་སྟེང་དུ་རང་ཉིད་དཔལ་ཆེན་པོ་ཞལ་གསུམ་ཕྱག་དྲུག་ཞབས་བཞི་པ་འདོར་ཐབས་སུ་བསྒྲད་པ། མཐིང་ནག་གཡས་དཀར་གཡོན་དམར་སྤྱན་གསུམ་གསུམ་དང་ཞལ་མཆེ་བ
གཙིགས་པ། ཕྱག་དྲུག་གཡས་ཀྱི་དང་པོ་རྡོ་རྗེ། བར་མ་ཁྭཊྭཱཾ། ཐ་མ་ཐང་ཀ་ཤེལ། གཡོན་དང་པོ་དྲིལ་བུ། བར་མ་ཀ་པཱ་ལ། །ཐམ་ཟ་ཀྲུང་བསྣམས་པ། ཡུམ་བཛྲ་ཀྲོ་དྷཱི་ཤྭ་རཱི་མ་མཐིང་ག་ཞལ་གཅིག་ཕྱག་གཉིས། གཡས

516

སེམས་ཉིད་ངལ་གསོའི་དོན་ཁྲིད།

ཁུ་ཚུར་ཡབ་ཀྱི་མགུལ་ནས་འཁྱུད་ཅིང་། གཡོན་རྡོ་རྗེ་དྲིལ་བུ་གསེག་ཀ་ང་བ་ཡབ་ལ་སྟོན་ནས་པ། ཞབས་གཉིས་བཅོམ་ལྡན་འདས་ཀྱི་བརླ་ལ་འཁྲིལ་བ། གཉིས་ཀ་འང་རིན་པོ་ཆེ་དང་། རུས་པ་དང་། མི་མགོའི་ཕྲེང་བ་ལ་
སོགས་པས་བརྒྱན་པ། དཔལ་གྱི་ཆས་བརྒྱད་ཀྱིས་བརྗིད་པ། མེ་རི་འབར་བའི་ཀློང་ན་བཞུགས་པ། རེག་ཚོར་འི་ཐུགས་ཀ་ར་པདྨ་ཉི་ཟླའི་དབུས་སུ་རྡོ་རྗེ་ནས་ཚོམ་པ་རྩེ་ལྔ་པའི་ལྟེ་བ་ར་དབུས་ཀྱི་སྒྲོག་ཤིང་ལ་ཧཱུྃ། སྔགས་རྒྱུད་ལ་
ནང་དུ་བ་ལྟ་བའི་རྣ་ལུ་འབྲུ་བརྒྱད་སྐུལ་ཕྲིན་པ་ཚོམ་པོར་འཁོར་བར་བ་རི་རེ་བསམ་པ་ལ། ཡེ་ཤེས་པ་བསྟིམས་ནས་ཡི་གེ་གསུམ་གྱིས་རྒྱས་གདབ། མི་བསྐྱོད་པ་ཆེན་ནང་ནས་དབང་བསྐུར་བ་རབ་རས་མས་ལ། ཧཱུྃ་དང་
རྫུ་ལུ་ཀ་སྦྲུ་བརྒྱད་ལས་ལྡོག་ཕྲེང་བ་མཐོན་ནས་ཡབ་གྱི་ཞལ་ནས་ཡུམ་གྱི་ཞལ་དུ་ཞུགས་ཏེ། སྐུ་འི་དབྱིངས་བརྒྱུད་མཁའ་བ་གསང་ནས་ཐུགས་ཀར་ཧཱུྃ་གིས་འབར་བ་ལ་ཐིམ་ཞིང་འཁོར་བ་འི་འོད་ཀྱིས། སེམས་ཅན་ཐམས་
ཅད་ཀྱི་ལས་དང་ཉོན་མོངས་པ་འི་སྒྲིབ་པ་སྦྱངས། དཔལ་ཆེན་པོ་རིགས་ལྔ་བའི་ཚལ་བ་ཀོ་དར། །འབབ་བཞིན་པ་མཆོད། དངོས་གྲུབ་ཀྱི་ཆ་ཐམས་ཅད་བསྡུས་ནས་སླར་ཞེག་པ་རྫུ་ཡུལ་ཐིམ་པ་རབ་བས་མ་ཞེད། ཨོཾ་རུ་
ལུ་རུ་ལུ་ཧཱུྃ་བྷྱོ་ཧཱུྃ། ཞེས་ཅི་འགྲུབ་ཏུ་བཟླས་སོ། །དེ་ནས་རྫོགས་པ་འི་རིམ་པ་གཉིས་ལས། སྣང་བ་ཅས་བསྒོམས་པ། སྙིང་གའི་རྩ་ལུ་ཕྲ་མོ་དེ་ཉིད་ལ་སེམས་ཡེ་ངམ་ལ་ལྡིང་རྩེ་གཅིག་བཟུང་བས། དེ་ཡང་ཡིད་ལ་

517

ཐོར་བུ། ༥༢༩

༄༅། །མེད་༔ གཞན་ཡང་མེད་པར་སྟོང་གསལ་ལ་སྒོམས་པ་དང་བྲལ་བ་འི་ཡེ་ཤེས་འཆར་བས་དེ་ཉིད་ལ་བློ་ཐག་བཅད་ནས་བསྒོམ་མོ། །སྣང་མེད་ནི། སྣང་བ་ཐམས་ཅད་རྩ་རང་བདུས་ཡུམ་ལ་ཐིམ། ཡུམ་ཡབ་
ལ་ཐིམ། ཡབ་སྤྱན་ཀ་འི་རྡོ་རྗེ་ལ་ཐིམ། དེ་ཡང་རྫུ་ལུ་འབྲུ་བརྒྱད་ལ་ཐིམ། དེ་ཧཱུྃ་ལ་ཐིམ། ཧཱུྃ་གི་ཞབས་ཀྱུ་ར་ལ་ཐིམ། ཀ་ཡོག་པ་ལ་ཐིམ། ཡོག་པ་ཟླ་ཚེས་ལ་ཐིམ། ཟླ་ཚེས་ཐིག་ལེ་ལ་ཐིམ། ཐིག་ལེ་ནཱ་ད་ཀྱི་
དབྱིངས་སུ་ཐིམ་པས། བསྒྱུར་མེད་བས་མ་དུ་མེད་པ་འི་ངང་ལ་གཞག་གོ། །རྗེས་བཟློག་བྱའོ། །ཤི་བ་ཟ་བ་ལ་མོ། །ཕྱིར་ཀ་ང་དཔལ་བཟང་པོ་ཧེ་རུ་ཀ། །དེ་ནས་གཉིས་སུ་མེད་པ་ལྷན་མེད་པ་འི་རྒྱུད་ཀྱི་དོན་བསྡུ...
འཕྲུལ་དྲ་བ་ཆེན་པོ་བསྒོམ་པ་ལ། བསྐྱེད་རྫོགས་སྒྱུར་བསྒོམ་པ་དང་། ཟབ་ལམ་ཐབས་ཀྱི་གཙུ་བསྒོམ་པ་གཉིས་ལས། དང་པོ་ལ། སྐྱེ་བ་བཞི་འི་བག་ཆགས་སྦྱོང་ཚུལ་ལ་ལྟོས་ནས་བསྒོམ་ཚུལ་ལ་བཞི་ལས།
སྒོང་སྐྱེས་སྦྱོང་བ་རྒྱས་པ་ཆེན་པོ་འི་བསྐྱེད་རིམ་ནི། སྐྱབས་སུ་འགྲོ་བ་དང་བྱང་ཆུབ་ཏུ་སེམས་བསྐྱེད་ནས། མདུན་གྱི་ནམ་མཁའ་བ་ཁྲོ་བོ་འི་དཀྱིལ་འཁོར་སྤྱན་དྲངས་ཏེ། མཆོད་པ་དང་བསྟོད་པ་དང་གསོལ་བ...
གདབ་པ་དང་སྨོན་ལམ་བཟུང་བ་ཐམས་ཡེ་ཤེས་ལྷ་མཚོགས་གི་ཚོགས་གི་ཕྱིར་སེམས་ལ་གཞོལ་བ་ལས་བྱས་ཏེ། སླར་ཡང་བཟླ་སྨུ༔ས་སྟོང་པ་འི་ངང་དུ་མཉམ་པར་བཞག་ནས། དེ་བཞིན་ཉིད་དང་། ཀུན་ཏུ་སྣང་དང་། རྒྱུ་འི་

518

སེམས་ཉིད་ངལ་གསོའི་དོན་ཁྲིད།

ཏིང་ངེ་འཛིན་བསྒོམས་པ་འི་མེ་དགར་མ་ལས་སྔགས་པ་འི་ཕོ་ཉ་ཀྱི་ལག་འཁོར་སོ་སོ་འི་ཁ་ཐབས་ནས། སྲུང་བ་རྒྱ་ཆེར་བ་འི་ཚུལ་གྱིས་ལྷུ་འབྱུལ་གཞི་ཁྲོ་འི་དགྱིལ་འཁོར་བསྐྱེད་པ། ཡེ་ཤེས་པ་བསྟིམས་ནས། མཆོད་
པ་དང་། བསྟོད་པ་དང་། འགྲོ་འདུལ་རྫོང་ཀྱི་བཟླས་པ་འི་བར། རྒྱས་པར་བྱས་ནས་མཆོག་གསལ་པ་རོལ་བ་འམ་མེད་ཀྱང་རུང་སྟེ། རྗོགས་རིམ་གཉིས་པ་བསྒོམས་ལ་བསྔོ་བ་བྱའོ། །འདི་དག་རྒྱས་པར་ཞིབ་དོན་
པོ་ཆེ་འི་ད་བ་དང་། ཁྲོ་བོ་སྣང་བ་རྒྱ་དུ་བཤད་པར་བྱའོ། །ཕྱི་ཀ་ར་ཀུ་སོ་ད་བརྒྱད་པའོ། །དེ་ནས་མངལ་སྐྱེས་སྦྱོང་བ་རྒྱས་པ་འབྲིང་གི་བསྒོམ་ཚུལ་ནི་སྔར་ལས། བསོད་ནམས་ཞིང་བསམ་སྣ་མི་དམིགས་པ་བཞིན
ལ༔ གཞན་དེ་དང་འདྲ་བ་བསྒོམ་པ་བོ། །ཕྱིད་ཀ་ར་ཀུ་སོ་ཏ་ཀུ་ས་ལོ། །དེ་ནས་དྲོད་གཤེར་སྐྱེས་ཀྱི་བག་ཆགས་སྦྱོང་བའི་ཕྱིར་བསྟུས་པ་བསྒོམ་པ་ནི། སྐྱབས་འགྲོ་སེམས་བསྐྱེད་བྱས་ནས། སྟོང་པ་འི་ངང་...
ལས་རྟེན་གཞལ་ཡས་ཁང་དང་། བརྟེན་པ་ལྷ་འི་དཀྱིལ་འཁོར་སོ་སོ་འི་མཚན་བརྗོད་པ་ཙམ་གྱིས་ཞི་ཁྲོ་འི་ལྷ་རྣམས་ལ་བརྟན་པས། འདི་ནི་དབང་རྫོགས་ཆེས་པ་ནས། །ཐམས་ཅད་ལྷ་དང་ལྷ་མོ་འི་དང་། །
ཞེས་པ་འི་བར་ལ་གཅིག་བརྗོད་ནས་རང་ཉིད་ཡི་དམ་ལྷ་འི་རང་བཞིན་དུ་སངས་རྒྱས་པ་འི་ངོ་བོར་རྟོགས་པ་ལས། ཐུགས་ཀ་འི་པདྨ་ཉི་ཟླ་འི་སྟེང་གི་ཀུན་བཟང་ཡབ་ཡུམ་གྱི་ཧཱུྃ་ལས་འོད་འཕྲོས། མཉམ་པ་ཉིད་ཀྱི་སྒྲ...

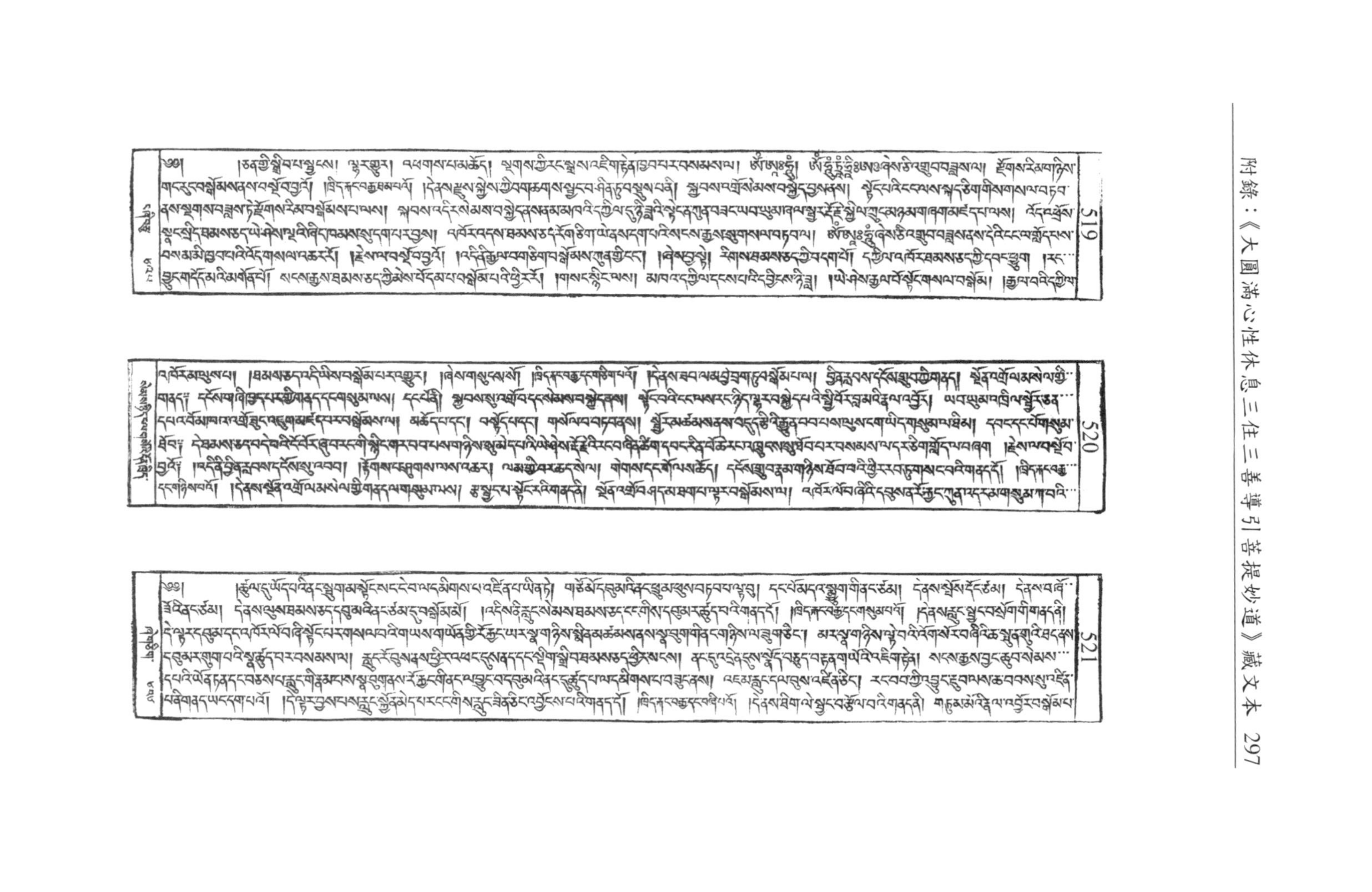

519

520

521

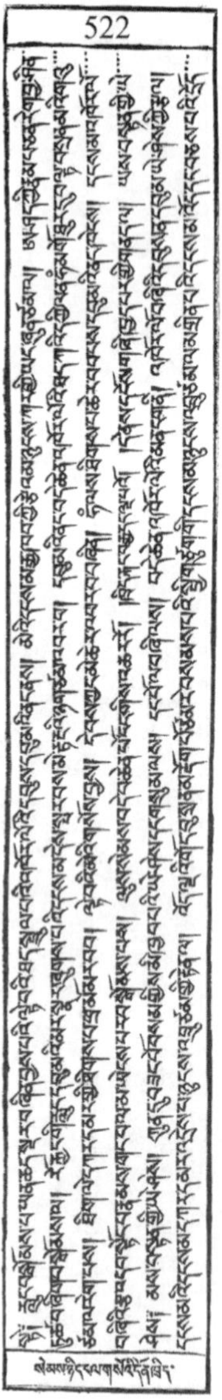
522

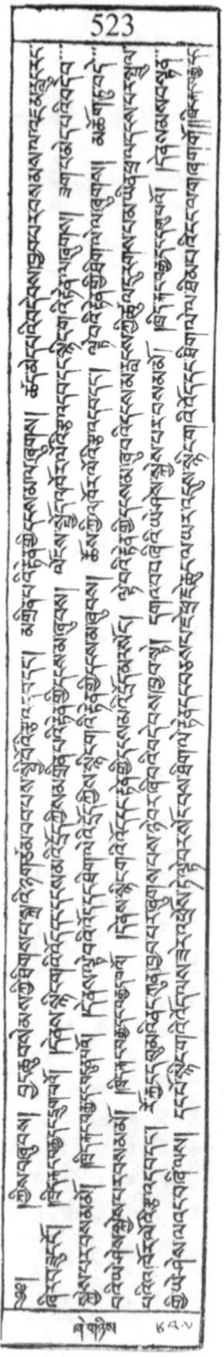
523

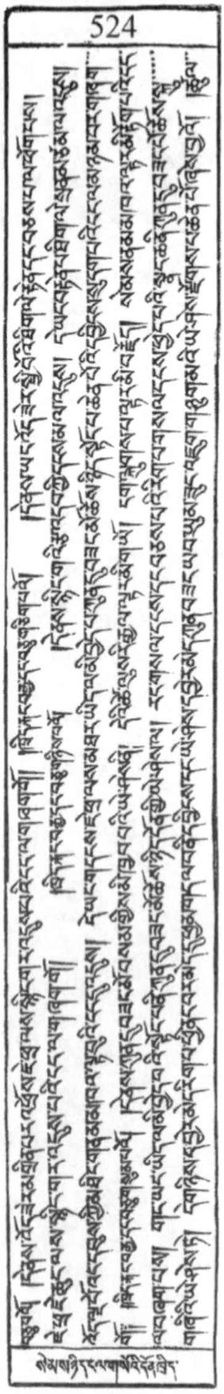
524

525

༄༅། །འདི་ནི་ཀླུ་འཕྲུལ་དོན་གྱི་རྫོགས་རིམ་ལྷུན་མེད་པ་དེ་མཐར་ཕྱུག་ངེས་པ་དོན་གྱི་བཅུད་ཀྱི་སྙིང་པོ་དོན་ཉིད་ངེས་པ་འདི་ག་ནད་བསྟན་པའོ། །ཁྱད་ཆོས་བརྒྱད་དང་བརྒྱ་བཞི་པོ། །ཚུལ་འདི་གསང་སྔགས་རྡོ་རྗེ་
ཐེག་པའི་ལམ། །ཟབ་ཅིང་རྒྱ་ཆེ་གསང་བ་མཆོག་གི་གནད། །སྨྲ་རྡུ་རྫོགས་པ་རིས་དངས་རྒྱུས་སྐྱུ་བཙུད་ཡིན། །སྐལ་བཟང་སྐྱེ་བོས་དང་དུ་བླང་བར་མཛོད། །དགེ་བ་འདི་ཡིས་མ་ལུས་འགྲོ་བ་ཀུན། །གསང་
སྔགས་རྡོ་རྗེ་ཐེག་པར་བ་ཞུགས་ཏེ། །ཉིན་མཚན་རིམ་གཉིས་འཁོར་ལོའི་བརྩོན་པ་ཡིས། །དངོས་གྲུབ་ཡིད་བཞིན་གླིང་དུ་ཕྱིན་པར་ཤོག །སྣ་ཚོགས་ཁམས་ཅན་འཁོར་བ་འདི་རང་བཞིན་དང་། །གཉིས་མེད་རྒྱ
ངན་འདས་པ་རོ་གཅིག་ཏུ། །ནམ་ཞིག་ཀུན་ལྡན་ཐབས་ཀྱིས་འདྲེས་པའི་ཚེ། །གཞན་དོན་ལྷུན་གྲུབ་ཆོས་ཀྱི་ཆར་འབེབས་ཤོག །རྫོགས་པ་ཆེན་པོ་སེམས་ཉིད་ངལ་གསོའི་དོན་ཁྲིད་བྱང་ཆུབ་ལམ་བཟང་ཞེས་བྱ་བ་
དགེ་བ་འབྲས་བུ་གསུམ་ལ་སྔགས་རྡོ་རྗེ་ཐེག་པའི་གནས་བསྟན་པ་སྟེ་གཉིས་པའོ།། །།སྤྱི་དོན་རྣམ་གསུམ་པ་གསང་བ་ངེས་དོན་སྙིང་པོའི་འབྲས་བུ་རྫོགས་པ་ཆེན་པོ་བླ་ན་མེད་པ་ཐེག་པ་ཐམས་ཅད་ཀྱི་བའི་ཁྱད་ཀྱི་རིམ
པ་རྒྱ་ཆེར་བསྟན་པ་ལས། དེ་འང་རྒྱུ་འབྲས་ཀྱི་ཐེག་པ་བླང་དོར་རྩོལ་དང་བཅས་པ་ལས་ཆེས་འཕགས་པ། རང་བྱུང་གི་ཡེ་ཤེས་ལ་ལྷུན་གྱིས་གྲུབ་པར་ཡེ་ནས་གནས་པས་སྒོ་གསུམ་བྱ་རྩོལ་ལས་འདས་པའི་ཆོས་

༥༢༥

526

ཉིད་རྡོ་རྗེ་སྙིང་པོ་ཨ་ཏི་དོན་གྱི་སྙིང་པོ་ངེས་དོན་མཐོན་དུ་སྟོན་པའི་ཚུལ་ཉམས་སུ་བླང་བ་ལ་དོན་རྣམ་པ་གཉིས་ཏེ། བླ་མ་བརྒྱུད་པའི་རིམ་པ་དང་གདམས་ཁྲིད་བསྟན་པའོ། །དང་པོ་ནི། ཕྱིར་རྫོགས་པ་ཆེན་པོ་སེམས་སྡེ་
ཀློང་སྡེ་མན་ངག་གི་སྡེ་གསུམ་བསྡུས་པའི་སྙིང་པོ་ཡིན་པས་རྒྱུད་རིམ་ཐ་དང་རྣ་བརྒྱུད་ཀྱི་ཡོད་ན་འདང་། གཙོ་བོ་གནད་ཐོག་གི་མི་བཅའ་ལྟར་ཉོན་པས་མན་ངག་གི་སྡེ་ཡིན་ལ། དེ་ཡི་ནང་ནས་ཀྱང་བླ་ན་མེད་པ་མན་ངག་གི་སྡེ་
ལས༔ དམིགས་པ་ཡུལ་གྱི་སྣོད་ཅན་རྣམས་འཇུག་པ་དང་ཁྲིགས་མཆོད་དབང་པོ་ཡང་རབ་ཀྱི་ཆོས་སུ་བསྟན་པ་དག་གི་ཉམས་ལེན་དང་མཐུན་པར་བསྟན་པའི་ཕྱིར། རྒྱལ་བ་དགོངས་པའི་བརྒྱུད་པ། རིག་འཛིན་བརྡའི་
བརྒྱུད་པ། གང་ཟག་སྙན་ཁུང་དུ་བརྒྱུད་པ་གསུམ་ལས། དང་པོ་ནི། ཆོས་སྐུ་ཀུན་ཏུ་བཟང་པོ། ལོངས་སྐུ་ཞི་ཁྲོ་རབ་འབྱམས། སྤྲུལ་སྐུ་རྡོ་རྗེ་འཆང་ཆེན། སྟོན་པ་རྡོ་རྗེ་སེམས་དཔའ། གསང་བདག་ཕྱག་ན་རྡོ་རྗེའོ།།
གཉིས་པ་ནི། སྤྲུལ་སྐུ་དགའ་རབ་རྡོ་རྗེ། གུ་རུ་འཇམ་དཔལ་བཤེས་གཉེན། མཁས་པ་ཤྲཱི་སིང་ཧ། རྒྱལ་བ་ཛྙཱ་ན་སཱུ་ཏྲ། པཎ་ཆེན་བི་མ་ལ་མི་ཏྲའོ། །གསུམ་པ་ནི། ཉང་ཏིང་འཛིན་བཟང་པོ། གནས་བརྟན་ལྡང་མ་ལྷུན་གྱི་
རྒྱལ་མཚན། ལྕེ་བཙུན་སེང་གེ་དབང་ཕྱུག །སྤྲུལ་སྐུ་རྒྱལ་བ་ཞང་སྟོན། །སྤྲུལ་སྐུ་རྒྱལ་བ་གཞོན་སྟོན། གུ་རུ་མཁས་པ་ཉི་འབུམ། ཆོས་བདག་གུ་རུ་ཇོ་འབར། འཁྲུལ་ཞིག་སེང་གེ་རྒྱལ་བ། གྲུབ་ཆེན་ཟླ་བ་ཤེས་ལ། རིག་འཛིན་ཀུ་མཱ་ར་ཛ

527

༄༅། །ཆོས་ཀྱི་རྗེ་རིན་པོ་ཆེ་ཀུ་མཱ་ར་ཙ། ཀུན་མཁྱེན་ངག་གི་དབང་པོ་མཚན་དཔོན་བཞེད་དོ། །རང་བཞིན་རྣམ་དག་ཆོས་སྐུ་ཀུན་བཟང་དང་། ལྷུན་གྲུབ་འོད་གསལ་བདེ་ཆེན་ལོངས་སྤྱོད་རྫོགས། །སྣ་ཚོགས་
སྤྲུལ་པས་འགྲོ་བའི་དོན་མཛད་པ། །བརྒྱུད་གསུམ་བླ་མ་རྣམས་ལ་གུས་ཕྱག་འཚལ། །དོན་གཉིས་པ་གདམས་ཁྲིད་རྒྱ་ཆེར་བསྟན་པ་ལ་གསུམ་སྟེ། ལྟ་བས་ཐག་བཅད། སྒོམ་པས་ངང་སྐྱོང་། འབྲས་བུས་རེ་དོགས་
སྤང་བའོ། །དང་པོ་ལ་གཉིས་ཏེ། ཕྱི་གཟུང་བ་ཡུལ་མེད་སྟོང་པར་བསྟན་པ་དང་། ནང་འཛིན་པ་གཞི་མེད་རྩ་བྲལ་དུ་བསྟན་པའོ། །དང་པོ་ལ་འང་། སྣང་བ་བདེན་མེད་ཀྱི་གཟུགས་བརྙན་སྒྱུ་མའི་དཔེ་བརྒྱད་དུ་བསྟན
པ་དང་། དེ་ཉིད་དབྱིངས་ནམ་མཁའ་ཉིད་པ་ཡུལ་མེད་སྟོང་པར་བསྟན་པའོ། །དང་པོ་ནི། འདི་ལྟར་སྣང་སྲིད་འཁོར་འདས་སྣོད་བཅུད་ཀྱིས་བསྡུས་པའི་གཟུགས་སོགས་ཡུལ་ལྔར་སྣང་བའི་ཆ་ཐམས་ཅད་ནི་མེད་བཞིན་དུ་སྣང་
ཙམ་དུ་སྣང་བ་སྟེ། དེ་འང་བདེ་བ་རག་ཤེགས་པ་བདག་པའི་སྣང་བ་དང་། སེམས་ཅན་ལ་འཁྲུལ་པའི་སྣང་བ་རང་སྣང་དེ་ཙོག་ཐམས་ཅད་སེམས་དང་ཡེ་ཤེས་ཀྱི་སྣང་བ་རང་བཞིན་ལ། དེ་གཉིས་ཀ་ཡང་རི་ལྟར་སྣང་བཞིན
པའི་དུས་ནས་སྣང་བ་རང་བཞིན་མེད་པ་མེ་ལོང་ནང་གི་གཟུགས་བརྙན་ནམ་མཁའི་འཇའ་ཚོན་ལྟར་གནས་ཏེ། ཡེ་ཤེས་ཀྱི་དག་སྣང་ལ་གཟུང་འཛིན་གྱི་རྡུལ་མེད་པས་ཡོད་མེད་ཀྱི་མཐའ་ལས་འདས་ཤིང་། སྐྱེ་འཇིག་དང་

༥༢༧

528

སེམས་ཉིད་ངལ་གསོའི་དོན་ཁྲིད

འཁོར་བ་རྒྱུ་རྐྱེན་མེད་པས་འདུས་བྱས་ཀྱི་མཚན་ཉིད་ཆད་པ། འདུས་མ་བྱས་ཀྱི་སྟོང་གཞུག་ལ་སྣང་བ། ཀུན་རྫོབ་སྤྲོས་པ་དང་བྲལ་བའི་རང་བཞིན་ཅན་ནོ། །སེམས་པ་འཁྲུལ་སྣང་ལ་བདག་འཛིན་གྱི་ཡུལ་འདུ་བྱེད་པ། ཡོད་མེད་ཀྱི་རིས་སུ
ཆད་ཅིང་འདུས་མ་བྱས་ཀྱི་མཚན་ཉིད་ཆད་པ། རྒྱུན་སྣང་གྲོལ་ཕྱིར་བའི་རང་སྣང་བ་བཅགས་པ་བརྟགས་པ་བའི་རང་བཞིན་དུ་དེ་ལྟར་སྣང་བ་ཙམ་སྟེ། ཀྱང་ས་འདིར་གཞུང་བ་སེམས་ཀྱི་འཁྲུལ་སྣང་བ་དེ་ནམ་མེད་དུ་ཤེས་པར་བྱེད་དོ། །དེའང
འདི་ལྟར་ཕྱི་རོལ་ཡུལ་དཀར་དམར་སྣ་ཚོགས་སུ་སྣང་བ་ཡིད་དེ་དག་རྨི་ལམ་ལྟར་བ་བཅགས་བརྟགས་པ་བའི་སྣང་བ་མ་རིག་པའི་བག་ཆགས་ཀྱི་སྨིན་པ་ལ་སྣང་བ་ཙམ་ལས། དོན་ལ་གྲུབ་པ་ཞིག་ཉུང་ཟད་ཀྱང་མེད་པ། སྣང་བ་འདི་དུས
ནས་སེམས་སུ་ཀུན་མ་ཡིན་ཏེ། །ཁ་དོག་དང་ཚད་རྒྱུ་དང་ངོས་གཟུང་ལ་སོགས་པ་སེམས་ཀྱི་མཚན་ཉིད་དང་རྫས་ཡལ་བར་འཛུག་པའི་ཕྱིར་དང་། སེམས་ལས་གཞན་ཡང་མ་ཡིན་ཏེ་འཁྲུལ་པའི་སྣང་བ་ཙམ་ལས་དོན
གཞན་བདེན་པ་གདང་བདེན་མཐུན་པ་བ་འི་ཕྱིར་རོ། །སེམས་ལ་སྣང་བའི་ཐོག་མ་མེད་པ་ནས་བརྒྱུད་པའི་བག་ཆགས་བརྟགས་པ་བརྒྱུམ་པ་ལ་ཉམས་པ་ཙམ་སྟེ། སྒྱུ་མ་འི་ལྟད་མོ་ཁར་ཀྲུང་མཐོང་བའི་བག་ཆགས་མ་དང་གི
རྨི་ལམ་འདྲ་སྣང་བའི་རྣམ་པ་དང་འདྲའོ། །དེའི་ཕྱིར་ཇི་ལྟར་སྣང་ཡང་མེད་པ་གསལ་བ་ལ་བར་སྣང་བ། རྨི་ལམ་དང་། སྒྱུ་མ་དང་། སྨིག་རྒྱུ་དང་། བྲག་ཅ་དང་། མིག་ཡོར་དང་། ཆུ་ཟླ་དང་། སྤྲུལ་པ་དང་། དྲི་ཟའི་གྲོང་ཁྱེར

529

ཁྲིད། ༨༤༠

༄༅། །ཕྱི་ནམ་པ་ལྟར། རྟེན་མེད་པ། གནས་མེད་པ། རང་བཞིན་མེད་པ། ངོས་གཟུང་མེད་པ་སྟོང་པའི་རང་བཞིན་གསལ་བར་སྣང་བ་ཙམ་མོ་སྐྱ་མདུ། བདག་གཞན། དགྲ་གཉེན། ཡུལ་གྲོང་། གནས
ཁང་ཁྱིམ། བཟའ་བཏུང་། ལོངས་སྤྱོད། ཟས་ནོར། འགྲོ་འདུག་ལ་སོགས་པ་གང་ཅི་བྱེད་ཅི་སྣང་བ་ཐམས་ཅད་ལ་བདེན་མེད་དུ་ལམ་ཁམ་ཟ་ལ་ཕྱུང་ཞིང་། སྦྱོར་དངོས་རྗེས་གསུམ་ཚང་བས་ཉམས་སུ་བླང་ངོ། །ཁྲིད་ཀར
བརྒྱ་དང་བཅོ་ལྔ་པའོ། །དེ་ནས་དབྱུང་ནམ་ཡུལ་མེད་སྟོང་པར་བསྟན་པ་ནི། འདི་ལྟར་སྣང་བ་ཐམས་ཅད་ཀྱང་རང་གསལ་སྟོང་ལ་ཕྲན་དུ་བརྟགས་ནས་ཆ་མེད་ཅིག་ཡང་མ་གྲུབ་པས་གཟུགས་སྟོང་པ་དང་། །ཁ་དོག་ངོས་གཟུང་གིས
བརྟགས་པས་སྒྲ་སྟོང་པ་དང་། རྣམ་པ་ངོ་བོ་བརྟགས་པས་དྲི་སྟོང་པ་དང་། རྒྱུ་བཅས་ནམ་ལ་བརྟགས་པས་རོ་སྟོང་བ་དང་། ཁྱད་པར་སྐྱེ་མཆེད་ལ་བརྟགས་པས་རེག་སྟོང་པར་ཐུག་གོ། ཡུལ་དུ་སྣང་བ་མི་འདྲ་ཡང
རང་ངོ་སྟོང་པར་གཅིག་པར་མཐོང་བས། ཡུལ་ཐ་དད་ཀྱི་སྟོང་པ་ལ་རོ་ལ་སོ་སོ་བ་མེད་པར་སྣང་དུ་གཞི་ཀྲར་ཐ་དད་མ་ཡིན་གཅིག་ལ་མཉམ་འདུས་པའི་རང་བཞིན་ནོ། ཡུལ་སྣང་ངོ་བོ་ཉིད་ཀྱིས་སྟོང་པར་གནས་པའི་རང
བཞིན་ལ། སྦྱོར་དངོས་རྗེས་གསུམ་ཚང་བས་ཉམས་སུ་བླང་ངོ། །ཁྲིད་ཀར་བརྒྱ་དང་བཅུ་དྲུག་པའོ། །དེ་ནས་བརྫུན་པ་གཞི་མེད་རྩ་བྲལ་དུ་བསྟན་པ་ལ་གཉིས་ལས། ཤེས་པ་རང་གསལ་རྟེན་མེད་དུ་བསྟན་པ་ནི། འདི་ལྟར

530

སེམས་ཉིད་ངལ་གསོའི་དོན་ཁྲིད

གཟུགས་ལ་སོགས་ལྔ་རབ་ཆ་རབ་དབང་པོའི་ཤེས་པ་ལྔ་དང་། དོན་སྤྱི་སེམས་ཀྱིས་བརྟན་ནས་ཞིང་ཡུལ་དུ་བྱས་པ་ཡིད་ཀྱི་ཤེས་པ་དང་། དགག་སྒྲུབ་བཅགས་སྣང་དུ་རྟོགས་པ་ཉོན་ཡིད་ཀྱི་ཤེས་པ་དང་། བར་མ་ཡུལ་དུ་བྱེད
པ་ཡིད་ཀྱི་ཤེས་པ་ཚོགས་དྲུག་གི་རྗེས་ལས་སྐྱེ་མཆེད་དང་། རྟོག་མེད་རང་གསལ་ཡུལ་དམ་པ་བྲེལ་བ་ཀུན་གཞིའི་རྣམ་ཤེས་ཏེ། ཚོགས་བརྒྱད་དམ་དྲུག་གི་རང་ལྡན་ཤེས་པའི་རྣམ་པ་ཅིར་རྟོགས་ཀྱང་ས་ལ་པ། ཕྱལ
ཞེས་། རྟེན་མེད་པ་རང་གསལ་ལ་བ། གསལ་ལ་བ་རབ་ཆ་ར་ཡང་དངོས་པོ་མེད་པ། མེད་ལ་སྣང་ལ་བ་ར་སྣང་དགག་བ་དང་སེམས་སྣང་སྟུ་མེད་ལྟ་བུ། གསལ་ཆར་རྒྱན་པ་ས་ནམ་མཁའ་འ་སྤྲིན་དེ་ལྟ་བུ། འཇུག་ཆ་ངོས
གཟུང་གི་ངོས་པོ་ར་མེད་པས་རྣལ་ལྟ་བུ། འཛིན་པ་ར་སྣང་བའི་དུས་ནས་རང་ངོས་ལ་ངོས་གཟུང་མེད་པ་ལ། འཆར་རྫུས་བ་ལྟ། གནས་དུས་བ་ལྟ། རྒྱུམ་མེ་གློད་ནས་ཀྱང་འཛིན་པ་རང་གི་སྣང་ཚུལ་ལ་བ་བརྟགས་པ་ས། མེད
པ་གསལ་ལ་སྣང་། སྟོང་པ་རིས་མེད། རང་གསལ་ལ་རྟེན་མེད་ཙམ་གྱི་ངོ་བོ་ར་རྟོགས་ལ་པར་འགྱུར་རོ། །འདི་ཡང་སྦྱོར་དངོས་རྗེས་གསུམ་ཚང་བས་ཉམས་སུ་བླང་ངོ། །ཁྲིད་ཀར་བརྒྱ་དང་བཅུ་བདུན་པའོ། །དེ་ནས་དབྱུང་ནས་ཙ་བྲལ་ལ་སྟོང
པར་བསྟན་པ་ནི། དེ་ལྟར་རང་གསལ་ལ་རྟེན་མེད་ཀྱི་ཤེས་པ་འཆར་ཞིང་སྣང་བ། ནང་གསུང་དོ། བར་མཚུངས། རང་གནས་ཤེས་པ་ར་མི་རྟོགས་ལ། །དཔྱིད་ལ་བདོག །སྐྱེ་འགག་གནས་གསུམ། ངོ་བོ་ངོས་གཟུང་ལ་སོགས་པ་ར

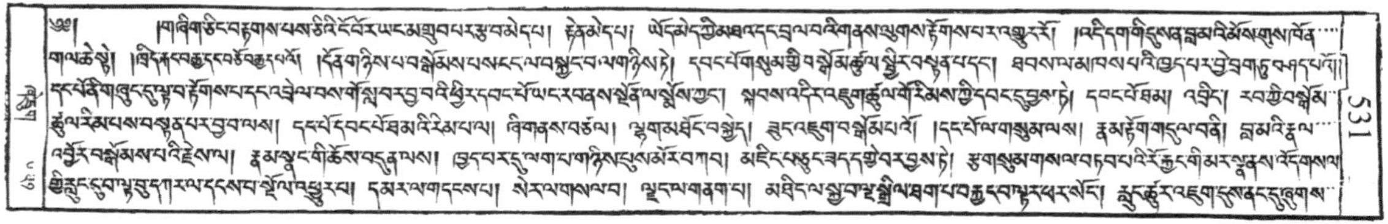

531

༄༅། །གཞིག་ཅིང་བརྟགས་པས་ཅིའི་ངོ་བོར་ཡང་མ་གྲུབ་པ་རྩ་བ་མེད་པ། རྟེན་མེད་པ། ཡོད་མེད་ཀྱི་མཐའ་དང་བྲལ་བ་ཞིག་ནས་ལྷུགས་རྟོགས་པར་འགྱུར་རོ། །འདི་དག་གི་དུས་ན་བླ་མའི་མོས་གུས་ཡོན་

གལ་ཆེ་སྟེ། །ཁྲིད་རྣམ་བཅུ་དང་བཅོ་བརྒྱད་པའོ། །དོན་གཉིས་པ་བསྒོམས་པས་ངང་ལ་བསྐྱུད་བ་ལ་གཉིས་ཏེ། དབང་པོ་གསུམ་གྱི་བསྒོམ་ཚུལ་སྤྱིར་བསྟན་པ་དང་། ཐབས་ལམ་མཁས་པའི་ཁྱད་པར་བྱེ་བྲག་ཏུ་བཤད་པའོ།།

དང་པོ་ནི་གཞུང་དུ་ལྟ་བ་རྟོགས་པ་དང་འབྲེལ་བས་གོ་སླ་བར་བྱ་བའི་ཕྱིར་དབང་པོ་ཡང་རབ་ནས་སྟོན་ལ་སློབ་ཀྱང་། སྐབས་འདིར་འཇུག་ཚུལ་གོ་རིམས་ཀྱི་དབང་དུ་བྱས་ཏེ། དབང་པོ་ཐ་མ། འབྲིང་། རབ་ཀྱི་བསྒོམ

ཚུལ་རིམ་པས་བསྟན་པར་བྱ་བ་ལས། དང་པོ་དབང་པོ་ཐ་མའི་རིམ་པ་ལ། ཞི་གནས་བཙལ། ལྷག་མཐོང་བསྐྱེད། ཟུང་འཇུག་བསྒོམ་པའོ། །དང་པོ་ལ་གསུམ་ལས། རྣམ་རྟོག་གདུལ་བའི། བླ་མའི་རྣལ

འབྱོར་བསྒོམས་པའི་རྟེན་ལ། རྣམ་སྣང་གི་ཆོས་བདུན་ལས། ཁྱད་པར་དུ་ལག་པ་གཉིས་པུས་མོར་བཀབ། མཐེང་ཚུང་ཟད་དཔེ་བར་བྱས་ཏེ། རྩ་གསུམ་གསལ་བཏབ་པའི་རོ་རྐྱང་གི་མར་ལྡན་ལ་འོད་གསལ

ཀྱི་སྣང་དུ་གཞུ་བུ་དཀར་ཡལ་དངས་པ་ཤོལ་བསྒྱུར་བ། དམར་ལ་དངས་པ། སེར་ལ་གསལ་བ། ལྗང་ལ་གཞག་པ། མཐིང་ལ་སྨུག་ཀྱི་ལ་ཐག་པ་བརྒྱུད་དཀྲུགས་ཐར་སོད། སྐུ་རྩུར་འཛུག་རླུང་ནང་དུ་ལྷུགས

ཞི་ཁྲིད ༥༣༡

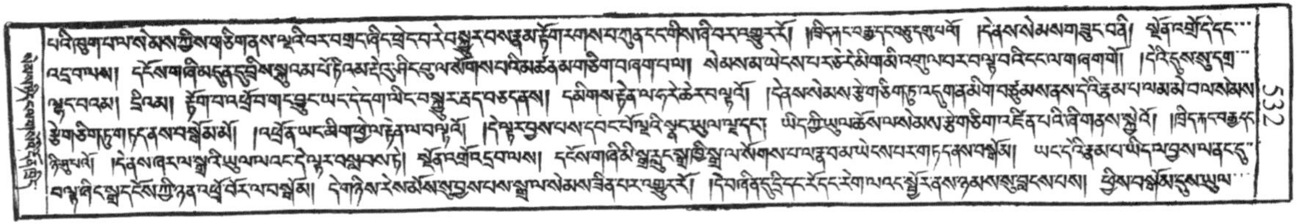

532

པའི་ལྕུག་པ་ལས་སེམས་ཀྱིས་ཕྱོགས་ཅིག་ནས་ལྟ་འི་བར་བཤད་ཞིང་ཕྲེང་བ་རེ་བསྒྱུར་བས་ཉམས་རྟོགས་རང་ཤས་ཀུན་དང་ངེས་པར་ཞི་བར་འགྱུར་རོ། །ཁྲིད་རྣམ་བཅུ་དང་བཅུ་དགུ་པའོ། །དེ་ནས་སེམས་གཟུང་བའི། སྔོན་འགྲོ་དེ་དང

འདྲ་བ་ལས། དངོས་གཞི་མདུན་དུ་བྲིས་སྐུ་འམ་པོ་ཏི་འམ་རྡེའུ་ཤིང་ཏུ་ལ་སོགས་པའི་མཚན་མ་གཅིག་བཞག་པ་ལ། སེམས་མ་ཡེངས་པར་ཙེ་རེ་མི་གཡོ་བར་བལྟ་བའི་ངང་ལ་བཞག་གོ། །དེའི་དུས་སུ་དགྲ

སྣང་བའམ། ཐྲིམ་འམ། རྟོག་པ་འཕྲོ་བ་གང་བྱུང་ཡང་དེ་དག་གི་ཡིད་བསྒྱུར་ཟད་བཅད་ནས། དམིགས་རྟེན་ལ་ཡང་རེ་ཆེ་རབ་བལྟའོ། །དེ་ནས་སེམས་རྩེ་གཅིག་ཏུ་འདུག་ནས་མིག་བཙུམས་ནས་དེའི་རྣམ་པ་ལ་མ་མི་བ་ལས་སེམས

རྩེ་གཅིག་ཏུ་གཏད་ནས་བསྒོམ་མོ། །འཕྲོ་ན་ཡང་མིག་ཕྱེ་ལ་རྟེན་ལ་བལྟའོ། །དེ་ལྟར་བྱས་པས་དབང་པོ་ཐ་མའི་སྣང་རྩུལ་ལ་སྣང་དང་། ཡིད་ཀྱི་ཡུལ་ཆོས་ལ་ཡས་སེམས་རྩེ་གཅིག་ཏུ་འཛིན་པའི་ཞི་གནས་སྐྱེའོ། །ཁྲིད་རྣམ་བཅུ་དང

ཉི་ཤུ་པའོ། །དེ་ནས་ཞར་ལ་སྒྲ་ཡི་ཡུལ་ལ་འང་དེ་ལྟར་བསླབ་པས་ཏེ། སྔོན་འགྲོ་འདྲ་བ་ལས། དངོས་གཞི་ནི་སྒྲ་སྙན་སྒྲ་མི་སྙན་ལ་སོགས་པ་ལ་བསྙུན་བ་མ་ཡེངས་པར་གཏད་ནས་བསྒོམ། ཡང་དེ་ཉིད་རྣམ་པ་ཡིད་ལ་ཁྲུས་ལ་ནང་དུ

བསྐུ་ཞིང་སྒྲ་དངོས་ཀྱི་ཉན་འགྲོ་བོར་ལ་བསྒོམ། དེ་གཉིས་རེས་མོས་སུ་བྱས་པས་སྒྲ་ལ་སེམས་ཟིན་པར་འགྱུར་རོ། །དེ་བཞིན་དུ་དྲི་དང་རོ་དང་རེག་པ་ལ་འང་སྦྱོར་ནས་ཉམས་སུ་བླངས་པས། ཕྱིས་བསྒོམ་དུས་ཡུལ

སེམས་ཉིད་ངལ་གསོའི་དོན་ཁྲིད

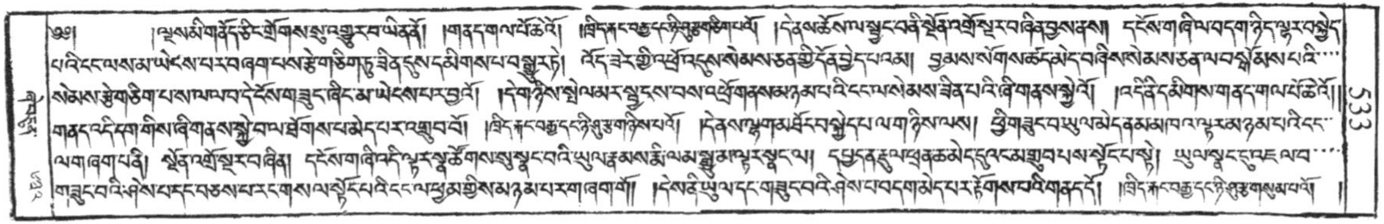

533

༄༅། །ལྷུས་མི་གནོད་ཅིང་གྲོགས་སུ་འགྱུར་བ་ཡིན་ནོ།། །གནད་གལ་པོ་ཆེའོ། །ཁྲིད་རྣམ་བཅུ་དང་ཉི་ཤུ་གཅིག་པའོ། །དེ་ནས་ཚོགས་ལ་སྦྱང་བའི་སྔོན་འགྲོ་སྔར་བཞིན་བྱས་ནས། དངོས་གཞི་ལ་བདག་ཉིད་ལྷ་ར་བསྐྱེད

པའི་ངང་ལས་མ་ཡེངས་པར་བཞག་པ་ལས་རྩེ་གཅིག་ཏུ་ཟིན་དུས་དམིགས་པ་བསྒྱུར་ཏེ། འོད་ཟེར་ཀྱི་འཕྲོ་འདུས་སེམས་ཅན་གྱི་དོན་བྱེད་པ་འམ། བྱམས་སོགས་ཚད་མེད་བཞིས་སེམས་ཅན་ལ་བསྒོམས་པའི

སེམས་རྩེ་གཅིག་པས་ཡལ་ཡལ་བ་དེ་དོན་གཟུང་ཞིང་མ་ཡེངས་པར་བྱའོ། །དེ་གཉིས་སྤེལ་མར་སྦྱངས་བས་འཕྲོ་གནས་མཉམ་པའི་ངང་ལ་སེམས་ཟིན་པའི་ཞི་གནས་སྐྱེའོ། །འདི་ནི་དམིགས་གནད་གལ་པོ་ཆེའོ།།

གནད་འདི་དག་གིས་ཞི་གནས་སྐྱེ་བ་ལ་ཐོགས་པ་མེད་པར་འགྱུར་བའོ། །ཁྲིད་རྣམ་བཅུ་དང་ཉི་ཤུ་རྩ་གཉིས་པའོ། །དེ་ནས་ལྷག་མཐོང་བསྐྱེད་པ་ལ་གཉིས་ལས། ཕྱི་གཟུང་བ་ཡུལ་མེད་ནམ་མཁའ་ལྟར་མཉམ་པའི་ངང

ལ་བཞག་པའི། སྔོན་འགྲོ་སྔར་བཞིན། དངོས་གཞི་ནི་དེ་ལྟར་སྣ་ཚོགས་སུ་སྣང་བའི་ཡུལ་རྣམས་རྨི་ལམ་སྒྱུ་མ་ལྟར་སྣང་ལ། དཔྱད་ན་རྡུལ་ཕྲན་ཆ་མེད་དུ་འང་མ་གྲུབ་པས་སྟོང་པ་སྟེ། ཡུལ་སྣང་དུ་འཇ་ལ་བ

གཟུང་བའི་ཞེན་པ་དང་བཅས་པ་རང་གསལ་སྟོང་པའི་ངང་ལ་ལྷུག་མ་ཀྱིས་མཉམ་པར་གཞག་གོ། །དེས་ནི་ཡུལ་དང་གཟུང་བའི་ཞེན་པ་བདག་མེད་པར་རྟོགས་པའི་གནད་དོ། །ཁྲིད་རྣམ་བཅུ་དང་ཉི་ཤུ་རྩ་གསུམ་པའོ། །

ཞི་ཁྲིད ༥༣༢

534

སེམས་ཉིད་ངལ་གསོའི་དོན་ཁྲིད་

དེ་ནས་ནང་བརྟན་པ་རྩ་བྲལ་ལ་སྦྱོང་པ་རབ་བསྟན་པའི། ཡུལ་དང་ཡུལ་ཅན་དུ་འཛིན་པ་བྱེད་སེམས་ཀྱི་རང་བཞིན་ལ། འདས་མ་འོངས། དངོས་པོ་དངོས་མེད། བྱུང་གནས་འགྲོ་གསུམ། དབྱིབས་ཁ་དོག་ལ་སོགས་པར
བརྟགས་ཤིང་བཙལ་བས་གང་དུ་ཡང་མ་རྙེད་པ་འདི་ཀོ། རྟེན་མེད་ཀྱི་ཤེས་པ་འཛིན་མེད་ཀྱི་ངང་དུ་ལྷོད་ཀྱིས་གློད་ལ་བཞག་གོ། །འདི་ལ་ཞེན་དང་བྲལ་བ་རྒྱུ་འཛིན་པ་སྤྱོད་ཉིད་དུ་རྟོགས་པར་འགྱུར་རོ། །ཁྲིད་རྐང་བརྒྱ་དང་ཉི་ཤུ་རྩ་བཞི་
པའོ། །དེ་ནས་ཟུང་འཇུག་བསྒོམ་པའི། སྔར་ཞི་ལྷག་སོ་སོར་བསྒོམས་པ་སྟེ་འདི་རང་གཅིག་ཏུ་བསྲེས་ནས་བསྒོམ་པ་ཡིན་ཏེ། སྔོན་འགྲོ་སྔར་བཞིན། དངོས་གཞི་གང་སྣང་ལ་དཔྱོད་མེད་པར་རང་རང་བབས་སུ་ཤུད་ལེ།
བདེ་ཡུགས་སུ་ཤིགས་སེ། རྗེས་མེད་དུ་སངས་ཏེ། རྒྱ་ཡན་དུ་བཀྲོལ་ལ། མཐའ་བྲལ་དུ་གྲོལ་ལེ་གཞག་གོ། །ངོ་བོ་ཆོས་ཉིད་བར་མེད་ནམ་མཁའ་ལྟ་བུ་རི་དོན་དམ་པ་ཆར་ཏེ། གནས་པ་ལས་ཞི་གནས། གསལ་ལ་བས
ལྷག་མཐོང་། ཐ་དད་མེད་པ་ཟུང་འཇུག་གཅིག་གི་རང་བཞིན་དུ་སྒོམ་ཀྱིས་གྲུབ་པ་ཡིན་ནོ། །ཁྲིད་རྐང་བརྒྱ་དང་ཉི་ཤུ་རྩ་ལྔ་པའོ། །དེ་ནས་དབང་པོ་འབྲིང་གིས་བསྒོམ་ཚུལ་ལ་གསུམ་ལས། སྟོང་པ་ནམ་མཁའ་ལྟ་བུའི
བསྒོམ་ཚུལ་ནི། ཡུལ་མི་གཡོ་བ་རི་རྒྱལ་ལྟ་བུར་རྩ་མ་སྒྲུང་ཆོས་བདུན་བཅས། དབང་པོ་མ་བཀག་པ་རང་གསལ་ལ་བརྟེན་དང་ཡལ་བཟློག་རྟེན་བཟླག་གསུམ་ལ་ལྟར་བ་བཞག་ནས། གང་སྣང་ལ་ང་སྣང་ཞོག་དེར་མི་བཞག་པར་སྐྱོང

535

ཞེ་བཅད ༥༢༢

༄༅། །ཐོག་གི་སྣང་ཕྱིན་བར་མེད་ཧ་རང་ངེས་ཡུད་ཙམ་ཉི་མིག་སེལ་ལྟ་སྣང་ངས་གསུམ་ནས་བཞག་པས། ཐམས་ཅད་སྟོང་པ་བར་མེད་ནམ་མཁའ་ལྟར་རྟོགས་པར་འགྱུར་རོ། །ཁྲིད་རྐང་བརྒྱ་དང་ཉི་ཤུ་རྩ་དྲུག་པའོ།
དེ་ནས་གསལ་བ་མེ་ལོང་ལྟ་བུའི་བསྒོམ་ཚུལ་ནི། ལུས་གནད་དང་བ་དགའ་ནང་དེ་དང་འདྲ་ལ། སྟོང་ཐོག་ཏུ་མིག་ཏ་དང་པ་རང་སྣང་བ་རང་གསལ་ལ་འཛིན་མེད་ཀྱི་ངང་ལ་སེལ་ལེ་ལྷམ་མེ་ཡེ་རེ་བསྒོམས་པས། སྣང་ལ་འཛིན
མེད་ཁྲལ་ལ་མ་བྲོལ་ལྟ་ཀྱི་རྟོགས་པ་འཆར་རོ། །ཁྲིད་རྐང་བརྒྱ་དང་ཉི་ཤུ་རྩ་བདུན་པའོ། །དེ་འཆར་པ་ཆུ་ཟླ་ལྟ་བུའི་བསྒོམ་ཚུལ་ནི། ལུས་དང་བ་དགའ་སྔར་བཞིན། ཁྱད་པར་རིག་པའི་དངས་ནས་འཕྲོ་བ་དུ་རྟོགས་པ
འཆར་བ་ལ་གཏད་པས། རྟེན་མེད་དུ་འཛིན་མེད་གྲོལ་བ་ཟླ་བ་ཆུ་ར་ཐིམ་པ་ལྟ་བུའི་རྟོགས་པ་འཆར་རོ། །ཁྲིད་རྐང་བརྒྱ་དང་ཉི་ཤུ་རྩ་བརྒྱད་པའོ། །དེ་ནས་དབང་པོ་ཡང་རབ་ཀྱི་བསྒོམ་པ་ནི། བར་མེད་ཆུ་བོ་རྒྱུན་གྱི
རང་བཞིན་གཅིག་ཆད་ཀྱི་གཞུང་ལྟ་བུ། རིག་པ་ཆེས་སྐྱུར་རྟོགས་པས་ནང་དུ་ཞི་ཆོས་ཉིད་དོལ་པར་ཤར་ཅིང་ནུབ་པ་ལ་ཕྱིར། སྣང་བྲལ་དང་དགོ་ལ་སྒྲིབ་གང་ཡང་མེད་པར་ཐམས་ཅད་རྟོགས་པ་རིག་ལ་སྒྲུང་དུ
ཤར་བའི། རིན་པོ་ཆེ་གསེར་གླིང་དུ་ཕྱིན་དུས་ས་རྡོ་ཐལ་བ་བཙལ་བ་བྱེས་མི་རྙེད་པ་ལྟར། གྲོལ་ཅི་ཤར་རང་གྲོལ་གྱི་ཡེ་ཤེས་སུ་ཤར་བས་འཛིན་རྟོག་ཡེ་གྲོལ་ཀུན་བཟང་གི་དགོངས་པ་ལ་ལས་མ་འདས། ཡུལ་དུ་ཅི་སྣང

536

སེམས་ཉིད་ངལ་གསོའི་དོན་ཁྲིད་

སྟོང་པའི་རང་གཟུགས་སུ་ཤར་བས་གཟུང་རྟོག་ཡེ་གྲོལ་ཀུན་དུ་བཟང་མོའི་ཀློང་ལ་དས་ལས་མ་འདས། ཡུལ་དང་སེམས་གཉིས་ཐ་དད་དུ་འཛིན་པའི་ཆོས་ཐམས་ཅད་གཉིས་མེད་རྫོགས་པ་ཆེན་པོའི་དབྱིངས་སུ་གྲ
ངང་ལ་སངས་ཏེ། ཕྱི་དང་ནང་མེད་པར་ཡེ་ཤེས་ཀྱི་ཀློང་དུ་ཤར། སྐྱེ་དང་འགག་མེད་པར་གདོད་མའི་འོད་ཀྱི་ཀློང་དུ་སྙོམས། ཕྱོགས་དང་མཚམས་མེད་པར་རང་བྱུང་གི་ཡེ་ཤེས་སུ་ཤར། ཕྱོགས་དང་རིས་མེད་པར་ཆོས
ཉིད་ཀྱི་རོལ་པར་ཤར། བདག་དང་གཞན་མེད་པར་གནས་ལུགས་ཀྱི་ངང་དུ་ཕྱིན། གནས་དང་འགྱུལ་མེད་པར་གདོད་མའི་ཀློང་དུ་ཞེན་བས་ཏེ། བློ་ཟད་ཀྱི་རྣལ་འབྱོར་པ་ཆོས་ཟད་ཀྱི་ངང་ན་སངས་རྒྱ་བ་དེ་བའི་དུས་སོ།།
འདི་ཉིད་རྟོགས་པ་བར་མེད་དང་ངོ་སྤྲོད་དེ་རིག་པ་རྗེན་ལ་ཕྱུང་ནས་ཟང་ཐལ་ལེ་གཅེར་རྟུ་ར་ལྷོད་པའི་ཤེས་པ། རང་བབ་མ་བསྒོམས་རྣལ་མ་ལ་ཐག་བཅད་ནས་སྐྱོང་དུ་གཞུག་གོ། །ཁྲིད་རྐང་བརྒྱ་དང་ཉི་ཤུ་རྩ་དགུ་པའོ། །དེ
ནས་ཐབས་ལམ་ཁ་ཤས་པ་གཏོར་ཁྱད་པར་གྱི་སྦྱོང་བ་ཅུང་ཟད་བཤད་པའི། བསྒོམ་ཚུལ་དང་པོ་གཉིས་ཀྱི་སྒྲོགས་དང་རྩལ་སྦྱོང་བསྟན་པ། སྔོན་འགྲོ་རྣམ་རྟོག་ཅོམ་དུ་བྱུང་བ་སྡེ། འདི་ལ་ཞི་གནས་སྒྲུ་ལ་མཐོང་བྱུང་སྦྱེལ་ལ་ཡང་བཟླ་དང
པ་བཞི་ལས། དང་པོ་ཡང་ཞིག་ནས་བསྒྲུབ་པ་དང་། དེ་ཡི་སོགས་པ་འཕྲིན་གཉིས་ལས། དང་པོ་ལ་སྣང་བཅས་སྣང་མེད་ཀྱི་ཡུལ་གཉིས་ལས། སྣང་མེད་ལ་སེམས་གཟུང་བ་ལ། ཕྱི་ཡི་ངོ་མ་ཉམས་རྟེན་སྣང་བ་ཅས་བཤིགས་སྦྱོང

537

༄༅། །སོགས་པ་སྟེ་སྤྱིར་སྨོས་པ་བཞིན་ནོ། །ནང་གི་སྣང་བ་ཅན་ནི་ཤེས་པ་ཕྲ་ཅང་འཕྲོས་ཏེ་མི་གནས་པའི་ཚེ། སྙིང་གི་ནང་ནས་པདྨ་དཀར་པོ་འབམ། རྡོ་རྗེ་རྒྱ་གྲམ་ལ་སོགས་པ་རྩ་བ་བཟུག་པ་མ་རམ་ར་ནས
དབང་ཆེན་གསེར་གྱི་ས་གཞིའི་བར་དུ་སོང་བས་ཤེས་པ་བརྟན་པར་འབས་མ་མོ། །སེམས་ཞེན་པ་དང་སྙིང་ག་ར་བསྡུས་ལ་རྩེ་གཅིག་ཏུ་བསྒོམས་ནས་མི་རྟོག་པ་སྐྱེའོ། །ཞིད་ཀར་བརྒྱད་དང་སུམ་ཅུ་པའོ། །དེ་ནས་སྣང་བ་མེད
ཀྱི་ཡུལ་ལ་གཟུང་བའི། གང་ཡང་དཔྱོད་ལ་མི་བྱེད་པའི་ངང་ལ་འཇོག་པ་སྟེ། དེ་འདྲ་ཞིག་ནང་གི་དངོས་པོ་གཞི་གནས་སྟོང་པར་སོང་བའི་ངང་ལ་ལྷ་ཐུབ་ན། ལྷའི་ཞལ་ཕྱག་བསྒོམས་པས་རྟོག་པ་གཞན་རྣམས་དེར
ཐུབ། དེ་ཉིད་ཀྱང་རྣམ་པ་མི་གསལ་བའི་ངང་དེ་ར་འཇོག་པ་ལྟ་བུ་ལ་བསླབ་པ་རྒྱུའོ། །དམིགས་པ་མེད་པའི་ཞི་གནས་སྐྱེའོ། །འདི་ཉིད་མ་ཐོང་མ་ཐོང་འདྲ་ལམ་དེས་པ་ཤིག་ནང་ཟབ་ཡང་དག་པའོ། །ཞིད་ཀར
བརྒྱད་དང་སུམ་ཅུ་གཅིག་པའོ། །དེ་ནས་བོགས་འབྱིན་ནི། འགྲོ་འདུག་ཆུང་ཟད་བྲུས་ལ་ལྟར་གྱི་དེ་ཉིད་ལ་བལྟ། སྤྱི་བརྗོད་དང་དྲན་རྟོག་ཆུང་ཟད་བསྲེས་ལ་ཞིག་ནས་ལ་བལྟས་པས་གོམས་ནས་ཏེ་གོང་འཕེལ་དུ་འགྱུར་རོ། །
ལྷོད་ནས་ཞིང་ལུས་སེམས་ཀ་ཡེངས་ནས་མཚོན་དུ་བཅུག་ལ། དེ་ནས་བསྒོམས་པ་ལ་མཆོག་ཏུ་གསལ་ལོ། །ཞིད་ཀར་བརྒྱད་དང་སུམ་ཅུ་གཉིས་པའོ། །དེ་ནས་ལྟེ་ག་མཐོང་ལ་བསྐྱེད་པ་དང་། བོགས་འབྱིན་གཉིས་ལས།

538

དང་པོ་ལ་འདར་སྣང་བ་དང་སྟོང་པ་གཉིས་ཀྱི་སྣང་བའི། འདི་ལྟར་ཆོས་ཅན་ཡུལ་གྱི་སྣང་བ་འདི་དག་སྒྱུ་མ་ར་འདུག །མི་ལམ་དུ་འདུག་སྙམ་དུག་དང་སྣང་སྣང་བ་དེ་ནམ་མེད་དུས་ལ་ལ་བསྒོམ་མོ། །དེ་ཡང་སྒྱུ་མ་ལྟ་བུ་དང་
སྒྱུ་མ་ར་འདུག་སྙམ་པ་ལ་བྱེད་པ་རང་ཆེ་བས། སྣང་ར་ལྟ་བུ་ར་བསྟན་ཡང་། འདིང་ངོས་སུ་བསྒོམ་པ་ལ་སྐྱུར་རོ། །ཞིད་ཀར་བརྒྱད་དང་སུམ་ཅུ་གསུམ་པའོ། །དེ་ནས་སྟོང་པ་ལ་སྦྱང་བའི། ཆོས་སུ་སྣང་དུས་ནས་ཆེ་རེ་ཆེར
བལྟས་ཚད་སྟོང་ས་ངས་ང་རྗེས་མེད་དུ་བལྟ་ཞིང་ཡིད་ལ་མི་བྱེད་པ་ནམ་མཁའ་ལྟ་བུའི་ངང་ལ་གཞག་གོ། །ཕྱི་དང་ཕྱུང་ཅིང་གཞིག་པའི་སྟོང་པ་ཡིན་ལ། འདི་ར་རང་ས་ངས་ཐུག་ཕྲད་ཀྱི་སྟོང་པ་རང་བལྟན་པས་ཁྱད
པར་ཆེའོ། །ཞིད་ཀར་བརྒྱད་དང་སུམ་ཅུ་བཞི་པའོ། །དེ་ནས་བོགས་འབྱིན་ནི། ཕྱི་དཔལ་མ་གང་བྱེ་དང་སྣང་སྟོང་གཉིས་ལ་སྟོང་པ་གཉིས་བསྲེས་ནས་བསྒོམ་ཞིང་། ལྷོངས་ནས་གཟུགས་སོགས་དུ་མའི་ཡུལ་ལ་སྣང
ཅིག་ཤར་མ་ཡེངས་པ་རིགས་ལ་སྟོང་འཛིན་མེད་དུ་གྱུམ་ཕྱུམ་སྒྲུང་བས་འགྲུབ་བོ། །ཞིད་ཀར་བརྒྱད་དང་སུམ་ཅུ་ལྔ་བའོ། །དེ་ནས་ཟུང་འབྲེལ་ལ་འདང་། དངོས་དང་བོགས་འབྱིན་གཉིས་ལས། དང་པོ་ནི་ཡུལ་གཞན
བཅས་པ། གང་སྣང་གང་ཤར་ལ་འདེམ་ཁ་མི་བྱེད་པར་དེ་ཉིད་ཀྱི་རང་དུས་ཟ་ཚ་རག་ཞི་ལི་རིག་པ་ལ་ཆེར་ཆེར་བལྟ་ཞིང་། ཕར་མི་དཔྱོད་པ་ཚུར་མ་བཤག་པའི། གཞན་གྱི་ཡང་ཟབ་གལ་པོ་ཆེའོ། །དེ་ནས་བརྟོག་ནས

539

༄༅། །མཉམ་པའི་ངང་ལ་ཧྲག་ཏུ་གནས་པས། འབྲུ་བས་གནས་པ་ལ་མི་གཞོད་པ། རིག་པ་སྟོང་གསལ་ལ་འཆར་བ་གསུམ་འདྲེས་ཀྱི་ངོ་བོ་སྐུ་གསུམ་རང་མལ་གྱི་དགོངས་པ་ལ་སླེབས་པ་ཡིན་ནོ།།
ཞིད་ཀར་བརྒྱད་དང་སུམ་ཅུ་རྩ་དྲུག་པའོ། །དེ་ནས་བོགས་འབྱིན་ནི། ནམ་མཁའ་དངས་ཤིང་སྤྲིན་མེད་པའི་ཚེ། ཉི་མ་ལ་རྒྱབ་བསྟོགས་ནས་ནམ་མཁའི་མཐོང་ངས་སུ་ལྟ་སྟངས་གཏད་ནས་བལྟས་པས། ཕྱི་འི་དཔེ་ལ་ནམ
མཁའ་དག་པ་ལྟར། ནང་ཤེས་པའི་ནམ་མཁའ་དག་དུས། གསལ་དབང་འོད་གསལ་ལ་སྙིང་པོའི་ནམ་མཁའ་དག་པ་མཐའ་དབུས་ཐམས་ཅད་ལས་འདས་པའི་ཆོས་ཉིད་སྐད་ཅིག་ལ་འཆར་བའི། བལ་པོ་ཀུ་མ་སྒྲི་ཏི
གདམས་པ་མཆོག་ཏུ་ཟབ་མོའོ། །ལྟེ་ངས་ནང་ཞི་ལྷག་སོ་སོར་རྩལ་སྦྱངས། ཕྱིད་ནག་སེང་། གོང་ན་དབབ། སྒྱུ་ལམ་ཀུན་དང་བསྲེ་བ་རྩལ་སྦྱང་གི་གནད་དོ། །ཞིད་ཀར་བརྒྱད་དང་སུམ་ཅུ་བདུན་པའོ། །དེ་ནས་ལ་བཟླ་བའི།
དེ་ལྟར་བསྒོམ་དུས་ཉམས་དང་སེམས་གནས་ཀྱི་སྒོམ་པ་དང་། བཟང་རྟོག་ངན་རྟོག་དག་སྣང་འཁྲུལ་སྣང་ཐམས་ཅད་རྟེན་མེད་སྟོང་པ་ཆེན་པོ། ཆོས་ཟད་བློ་འདས་ཆེན་པོ། རིས་མེད་མཉམ་པ་ཆེན་པོ། གཞི་བྲལ
ཡངས་པ་ཆེན་པོར་རོ་གཅིག་པས། གང་དུ་འང་མ་འཛིན། ཅི་ལ་འང་མ་རྟོག །ལུས་ལ་འང་མ་འདྲི། གར་ཡང་མ་བརྟེན། སྙེམས་དང་རེ་དོགས་ཀྱི་འཁྲི་བ་ཆོད་ལ་ཆོས་ཟད་བློ་འདས་ཆེན་པོའི་ངང་ལ་སྐྱོལ་ཅིག །གདམས

540

སེམས་ཉིད་ངལ་གསོའི་འགྲེལ་པ།

བླ་ན་མེད་ཆེན་པོའི་དབྱིངས་སུ་ཡལ་བར་ཤོག་ཤིག །ཕྱིར་མ་ལྡོག་གཅིག་ཅེས་ཡིན་པ་ཏོག་ཏུ་བློ་བྲལ་གྱི་གདིང་བཅའ་བའོ། །ཁྲིད་ཀ་ར་རྒྱུད་ལུང་མཐུན་བརྒྱད་པའོ། །དོན་གསུམ་པ་འབྲས་བུ་རེ་དོགས་སྤངས་པ་ལ་གསུམ་སྟེ། ཆོས་ཉིད་
དབྱིངས་ཀྱི་ངང་དོ། དབྱིངས་སྣང་སྐུའི་རང་བཞིན། སྐུ་ལ་ཡེ་ཤེས་ཀྱི་རོལ་པའོ། །དང་པོ་ནི། འཁོར་འདས་གང་དུའང་མ་གྲུབ་ཀ་དག་ཡར་ཡང་རྒྱ་ཆད་དང་ཕྱོགས་ལྷུང་མེད་པ། གང་གི་འདབ་ཆ་རགས་གཞིའི་ཕྱེད་བཞི་དབྱིངས་
དོན་དམ་པ་ནི་བདེན་པ། རྟོགས་ཀུན་ནམ་མཁའི་མཐར་ཐུག །ཟད་པ་རྣམས་ཀྱི་ཕྱི་མོ། །ཐུག་པ་རྣམས་ཀྱི་མཐར་ཐུག །གདོད་མའི་ཆོས་དབྱིངས་ཞེས་བྱ་སྟེ། དེ་ཉིད་ཀྱང་སོ་སོར་འཁྲུང་གི་ཡེ་ཤེས་ལས་གཞན་ན
མེད་དེ། བློ་མས་རྟོགས་པའི་རང་རིག་སྤྲོས་བྲལ། རྒྱ་ཆད་ཕྱོགས་ལྷུང་མེད་པ་འདི་རང་ཡིན་ནོ། །གཞན་ནས་བཙལ་དུ་མེད་དོ། །གསང་སྙིང་ལས། སེམས་ཉིད་རྫོགས་པའི་སངས་རྒྱས་པས། །སངས་
རྒྱས་གཞན་ནས་བཙལ་དུ་མེད། །བཙལ་ཡང་རྒྱལ་བས་མི་རྙེད་དོ། །ཞེས་གསུངས་སོ། །དེ་ཡང་རང་སངས་རྒྱས་ཀྱི་དབྱིངས་དེ་གློ་བུར་གྱི་དྲི་མས་བསྒྲིབ་པས་པས་རང་བཞིན་རྣམ་དག་ཏུ་བཞག་པ་ཙམ་ལས། ངོ་
བོ་བཟང་ངན་མེད་པར་ཤེས་པ་རང་མཛོད་དཔེ་གཅིག་ཅེས་ཏཱ་ཀྐུར་གྱི་རིག་སྟོང་ཆོས་དབྱིངས་ལྷུན་གྲུབ་ཆེན་པོར་ཐག་བཅད་དོ། །ཁྲིད་ཀ་ར་རྒྱུད་ལུང་མཐུན་དགུ་པའོ། །དེ་ནས་དབྱིངས་སྣང་སྐུའི་རང་བཞིན་ལ་ལྔ་ལས། དེ་ཡང་

541

ངལ་ཆེ། ༥༧༨

༄༅། །དབྱིངས་དེ་ལྷུན་གྲུབ་དང་ལྷ་སྐུ་དང་ཡེ་ཤེས་འདུ་འབྲལ་མེད་པའི་ངོ་བོར་བཞུགས་པ་ལས། ཆོས་ཀྱི་སྐུ་ནི་དབྱིངས་དེའི་རང་བཞིན་སྐྱེ་འགག་འཕོ་འགྱུར་མེད་པ་སྨྲ་བསམ་བརྗོད་མེད་ཆེན་
པོར་གནས་པའི་ཆ་དེ་ཡིན་ལ། ལོངས་སྤྱོད་རྫོགས་པའི་སྐུ་ནི། འོད་གསལ་དབྱིངས་ནང་འཁྱིལ་བ། རྒྱ་ཆད་མཐའ་ལས་འདས་ཤིང་མཚན་དཔེ་ལྷུན་གྲུབ་ཏུ་འཆར་བའི་ཆ་དེ་ཡིན་ནོ། །སྤྲུལ་པའི་སྐུ་ནི་འཆར་
རྩལ་གོ་མ་འགགས་པས་ཐུགས་རྗེ་ཕྱོགས་མེད་དུ་འགྲོ་བའི་ཆ་དེ་ཡིན་ནོ། །མངོན་པར་བྱང་ཆུབ་ཀྱི་སྐུ་ནི་དབྱིངས་ན་དྲི་མ་ཡེ་ནས་དག་ཅིང་སྟོབས་བཅུ་མི་འཇིགས་པ་བཞི་ལ་སོགས་པ་སངས་རྒྱས་ཀྱི་ཆོས་
ཡོན་ཏན་ཀུན་གྱི་ཕྱི་མ་ཉེ་ལྷུན་གྲུབ་ཏུ་མངའ་བའི་ཆ་དེ་ཡིན་ནོ། །མི་འགྱུར་རྡོ་རྗེའི་སྐུ་ནི་དགོངས་པ་དབྱིངས་ཀྱི་ཆོས་ཉིད་དུས་གསུམ་འཕོ་འགྱུར་མེད་པར་བཞུགས་པ་དེ་ཡིན་ནོ། །དེ་འདྲ་གློ་བུར་བའི་དྲི་མ་
དག་མ་དག་ཙམ་ལས། སེམས་ཅན་པའི་དུས་ཀྱི་རིག་པའི་རང་ངོ་སྟོང་། རང་བཞིན་གསལ། འཆར་རྒྱུ་ལ་མ་འགགས། གང་ཡང་འབྱུང་། ཤེས་པའི་རང་བཞིན་ལས་མི་འགྱུར་བ་འདི་ཡོན་ཏན་སྐུ་
ལྔའི་ཆ་རང་ལ་ཉིད་དུ་གནས་པས། སྐུ་ལྔ་གཞན་ནས་མི་ཚོལ་བ་རང་རང་ཆས་སུ་ལྷུན་གྲུབ་ཆེན་པོར་ཐག་ཆོད་ཅིག་ཅེས་རིག་སྟོང་ཟང་ཀ་སྐུ་ལྔ་ལྷུན་གྲུབ་ཏུ་ཐག་བཅད་དོ། །ཁྲིད་ཀ་ར་བརྒྱད་དང་བཞི་བཅུ་པའོ། །

542

སེམས་ཉིད་ངལ་གསོའི་འགྲེལ་པ།

དེ་ནས་སྐུ་ལས་ཡེ་ཤེས་ཀྱི་རོལ་པ་ནི། ཆོས་ཀྱི་སྐུའི་ཡེ་ཤེས་སྨྲ་བསམ་བརྗོད་འདས་ཆེན་པོ། ལོངས་སྤྱོད་རྫོགས་པ་སྐུའི་ཡེ་ཤེས་མཚན་ཉིད་ལྔ་ལྡན། སྤྲུལ་པའི་སྐུའི་ཡེ་ཤེས་ཇི་ལྟ་བ་དང་ཇི་སྙེད་པ་
ཞེས་བྱ་བ་ཡང་། ཀློང་འབྱུང་བའི་ཚིག་དགའ་དག་ལས། རང་ཆས་སུ་དབྱིངས་ལ་ཚང་ཚད་དུ་ཡོད་པས། དཔྱད་རིག་ནས་སྐྱབས་ཀྱི་རིག་པ་ལ་ཚོང་སྟེ། རིག་སྟོང་སོ་སོར་རང་རིག །དཀུག་ལྷ་རང་གྲོལ་
རྗེས་མེད། རོ་བོ་དང་ཁྱད་པར་ནམ། ཆོས་ཅན་དང་ཆོས་ཉིད་རིག་པའི་ཆ་ཆ་ཙམ་ལས་མཚོན་ཞིང་། ཁྱད་པར་རྒྱུ་བ་དེ་ཆགས་ཀྱི་རྟོག་པ་རང་ཀར་སྐྱེས་པ་དེ་ཉིད་མོངས་རང་མཚན་ཡིན་ཡང་། དེའི་
ངོས་ཟིན་ནས་དང་ལ་བཞག་སྟུས་བདེ་ལ་འཛིན་མེད་དུ་ཤར་བ་དེ་སོ་སོར་རྟོག་པའི་ཡེ་ཤེས། ཡུལ་ལ་སྣང་བ་ར་སྐྱེས་པ་དེ་ཞེ་སྡང་རང་ཀ །ངོས་ཟིན་ནས་དངས་གསལ་ལ་སྒྲོས་དང་བྲལ་བ་དེ་མེ་ལོང་ཡེ་ཤེས།
གང་ཡིན་དོ་མི་ཤེས་པར་རྨོངས་པ་དེ་གཏི་མུག །ངོས་ཟིན་ནས་རྟོག་མེད་རང་གསལ་ལ་ཤར་བ་དེ་ཆོས་ཀྱི་དབྱིངས་ཀྱི་ཡེ་ཤེས། ཡོན་ཏན་ལ་མཆོག་ཏུ་རློམ་པ་དེ་ང་རྒྱལ་ཀ །ངོས་ཟིན་ནས་གཉིས་མེད་ལ་མཉམ་
དུ་རྟོགས་ན་མཉམ་ཉིད་ཡེ་ཤེས། གཞན་ལ་ཁ་ཕྲན་སེམས་ལ་སྒྱུར་བ་དེ་ཕྲག་དོག་ར་ཀ །ངོས་ཟིན་ནས་ཞེན་མེད་དུ་དག་པ་དེ་བྱ་གྲུབ་ཡེ་ཤེས་ཏེ། རིག་པ་ལ་ཨང་མ་རིག་པའི་ཚུལ་ལྟོག་ལྷ་ཤར་ཡང་། །

543

ངལ་གསོ། ༥༢༧

༄༅། །རང་རིག་དྲན་པ་ཡེ་ཤེས་ལྷ་ཡི་རྒྱལ་ལམ་རོལ་པ་རབ་ཆར་བབས། ད་ལྟ་ཉིད་ནས་སྐུ་དང་ཡེ་ཤེས་འདུ་འབྲལ་མེད་པའི་དོན་རང་ཆས་སུ་ཡོད་པར་ཐག་ཆོད་ལ། རེ་དོགས་དང་སོམ་ཉི་མ་བྱེད། ཐག་ཆོད་དཔའ་
གདེང་བསྐྱེད་ཅིག་ཅེས་ལེགས་པར་དོན་སྤྲོད་དོ། །ཤིང་རྟ་རབ་ཆ་དང་བཞི་བཅུ་རྩ་གཅིག་པའོ། །འདི་ནི་ཡང་གསང་རྫོགས་པ་ཆེན་པོའི་གནས། །རྒྱུ་འབྲས་མེད་པ་ཀུན་ལ་ཁྱབ་པ་སྟེ། །བློ་རབ་སྐལ་བཅས་ཀྱི་སྤྱོད་ཡུལ་ལས། །
ཀུན་གྱི་ཡུལ་མིན་རྡོ་རྗེ་སྙིང་པོ་ཡིན། །དེ་ལྟར་བཀོད་པའི་དགེ་བས་འགྲོ་བ་ཀུན། །ཀུན་བཟང་རྫོགས་པ་ཆེན་པོའི་གནས་ཐོབ་ཤོག །རྫོགས་པ་ཆེན་པོ་སེམས་ཉིད་ངལ་གསོའི་དོན་ཁྲིད་བྱང་ཆུབ་ལམ་བཟང་ལས། ཐམས་རང་དགེ་བ་བླ་ན་
མེད་པ་རྫོགས་པ་ཆེན་པོའི་གནས་བསྟན་པ་སྟེ་གསུམ་པའོ།། །དེ་ལྟར་རྒྱལ་བའི་ལམ་བཟང་སྙིང་པོའི་དོན། །མདོ་རྒྱུད་བསྟན་བཅོས་མན་ངག་རྒྱ་ཆེ་ལས། །ཡང་ཟབ་གནད་རྣམས་ཕྱོགས་གཅིག་འདིར་བསྡུས་ཏེ། །ཁྲིད་
དུ་བསྡེབས་ནས་སྐལ་བཟང་རྣམས་ལ་འབུལ། །ཕྱི་རབས་དད་ལྡན་རྗེས་འཇུག་བསྐུལ་ཀྱི་ཕྱིར། །ཐར་ལམ་འདྲེན་པའི་དེད་དཔོན་མཆོག་ནམ་ལྡན་ཀྱིས། །སྙན་ལ་ལྷན་སྐྱེས་བློ་ཡི་ཆོས་ལུགས་རྣམས་ལ་འཁྲིད་པ་ནའང་། །ཡོ་བྱད་ལ་སོགས་ཤིན་ཏུ་བསྐོར་བར
གནང་། །བསྐུལ་བ་ཁྲིད་རྒྱས་པ་ཤིན་ཏུ་རྒྱས་པ་བཞི། །བསྐུལ་ཁྲིད་ཞག་རེ་ངེས་མི་བྱུང་པ་རེ་རེ་དགོས། །གླ་བ་བཞིན་དང་ཞག་གྲངས་ནི་རང་གཅིག་ན། །ཕྱིན་གསང་བ་ཞི་ཆོས་ཀྱི་མཛོད་ལས་བསྡུས། །འབྲིང་ཁྲིད་ཞག་གསུམ་དམིགས་པ་རེ་རེ་སྟེ།།

544

སེམས་ཉིད་ངལ་གསོའི་[illegible]

ལོག་ཅིག་བླ་བ་གཉིས་དང་ཞག་གསུམ་ན། །རྒྱུ་འབྲས་བླ་མེད་ཐེག་པའི་དོན་ཚང་ཉིད། །ཐར་ལམ་བྱང་ཆུབ་སྙིང་པོར་ངེས་པ་ལགས། །རྒྱས་ཁྲིད་ཞག་ལྔ་དམིགས་པ་རེ་རེ་ལྟ། །ལོག་ཅིག་བླ་བ་བཅུ
གཅིག་དེ་བཞིན་དུ། །ཞག་གི་གྲངས་ནི་བཅོ་ལྔ་རྫོགས་པ་ན། །མཆོག་གསུམ་སྙིང་པོའི་རིམ་དོན་མཆོག་ལ་རེག །ཤིན་ཏུ་རྒྱས་ཁྲིད་ཞག་བདུན་དམིགས་པ་རེ། །ལོག་གཉིས་བླ་དྲུག་ཞག་གྲངས་ཉེར་བདུན་
ན། །ཐེག་མཆོག་སྙིང་པོའི་དོན་ཁྲིད་རབ་རྫོགས་པས། །མི་ལྡོག་བྱང་ཆུབ་སྙིང་པོའི་ས་ལ་ཞུགས། །དེ་འདྲའི་སྐྱེ་བོ་སྐལ་བཟང་བརྩོན་འགྲུས་ཅན། །རྒྱལ་བའི་གདུང་འཚོབ་རིགས་མཆོག་འཛིན་པ
ངེས། །རང་གཞན་དོན་གཉིས་རྫོགས་པའི་སར་གཞོལ་ཏེ། །ཕྱུར་དུ་ཞི་བ་བྱང་ཆུབ་སྙིང་པོར་འགྲོ། །དེ་ཕྱིར་ཕྱིར་རབས་སྐྱེ་བོའི་ཚོགས་རྣམས་ལ། །ཕན་པའི་གདམས་ངག་དེས་དོན་སྙིང་པོར་གདམས། །
ཉིན་མཚན་མེད་པར་བརྩོན་ལྡན་པ་ཡིས། །ཐར་ལམ་སྒྲུབ་ཅེས་དེ་སྐད་ཐལ་མོ་སྦྱོར། །ཚུལ་འདི་བློ་གྲོས་ཡངས་པའི་ནམ་མཁའ་ལས། །ཉིད་འཛིན་འོད་གསལ་རྟོགས་པའི་ཉི་འོད་ཅན། །
དྲི་མེད་འོད་ཟེར་སྟོང་ལྡན་ཤར་བ་དེས། །གངས་རི་ཁྲོད་དཀར་མགུལ་དུ་ལེགས་པར་བཀོད། །དགེ་བ་དེ་ཡིས་བདག་དང་འགྲོ་བ་ཀུན། །སྲིད་པའི་ཞགས་པ་ཁྲོད་ཐིབས་ཐོར་བར་བཅལ་ཏེ། །ཞི

545

[illegible] ༥༢༨

༄༅། །བ་ཐར་ལམ་བྱང་ཆུབ་མཆོག་ཞུགས་ནས། །རྣམ་གྲོལ་རྫོགས་པའི་སངས་རྒྱས་ཐོབ་པར་ཤོག །ཆོས་ཚུལ་འདི་ཡང་བསྟན་པ་གནས་ཀྱི་བར། །འཇིག་རྟེན
ཀུན་དུ་འགྲོལ་སྣང་འགྱུར་ཏེ། །དད་བརྒྱའི་གཙུག་གིས་ལུས་པས་འཛིན་བྱེད་ཅིང་། །ཕྱོགས་དུས་ཀུན་དུ་དར་ཞིང་རྒྱས་པར་ཤོག །རྫོགས་པ་ཆེན་པོ་སེམས་ཉིད་ངལ་གསོའི་གནས་གསུམ་དགེ
བ་གསུམ་གྱི་དོན་ཁྲིད་བྱང་ཆུབ་ལམ་བཟང་ཞེས་བྱ་བ། བདེ་བར་གཤེགས་པའི་གསུང་རབ་ཀྱི་གནས་ལ་མང་དུ་ཐོས་པའི་ནོར་གྱིས་ཕྱུག་པ། ཐེག་པ་མཆོག་གི་རྣལ་འབྱོར་པ་དྲི་མེད་འོད་ཟེར་གྱིས
གངས་རི་ཐོད་དཀར་གྱི་མགུལ། མི་རྟོག་སྤྲིན་གྱི་སྐྱེད་མོས་ཚལ་གྱི་ནང་། ཀུན་ཏུ་བཟང་པོའི་ཁང་བཟང་དུ་ཆོས་མཐོ་བའི་ཁྲི་རབ་ཏུ་བཟང་པོ་ལ་སྦྱར་བ། ཕྱོགས་དུས་ཀུན་ཏུ་བཀྲ་ཤིས་ཀྱི
དཔལ་དུ་བབ་པར་བྱས་ཤིང་ཤིན་ཏུ་དགེ་ཞིང་བཀྲ་ཤིས་པར་གྱུར་ཅིག ||དགེའོ། །དགེའོ། །དགེའོ།།

546

主編者簡介

談錫永，廣東南海人，1935年生。童年隨長輩習東密，十二歲入道家西派之門，旋即對佛典產生濃厚興趣，至二十八歲時學習藏傳密宗，於三十八歲時，得甯瑪派金剛阿闍梨位。1986年由香港移居夏威夷，1993年移居加拿大。

早期佛學著述，收錄於張曼濤編《現代佛教學術叢刊》，通俗佛學著述結集為《談錫永作品集》。主編《佛家經論導讀叢書》並負責《金剛經》、《四法寶鬘》、《楞伽經》及《密續部總建立廣釋》之導讀。其後又主編《甯瑪派叢書》及《大中觀系列》。

所譯經論，有《入楞伽經》、《四法寶鬘》(龍青巴著)、《密續部總建立廣釋》(克主傑著)、《大圓滿心性休息》及《大圓滿心性休息三住三善導引菩提妙道》(龍青巴著)、《寶性論》(彌勒著，無著釋)、《辨法法性論》(彌勒造、世親釋)、《六中有自解脫導引》(事業洲巖傳)、《決定寶燈》(不敗尊者造)、《吉祥金剛薩埵意成就》(伏藏主洲巖傳)等，且據敦珠法王傳授註疏《大圓滿禪定休息》。著作等身，其所說之如來藏思想，為前人所未明說，故受國際學者重視。

近年發起組織「北美漢藏佛學研究協會」，得二十餘位國際知名佛學家加入。2007年與「中國人民大學國學院」及「中國藏學研究中心」合辦「漢藏佛學研究中心」主講佛學課程，並應浙江大學，中山大學之請，講如來藏思想。

甯瑪派叢書-修部1

《大圓滿心性休息導引》

著　　者　龍青巴尊者 造論
譯　　釋　談錫永
主　　編　談錫永
美術編輯　李　琨
出　　版　全佛文化事業有限公司
　　　　　訂購專線：(02)2913-2199
　　　　　傳真專線：(02)2913-3693
　　　　　發行專線：(02)2219-0898
　　　　　匯款帳號：3199717004240 合作金庫銀行大坪林分行
　　　　　戶　　名：全佛文化事業有限公司
　　　　　E-mail：buddhall@ms7.hinet.net
　　　　　http://www.buddhall.com
門　　市　新北市新店區民權路108-3號10樓
　　　　　門市專線：(02)2219-8189
行銷代理　紅螞蟻圖書有限公司
　　　　　台北市內湖區舊宗路二段121巷19號（紅螞蟻資訊大樓）
　　　　　電話：(02)2795-3656
　　　　　傳真：(02)2795-4100

初　　版　2010年03月
初版二刷　2020年07月
定　　價　新台幣395元
ＩＳＢＮ　978-986-6936-48-7（精裝）

Published by BuddhAll Cultural Enterprise Co.,Ltd.

國家圖書館出版品預行編目資料

大圓滿心性休息導引 / 龍青巴尊者造論；
談錫永譯釋. -- 初版.--
新北市：全佛文化, 2010.03
面；公分. －(甯瑪派叢書系列.修部；1)
ISBN 978-986-6936-48-7(精裝)
1.藏傳佛教 2.佛教修持

226.96615 99002810